The School Superintendent

Theory, Practice, and Cases

(Second Edition)

Education Classic Series

教育学经典译丛

主编 褚宏启

EDUCATION

The School Superintendent

Theory, Practice, and Cases

学区督导

理论、实践与案例

[美] 西奥多·J·科瓦尔斯基（Theodore J. Kowalski）著 （第二版）

兰英等译 (Second Edition)

中国人民大学出版社
·北京·

总　序

　　尽管教育领域存在很多问题，尽管人们对教育如何改革存在不少争议，但没有人否认教育对人的发展、对国家发展、对社会发展的重要性。尽管人们一度对教育学科的前途命运忧心忡忡，但教育学科的不断分化和发展却是不争的事实。世界各国对教育越来越重视，教育改革与发展如火如荼，教育理论研究日益繁荣，相关著述大量出版和发表。

　　教育研究的繁荣和教育学科的分化，既是教育实践推动的结果，又是推动教育实践的原因。实践呼唤理论发展，实践推动理论发展。教育是一项伟大而崇高的事业，在教育事业的发展中，在教育实践与教育理论的互动中，教育理论研究不断分化，产生了很多新的分支学科，在教育学的每个分支学科中，都有一些优秀的研究成果。这些优秀成果是各个分支学科的代表性著作，代表着世界范围内教育各分支学科的研究深度和理论高度，是后人传播和生产教育知识时不能绕过去的知识界碑，是教育改革与发展必须吸收和借鉴的理论营养，是全人类共同拥有的文化财富。

　　在经济全球化和教育国际化的大背景下，系统引进翻译世界范围内教育学科最有代表性的著作，有利于我们整体把握世界范围内教育理论研究的总体状况，有利于我们全面吸收世界范围内教育理论研究的最新、最优秀的成果，有利于提高我国本土教育研究的理论水平，有利于完善我国高校教育学科的课程体系，有利于提升我国教育改革与发展的实践水准。把世界上最好的教育研究成果全面、系统地译介进来，为我所用，是我们组织翻译这套《教育学经典译丛》的基本宗旨。

　　20世纪80年代尤其是90年代以来，西方的教育理论著作不断被译介到我国，拓展了国人的教育理论视野，促进了教育思想与观念的传播与交流。进入21世纪，译介西方教育理论著作更呈加速之势，呈现出一片繁荣景象。回顾20多年译介西方教育理论著作的历程，有得有失，有很多经验教训值得总结。现在到了以平和、冷静的心态进行深度总结的时候了。

　　目前引进的国外教育理论著作，最大的不足是没能对世界范围内教育分支学科的发展进行全面、系统的介绍。虽然不少译丛都强调译介的"系统性"，但是，有的译丛失之于少，作品量小，不足以构成一个相对完整的分支学科体系；有的译丛失之于杂，作品量较大，但缺乏学科体系建构方面的高端设计；有的译丛侧重于某一个分支学科；有的译丛偏重于教材的系统介绍，而对非教材类的代表性著作关注不够。结果导致：尽管各类译著总量很大，但系统性却不够。我们现在推出的这套

《教育学经典译丛》力图弥补这种缺失。

本译丛最突出的特点是其系统性。所选书目力图涵盖教育学的所有主要分支学科,诸如教育基本原理、教育哲学、教育史、课程与教学论、教育社会学、教育管理学、教育经济学、教育财政学、教育政治学、教育法学、教育心理学、教育评价学、教育政策学、教育未来学、教育技术学、教育文化学、教育人类学、教育生态学、学前教育学、高等教育学、职业教育学等,力图构成一个相对完整的教育学科知识框架。

本译丛的另一个特点是权威性。这也是《教育学经典译丛》的内在要求。在选择书目方面,力求新、精、实。"新"是指入选书目能代表该分支学科最新的研究成果,能引领该研究领域未来的发展方向;"精"是指入选书目皆为同类著作中的精品,我们力求为读者呈献最有价值的教育理论知识;"实"是指入选书目在内容上对我们确有借鉴价值,能对我国的教育研究和实践产生积极影响。

为保证译丛质量,我们成立了一个由重点高校和科研机构的知名学者构成的编委会,负责确定书目和组织翻译,从选题、翻译、校订各个环节予以严格把关。译丛能够面世,得益于多方的支持与协作。感谢中国人民大学出版社为这套译丛所提供的出版机会,感谢国内外学者为选定书目所奉献的智慧,感谢丛书的译者、校者和出版社的编辑人员所付出的辛勤劳动。

翻译是一种重要的知识传播方式,并会对其后的知识生产方式、消费方式、使用方式产生重要影响。希望《教育学经典译丛》的出版,能对我国教育理论知识的传播、生产、消费、使用产生实质性的影响,希望更多的人从中受益,也希望更多的人为译丛的高质量出版贡献力量。

褚宏启

2006 年 12 月 18 日

近年来的教育改革探索不同于以往任何年代的教育改革。尽管公众对教育改革一直都不满意，但不可否认的是始于 20 世纪 80 年代的教育改革仍然取得了显著成效，主要体现在以下两个方面：第一，它具有不可复制性；第二，它具有不可更改性。在长达 25 年之久的教育改革实践中，教育改革拥护者的热情依然高涨。

在持续不断的教育改革进程中，教育质量问题始终是改革的难点。最初，几乎每个州的改革者都认为学生的懒惰和辍学是造成公共教育质量不高的重要原因。于是，在教育系统本身没有进行自我改进的情况下，改革者们构想出以下策略来提高教育质量：延长学年的学习时间；有效利用在校学习时间；提高高等学校毕业条件。尽管如此，两至三年后，改革效果仍旧不明显。于是，改革者们又认为教育者自身素质和能力的不足应对公共教育质量下降负责。在这种观点的指引下，他们通过提高教育标准来向学校施压，并且通过了更加严格的有关教师和从业人员资格的法律。然而，截至 20 世纪 90 年代早期，这些措施依旧没有使学生的学业成绩有所提高。改革还在继续，一些学者给改革者们提出了建议。学者们认为自上而下的集中控制领导的改革效果是有限的。因此，改革者们在认识到地方学区的管理以及学校组织结构是重要变量的基础上，又构想出一个策略，即各州制定教育目标，地方学校董事会有足够的自主权来决定如何实现这些教育目标。由于公众对教育目标的看法和理解不一致，他们还是对教育改革提出了严厉批评。作为对批评的回应，1983 年，美国高质量教育委员会提出了一份报告——《国家处在危机中》（*A Nation at Risk*）（National Commission on Excellence in Education，1983）。

以权力下放和学校自建为特点的教育改革成为督导实践的背景。在经验丰富的改革者们看来，这项教育改革形成了似乎对立的督导角色期望。比如，学校董事会成员大多希望督导既是一位有远见的领导者，又是一位精明的经理；既是一位可爱的政治家，又是一个道德典范；既是一位严厉的老板，又是一位有同情心的同事。当到了作重要决定的时候，董事会成员又希望督导既有专业知识，又符合社区的政治意愿。总体而言，督导仍然是公共教育的最显眼和最有影响力的角色。在最近的一项研究中，全美国只有约 6% 的督导认为他们对工作的满意度较低（5.7%），或者几乎为零（0.3%）（Grass，Björk，& Brunner，2000）。

以受聘于一个小社区的一位督导为例。在开始的三个月里，他发现其雇用者是一个控制着高校学生的青少年犯罪团伙的重罪犯，为此，社区 720 万美元的预算被减少了 8%。这位督导将自己最初几个星期的工作视为一种灾难。随着自身经验的丰富，他认识到自己的工作并不是孤独的，从家人和其他人那里得到的支持会有助于提高自己的工作效率。现在回过头来看，他相信自己在第一年里能够坚持下来是十分幸运的。他认为不管你是一名公交车司机、一个监护人、一名教师、一位校长还是一位督导，你的目标都是一样的——使学生的生活更加有意义（Ceglarek，2004）。

本书适合于学校行政实习生、实践者、学校董事会成员和专业人士阅读。本书第二版增加了更多的实验并扩大了实践的讨论范围，但其初衷并未改变。它集中讨论了督导这一角色的责任在理论上和实践中的平衡问题。学校管理被看作科学和专业的统一体，它包含复杂的艺术、领导水平和管理理论。

本书的每一章在结束时都会有相应的问题来引发读者的反思。问题之后会有一个简短的案例，根据不同的案例设计要求会提出不同的问题。如果你把每一章的内容融入专业实践中，你将能够扩大专业知识面并对自己的督导角色有一个更好的认识。

许多人对本书的出版都作出了重要贡献。首先要感谢以下五位督导，他们是"案例研习"的编辑组成员：来自印第安纳州瓦尔帕莱索市的麦克尔·本威（Michael Benway），来自北卡罗来纳州洛克希尔市的菲利普·麦克唐纳（Philip McDaniel），来自田纳西州普莱诺市的道格拉斯·奥托（Douglas Otto），来自印第安纳州韦恩堡市的温迪·罗宾逊（Wendy Robinson），以及来自伊利诺伊州派克里奇市缅因镇207区高级中学的C·斯蒂芬·斯尼德（C. Steven Snider）。此外还要感谢来自肯塔基大学的拉斯·比约克（Las Björk）教授校订了本书第8至第12章的内容。我的办公室助理伊丽莎白·皮尔恩（Elizabeth Pearn）协助我编辑手稿，我的博士助理南希·斯夫里德（Nancy Seyfried）协助我进行了文献校订。在此我衷心感谢以上人员的帮助。最后，我还要感谢以下几位校订者，他们为本书的修改提供了许多建设性的意见和建议。他们分别是：康尼学院的艾伯特·F·因瑟拉（Albert F. Inserra），匹兹堡大学的詹姆士·C·克瑞斯曼（James C. Christman），田纳西大学的迈克·布恩（Mike Boone），安妮·玛丽亚学院的乔安妮·P·纽康宾（Joanne P. Newcombe），肯特大学的拉尔夫·A·沃特曼（Ralph A. Waltman），田纳西A&M大学的约翰·A·考夫赫德（John A. Kaufhold），南达科他大学的弗洛伊德·博斯奇（Floyd Boschee）。

参考文献

Ceglarek, N. E. (2004). Lonely at the start: A first-year superintendent. *School Administrator*, 61 (2), 13.

Glass, T. E., Björk, L., & Brunner, C. C. (2000). *The study of the American superintendency* 2000: *A look at the superintendent of education in the new millennium*. Arlington, VA: American Association of School Administrators.

National Commission on Excellence in Education (1983). *A nation at risk: The imperative for educational reform*. Washington, DC: Author.

目　录

第 1 编　学区督导

第 2 编　学区组织与学区行政

第3编 督导的领导职责与管理职责

第 1 编

学区督导

第1章

实践界定

本章要点 ▶▶▶

公共教育管理层次

学区督导的历史与现状

应聘督导的条件

生活质量方面的考虑

1907年11月出版的《美国学校董事会杂志》（*The American School Board Journal*）的封面上是一幅漫画，内容是关于学校董事会办公室门上张贴的招聘督导的广告。董事会准备招聘一位能取悦保守派或激进派的督导。这一引人深思的封面广告向人们昭示：早在公共教育形成时期，人们就希望督导是一位对具有不同世界观和价值观的赞助商有帮助的人。今天，在民主化和多元化的背景下，公共教育比1907年更加具有政治化的倾向。督导们经常陷入由选举产生的官员和相互竞争的利益集团制造出的冲突和压力中（Björk & Keedy，2001）。这便是一般人难以胜任学区督导职位的一个主要原因。即便如此，也有成千上万的督导做得非常出色，且将这一行政角色视为充满挑战、令人兴奋的个人成就的象征。

本章内容由以下四个部分构成：第一部分是关于国家公共教育的管理结构。第二部分是关于学区督导的历史发展和现实状况。第三部分是关于获得督导这一职位所需要满足的三个基本要求：专业准备、职业资格认证和教学经验。第四部分是关于与督导这一职位有关的生活质量方面的考虑。此外，本章还讨论了督导这一职位的基本信息及其所在的组织结构。

公共教育管理层次

美国公共教育的管理与控制是建立在联邦宪法和州宪法、成文法以及判例法的法律基础之上的。宪法是为了保护公共利益和赋予个体的合法权利而制定的法律，成文法提供实际的法律条例，判例法则对宪法以及合法行为作出解释（Alexander & Alexander，1998）。从本质上说，管理结构有四个层次：联邦、州、区域以及地方，后三种都隶属州政府管理（Kowalski，2003a）。督导在各州公共教育体系中扮演着首席执行官的角色。

联 邦

在过去的两个世纪里，联邦政府在公共教育中所扮演的角色发生了很大变化。由于美国宪法没有提及教育，根据宪法修正案第10条的规定，"宪法未授予合众国，也未禁止各州行使的权力，分别由各州或人民保留"，它把部分教育决策权留给了各州。基于这一理解，每个州都有权建立一个公共教育系统。事实上，所有的州也都是这样做的（Kowalski，2003a）。尽管联邦政府认可州的这一权力，但它仍通过三个部门对各州公立中小学校进行直接或间接的控制。

第一，议会制定法律，以保障国家利益。许多法案由此而生，如：支持发展职业教育的法案（如1917年《史密斯-休斯法案》）；支持发展数学、科学、外语等学科的法案（如1958年《国防教育法》）；为弱势群体儿童提供的补偿性法案（如1965年《中小学教育法》）；基于公民权利发展特殊教育的法案（如1975年《残疾人教育法案》）；通过提高学校的教育质量来增强国家的经济实力的法案（如2002年《不让一个孩子掉队法案》）。还有大量与教育有间接联系的联邦法律，比如在公共建设项目中要对影响学校发展的预算进行仔细核定。此外，由总统指定的教育秘书不仅是教育部的首席执行官，也是总统智囊团的成员之一。居于此显赫职位的人虽然有着不同的背景，但是绝大部分都是专业的教育人员。

第二，联邦法院行使公共教育司法权。这是因为联邦法律有权取代相互矛盾的州法律（Valente，1987）。1950年以来，联邦法院行使公共教育司法权的频率迅速增加。当具备以下两个条件之一时，联邦法院就有了基本的司法权：一是诉讼问题涉及联邦宪法或者联邦成文法；二是诉讼当事人不止居住在一个州（Reutter，1985）。父母权利、学生权利、校方（学校董事会、管理人员、教师以及其他行政人员）的权利与权威，以及少数族裔或者其他被保护群体（如种族歧视、性别或年龄歧视）的权利等问题都可由联邦法院来解决。

第三，联邦政府有专门机构负责处理行政事务。在过去的一个世纪里，联邦政府有四个机构行使过与中小学校有关的行政权力。这四个机构分别是：

- 1939年之前，内务部；
- 1939—1952年，联邦安全局；
- 1953—1978年，卫生、教育、财政部门联合管理部；
- 1979年至今，教育部。

教育部的主要责任之一是研究制定对联邦法律有益的法规和规则。这一机构也执行联邦援助，完成一些辅助性事务。但从一开始，教育部就是一个有争议的机构。反对者认为它削弱了州公共教育机构的管理权，而支持者则认为它有助于维护联邦利益。支持者主张的联邦干预已经从一个一般性问题转化为一个引起大众理念分歧的关键性问题（Radin & Hawley，1988）。

州

1787年以后，弗吉尼亚州、南卡罗来纳州、佛蒙特州以及密苏里州建立了州教育董事会。但是，直到1837年，马萨诸塞州才建立了后来传遍了大多数州的八人董事政府形式。这一形式的政治适用性很大程度上应该归功于贺拉斯·曼（Horace Mann）。他曾被任命为马萨诸塞州教育董事会第一任秘书，主要负责收集和发布学校信息。在任职期间，他说服政治领导和公众，使州政府能够在公立中小学教育中扮演重要角色。截至 1880 年，已经有 24 个州通过制定法律和建立州教育董事会在公共教育中创建了政府形式（Butts & Cremin，1953）。

一旦建立了这样的政府形式，州教育董事会往往集中精力，使自己成为普通学校运转的执行机构。这一运转主要侧重以下三点：（1）对普通学校全体儿童的教育；（2）使学校成为执行政府政策的工具；（3）建立州教育机构以控制地方学校（Spring，1994）。此外，州教育部和州督导成为州教育董事会的延伸部分，督导和州教育部的行政人员成了州等级系统的制衡因素，其职责在于确保公立学校开设统一的指定课程（Butts & Cremin，1953）。

1812 年，纽约州任命了第一个州督导。他除了为普通学校制定计划以及汇报公共资金管理情况之外，还履行着为州议会提供学校信息的职责。在 1830—1850 年间，北部的每一个州以及南部的一些州都设置了这一职位。但仍有一些州将这一职位的职责划归于拥有其他职务的州政府官员（Butts & Cremin，1953）。

今天，虽然每个州都有公共教育首席执行官，但是其名称是不同的（有些称为州教育委员而不是州督导），而且对这一职位的资格要求、选举方法和职责规定也存在差异。其中，35 个州的督导以委派形式产生，而其余 15 个州则是通过选举产生，并且各州委派和选举的规范也各不相同（见表 1—1）。当前，每个州的政策制定者在督导的招聘问题上都有着不同看法，这可以解释为什么一些州不要求其学校主要官员是专业的、有资格证书的教育者。

表 1—1　　　　　　　　　**州督导的选任方式**

选任方法（数量）	所占百分比	选用此方法的州
由州董事会委派（22）	44%	亚拉巴马，阿肯色，科罗拉多，康涅狄格，夏威夷，伊利诺伊，堪萨斯，肯塔基，路易斯安那，马里兰，马萨诸塞，密歇根，密西西比，密苏里，内布拉斯加，内华达，新罕布什尔，纽约，俄亥俄，罗得岛，犹他，西弗吉尼亚
由政府委派（10）	20%	艾奥瓦，缅因，明尼苏达，新泽西，新墨西哥，宾夕法尼亚，南达科他，田纳西，得克萨斯，弗吉尼亚
经政府同意由州董事会委派（2）	4%	阿拉斯加，佛蒙特
由政府委派议会通过（1）	2%	特拉华
委派督导的总数（35）	**70%**	
由党派投票选举（9）	18%	亚利桑那，佛罗里达，佐治亚，印第安纳，蒙大拿，北卡罗来纳，俄克拉何马，南卡罗来纳，怀俄明
由非党派投票选举（6）	12%	加利福尼亚，爱达荷，北达科他，俄勒冈，华盛顿，威斯康星
选举督导的总数（15）	**30%**	

总之，州督导和州教育部都是政府执行部门的一部分。在绝大多数州，州督导充当着这个教育执行部门首席执行官的角色。因此，州督导的权力往往是由州教育部授予的。比如，一些州教育部等级森严，掌控权力且控制着改革进程，在这些州，督导往往就能施加相当大的影响；而其他的一些州教育部则热衷于采用权力下放或者半下放的策略，即制定一项改革日程，把改革的具体事项完全转交给地方学校董事会，或者在市民和教育人士共同参与下达成共识，在这些州，教育督导往往扮演辅助和协调的角色。

即便如此，有时州教育部也并不能决定州教育改革日程和州督导的合法权利。肯塔基州便是其中一例。1989 年通过的《肯塔基教育改革法案》(KERA)明确要求学校重视学习结果，并且授权建立一个新的教育部门，但它并不能规定地方改革的方向。卢斯(Lusi，1997)对 KERA 进行了研究，她认为新教育部门即使取代了法律的规定性，也仍然是等级制的。而在威斯康星州，督导基本上可以脱离当地教育管理部门而独立采取行动。20 世纪 90 年代中期，督导与教育管理部门的这种分离状态消失了。表 1—2 列举了州教育部所发挥的一些功能。

表 1—2 州教育部功能列表

（发挥功能的）领域	基本责任
实施州和联邦宪法	保证地方学区依从
解读州和联邦宪法	提供指示、方向和法律建议
技术协助	为地方学区提供服务
联邦援助	作为分发和责任机构
统计数据	建立、维护并分配数据
撰写报告	编纂和归档州范围内的报告
员工培训	为地方学区提供计划和协助
课程开发	检测课程的一致性并提供资料
研发设备	制定并执行标准
成文法和政策建议	为议会和州董事会提供原始材料
需求评估	指导州范围内的研究
评估测试	管理/评价州范围内的测试计划
质量鉴定	评价学区和学校
基金管理	制定州基金的管理方案

从 20 世纪 80 年代早期开始，州议会就在制定公共教育政策方面扮演着越来越积极的角色。议会有法律投票权，它既有权通过一项新法案也有权否决一项新法案。州议会强力干预公共教育，主要体现为当它通过教育法律时很少征求教育人士的意见，这也会导致没有基金支持或者基金支持很少。但这一说法仍然是有争议的。州干预的支持者认为集中控制对保证教育机会均等有积极意义，而批评者则认为这种直接或间接的干预会削弱地方控制。尽管如此，从法律的角度而言，州议会有权决定政策走向(Kimbrough & Nunnery，1976)。

区　域

很多州都有区域性学区，而且还有各种各样的著名组织，比如地方教育服务机构、地方服务中心以及合作教育服务董事会。实际上，这些组织都是州教育董事会的下级机构，也就是一个处于地方学区和州政府之间的中级教育管理服务机构。县级督导是区域性学区管理的最早形式，这一职务的基本职责是为效率不高的学区提供服务和管理（Knezevich，1975）。在 20 世纪上半叶，县级督导比现在更为流行。许多县在每个镇上都有一个由选举产生的乡镇受托人，乡镇上的学区在其管辖下运作。因为这些学区既没有督导也没有学校董事会，乡镇受托人就依靠县督导来保证州法律和课程的执行。这种方式可以使小型学区较为独立地运行，而且运行成本很低。

有些单独的学区过小，所以只能通过合作购买、使用媒体图书馆、设备修理、共享人员发展计划等措施为中级区域节省成本和改进计划（Campbell，Cunningham，Nystrand，& Usdan，1990）。

我们往往会混淆县级督导、教育服务合作社和研究委员会。一些州的教育服务合作社提供联合服务，也就是说，为几个学区的特殊教育和职业教育提供合作计划。研究委员会一般以合作研究、人员发展等项目形式为教育者提供信息和服务，而非直接服务学生，其吸纳成员时都采用自愿参与原则（Kowalski，2003a）。但是研究委员会并不是正式的州公共教育系统的组成部分。一些学区可能同时成为特殊教育合作社、职业教育合作社、研究委员会以及区域性学区的成员。

大多数区域性学区是为了便于地方学校系统和州政府之间的联系与决策而建立的，它被看作地方学区联盟。"联盟"这个词意味着学区的成员对这一组织实施的活动范围有实质性的控制（Knezevich，1984）。通常其基金是由州政府资助、成员会费以及补助（包括联邦资金）共同构成的。

各州区域性学区的历史各不相同（Campbell et al.，1990）。显然，它们对地方学校系统的控制程度也不相同。例如，在伊利诺伊州，地方督导在其管辖权内对所有的公立学校都有一定程度的权力。他们承担着由政府赋予的某些职责，比如教师注册以及职业资格认证。在与之邻近的印第安纳州，区域服务中心的成员是自愿加入的。这些成员不代表州教育委员会，州教育督导或者州公共教学部门行使官方职能。总之，那些曾经流行一时的区域服务中心的数量已经呈递减趋势（如威斯康星州和伊利诺伊州）。

地　方

美国大约有 14 500 个地方学区。它的这种联邦参与、州赋予地方很多权威和权利的管理结构是独一无二的。这一结构源于美国人民对自由和平等的珍爱。在殖民地时期，公共教育由城镇会议掌控，这使学校处于城镇精英的控制之下。后来这一控制系统交由新兴的美利坚合众国掌握（Russo，1992），因此在州教育部建立之前的很长一段时期内，地方学区在教育形式和教育领域两方面都有自行决定权。

许多公民都认为地方控制与新兴民主的流行趋势是一致的，而州政府官员则害怕在失去对地方的控制之后使得受教育者的教育机会不充分或不均等。换句话说，他们担心一些地方官员会导致教育机会不充分或者教学水平低下，从而使受教育者的学习机会与其区域性学区不平衡，所以他们认为州政府的控制对解决这一问题是必要的。同时，他们也意识到州政府的控制会被许多公民看作对地方自治的侵犯。因此，他们开始在自由、充分、平等之间寻求一个平衡点。比较好的解决办法就是在形成州政府控制的同时肯定地方自治，在建立州机构以监督公共教育的同时授予地方学校董事会充分的政策权力。这一策略有效地使地方学校董事会成为州政府合法的延伸，于是州公共教育系统与地方学校董事会达成了和解（Butts & Cremin，1953）。

美国的农村特性以及交通的不便利使得学校分布较为分散，以致学生只能徒步上学。所以，美国有十多万个相对较小的学区，许多学区只有一所学校。这一状况随着人口的增长、城市化的发展以及交通的便利而得到逐步改善：地方学区的土地面积变大了，开办的学校数量以及学生入学的数量也有所增加。二战后，大城市的居民大量涌入郊区，但他们往往会建立自己的学区。与此同时，农村和小城镇的经济状况和教育目标，促成了州制定合并学区的法律。这一趋势使得美国学区的数量从 1937 年的约 119 000 个减少为 2001 年的约 14 859 个（*Digest of Education Statistics*，2002）。尽管如此，以学生入学人数为基础的地方学区的规模也有很大差异。例如，拥有 25 000 名或者更多学生的学区数只占学区总数的 1.5%，但其吸纳了接近所有公立中小学 1/3 的学生；与之相反的是，少于 300 名学生的学区数占学区总数的 22%，但其所吸纳的学生却只占公立学校学生总数的 1%（*Digest of Education Statistics*，2002）。

地方学校董事会的权力在州宪法和成文法中有详细的规定。这些权力包括：通过税收募集资金，使用公共资金，签订合法合同，以及作为一个合法实体的其他权力。一般而言，董事会有三项基本职责：（1）保证执行州的法律、规定和规则；（2）在州的法律、规定和规范未涉及的领域制定政策；（3）聘用督导作为首席执行官。关于学校董事会的责任和作用，我们在以后的各章将会有更深入的阐述。

从组织的观点来看，地方学区已成为相当独立的机构。坎贝尔等人（Campbell et al.，1990）将其描述为："它们的多样性表明美国人民的地方观念以及注重基层民众意见的意识是根深蒂固的"（p. 107）。在地方学区形成的初期，它们就成了政治实体（州的下级机构，充当平衡集权与分权的角色）、合法实体（半地方性团体）、地理实体（处于一定地界以内）以及教育实体（具有传播知识技能的特别责任的机构）（Knezevich，1984）。

尽管地方学区董事会被赋予建立学校、建造基础设施、聘用督导、制定对管理学校有用的政策和规定以及募集和使用公共资金的职责（Campbell et al.，1990），但是在不同的州，地方学区董事会的责任和权力范围是不同的，特别是在公布公共政策方面（Spring，1985）。即使在同一个州，地方学区董事会的权力与职责也有很大的差异。

学区督导的历史与现状

尽管早在 1640 年公立学校就已创建，但直到 19 世纪中叶才开始设置督导这一职位（Griffiths，1966）。1837—1850 年，有 13 个城市学区设置了这一职位；随后，到 1890 年，绝大多数的主要城市也设置了相应的职位。然而，这个潮流并未得到一致的支持。许多政治领袖唯恐学区督导会聚积他们自己的权力从而摆脱政府控制，但是一些城市在废除督导这一职位之后，又开始重新设置，这就集中体现了设置这一职位的必要性与其潜在的政治威胁二者之间的矛盾（Knezevich，1984）。即使在公共教育的形成时期，督导的政治性和专业化也始终处于冲突之中。政治领袖们极度不信任那些试图用专业化来作为反对其政治机构的挡箭牌的督导们（Kowalski，2004）。

历史发展

一定程度上，督导的演进与年级制学校的发展进程相类似。在年级制学校形成的初期，学校里只有一间教室，并且只有一位教育者，他既是教师又是校长，有时甚至还是监护人（Brubacher，1966）。当年级制学校逐渐发展成为学区时，设置督导这一职位就显得十分必要。督导的主要责任之一就是为这一学区的所有学校编写统一的教材。在这一层面上，斯普林（Spring，1985）写道：

> 督导这一角色的发展在年级制的教育组织的演进中是重要的。创建这一职位的基本原因就是让一个人承担监督课堂教学和保证课程的一致性方面的全职工作。（p.199）

如前所述，对州和地方学区而言，督导是应普通学校的改革运动之需而产生的。地方学区和学校期望督导们能够编写教材且能够为保证课程实施而进行有效监督。

早在 1820 年，一些学校董事会就安排秘书来帮助其处理日常工作，学区督导的职位正是从这一现象中演变而来的。纽约的布法罗任命了第一个官方的督导，他被看作一个"学校检查员"（Brunner，Grogan，& Björk，2002）。总之，早期的督导只享有极少的权力，也只做一些常规的工作。他们更多的是帮助学校董事会达到州政府的要求。

到了 20 世纪的前 10 年，许多社会精英（如学校董事会成员、专业工作者以及影响公共政策和意见的商人）一直不断地努力，希望通过授予督导仆人般的任务和琐碎的工作来限制督导的角色和地位。他们的行动出于两个动机：第一，强化督导是学校董事会的仆人而不是领导者的观念；第二，对督导能够成为能干的经理缺乏信心，因为被委派到这一职位的教师还没有做好控制学术、人力和物质资源的准备（Knezevich，1984）。

20 世纪早期，委派督导的原因出现了变化。有的人被选举为督导是因为他们看上去像领导——被视为拥有政治品质的人，公众将他们视为有能力的人；有的人被选举为督导是因为他们是骨干教师——被视为有能力实施州课程的人；有的人被选举为督导是因为自身有一定的政治背景；还有的人被选举为督导仅仅是因为他是男性（这集中反映了现代组织管理中的一种性别偏见）。然而，直到 1910 年，没有任何一个人是由于管理能力出众而被选举为督导（Kowalski，2003a）。

大约在 1910 年，以下几种情况综合在一起使这一关键职位有了新的转向：工业革命及相关背景（比如城镇化）提升了组织管理技能的价值（见表 1—3），与此同时，学区变得越来越大，并不断强调标准化实践，学校行政的专门化也逐渐加强。

表1—3　　　　　　　1910—1930年间促进督导转变为管理角色的因素列表

因素	解释
科学管理的原则	将在工业上被认为是成功的实践应用到学校
学校机构性质的转变	密切的监督是普通学校的目标得以实现的必要保证
教学与行政分离	管理被视为男性的责任；教学被认为是次要角色，大部分由女性承担
官僚机构的构建	行政人员管理物资，人力资源效率提高；教师和其他人员需要通过监督来保证他们的工作与政策规则相一致
身份和权威的要求	如果过去学校行政被认为是一个管理职责，督导就很可能被认为是从教学中分离出来的并且比教学更优越的职位
政策拟定与政策执行的分离	学校董事会负责决定做什么，行政人员则负责如何做

伊顿（Eaton，1990）将专业化定义为通过人们长期以来的共同努力，建立起一个特定的职业角色并将这一角色视为标准的发展过程。按照他的说法，实际技能和更受欢迎的行为都是必需的。他写道："为了交换系统的训练和道德认可，专业人员需要对教学进行自主判断"（p.33）。督导们愿意应聘这一职位有许多理由，除了获得显要的地位之外，至少还有其他三个动机：

1. 工业管理在经济方面和社会方面的成功被普通民众视为是积极的，因此督导被划分为职业经理人的想法吸引了许多学校的行政管理人员。

2. 专业化常常会因为那些现行的划分方式而形成个人权力。

3. 大城市官僚主义的破除使一些重要决定往往是出于教育而不是基于政治考虑而作出的。

一些教授也支持督导的专业化发展，他们试图使教育行政成为人们热衷追捧的职业，他们尤其希望行政与教学分离，最后，他们确实成功做到了。在公众的眼中，校长和督导都成了经理，而教师则下降为次一级的角色（Callahan，1962）。

在20世纪的上半叶，产生了三种新的督导角色：首先是一名有能力的经理，这是最理想的；其次是一名民主政治家（或者政客）；最后是一名应用社会科学家。以上三种角色，在第2章将会有详细的阐述。

现实状况

不管今天学区规模怎样，大多数督导的工作职责已经改变了，对这一职位的工作要求也越来越高，而且越来越复杂。督导们需要拥有相应的知识和技能去制定许多与他们管理职责相关的规范，由全美学校管理者联合会（American Association of School Administrations，AASA）和全国学校董事会协会（National School Boards Association，NSBA）及其他协会组成的联合委员会通过的一项国家报告确定了督导的以下具体责任：

● 成为校董事会首席执行官，为董事会提供卓越的教育建议，从而扮演学校管理者的角色。

● 成为学校系统中基础教育的领导者，同时也应成为整个学区的专业人员以及为董事会提供协助服务的所有协助人员的首席管理人员。

● 成为学校管理领导队伍中的催化剂以诱发和推进政策变革。

● 提出和执行一些影响范围大、计划性强的议案，使董事会和社区都能参加并为学区第二年的成功而付出努力。

● 使所有董事会成员能理解学校的运作和计划。

● 向董事会说明学校系统运作的需求状况。

● 当出现需要董事会采纳新政策或者反思已有政策的情况时，向董事会提出具体的建议和政策选择。

● 拟定并告知董事会成员执行董事会政策所需要的一些行政程序。

● 草拟与董事会意见一致的较完整的学校—社区的联系计划。

● 检查学区日常运作情况。

● 向董事会陈述公立学校有效领导和管理的组成部分，关注有效领导和管理是有效控制和有效行政的结果。

● 制定并执行计划，使所有的专业人员明确学校的使命、目标、策略以及在实现它们时所有的工作人员扮演的角色的重要性。

● 保证学校的所有职员都有专业发展的机会。

● 通过国家和州的专业协会联合其他行政人员，来告知州立法者、议会议员以及其他所有州和联邦工作人员当地的教育事务和问题。

● 保证学校为所有学生提供平等的教育机会。

● 评价人事表现是否与区政策协调一致且让董事会了解这一评价。

● 在每次董事会会议之前，给董事会全体成员提供有关董事会在每一事项上的完整的背景信息和建设性意见。

● 拟定和实施一个与大众媒体合作的长期计划。（American Association of School Administrators，1994，pp. 11−12）

一个学区的性质常常决定了督导的日常工作。在大的学区内，督导只需对行政责任的一两个方面擅长就可以了，因为其他的行政责任可以委派给协助人员。于是，大城市的学校董事会往往会有意地寻找在某领域被称为专家的人员，如财政管理或者公共关系领域。与之相反，督导在小的学区里常常是多面手，因为除了校长外，他们没有一个辅助人员。尽管在大小学区之间有很多不同，但所有地方学区的学校董事会在招聘新督导时一般都强调课程、财政和公共关系方面的知识与技能（包括交往技能）（Chand，1987）。在 20 世纪 70 年代后期，莫里斯（Morris，1979）发现学区督导和主要行政人员在他们的社会工作中有不同的倾向。业务经理会花大量的时间与组织外的人员进行交流，而督导则往往只和下属交流。督导的这种与外界的孤立状态是受那些自诩为改革者的人所批评的，他们会认为学校官员对社会需要反应迟缓，对经济、政治和社会变化反应不够敏锐。20 世纪 80 年代，布隆伯格（Blumberg，1985）在研究督导时写道：

……我们对督导这一角色的洞察程度似乎日益深入。督导需要对社区组织有一个逐渐深入的了解。督导要对社区作为一个组织、一种政治结构、一种督导权力之外的权力中心有所了解，以及对人和对创造一个可成立的教育组织所需的技能有更深刻的理解。(p. 43)

与以前相比，人们如今更希望督导成为一个能与更广阔的社会进行不断对话的人。在很大程度上，这是因为公众越来越希望督导是建设者而不是管理者。也就是说，他们期望督导首先是领导者然后才是经理。领导就是对如何改进组织能够作出决定，而管理则集中于对现在要做的事情作出决定（Kowalski，2003a）。尽管两种功能对行政而言都是必要的，但在历史上督导更多地将注意力集中在管理上。面对日益增大的学校改革压力，约翰逊（Johnson，1996）写道："公众希望新督导能为地方教育进行诊断并且提出改进的策略建议"（p.276）。在公众眼中，当今理想的督导应该是一位改革领导，一位指导其他人一起重新创建组织文化和营造氛围的能人。人们也希望督导能分享权力，与大家一起作出民主的决定，而并非像传统方式那样行使权力。公众期望督导共同参与

> ……建立一个广泛的共享美好愿景；短期来看，即直接帮助学区成员克服他们在为愿景而奋斗中遇到的障碍；长远来看，即提高学区成员的能力，一种使他们更容易地成功克服以后将会遇到的障碍的能力。（Leithwood，Begley，& Cousins，1992，p.8）

关于这种转变的一个典型例子发生在肯塔基州。《肯塔基教育改革法案》（KERA）的通过引起了各方面的广泛改革。由于该法案与现存法律、政策和规则相抵触，法院命令该州的中小学公共教育系统在管理、课程和财政方面进行一次彻底的改革。由于以前没有出现过类似事件，这种彻底改革公共组织的做法使当地学区督导难以选择，所以他们只能重新定位思考自己的角色。在改革的法律生效后，他们"让自己更多地用共识来管理而不是靠命令来管理；把自己当作辅助者而不是控制者"（Murphy，1994，p.27）。一般而言，KERA为学区督导组织提出了至少三项任务：（1）重新确立领导期望值（如更注重辅助人员的作用）；（2）强化督导在社区发展中的角色（如重建学校与其周边环境关系）；（3）在学校经历巨大变革时为其提供支持和方向指导（Murphy，1994）。

在有关的学术探讨会以及全国教育组织活动中，都有研究者尝试对督导这一概念重新进行界定。研究者开始关注督导行为与高效能学校及这些学校中学生良好表现之间的关系（e.g.，Griffin & Chance，1994；Morgan & Petersen，2002）。在过去的几十年里，教育行政领域中的学者们致力于研究组织中的社会心理变化过程。他们发现，只有有效的实践才能形成较高的效能（Boyd，1992），现在迫切需要证明督导行为与学校组织结构有效性之间的关系。

在重新构建学区时最有效的领导形式是什么？集权和分权到什么程度才能形成最佳效果呢？诸如此类的问题促使专业组织修订了学区督导的标准。承担这项修订任务的全美学校管理者联合会宣称：最近关于督导的研究呈现一种非常清晰的趋势——自上而下的官僚管理正在被自下而上的行政领导方式所取代。这种新型领导方式鼓励学校全体职员、社区、业务人员以及其他董事共同为学校事务作出决定（Hoyle，1993，p.3）。

20世纪90年代早期，全美学校管理者联合会制定了八项督导管理标准。这八项标准是在广泛征求来自实践者、学校董事会成员、教育领导专家等多方人员意见的基础上拟定的。表1—4对这些标准作了简要说明。全美学校管理者联合会委员会主席约翰·霍伊尔（John Hoyle，1994）称这些标准为改进督导的选择、准备和发展提供了基准。他还认为这些标准反映了大众希望督导成为一个民主推广人士而非集权专制人士。即便如此，也有一些人认为这些标准并不具有普遍适用性。例

如，著名学者拉里·卡班（Larry Cuban, 1994）对这八项标准中竟然没有一项要求督导负责对学生学业表现、教学改进和校长表现进行管理表示惊讶。

表 1—4　　　　　全美学校管理者联合会拟定的督导标准一览表（1993 年）

标准	焦点
领导和区域文化	制定集体愿景；形成学校文化和氛围；为个人和团体提供目标和方向；加强对影响教育的国际事务的理解；形成战略性计划与目标，并且同其他人员和社区共同努力；优先考虑社区、学生和人员的需要；在一个多元文化背景下成为一个为所有学生福利服务的能言善辩的发言人
政策和管理	为有着共同期望的教育董事会制定程序；为外部和内部的计划制定区域政策；使地方政策与州和联邦的要求，宪法条款和标准以及常规相一致；认识并包含民事和刑事责任的标准
理顺社区关系	向社区和大众传媒清晰地表达本地区的目的和优势；对社区反馈进行回应；加强意见统一以及进行必要的冲突调停；识别、发现并处理事件；形成内部和外部交流并执行计划；展现对学区作为政治系统的理解并且将交往技巧应用到加强社区支持方面；在区域优先权支持方面调整选民；建立联盟来获得财政和有纲领的支持；为公民投票形成民主策略；将政治优先权和孩子的福利联系起来
组织管理	阐述对学区收集数据、分析数据和依据数据作出决定的系统过程的理解；管理数据变化；发现和解决问题；制定优先发展方案和形成解决方案；帮助其他人形成合理的意见；作出符合逻辑的结论；为实现内部和外部期望而作出高质量的决定；计划和安排个人与组织工作；建立管理活动和项目的程序；在合适的组织水平上进行委派和授权；获取和配置人力和物质资源；制定和管理区域预算；保持精确的财政记录
制定课程计划	设计课程，制定有效的教学计划；提供职业发展趋势以及相应的职业教育发展方案；识别教学目标，确立单元学习流程；使用有效而可靠的标准和测试程序来测量教学效果；说明如何合理使用电脑与其他学习的信息技术
人力资源管理	制定一个人员评价和发展计划以改进所有人员的表现；基于成人动机研究来选择合适的督导模式；充分认知不同员工的利益；拟定并执行招聘、发展、保留和开除职员的合法条例
价值观引导	理解和制定合适的价值系统、伦理和道德标准；知晓民主社会的教育角色；体现多元文化观、道德及相关的行为；促使教育计划适合各选民的需要；考虑学生利益；平衡复杂的社区要求；监测工作人员和学生的机会环境；科学合理地应对新闻媒体；促进社会机构和服务机构和谐发展，以帮助各个学生健康成长

成为督导的条件

成为一名学区督导的传统要求包括：专业准备、职业资格认证以及教学经验。最近，一些改革者攻击了这些传统要求，提出这些要求妨碍了商业、军队和政治领域的有能力的官员成为一名督导（English, 2003b）。以下各部分将讨论这些要求的性质以及对它们进行改革的呼声。

专业准备

像其他所有专业一样,学术方面的要求是建立在资格认证标准基础之上的。到20世纪80年代为止,82%的州颁布了有关法律,要求学校行政人员只有完成规定的毕业学习,然后获得州授予的专业资格证书(或者执照),才能成为一名学区督导。其中3个州还具体指定了督导应该完成的课程。

20世纪80年代中期以前,人们很少注意到以大学为基础的督导课程内容及其有效性,也很少关注这种课程结构形成的原因。这种忽视大体上是由以下两个原因造成的:第一,许多学校行政部门只需要应对生源竞争——一个不利于改革的条件;第二,20世纪90年代之前的改革焦点很少包括学区管理。于是,政策制定者不需要对学校课程进行大范围的变革。20世纪90年代,这两个情况发生了变化,由对行政事业兴趣的淡化所导致的学生入学人数的下降和学校管理项目的减少都加剧了竞争。与此同时,改革者和专业学者开始对学区管理的有效性提出质疑(Kowalski & Glass,2002)。教育优化管理委员会(National Commission on Excellence in Educational Administration,NCEEA)(1987)和教育管理政策委员会(National Policy Board for Educational Administration,NPBEA)(1989)分别对此提出了报告,报告表明许多计划已经与实践脱节。此后,全美学校管理者联合会制定了督导认证标准,州际学校领导资格认证委员会制定了学校领导资格州际认证标准(Interstate School Leadership Licensure Consortium,ISLLC)(见表1—5)。

表1—5 　　　　　　　　　　学校领导资格认证州际标准

标准	内容
1	学校行政人员应是一位建立并完善各项设施,全力促进学生健康成长的教育领导
2	学校行政人员应是一位提倡、培育和保持校园文化,全力促进学生的健康成长的教育领导
3	学校行政人员应是一位完善各项管理,建立安全有效的环境,全力促进学生健康成长的教育领导
4	学校行政人员应是一位联合家庭成员和社区成员对社区利益和需要作出反应,动员所有资源全力促进学生健康成长的教育领导
5	学校行政人员应是一位维持公平和道德,维护共同利益,全力促进学生健康成长的教育领导
6	学校行政人员应是一位理解和应对整个社会的政治、社会、经济、法律以及文化,全力促进学生健康成长的教育领导

学校行政管理方面的相关专家提出了关于改进管理质量的专业准备意见。这些意见包括:对管理的全力关注(e.g.,Sergiovanni,1991);目标与内容不能相脱离(e.g.,Achilles,1998;Hallinger & Murphy,1991);保证专业教育中资金和人员的充足(e.g.,Twombly & Ebmeier,1989);加强实践教育(e.g.,Gousha & Mannan,1991);重视性别问题(e.g.,Shakeshaft,1989;Skrla,1998);对入学

和毕业标准进行改革（e.g.，Clark，1989；Keedy & Grandy，2001）；重视国家课程（e.g.，Kowalski & Glass，2002）。

最近，大多数评论都认为专业准备基本没有必要。改革者建议取消资格认证——一项使得专业准备没有必要的政策行为。这种极端做法的例子集中体现在《优化美国学校领导宣言》（Better Leaders for America's Schools：A Manifesto）的颁布上，这一文件由董事会基金与托马斯·B·福德姆研究所（Thomas B. Fordham Institute，2003）共同出版。按照它的大部分意见和对逸事的描述，它把基于大学的准备计划和州的资格认定标准看作毫无意义的，是受规章限制的。作者宣称，"对有志于成为督导的人而言，我们认为州应该只要求他们接受学院教育以及详细的背景检验"（p.31）。一些学者（e.g.，English，2003a）认为改革者反对来自大学专业准备的做法是因为他们想要提供其他准备形式，这种做法的真正目的是取消国家公立中小学教育体系（English，2003b）。

人们很少仔细考虑过对督导专业准备方面的批评。超过500所学院和大学开设了教育行政方面的课程，但其中绝大部分都不培养督导。有些机构只开设专门由兼职的教员授课的少量课程，其余的则提供大量的学历学位，包括博士学位，并且聘用10个或者更多的全职教员来授课。而且在培养督导的那些机构中也没有国家课程。因此，用同一模式来培养学校行政人员的计划既不合情也不合理。这就是期望成为督导的学生在决定应该在哪里完成自己的学历学习时需要谨慎行事的原因。

改革者们认为现实状况已经表明专业化准备越来越不重要。然而，从督导那里收集的信息并不支持这种观点。根据1982年、1992年、2000年的现代改革运动所作的国家研究，我们发现3/4的督导认为他们的专业准备是"非常好"或者"好"；在1992年，只有4.6%的人认为其准备是"差"的，并且这个比例在2000年下降到了3.6%（Glass，Björk，& Brunner，2000）。在21世纪初，将近一半的督导（45.3%）拥有了博士学位（Ed. D. 或者 Ph. D.），这与1971年的29.2%形成了鲜明的对比。这些拥有博士学位的人很可能是在超过25 000名学生的学区内任职，很少有人留在少于300名学生的学校。不过，99.7%的督导都有不同形式的毕业学位（Glass et al.，2000）。其中几个州，如印第安纳州和艾奥瓦州，只有获得高级学位（Ed. s.，Ed. D. 或者 Ph. D.）的人才能获得督导资格认证；而在其他几个州，如阿肯色州和明尼苏达州，只要有高级学位或者进修结业证就可以申请认证（尤其是硕士学位之外的学习时间不得少于32个学时）。

职业资格认证

州政府给不同专业（如医学、法律以及教育）和职业（如理发师和水暖工）进行资格认证，以保障公众的合法权益，使公众避免接受不合格的服务。从字面上看，"执照"和"职业资格证书"在教育领域基本是同一含义，但是它们在其他专业领域是有区别的。职业资格证书包含一个强制性的要求，例如一个人没有医学资格证书就不能行医。资格认证表示其持有者拥有足够的知识和技能水平在某一专业进行实践（Tannenbaum，1999）。与之形成对比的是，执照则被用来表示具备一种基本实践所要求的能力水平，例如一位医生可能在获得资格认证之后通过达到专门的规范标准来获得外科执照。因此，资格认证允许个体进行某种专业实践；执照则表示获得资格证书的实践者已经在某个专业领域具备了高水平的能力。

许多州已经不允许使用执照而是使用职业资格证书，主要原因如下：第一，在教育游说团体的促进下，这两个术语的区别越来越明显；第二，在一些州（如康涅狄格州和印第安纳州）由专业教育者组成的专业标准委员会已经替换了执照颁发机构，这些委员会倾向于使用职业资格证书；第三，一些专业团体（如学校商业官员协会和国家教学专业标准委员会）颁发在资格认证要求之外的专业执照（Kowalski，2003a）。

虽然一些州仍然颁发执照而不是职业资格证书，但是在本章接下来的部分我们都将使用资格认证这一概念。每个州，包括哥伦比亚特区，以及其他邦（例如，波多黎各），其司法部门颁发教育资格证书，而且在这些机构下资格认证的标准也是不一致的（Kowalski，2003a）。由政府委员会或机构颁发的职业资格证书不是一种财产权利，也就是说，它不是持有者（例如学校行政人员）和颁发者（例如州）之间订立的合同（Hessong & Weeks，1991）。因此，一个州可能在未考虑到违背持有者的财产权利的情况下改变了资格认证的条件。尽管如此，州议会和资格认证委员会经常会给资格证书持有者免税，一般被称作"终身制"，它可以保护职业资格证书不受新规定的影响（Kowalski，2003a）。而且许多州已经达成确保在一个州获得资格认证的人实际上在另一个与之合作的州也可以获得资格认证的互惠协议。

在美国，不仅资格认证的标准不同，而且过去 20 年实施的政策使得这种不同的程度大大增加了。所有州都给教师颁发职业资格证书，然而对于督导而言则并非如此。在 1990 年，有 23 个州要求督导持有督导资格证书，而且其中的 16 个州不要求督导获得行政管理资格证书。绝大多数州都要求督导至少获得硕士学位（Ashbaugh & Kasten，1992）。最近的一项研究（Feistritzer，2003）指出，41 个州仍然要求督导有专业准备和职业资格证书，而一半以上的州（54％）已废止了证明或者只需持有临时证书；除此之外，41 个州中的 15 个州（37％）允许或者认可其他的资格形式（如有过大学学习的经历）。

改革者们往往认为专业准备有其不利的一面。例如，赫斯（Hess，2003）认为资格认证不再具有必要性，因为学校行政人员"在一个可利用的背景下，可以基于手中大量的数据资料进行监控，为更大的组织工作"（p.7）。诸如此类的观点清晰地反映了一种偏见。这种偏见认为校长和督导应该被看作政治官员而不是专业人员，这引起了政策制定者和社区精英的不满。然而，要求废除这一关键职位的资格认证成为发展的趋势。例如在田纳西州，要成为督导的唯一要求只是学士学位（Kowalski & Glass，2002）；密歇根州和南达科他州不再要求督导和校长拥有资格证书；佛罗里达州、夏威夷州、北卡罗来纳州、田纳西州以及怀俄明州是给校长颁发资格证书而不是给督导；不颁发或者不要求督导获得资格证书的州允许地方学校董事会自主制定聘用标准（Feistritzer，2003）。

另外几个州则正好相反。这些州通过要求书面的资格考试来强化认证标准。教育测试服务机构已经基于 ISLLC 为学校行政人员制定了测试。这项因学校领导者的认定评价而著名的测试是由一系列的小品文和案例分析组成，它们共同形成了 25 个结构化的题目（Holloway，2002）。支持者认为国家标准往往会变得没有意义，除非这些标准直接与专业准备和资格认证相联系。从本质上说，这种资格认证测试需要得到学校行政管理人员和教授的关注（Latham & Pearlman，1999）。

教学经验

除学校学习外，教学经验也是获得督导资格认证的一项要求。在最近全美范围内的调研中，费斯特里泽（Feistritzer，2003）发现几乎所有的州都要求督导具备教学经验或者相关经验，尽管在经验的数量和性质上每个州的要求有所不同。例如，印第安纳州要求督导至少具有两年的教学经验，但是可以没有相关的行政管理经验。与之形成对比的是，路易斯安那州则要求督导有五年的教学经验并且还要有五年的行政管理经验。

从历史角度来看，有关教学经验方面的要求说明人们希望校长能成为教学方面的理想领导者，实际上所有的督导都曾经是校长。今天，州政府的去法规取向和学区的分权强化了督导具备教学经验的要求。这些策略使地方学区领导者在制定长远而美好的教学改革计划时提高了对督导的期望值。在对教学进行改革的讨论中，彼得森和巴尼特（Petersen & Barnett，2003）指出，教师和校长的行动与对话必须继续集中精力在教与学上。讨论结束后，他们得出以下结论：为使这种将精力集中于教学的状态继续下去，督导必须参与其中，并提供相关的资源。在这一点上，斯皮兰和路易斯（Spillane & Louis，2002）写道，"如果督导对教师如何才能很好地教学缺乏理解，那么他们将不能有效地检查教学和支持教师发展"（p.97）。赫斯（Hess，2003）反驳道，这种认为只有具有教学经验的人才能成为学区督导的说法是站不住脚的，因为所有的学校管理人员都具备领导学区的基本技能，但实际上所有的学校管理人员都往往会忽视自己的责任。这种观点得到了一些人的支持，这些人希望使学区督导这一职位变成一个纯政治职务。

基于生活质量方面的考虑

有很多原因促使教育者期望成为学区督导。

首先，这一职位的平均工资高于公共教育体系中任何职位的工资。在许多地方，督导实际上是社区中待遇最高的官员。2001年，在一个有25 000名或者更多学生的学区里，督导的平均年薪大约为153 000美元（Council of Great City Schools，2001）。在所有的学区里，2002—2003学年，日均花费在督导身上的支出是534美元，而一般教师是241美元，小学校长是339美元，中学校长是356美元，大学校长是373美元，督导助理是417美元（Forsyth，2003）。可是，督导的工资水平在州与州之间以及各州内部仍有明显的区别。比如，在纽约市郊区的督导比在南达科他州农村的督导工资要高。因为人口统计变量，比如学区大小、学术水平以及专业经验，往往都会影响工资水平。

其次，可观的灰色收入是教育者期望成为督导的重要因素。在一些学区，首席行政官除自己的职位收入外，可得到与其他职员相同的福利待遇，而在其他学区所获利益或许更丰厚。在这些问题上，社区的富裕程度以及过去的实践常常影响董事会成员的决定。许多督导希望寻求额外的利益而不是寻求高工资，因为工资已经被当地媒体公开化了。流行的灰色收入包括税收—住房津贴、个人退休养老金、一辆小汽车（可以个人使用也可以公用）、专业会费、消费账户以及高于其他雇员的保险。有几个州已经在政府雇员的利益范围和类型方面作出了明确规定。

再次，工作的安全性也是教育者考虑的因素之一。总体而言，督导在一个学区大约会工作6～7年（Glass et al.，2000；Cooper，Fusarelli，& Carella，2000），而且这种状态在过去30年没有实质性的变化（Glass et al.，2000）。一些关于督导工作任期的研究结论是有待商榷的。因为这些研究没有真实地反映一个督导花在这个特定职位上的时间，它们只是反映了督导在此项研究中花在工作上的时间（Yee & Cuban，1996）。鉴于许多督导自愿通过改变职位来发展其事业的事实，他们提供的任期资料也有待商榷（Kowalski，2003b）。督导这个职位的最短任期可能在以下两种学区中：大城市学区或小农村学区（Kowalski，1995）。

此外，还有大量因素影响着督导的生活质量。其中一个就是隐私权的丧失。布隆伯格（1985，p.156）发现许多督导相信他们所在的社区将其作为公共财产。他从两方面描述了这一状况：首先，公众认为不管在任何时间、地点或者场合，督导都应该平易近人；其次，不管怎样，因为督导职位的公共性以及他处在社区儿童的教育者的位置，其私人生活应该是无负面评论的。

不管条件如何苛刻，一些督导总是受到崇拜和尊敬的，并且在其所在的社区中获得了声誉。与教师和校长相比而言，督导在安排个人时间方面有更多的自主权，他们经常作出对学区有重大影响的决定（如建造新校舍）。他们更容易接近社区领导和州领导，他们影响着成千上万的教育者和学生的生活。这些都说明督导这一职位在本质上颇具价值。

反　　思

美国公共教育管理结构有四个层次：联邦、州、区域以及地方。督导在后三个层次上发挥着作用。即便如此，几乎所有人都认定这一职位与地方学校的关系更加密切，因为大多数督导都出现在地方学区。学区督导这一职位经过150多年的演变，其规范要求比过去任何时期都要苛刻和复杂得多。

过去，成为督导需要具有专业准备、职业资格证书和教学经验；如今，这些条件在一些州已经发生改变。一些州不再颁发督导资格证书；一些州颁发但不要求持有资格证书；大约1/3的州颁发临时资格证书或者允许专业准备的非传统形式。显然，在过去25年学校教育改革运动的历程中，关于督导应该是专业领导者还是政治官员的对立与冲突进一步扩大了。

尽管对立与冲突在督导的实践中是不可避免的（Cuban，1985），但许多官员仍然发现这一职位颇具价值（Glass et al.，2000）。因为这一职位不仅收入高，而且影响着许多教育者和学生的生活。

结合本章内容，思考下列问题：

1. 为什么联邦政府在中小学教育中扮演的角色有限？20世纪70年代后期以来，这一角色有着怎样的变化？

2. 什么是区域性学区？区域性学区和地方学区有什么关系？

3. 州公共教育体系与地方学区存在何种法律关系？

4. "作为政治领导的督导"与"作为专业领导的督导"有什么区别？你支持哪种观点？

5. "管理"和"领导"有什么不同？它们如何发挥各自与行政有关的作用？

6. 你是如何看待学区督导角色中最引人注目和最不引人注目的部分的？

7. 根据你的学校行政经历和对学校行政的认识，你认为要成为学区督导是否应具备专业准备？理由是什么？

8. 职业资格认证的目的是什么？这些目的在学校行政中是正确的吗？

案例研习

迪布拉·杰克逊（Debra Jackson）经常把自己看作一个冒险家。她是家里第一个完成大学学业的人；她是第一个被雇用在州最富裕郊区之一的学区作为教师的非裔美国人；她是第一个被选举为州运动协会成员的女性高中校长。当她在 38 岁时完成了学校行政博士修读计划后，被聘请到州最大的学区作为中等教育的督导助理。两年之后，她成为督导。

哈巴（Harbar）学区位于且并不富裕郊区。它毗邻州首府，二战后得到发展，是钢铁汽车工人的居住区。1965 年以来，学区的招生人数从 13 500 人下降到 4 700人。而且，学区的人口和经济成分改变很大，如下列资料所示：

	1975 年	现在
人口总量（人）	82 000	54 000
少数族裔（人）	1 300	27 000
免费和给予补贴的午餐（份）	1 100	3 200
非居住民财产税的比例（%）	13	52

学区由五位推选出来的成员组成学校董事会管理。他们一致投票聘用杰克逊博士为学区督导，她是这个学区第一个女性督导，接替了在这一学区工作了 28 年并且担任了 14 年督导的已退休人员塞玛尔·艾维瑞（Samuel Ivory）博士的工作。

杰克逊博士公开保证她会将自己的大部分精力集中于改进学生的学业表现。就职后，她和三位督导助理重新划分责任，使其能直接与校长和课程委员共同工作。当第一次为学校董事会准备材料时，她发现她的前任很少在董事会日程上为董事会提出变革建议。一开始，她以为艾维瑞博士可能更喜欢口头表达他的建议，但是在同工作人员的讨论中她发现根本就不是这么回事，艾维瑞博士从来没有在行动事项上提出过建议和意见。

7 月，董事会会议日程表上的一项议程是购买三辆新校车。经理已经收到了五个经销商提供的销售价格及书面购车细节。然而，经理既没有分析过这些价格，也没有与任何一个经销商进行协商。杰克逊博士和经理讨论了这个问题，经理告诉她，董事会成员喜欢自主作出决定。她说她不能接受这一程序，她还要求经理评估与分析这些竞标并找出价格最低及质量最好的竞标单。第二天，她收到了一份修改后的报告。她认可经理的分析并决定予以采纳，而且坚持认为应向经与其商讨确定的经销商购买汽车。

会议前三天董事会分发了相关材料，杰克逊博士收到了来自董事会主席的传话。主席暗示她，自己已经收到了两个董事会成员关于汽车出价的信息。他说："杰克逊博士，你为什么要花时间在汽车出价上？财政问题、汽车以及建筑物是由督导助理和董事会处理的。我们一些董事会成员非常了解这类事情。"

杰克逊博士解释道，作为督导，她有责任为董事会的行动事项提出建议。董事会主席大吃一惊："我们聘用你只是为了提升学生考试成绩及学区形象。我们的目的不是聘用经理。我们的部分董事会成员不喜欢督导参与财政决定。毕竟，我们是经公众选举出来的，我们代表公众，我们应该决定税收如何消费。"

　　杰克逊博士礼貌地反驳了他。她对主席说："我的工作是领导和管理，我依靠我的专业工作人员，为经理提供指导。董事会应该依靠我去为经理提供相似的指导。"主席没有作出令她满意的回答，认为她需要安排一次行政会议，在会议上她可以和整个董事会成员讨论她的角色问题。

案例讨论

　　1. 你认为像杰克逊博士这样的督导有权在董事会行动事项方面提出建议吗？你的理由是什么？

　　2. 是什么因素使部分学校董事会成员不喜欢督导在行动事项上提建议？

　　3. 杰克逊博士直到准备她的第一次董事会会议时才发现她的前任从来没有向董事会提出过建议。在这之前她一直不了解这一情况，这在多大程度上出于她自己的失误？

　　4. 本章讨论了有关督导的两种冲突观点——"专业"与"政治"的对抗。根据本章相关内容分析这一案例。

　　5. 杰克逊博士在这一问题上寻求州教育部、州督导协会以及州学校董事会协会的建议。她可以从这些机构中了解到哪些与此案例有关的内容？

　　6. 如果杰克逊博士从专业的角度来回应这一冲突，她要怎么做？如果从政治的角度，她又应当怎么做？

参考文献

Achilles，C. (1998). How long？ *The AASA Professor*，22 (1)，9-11.

Alexander，K.，& Alexander，M. D. (1998). *American public school law* (4th ed.). Belmont，CA：Wadsworth.

American Association of School Administrators (1994). *Roles and relationships：School boards and superintendents*. Arlington. VA：Author.

Ashbaugh，C. R.，& Kasten，K. L. (1992). *The licensure of school administrators：Policy and practice*. East Lansing，MI：National Center for Research on Teacher Learning. (ERIC Document Reproduction Service No. ED347163)

Björk，L. G.，& Keedy，J. (2001). Politics and the superintendency in the U. S. A：Restructing in-service education. *Journal of In-service Education*，27 (2)，275-302.

Blumberg，A. (1985). *The school superintendent：Living with conflict*. New York：Teachers College Press.

Boyd，W. L. (1992). The power of paradigms：Reconceptualizing policy and management. *Educational Administration Quarterly*，28 (4)，504-528.

Broad Foundation & Thomas B. Fordham Institute (2003). *Better leaders for America's schools：A manifesto*. Los Angeles，CA：Authors.

Brubacher, J. S. (1966). *A history of the problems of education* (2nd ed.). New York: McGraw-Hill.

Brunner, C. C., Grogan, M., & Björk, L. (2002). Shifts in the discourse defining the superintendency: Historical and current foundations of the position. In J. Murphy (Ed.), *The educational leadership challenge: Redefining leadership for the 21st century* (pp. 211–238). Chicago: The University of Chicago Press.

Butts, R. F., & Cremin, L. A. (1953). *A history of education in American culture*. New York: Henry Holt and Company.

Callahan, R. E. (1962). *Education and the cult of efficiency*. Chicago: University of Chicago Press.

Campbell, R. F., Cunningham, L. L., Nystrand, R. O., & Usdan, M. D. (1990). *The organization and control of American schools* (6th ed.). Columbus, OH: Merrill.

Chand, K. (1987). *A handbook for the school boards in America for the selection of the superintendent of schools*. East Lansing. MI: National Center for Research on Teacher Learning. (ERIC Document Reproduction Service No. ED277120)

Clark, D. L. (1989). Time to say enough! *Agenda*, 1 (1), 1, 4.

Cooper, B. S., Fusarelli, L., & Carella, V. (2000). *Career crisis in the superintendency?* Arlington, VA: American Association of School Administrators.

Council of Great City Schools (2001). *Urban school superintendents: Characteristics, tenure and salary*. Washington, DC: Author.

Cuban, L. (1985). Conflict and leadership in the superintendency. *Phi Delta Kappan*, 67 (1), 28–30.

Cuban, L. (1994). Muddled reasoning will limit standards' impact. *School Administrator*, 51 (7), 28.

Digest of Education Statistics (2002). Washington, DC: Government Printing Office.

Eaton, W. E. (1990). The vulnerability of school superintendents: The thesis reconsidered. In W. Eaton (Ed.), *Shaping the superintendency: A reexamination of Callahan and the cult of efficiency* (pp. 11–35). New York: Teachers College Press.

English, F. W. (2003a). Cookie-cutter leaders for cookie-cutter schools: The teleology of standardization and the de-legitimization of the university in educational leadership preparation. *Leadership and Policy in Schools*, 2 (1), 27–46.

English, F. W. (2003b, November). *Debating the manifesto*. Paper presented at the annual meeting of the University Council for Educational Administration, Portland, Oregon.

Feistritzer, E. (2003). *Certification of public-school administrators*. Washington. DC: The National Center for Education Information.

Forsyth, J. (2003). Punchback: Answering the critics. *The School Administrator*, 11 (60), 6.

Glass, T. , Björk, L. , & Brunner, C. (2000). *The 2000 study of the American school superintendency*. Arlington, VA: American Association of School Administrators.

Gousha, R. P. , & Mannan, G. (1991). *Analysis of selected competencies: Components, acquisition and measurement: Perceptions of three groups of stakeholders in education*. East Lansing, MI: National Center for Research on Teacher Learning. (ERIC Document Reproduction Service No. ED336850)

Griffin, G. , & Chance, E. W. (1994). Superintendent behaviors and activities linked to school effectiveness: Perceptions of principals and superintendents. *Journal of School Leadership*, 4 (1), 69-86.

Griffiths, D. E. (1966). *The school superintendent*. New York: The Discourse for Applied Research in Education.

Hallinger, P. , & Murphy, J. (1991). Developing leaders for tomorrow's schools. *Phi Delta Kappan*, 72 (7), 514-520.

Hess, F. M. (2003). *A license to lead? A new leadership agenda for America's schools*. Washington, DC: Progressive Policy Institute.

Hessong, R. F. , & Weeks, T. H. (1991). *Introduction to the foundations of education* (2nd ed.). New York: Macmillan.

Holloway, J. H. (2002). A defense of the test for school leaders. *Educational Leadership*, 59 (8), 71-75.

Hoyle, J. R. (1993). *Professional standards for the superintendency*. Arlington, VA: American Association of School Administrators.

Hoyle, J. R. (1994). What standards for the superintendency promise. *School Administrator*, 51 (7), 22-23, 26.

Johnson, S. M. (1996). *Leading to change: The challenge of the new superintendency*. San Francisco: Jossey-Bass.

Keedy, J. L. , & Grandy, J. (2001). Trends in GRE scores for principal candidates in the United States: A call for international debate on the intellectual quality of principal candidates. *International Journal of Educational Reform*, 10 (4), 306-325.

Kimbrough, R. B. , & Nunnery, M. Y. (1976). *Educational administration: An introduction*. New York: Macmillan.

Knezevich, S. J. (1984). *Administration of public education: A sourcebook for the leadership and management of educational institutions* (4th ed.). New York: Harper & Row.

Kowalski, T. J. (1995). *Keepers of the flame: Contemporary urban superintendents*. Thousand Oaks, CA: Corwin.

Kowalski, T. J. (2001). The future of local school governance: Implications for board members and superintendents. In C. Brunner & L. Björk (Eds.), *The new superintendency* (pp. 183-201). Oxford, UK: JAI, Elsevier Science.

Kowalski, T. J. (2003a). *Contemporary school administration: An introduc-*

tion (2nd ed.). Boston: Allyn & Bacon.

Kowalski, T. J. (2003b, April). *The superintendent as communicator*. Paper presented at the annual meeting of the American Educational Research Association, Chicago.

Kowalski, T. J. (2004). The ongoing war for the soul of school administration. In T. J. Lasley (Ed.), *Better leaders for America's schools: Perspectives on the Manifesto* (pp. 92–114). Columbia, MO: University Council for Educational Administration.

Kowalski, T. J. , & Glass, T. E. (2002). Preparing superintendents in the 21st century. In B. S. Cooper & L. D. Fusarelli (Eds.), *The promises and perils facing today's school superintendent* (pp. 41–60). Lanham, MD: Scarecrow Education.

Latham, A. , & Pearlman, M. (1999). From standards to licensure: Developing an authentic assessment for school principals. *Journal of Personnel Evaluation in Education*, 13 (3), 263–282.

Leithwood, K. , Begley, P. T. , & Cousins, J. B. (1992). *Developing expert leadership for future schools*. London: Falmer.

Lusi, S. F. (1997). *The role of state departments of education in complex school reform*. New York: Teachers College Press.

Morgan, C. , & Petersen, G. J. (2002). The superintendent's role in leading academically effective school districts. In B. S. Cooper & L. D. Fusarelli (Eds.), *The promise and perils of the modern superintendency* (pp. 175–196). Lanham, MD: Scarecrow Press.

Morris, J. R. (1979). Job(s) of the superintendency. *Educational Research Quarterly*, 4 (4), 11–24.

Murphy, J. (1994). The changing role of the superintendent in Kentucky's reforms. *School Administrator*, 50(10), 26–30.

National Commission on Excellence in Educational Administration (1987). *Leaders for America's schools*. Tempe, AZ: University Council for Educational Administration.

National Policy Board for Educational Administration. (1989). *Improving the preparation of school administrators: An agenda for reform*. Charlottesville. VA: Author.

Petersen, G. J. , & Barnett, B. G. (2003, April). *The superintendent as instructional leader: History, evolution and future of the role*. Paper presented at the annual meeting of the American Educational Research Association. Chicago.

Radin, B. A. , & Hawley, W. D. (1988). *The politics of federal reorganization*. New York: Pergamon Press.

Reutter, E. E. (1985). *The law of public education* (3rd ed.). Mineola, NY: The Foundation Press.

Russo, C. J. (1992). The legal status of school boards in the intergovernmental system. In P. First & H. Walberg (Eds.), *School boards: Changing local control* (pp. 3-20). Berkeley, CA: McCutchan.

Sergiovanni, T. J. (1991). The dark side of professionalism in educational administration. *Phi Delta Kappan*, 72 (7), 521-526.

Shakeshaft, C. (1989). *Women in educational administration* (Updated ed.). Newbury Park, CA: Sage.

Skrla, L. (1998, April). *The social construction of gender in the superintendency*. Paper presented at the Annual Meeting of the American Educational Research Association, San Diego.

Spillane, J. P. , & Louis, K. S. (2002). School improvement processes and practices: Professional learning for building instructional capacity. In J. Murphy (Ed.), *The educational leadership challenge: Redefining leadership for the 21st Century* (pp. 83-104). Chicago: University of Chicago Press.

Spring, J. H. (1985). *American education: An introduction to social and political aspects* (3rd ed.). New York: Longman.

Spring, J. H. (1994). *The American school, 1642 - 1993* (3rd ed.). New York: McGraw Hill.

Tannenbaum, R. (1999). Laying the groundwork for licensure assessment. *Journal of Personnel Evaluation in Education*, 13 (3), 225-244.

Twombly, S. , & Ebmeier, H. (1989). *Educational administration programs: The cash cow of the university?* Notes on Reform, Number 4, The National Policy Board for Educational Administration. Charlottesville: University of Virginia.

Valente, W. D. (1987). *Law in the schools* (2nd ed.). Columbus, OH: Merrill.

Yee, G. , & Cuban, L. (1996). When is tenure long enough? A historical analysis of superintendent turnover and tenure in urban school districts. *Educational Administration Quarterly*, 32, 615-641.

第2章

督导的角色特征

本章要点 ▶▶▶

角色期待的演变

教师—学者型督导

组织管理者型督导

民主政治家型督导

应用社会科学家型督导

交流沟通者型督导

早在19世纪早期，一些杰出的学者就认为学区督导是公共教育领域内最具影响力的角色。物理学家约瑟夫·迈尔·赖斯（Joseph Mayer Rice，1892）曾说，"这种职务的重要性是不可低估的"（p. 11）。西储大学（Western Reserve University）校长查尔斯·特温（Charles Thwing，1898）写道，"19世纪末期，督导提供给民众一种远远大于其他公民所提供的公共服务"（p. 30）。尽管人们对督导的工作给予了充分的肯定，但政府官员还是受到了来自政治和社会方面的巨大压力：要求重塑他们标准化的角色和学校管理的公共形象。到了20世纪，督导的工作变得更加复杂、更具挑战性，也更有争议了。

只有了解督导历史的人，才可能理解当前实践开展的范围。因为督导作为一种现存的角色，已经有150多年的发展历史了，而且其发展的起源和成因与政治背景高度相关。在这种政治背景下，许多政策制定者仍旧对这个至关重要的管理角色的专业地位持矛盾的态度。

本章回顾了五种角色概念的演变。历史学家雷蒙德·卡拉汉（Raymond Callahan，1966）对前四种角色——教师—学者型督导、组织管理者型督导、民主政治家型督导和应用社会科学家型督导的演变按时间顺序进行了记录；第五种角色，即交流沟通者型督导，其概念是伴随美国转变成一个信息社会而发展起来的（Kowalski，2001，2003b）。随着每一种新概念的出现，对督导已有的角色期待或盛或衰，它们都是相互联系的。

教师—学者型督导

历史视角

正如上一章所述，政府为公立学校制定了相同的课程，学校通过向学生提供类似的教育过程让学生接受美国文化的同化，学区督导则担负确保教师实施已定课程的责任（Spring，1994）。到19世纪后半时期，民主精神和专业精神的冲突日益显现。许多地方的学校董事会不再愿意聘任督导，并且拒绝交出财政权和人事权如聘任教师的权力（Carter & Cunningham，1997）。然而，学校董事会的这些政治行为更助长了公众对其滥用资金、设施管理不当以及聘用不合格教师等行为的抱怨。一些杰出的教育家建议进行权力重组，其中的代表者是安德鲁·德雷珀（Andrew Draper），他曾任伊利诺伊州立大学的校长，后来成为纽约教育委员会委员。1895年，他发表了一篇署有自己名字的报告，其中极力主张学校董事会授予督导聘任教师、指导教学和管理财政的权力（Callahan，1962）。德雷珀的报告随即遭到攻击，原因不在于他对学校董事会滥用职权的不实断言，而在于德雷珀的意见和当地管理者所钟爱的信条不一致。威廉·乔治·布鲁斯（William George Bruce），《美国学校董事会杂志》的主编，是德雷珀是最强有力的反对者之一，他利用该杂志作为一个政治平台公开指责这篇报告（Callahan，1966）。

南北战争之后，城市学校体系发展相当迅速，这些地区的督导为公立学校的管理提供了最好的范本。从常规上来讲，这些教育领导者被定义为"熟练的教师"，他们的行为被一些不太成熟的学区的督导们所效仿（Callahan，1962）。近年来，他们除了担任地区的教学领袖外，有的人还写了一些有关哲学、历史学和教育学专业方面的文章（Cuban，1988），有的人后来还成为州督导、教授和大学校长（Petersen & Barnett，2003）。关于教师—学者型督导角色的特征在1890年的一篇有关城市督导的报告中已经有所概述。

> 督导必须明确自己的职责是培训教师，要用崇高的职业理想激励教师；同时当有迹象显示进步是可行的时，督导要对课程进行修订；确保教师和学生拥有必要的设备做最可行的工作；寻求促进学生发展的合理途径。（Cuban，1976，p. 16）

在学校管理被看作一个有特色的学术领域的初期，最受尊重的学者是督导或前督导（former superintendent）（Willower & Forsyth，1999）。1890—1920年间，学校的管理人员有如下一些特征：

- 他们和教学工作密不可分；
- 他们是全国教育协会最有影响力的成员；
- 许多管理者不愿意做超越他们作为教学领导者权限的事情，他们担心如果那样做的话，公众会把他们看作管理者或政客；
- 他们经常努力保护自己，因为那些野心勃勃的市长和政务人员通过宣称专业化以剥夺督导在课程和教学方面的权力（Callahan，1966）。

政治精英们认为那些把自己定义为专业教育家的督导通常被两种目的所牵制：集中权力研究教学；独立当地的政治活动（Kowalski，Björk，& Otto，2004）。

尽管教师—学者型督导的概念大约从 1910 年开始衰落，但是它并没有消失。一本曾经提到过这个角色的著作指出，由于多方面的原因，这种角色的必要性和重要性在过去的 100 年里几乎一直存在争议（Petersen & Barnett，2003）。这些争议聚焦在一个关键问题上：督导应该是专家还是政府官员？

当代视角

持学校管理是一个独特领域的观点的人认为，督导既要具备教育学的基础理论知识，也要具备把知识应用于课堂的实践方面的能力。而反专业化主义者——认为学校管理是一种类管理功能的人——声称，这些要求是用于保护教育集团利益的无意义的障碍。反对学校管理专业化的文件起草者们（e.g.，Broad Foundation & Fordham Institute，2003；Hess，2003）不同意只有曾是教师的督导才能监视课堂、指导教师与改进教学的观点，他们更倾向于撤销对督导的学术背景和资格的限制，从而学校董事会聘任管理者将不再受限制。与这种看法相反的是，当代许多改革措施需要那些懂教学并能和教师们建立互信关系的有影响力的教学领导者（Elmore，1999 - 2000；Murphy，1992，2002；Negroni，2000）。当权力下放与这些不受限制的预期相关时，这种反对专业化的政策便似乎充满了危险。

作为教学领导者的督导的角色同样经历了职位的不稳定性和学校董事会成员的考验。关于督导对教学效果的影响的研究结果往往被模糊化了。比如，齐格瑞里（Zigarelli，1996）使用来自《国家教育纵向研究》（the National Education Longitude Study，1988，1990，1992）的数据得出结论，并没有证据证明学区管理者和学校之间的良好关系有助于教学这一说法。对督导影响教学效果的研究，如果基于更宽广的视角，通常会得出不同的结论。通过回顾有关学者的七篇文献（Bredeson，1996；Coleman & LaRocque，1990；Herman，1990；Morgan Petersen，2002；Murphy & Hallinger，1986；Petersen，2002；Peterson，Murphy，& Hallinger，1987），彼得森和巴尼特（Petersen & Barnett，2003）得出结论："督导通过清楚地表达和证明自己对课程与教学的核心技术真正有兴趣来影响校董事会成员和其他人的看法，而且他们也把这个作为自己的首要职责"（p. 15），比约克（Björk，1993）指出，督导所拥有的关于人员选择、监督校长和财政预算之类的职责间接地影响了教学，但这些并没有引起人们的重视。

组织管理者型督导

历史视角

早在 1890 年，保留意见就被作为传统督导管理大城市学区能力的一种体现，但公众对这些督导的忧虑主要在于他们缺少管理知识和技能。正如库班（Cuban，1976）所指出的，公众就这个话题展开了激烈的争论，同时"在争论中提出了一个观点：大城市学区督导的职责应不应该分成截然不同的两种，比如，业务管理者和教学督导"（p. 17）。随着美国开始从农业社会向工业社会转变，公众更加怀疑督导所具备的管理能力。新工厂如雨后春笋般出现引发了一场连锁反应，首先产生了工业化，接下来便是大学校体系。在这样的背景下，学校董事会成员更直接、更热情地把精力集中在资源管理部门。他们和政治精英们开始要求督导把古典管理理论和科学管理理论的信条融入学校管理中，他们认为这将成为工业革命成功的基础（Callahan，1962）。同时公众也希望督导成为科学管理者，即成为通过时间和效率来改进操作的人（Tyack & Hansot，1982）。直到 1920 年，这种角色转变才正式完成。

大约在 1900—1920 年，主流教育家，包括埃尔伍德·库柏莱（Ellwood Cubberly）、乔治·斯特尔（George Strayer）和富兰克林·波比特（Franklin Bobbitt），便联合政治精英们要求学校管理人员学习和应用科学管理（Cronin，1973）。督导角色转变带来的压力日益增大，使得政府官员们提出在七所主要大学开设管理课程，同时要求学校培养管理专业的研究生。与此同时，杰出的督导们重新评估了他们作为专业教育家这样一种公共形象的价值。如果政策制定者和普通公众认为管理工作脱离了教学并且比教学重要得多（Thomas & Moran，1992），那么，他们中的许多人都觉得有必要卸下这个人格面具。

那些反对把督导重塑成工业管理者的人主要来自两个团体：一是部分市长、政府官员和其他政党头目，他们担心如果把督导塑造成管理者将会提升督导的身份、影响和权力（Callahan，1962）；二是一些重要的教育家，他们认为这与当地统治条例相悖。更确切地说，第二个团体担心商人和政府权力精英会与督导——管理者——联手控制公共教育，从而降低民主参与度（Glass，2003）。

在《教育与效率崇拜》（*Educational and the Cult of Efficiency*）一书中，历史学家雷蒙德·卡拉汉（Raymond Callahan，1962）详细描述了如何把商业价值理论融入教育理念中以及为什么督导角色的转变变得更加复杂了。谈到这个领域的悲哀之处，他得出结论：社会压力以及主要大城市的督导串通一气造成了这种局面，他们都应该为当前的这种"反智"（anti-intellectual）环境负责。在这种环境里，学校管理者极少甚至根本未投入精力用于教学。卡拉汉对督导的评价也显得特别冷酷，他认为督导缺乏信仰和勇气，是一群傻子，一群手无缚鸡之力的、软弱的兵卒，他们不愿去捍卫他们的专业地位和他们的学区。雷蒙德·卡拉汉的"软弱"理论被绝大多数的教育家们所广泛接受，但并非全部（Eaton，1990），比如，伯勒斯（Burroughs，1974）和泰亚克（Tyack，1974）就不赞同卡拉汉的观点：他们把督导看作狡猾的、聪明的、政治的实用主义者，认为督导只是对影响自己工作环境的社会现实作出反应。托马斯和莫兰（Thomas & Moran，1992）提出了第三种理论，认为这些管理者是机会主义者，他们信奉可以扩张自身合法的权力根基的古典理论和科学管理理论。然而，总的来说，历史证明，卡拉汉关于"商业对大学里的教育管理项目的发展和对公立学校的运转有一定的影响"的观点是正确的（Lutz，1996，p.8）。

尽管历史学家不赞同动机理论，但他们赞同 18 世纪早期的观点，即管理成了学区督导的最主要的角色期待（Kowalski & Brunner，2005）。预算操作和行政管理、标准化操作、人员管理和设施管理是督导承担的第一项工作（Callahan，1962）。然而到了 1930 年，督导作为商业管理者这一相对较新的概念却遭到了猛烈的抨击，股市下跌和接下来的经济衰退使得工业革命时期工业领袖们获得的光芒黯淡下来，一些之前曾经被赞誉为"激进的工业管理者"的优秀的督导如今却遭人轻视。另外，许多地方学区的赞助者公开反对管理者拥有的权力；大部分人觉得地方学区的官僚机构强制性地剥夺了他们的公民权利（Kowalski，2003a）。其中，主要的进步教育家——比如乔治·西尔维斯特·康茨（George Sylvester Counts）——加大了批评力度，他们认为把商业价值强加于公共教育与一个民主社会的政治价值观的核心是不协调的（Van Til，1971）。直到今天，许多人仍把古典理论的核心价值等同于"管理"这样一种职能。比如，康茨（1952）认为，在所有大的机构中，管理是最重要的且必不可少的。1930 年，公众对督导的指责集中在督导和政治精英手中的权力上，而非督导的管理职责。康茨认为把古典理论应用于公共机构是无益的，因为这样做降低了公众参与度，因此，在作为一种职责的管理和作为一种哲学的科学管理之间作出区分是很重要的。

当代视角

在对管理者角色演变的研究中，托马斯·格拉斯（Thomas Glass，2003）指出社会环境和区域大小是其中的关键因素。他注意到，督导在一个招生规模较小的农村地区开展工作和在一个招生规模较大的城市地区开展工作是很不相同的。小型学区的管理部门，尤其是财政管理部门的工作压力很大，因为工作在这类学区的督导通常极少甚至没有相应的人力支持。在这样的环境中，督导还要管理社区里最大的运输项目和食品服务项目。他提醒了我们，管理职责的普遍化是相当不可靠的。

虽然对管理者的重视程度时高时低，但这个角色的重要性是毫无疑问的。有经验的实践者认为，当财政预算不平衡、学校设施存在安全隐患或者学校遭到起诉时，管理者的领导能力就变得很重要了。较富裕地区的督导可以把管理的责任下放给他们的员工，但是即使那些督导可以这样做，他们仍然对操作的有效性和生产性负有责任（Kowalski，1995）。哈佛大学工商管理学院的约翰·科特（John Kotter）教授在有关当代学校管理的评论中指出：督导必须既具备领导才能又具备管理才能。随着各机构趋向于权力下放和民主化，这些机构对首席行政人员（包括学区督导）的要求不断提高，相应地，对督导所具备的知识和技能的最低标准也在提高（Bencivenga，2002）。科特教授的调查解释了这样一个现实，今天的督导面临的挑战不是在领导角色和管理角色之间作出选择，而是在这两者之间找到一种平衡。

民主政治家型督导

历史视角

民主政治家的角色通常会被看作领导者。比约克和戈尔里（Björk & Gurley，2003）追溯了从柏拉图到亚历山大·汉密尔顿政治才能的起源。柏拉图认为，政治家使用单方面的、家长式的专制手段去控制和操纵重要的社会职责。汉密尔顿则把政治家看作真实的政客，他们在公众和经济精英的利益上耍把戏，同时仍旧保持让自己看起来像一个绅士。卡拉汉（Callahan，1996）关于督导是政治家的见解可能跟以上观点有所不同；1930 年到 20 世纪 50 年代中期，他的分析主要集中于民主环境下政党的领导阶层。比约克和戈尔里在研究了督导是"政治家"的不同观点之后总结道，这一术语"不是（或者可能从来就没有成为）一个恰当的角色概念，因为这一角色与一个德高望重的长者事无巨细地、仁慈地、一手遮天地管理学校系统从来就没有关系"（p.35）。因此他们得出结论：人们期待督导成为精明的政治战略家。

对民主政治家型督导的描述一般被定位在哲学和政治事实中。20 世纪 30 年代，资金的匮乏迫使学校行政官员直接参与到政治活动，特别是一些和政府立法机关相关的活动中。但在此之前，过于政治化的督导行为被认为是不够专业的（Björk & Lindle，2001；Kowalski，1995）。可是，当公立学校不得不面临与其他政府部门竞争有限的财政资金这一现实时，这种看法就不存在了。与此同时，督导们不得不参加更多的政治活动，杰出的教育专家试图消除局部地区的督导的管理职责对民主参与的消极影响。在这个团体中呼声最大的是欧内斯特·梅尔比（Ernest Melby），他是西北大学和纽约大学的前任教育学院院长（Callahan，1996）。梅尔比（Melby，1995）认为，商业价值的灌输使得督导变得较少依赖他们最大的资源——社区。他告诫管理者脱离公众的危险并督促督导取代"释放个体的创造能力"和"流通社区的教育资源"（p.250）。从本质上讲，我们期待民主政治家型督导能刺激政策制定者、政府雇员和其他纳税人支持地区的行动（Howlett，1993）。

当代视角

到了 20 世纪 50 年代中期，督导参与民主管理的观念仍然受到冷遇，批评者称这样一种观念完全是唯心的，没有清醒地认识开展实践的现实状况。他们认为，民主管理就像它被描述的那样，给那些循规蹈矩的督导和那些聘用他们的机构制造了困难。民主管理的诋毁者声称，督导每天面临的问题大部分是经济、社会和政治方面的，因此，要解决这些问题，督导需要具备的是这些学科中的知识和技能，而不是哲学（Björk & Gurley，2003）。

尽管从 20 世纪 50 年代之后民主管理的思想变得不太突出了，但是它并没有消失。它透过包括学区在内的所有机构浮上水面，原因在于价值观的变化和经济现实发展态势的变化。以公共教育为例，学者们（Hanson，2003；Wirt & Kirst，2001）指出，即使是最好的教育政策，当它从政治的角度被拒绝后，事实上通常也会证明它是无效的。因此，督导一直面临一个困难的抉择：是以专业技能为基础来解决问题，还是民主地解决问题，或者两种方法兼用。今天更是如此，因为社会派别之间意识形态和道德观上的差异更需要简易化管理和冲突管理（Keedy & Björk，2002）。在一个民主社会，政策和政论密切相关，这种现实使人们对民主管理一直充满期待。

应用社会科学家型督导

历史视角

随着早期角色的概念化，督导作为应用社会科学家的观点形成于一种兼具社会性和专业性的影响力。卡拉汉（1966）认为下面四种是最具影响的力量：

1. 第二次世界大战后民主领导阶层之间日益增长的不满情绪。正如前文提到的一样，民主领导的观念遭到了一些人的攻击，他们认为它是完全超现实主义的。

这些诋毁者认为共享权力和决策的生成过程并没有解决政治、社会和经济问题，反而使这些问题进一步恶化了。

2. 20 世纪 40 年代末至 50 年代初社会科学的急速发展。这一时期社会科学发展迅速，一本对未来发展有重大影响的书——《行动理论》(*Toward a Theory of Action*, Parsons & Shils, 1951) 例证了这个事实。许多学者认为社会科学是包括学区和学校实践在内的管理工作的核心。

3. 凯洛格基金会的支持。20 世纪 50 年代，基金会提供了 700 多万美元的补助金，主要拨给 8 所重点大学，用于支持学校管理专家在社会科学领域的研究 (Kellogg Foundation, 1961)。

4. 20 世纪 50 年代公共教育批评的复兴。公众的不满和作为应用社会科学家的督导的形象都有助于角色概念的转变。然而，在这一时期，公众的不满与对社会和政治的忧虑有关。学校废除种族歧视的目标似乎是明晰的，一些家庭从大城市转移到一些新的城区，二战后生育高峰的浪潮进入公共教育领域，与苏联之间冷战的升级增强了对国家安全的防范意识……这些问题都给初等和中等公共教育带来了前所未有的挑战。许多政策制定者和舆论人员断定，地方学区的督导并没有做好处理这些问题的准备。

现在至少有两种因素对督导角色的期待有同样的影响。第一，大约在 1955 年，学校管理的力度加大了，这使其能像商业管理和公共管理一样成为一个明确的理论学科 (Culbertson, 1981)。其中一种积极的做法是把管理者重新定义为应用社会科学家并且在培养学校管理者的课程中加入社会科学知识 (Crowson & McPherson, 1987)。第二，20 世纪 50 年代之前，管理的实践大部分集中在内部操作上，但是之后，相关系统管理理论逐渐被用以说明外部的法律、政治、社会和科学的系统是怎样影响机构的 (Getzels, 1997)。学校管理专家们认为这样的理论构想对他们的学生是同样重要的。

督导作为应用社会科学家的示范作用激励着教授和实践者在他们的研究和实践中重视经验、可预测性操作和科学的论证 (Cooper & Boyd, 1987)，目的是重树合乎规范的实践标准，希望未来的督导能把科学调查应用于有实践参与的问题和决议中。理论研究是这种合理转变的核心，正如学校管理学教科书的改变所证实的那样：那些写于 1950 年之前的书从未提到过理论，而 1950 年之后出版的书籍中再也没有忽略过理论 (Getzels, 1977)。直到 20 世纪 70 年代，行为科学才开始与学校管理著作完全结合起来，包括初级教科书在内 (Johnson & Fusarelli, 2003)。

公众对管理者角色和应用社会科学家角色相似的攻击之处是值得关注的。公众对督导作为管理者和应用科学家这两个角色相当不满。学校管理专家试图提升自身的专业地位，他们认为管理与教导是截然不同的，而且比教导更复杂难做 (Kowalski, 2003a)，因此，两种角色遇到相同的指责是不足为奇的。把督导看作专家将不可避免地会再次引发专业主义和民主主义之间固有的紧张局面 (Kowalski, 2004)。督导应该享有多大的权力？专业主义和民主主义可以共存于一个公共机构的管理中吗？事实上，公共管理不同于其他管理形式，在公共管理中，专业知识被应用于一种政治环境中，并且接受政治审查 (Wirt & Kirst, 2001)。显而易见，当督导一意孤行或者无视公众舆论时，公众就会对其产生轻视

（Kowalski，1995）。

当代视角

尽管 1980 年之后对行为科学的重视程度有所降低，但来自综合学科的研究结果和理论已经成为学校管理的知识基础。在最近对督导角色的定位中，B. C. 富萨罗里和 L. D. 富萨罗里（B. C. Fusarelli & L. D. Fusarelli，2003）认为，学校的变革与对社会公平的寻求是相关的。B. C. 富萨罗里认为，公众期待督导拥有必备的有关调查亏损并提出相关政策去改进它们，这种专业技能还包括重建制度文化以促进积极变革的能力。而 L. D. 富萨罗里则认为，公众期待督导有必备的处理社会和制度问题，比如贫穷、种族偏见、性别歧视、暴力犯罪等问题的专业技能。两种期望都需要不同的社会科学学科知识和技能的支持，包括心理学、社会学、人类学、经济学和犯罪学等。

重视数据驱动决策既有助于督导作为应用社会科学家角色的复兴，同时也有助于提升督导的两种能力，包括为分析和解决问题而进行研究的能力以及运用已有研究去解决问题的能力（Manheimer & Manning，1995）。科技使管理者在收集和重获数据上变得简单易行，因为，大多数学区都充斥着数据。数据驱动决策的技术并不复杂，但是督导在应用该技术时经常受到文化制度的阻碍，在这种文化中，政治和感情比唯理性更易占据上风（Doyle，2002）。

交流沟通者型督导

历史视角

有先见之明的彼得·德鲁克（Peter Drucker，1999）把新时代定义为信息时代：在这样一个充满全球性竞争和大量信息的时代，人应该具备存取和处理加工信息并且基于这些信息作出决定的技能。早在 20 世纪 70 年代末期，利平斯基（Lipinski，1978）和其他一些学者就曾预言，科技将会使以制造业为基础的社会转向以信息为基础的社会。《国家处在危机中》（National Commission on Excellence in Education，1983）发出警告，公立学校并没有足够的能力使学生在一个全球经济体制下为竞争做好准备。美国的公立学校总是被期望成有效的公共机构，计算机技术的发展也使这种期望日益膨胀（Kearsley，1990）。例如，戴尔利和金纳曼（Dyrli & Kinnaman，1994）声称，科技可以通过提高处理速度、增加存储容量、小型化、降低消耗和使用便利来提高生产力。然而，经国际比较后，媒体报道指出，美国公立学校不但效率不高而且生产力低下（Bracey，2003）。

从历史角度来看，学校管理中的沟通被看作一种技能，也就是说，当某人担任一种角色时他可以做得很好。因此，技能更趋向于是一种角色特性，技能的性质是由角色特征决定的。比如说，管理行为和政治行为通常是不同的。然而，基于对管理角色本质期待的沟通行为已经不再受到人们的鼓励了。今天，标准化的沟通行为比较常见，更确切地说，人们期待管理者用统一的方式去沟通，不管这是不是他们的一种职责。规范的标准详细列举了一致的、双向的、对称的互动行为。

交流沟通者型督导角色概念的出现是和美国从一个以制造业为主的国家开始转

变相关的（Kowalski，2001）。对管理者沟通功能的期待反映了人们把改革的主动权和他们进行改革的社会环境融合在一起。事实上，每一个关于学校发展的重要理念和策略都激励着督导与校长、教师、家长及其他纳税人通力合作，以建立和追求一种集体设想。但是，许多地区和学校都存在孤立的文化（教师和管理者各自为政并且互相隔离）（Gideon，2002）和封闭的组织环境（管理者试图避免社会的干扰）（Blase & Anderson，1995）。

遗憾的是，很明显，以下两种缺乏远见的设想通常决定人们如何看待学校管理中的沟通：任何一个人都可以有效地沟通；当管理者从一种角色转变为另一种角色时，他们的沟通行为也应该改变。处于这样一个以信息为基础、有变革思想的社会环境中，这些坚定的信念变得更加理所应当，对地方学校体系和督导来讲都是如此。举例来说，关于绩效评估（Beverage，2003；Peterson，1999）和管理者解雇（Davis，1998）的研究，揭示了管理者因为不能协调沟通以及不能胜任沟通所遭受的损失。尽管现在管理者的沟通行为得到了较多的关注，而且沟通能力成为培养管理者和管理者资格认证的一项标准，但学校管理专家仍然要去完善一个基于实践的沟通的定义，讲授有关沟通的课程准则，评估沟通有效性的具体标准。

当代视角

从 20 世纪 90 年代早期以来，政策分析家们（e. g.，Bauman，1996；Fullan，1996；Hess，1998）得出结论，有意义的学校改革需要修订制度环境，包括组织结构和文化。另外，当前改革的成就主要基于这样一种信念：重建复杂的公共机构使社会系统观成为必需品（Chance & Björk，2004；Murphy，1991；Schein，1996）。"系统思想要求我们接受作为整体的社会系统方式对人们的行为、学习内容和学习方式的独立影响"（Schlechty，1997，p. 134）。基于此，公立学校的性质受正式组织内外部的人员调动的影响——人员的调动通常是缘于一种本质上的意识形态的差异（Keedy & Björk，2002）。调整建议如果忽略了普遍存在的政治分歧的本质，几乎都是会失败的。失败的原因要么是在设想和计划时主要的执行者和利益相关者被排除在外，要么是改革中奉行的价值观和理念与盛行的制度文化不协调（Kowalski，1997；Schlechty，1997）。

多数学者（e. g.，Henkin，1993；Murphy，1994）认为学校发展需要从局部展开，而且督导在这个过程中是关键人物。可是，这项工作对许多督导来说有很大的挑战性，原因基于以下几个方面：

1. 一些不可避免地会产生大量冲突的问题，必须在组织的内外部开展公开、坦诚的讨论（Carlson，1996）。

2. 通常，管理者要么认同社会常规观点，认为冲突会产生负面效果；要么对解决冲突没有信心（Kowalski，2003b）。

3. 许多在职业生涯中经历过多次改革失败的教育家，对改革的态度是犹豫不决的（Sarason，1996）。即使是新教师和新管理者，通常也会接受现实（Streitmatter，1994）。

除了这些障碍，督导们还必须认识到，他们只有了解了个体和团体真正相信和重视教育的哪些方面（Trimble，1996）并对如何促进和接受变革发出挑战（Leithwood，Jantzi，& Fernandez，1994），才能真正实现学校的重建。渐渐地，越来越多的学者认为，沟通和文化是不可分割的。例如，康拉德（Conrad，1994）写道，"文化是沟通的产物，它在所有成员的沟通行为中显现出来并且保留，而非仅仅是上层管理中的有意识的、有说服力的策略。文化不是分散地存在于人与人的交往中的"（p. 27）。尽管在组织研究中文化被看作一种因变量，沟通被看作一种中介变量（Wert-Gray，Center，Brashers，& Meyers，1991），但二者之间的关系更可能是互惠的（Kowalski，1998）。例如，阿克斯勒（Axley，1996）认为沟通和文化是互相依赖的，他写道："沟通产生了文化，文化产生了沟通，沟通使文化得以保存"（p. 153）。在文化领域，沟通是一个过程，通过沟通，机构成员可以表达他们的合作意向以协调信仰、行为和态度。在学校，沟通使工作有意义并形成了对现实的理解。同样，文化影响着沟通的行为，而沟通行为对创建、保存、变革文化也有帮助（Kowalski，1998）。

以地方学区为例，合理的沟通行为大部分是通过两种需要形成的：在学校重建过程中，对督导担任领导的需要（Björk，2001；Murphy，1994）；督导把变革学校文化作为学校重建过程的一个组成部分的需要（Heckman，1993；Kowalski，2000）。

有效的实践和沟通技巧之间的关系并不只存在于教育中。最近对商业主管人员的研究也发现：大多数认为自己遭受攻击的人都是无效的沟通者（Perina，2002）。

就学区督导来说，从20世纪80年代早期以来，有效沟通者的角色变得明晰起来，这种角色是通过新的期待形成的。其作用包括：使其他人参与到公开的政治对话中，帮助分享构想的创造，构建一个积极的学区形象，取得社会对改革的支持，为信息管理、市场拓展计划提供一个基本框架，同时保证公众对教育的了解（Kowalski，2004）。随着社区逐渐变得多样化，督导还负有构建更多的社区大众文化的责任（Riehl，2000）。

反　　思

如果我们没有完全把握管理的历史，就很难了解它的现状并预测它的未来。因此，上述五种角色概念对理解管理的复杂性和开展管理工作是很重要的。如今，督导如果想在不同类型的学区有所作为，他们必须扮演不同的角色。事实上，在五种角色中，督导行使管理职责对小型学区来讲更重要，因为与大型学区相比，督导在小型学区内较少有人力支持。国家教育系统中2%的学校有25 000名或更多的学生，但71%的学校的入学人数低于25 000名。更值得注意的是，所有学区中48%的学校的入学人数不到1 000人（National Center for Education Statistics，2004）。

随着新的角色概念的出现，现有的那些角色概念变得不再相关，但并非一点也不重要。随着社会、政治、经济问题的变化，督导角色期待中的平衡开始波动。最典型的事例是当前督导的教学领导者角色的复兴。例如，州改革计划要求当地学校董事会提出有意义的构想和计划——这样一项任务增加了他们对专业领导能力的信赖。在当前的社会环境中，人们希望督导在课程和教学领域具有专业权威，这表明了角色概念可以很快复兴。通常，督导认为他们先前的工作表现能够符合人们的期待。然而，实践研究（e. g.，Blumberg，1985；Kowalski，1995）证明，事实并非如此。许多督导最终发现公众对这个职业有他们自己的职业描述，包括一些真实存在但不被支持的期待。这就是我们要理解五种已经建立的角色期待的重要性的另一个原因。

结合本章内容，回答下列问题：

1. 最初，督导被看作教师的教师，他们的工作重点大部分在于执行政府已通过的课程计划以及协助教师改进教学。大约从 1910 年开始，哪些因素促使这些管理者向工业管理者转变？

2. 什么是民主管理？为什么民主政治家型督导的概念有争议？

3. 在当前学校改革的背景下，哪些因素能提升公众对督导在课程和教学领域拥有专家权的期待？

4. 为什么督导的管理职责经常被认为是消极的？

5. 什么是应用社会科学家？公众为什么期待督导担任这种角色？

6. 哪些因素有助于交流沟通型督导概念的出现？

7. 当一种新的督导角色概念出现时，现有的角色会发生什么变化？

案例研习

柳树·清泉（Willow Springs）地区位于太平洋西北部，毗邻一个大城市。20 世纪 40 年代，这个地区是靠为工厂雇员提供低价房发展起来的。自 1980 年起，这里的人口概况持续发生变化。例如，1980—2000 年，生活在温饱线以下的家庭比例增加了 3 倍，同期，学区的入学率下降了 50%，辍学率增加了 20%。

上一年，5 位学区董事会成员换了 3 位。州公共教育部指示，如果该学区的学生在国家测试中的成绩不能有所提高，将对此学区实行控制。在此后的一场董事会成员的竞选中，有两位董事会成员被淘汰，而另一位则提交了辞呈并搬出了本社区。3 个致力于改变学区状况的人取代了他们，其中最有政治影响力的是 R·马克·泰勒（Reverend Mark Taylor），他是斯普林斯地区最大的公理会部长，同时也是一位出色的社区领导人，他在董事会任职后不久就成了董事会主席。

在两位新董事会成员当选后的一周，3 位新董事会成员上任前的数月，督导威廉·特雷斯（William Trace）辞职了。他在任 3 年，和已离开本地区的董事会主席是同一战线上的战友。由于特雷斯督导将于 6 月 30 日离开，而新董事会成员到 7 月 1 日才上任，因此，新旧董事会成员共同合作开展工作，但是由新成员主管工作进程。

董事会任命凯尔文·布朗博士（Dr. Calvin Brown）为督导，他之前是斯普林斯地区的一位教师，6 年前离职攻读博士学位。完成博士学位后，他成了毗邻斯普林斯地区的一个大城市学区中的一所小学的校长，作为一位有经验的教学领导人，布朗先生在成为督导的前一年曾当选为州杰出校长。

在与学区董事会的面谈中，布朗先生承认他对作为一名督导很担心，因为他对学校财政知之甚少，而一则有关业务经理也将离开本地区的公告使他更加忧虑。然而，泰勒和他的同盟者们坚信布朗先生就是他们需要的人选，他们承诺会聘任一位有能力的业务经理并且确保布朗先生可以把自己的精力用于改进学区的教育状况上。

柳树·清泉地区有 3 700 名学生，其规模足以在中央办事处拥有数名支持人员。新上任的业务经理欧内斯特·罗德里格斯（Ernesto Rodriguez）拥有管理学学位，在此之前从事了 18 年保险销售工作，他在斯普林斯地区长期居住，并且是泰勒的密友。新任课程主任是德博拉·哈斯丁斯（Deborah Hastings）女士，她之前是本地区的一名中学校长。

在布朗先生成为督导的前三个月里，他和哈斯丁斯女士及本地区的七位校长合作得很愉快。他首创了一种社区课程（community-wide），用以构建一种集体设想和计划，以此希望能减轻州督导的忧虑。学区董事会和家长对此非常支持，并且还不失时机地表扬这位新督导。

感恩节后不久，罗德里格斯先生告知布朗先生他发现了一些严重的财政问题，前任督导和业务经理负责的预算需要250万美元，远远超过了本地区的预计收入。罗德里格斯先生催促布朗先生尽快起草一份关于减少开支的计划，但是布朗先生表示，他只关注学区的教育计划，他还吩咐罗德里格斯先生召见本地区的校长，与他们共同制定有关削减预算的方案。布朗先生还要求他起草一份针对学区董事会成员的报告，这样他们就可以了解情况。

在假期前的数天里，罗德里格斯先生和督导会面，表达他对校长们不愿削减预算的不满。他召见了校长们三次，但每次他们都拒绝了削减预算的提法。这个团体的非官方发言人———一位高校校长直言不讳地告诉业务经理："你和督导需要这样做，但是很多人都对削减预算不满意，并且我们不会为一个不是由我们制造的麻烦而承担任何责任。"

布朗先生吩咐罗德里格斯先生要求校长们遵从他的指示，但罗德里格斯先生指出，他对校长们没有官方权力。于是，布朗先生说："如果你不能让他们制定预算削减方案，这件事就会由你去做。我不是财政专家，董事会也知道这些，这将是你的职责。"

罗德里格斯先生对这次谈话很失望，他和董事会主席泰勒先生见了面，并告诉他在单方面制定削减预算方案之前他将会辞职。泰勒在和多数董事会成员交换意见之后会见了布朗先生，并且要求督导直接参与到此事中。布朗先生提醒泰勒先生，他曾经告诉过董事会他不善于解决财政问题。但是，董事会主席没有对此作出正面回答，而是说道："布朗先生，我们都清楚你更适合做课程方面的工作，但是，这是在我们知道这些财政问题之前。现在，要么你对校长们施压，让他们行动起来制定预算削减方案，要么你独自做这件事。罗德里格斯先生不是教育专家，让他制定预算削减方案是不合理的，而且我们也不想失去他。他说了，如果必须由他做，那么他将辞职。你可能不喜欢，但是现在球已经在你的球场里了。"

布朗先生崩溃了。他舍弃了一份好工作回到斯普林斯，而且他曾将事实告诉过董事会，并且他也很信任泰勒和其他成员，现在他感觉自己被出卖了。如今，他处在一个难以应付的境地。在这个问题上，如果和校长们联合起来，他将会离开自己在制定教育计划方面的工作；更为糟糕的是，如果强迫校长们去制定预算削减案，有可能会破坏同他们之间的和睦关系。处于这样一个两难的境地，布朗先生变得日益消沉。他找了一些有关学区预算的文件来看，读了一会儿之后，他把它们扔到了桌子上。他问自己，怎样才能仅凭一些搞不懂的文件就作出预算削减案？

案例讨论

1. 这个案例与本章内容有何关系？
2. 评价一下罗德里格斯先生的职位。你支持不支持他的行为？为什么？

3. 你认为泰勒先生还有他的那些董事会成员同盟者们对布朗先生公平吗？为什么？

4. 有没有这样一种情况，督导没有必要对学校财政情况有一个基本的了解？如果是这样的话，这是一种什么角色？

5. 如果布朗先生不得不解决这件事，他还有其他的选择吗？如果你处在他的职位上，你会怎样做？

参考文献

Axley, S. R. (1996). *Communication at work: Management and the communication intensive organization*. Westport, CT: Quorum Books.

Bauman, P. C. (1996). *Governing education: Public sector reform or privatization*. Boston: Allyn & Bacon.

Bencivenga, J. (2002). John Kotter on leadership, management and change. *School Administrator*, 59 (2), 36-40.

Beverage, L. H. (2003). *Inhibiting factors to effectiveness and the adaptability of new superintendents in Virginia*. Unpublished doctoral dissertation, University of Virginia, Charlottesville.

Björk, L. G. (1993). Effective schools—effective superintendents: The emerging instructional leadership role. *Journal of School Leadership*, 3 (3), 246-259.

Björk, L. G. (2001). Institutional barriers to educational reform: A superintendent's role in district decentralization. In C. C. Brunner & L. G. Björk (Eds.), *The new superintendency* (pp. 205-228). New York: JAI.

Björk, L., & Gurley, D. K. (2003). *Superintendent as educational statesman*. Paper presented at the annual meeting of the American Educational Research Association, Chicago.

Björk, L., & Lindle, J. C. (2001). Superintendents and interest groups. *Educational Policy*, 15 (1), 76-91.

Blase, J., & Anderson, G. (1995). *The micropolitics of educational leadership: From control to empowerment*. New York: Teachers College Press.

Blumberg, A. (1985). *The school superintendent: Living with conflict*. New York: Teachers College Press.

Bracey, G. W. (2003). PIRLS before the press. *Phi Delta Kappan*, 84, 795.

Bredeson, P. V. (1996). Superintendents' roles in curriculum development and instructional leadership: Instructional visionaries, collaborators, supporters, and delegators. *Journal of School Leadership*, 6 (3), 243-264.

Broad Foundation & Thomas B. Fordham Institute (2003). *Better leaders for America's schools: A manifesto*. Los Angeles, CA: Authors.

Burroughs, W. A. (1974). *Cities and schools in the gilded age*. Port Washington, NY: Kennikat.

Callahan, R. E. (1962). *Education and the cult of efficiency: A study of the social forces that have shaped the administration of public schools*. Chicago: University of Chicago Press.

Callahan, R. E. (1966). *The superintendent of schools: A historical analysis*. East Lansing, MI: National Center for Research on Teacher Learning. (ERIC Document Reproduction Service No. ED0104410)

Carlson, R. V. (1996). *Reframing and reform: Perspectives on organization, leadership, and school change*. New York: Longman.

Carter, G. R. , & Cunningham, W. G. (1997). *The American school superintendent: Leading in an age of pressures*. San Francisco: Jossey-Bass.

Chance, P. L. , & Björk, L. G. (2004). The social dimensions of public relations. In T. J. Kowalski (Ed.), *Public relations in schools* (3rd ed. , pp. 125 – 148). Upper Saddle River, NJ: Merrill, Prentice Hall.

Coleman, P. , & LaRocque, L. (1990). *Struggling to be good enough: Administrative practices and district ethos*. London: Falmer.

Conrad, C. (1994). *Strategic organizational communication: Toward the twenty-first century* (3rd ed.). Fort Worth, TX: Harcourt Brace College Publishers.

Cooper, B. S. , & Boyd, W. L. (1987). The evolution of training for school administrators. In J. Murphy & P. Hallinger (Eds.), *Approaches to administrative training in education* (pp. 3–27). Albany: State University of New York Press.

Counts, G. S. (1952). *Education and American civilization*. New York: Teachers College Press.

Cronin, J. M. (1973). *The control of urban schools: Perspective on the power of educational reformers*. New York: Free Press.

Crowson, R. L. , & McPherson, R. B. (1987). The legacy of the theory movement: Learning from the new tradition. In J. Murphy & P. Hallinger (Eds.), *Approaches to administrative training in education* (pp. 45–64). Albany: State University of New York Press.

Cuban, L. (1976). *The urban school superintendent: A century and a half of change*. Bloomington, IN: Phi Delta Kappa Educational Foundation.

Cuban, L. (1988). How schools change reforms: Redefining reform success and failure. *Teachers College Record*, 99 (3), 453–477.

Culbertson, J. A. (1981). Antecedents of the theory movement. *Educational Administration Quarterly*, 17 (1), 25–47.

Davis, S. H. (1998). Why do principals get fired? *Principal*, 28 (2), 34–39.

Doyle, D. P. (2002). Knowledge-based Decision making. *School Administrator*, 59 (11), 30–34.

Drucker, P. F. (1999). *Management challenges for the 21st century*. New York: HarperCollins.

Dyrli, O. E. , & Kinnaman, D. E. (1994). Preparing for the integration of emerging technologies. *Technology and Learning*, 14 (9), 92, 94, 96, 98, 100.

Eaton, W. E. (1990). The vulnerability of school superintendents: The thesis reconsidered. In W. E. Eaton (Ed.), *Shaping the superintendency: A reexamination of Callahan and the cult of efficiency* (pp. 11−35). New York: Teachers College Press.

Elmore, R. F. (1999−2000). Building a new structure for school leadership. *American Educator*, 23 (4), 6−13.

Fullan, M. G. (1996). Turning systemic thinking on its head. *Phi Delta Kappan*, 77 (6), 420−423.

Fusarelli, B. C., & Fusarelli, L. D. (2003, November). *Preparing future superintendents to be applied social scientists*. Paper presented at the annual conference of the University Council for Educational Administration, Portland, Oregon.

Glass, T. E. (2003). *The superintendency: A managerial imperative?* Paper presented at the annual meeting of the American Educational Research Association, Chicago.

Getzels, J. W. (1977). Educational administration twenty years later, 1954−1974. In L. Cunningham, W. Hack, & R. Nystrand (Eds.), *Educational administration: The developing decades* (pp. 3−24). Berkeley, CA: McCutchan.

Gideon, B. H. (2002). Structuring schools for teacher collaboration. *Education Digest*, 68 (2), 30−34.

Hanson, E. M. (2003). *Educational administration and organizational behavior* (6th ed.). Boston: Allyn & Bacon.

Heckman, P. E. (1993). School restructuring in practice: Reckoning with the culture of school. *International Journal of Educational Reform*, 2(3), 263−272.

Henkin, A. B. (1993). Social skills of superintendents: A leadership requisite in restructured schools. *Educational Research Quarterly*, 16(4), 15−30.

Herman, J. L. (1990). *Instructional leadership skills and competencies of public school superintendents: Implications of preparation programs in a climate of shared governance*. East Lansing, MI: National Center for Research on Teacher Learning. (ERIC Document Reproduction Service No. ED328980)

Hess, F. M. (1998). The urban reform paradox. *American School Board Journal*, 185(2), 24−27.

Hess, F. M. (2003). *A license to lead? A new leadership agenda for America's schools*. Washington, DC: Progressive Policy Institute.

Howlett, P. (1993). The politics of school leaders, past and future. *Education Digest*, 58 (9), 18−21.

Johnson, B. C., & Fusarelli, L. D. (2003, April). *Superintendent as social scientist*. Paper presented at the annual meeting of the American Educational Research Association, Chicago.

Kearsley, G. (1990). *Computers for educational administration*. Norwood, N J: Ablex.

Keedy, J. L., & Björk, L. G. (2002). Superintendents and local boards and the potential for community polarization: The call for use of political strategist skills. In

B. Cooper & L. Fusarelli (Eds.), *The promises and perils facing today's school superintendent* (pp. 103-128). Lanham, MD: Scarecrow Education.

Kellogg Foundation (1961). *Toward improved school administration: A decade of professional effort to heighten administrative understanding and skills.* Battle Creek, MI: Author.

Kowalski, T. J. (1995). *Keepers of the flame: Contemporary urban superintendents.* Thousand Oaks, CA: Corwin Press.

Kowalski, T. J. (1997). School reform, community education, and the problem of institutional culture. *Community Education Journal*, 25 (3-4), 5-8.

Kowalski, T. J. (1998). The role of communication in providing leadership for school reform. *Mid-Western Educational Researcher*, 11 (1), 32-40.

Kowalski, T. J. (1999). *The school superintendent: Theory, practice, and cases.* Upper Saddle River, NJ: Merrill, Prentice Hall.

Kowalski, T. J. (2000). Cultural change paradigms and administrator communication. *Contemporary Education*, 71 (2), 5-10.

Kowalski, T. J. (2001). The future of local school governance: Implications for board members and superintendents. In C. Brunner & L. Björk (Eds.), *The new superintendency* (pp. 183-201). Oxford, UK: JAI, Elsevier Science.

Kowalski, T. J. (2003a). *Contemporary school administration* (2nd ed.). Boston: Allyn & Bacon.

Kowalski, T. J. (2003b, April). *The superintendent as communicator.* Paper presented at the annual meeting of the American Educational Research Association, Chicago.

Kowalski, T. J. (2004). School public relations: A new agenda. In T. J. Kowalski (Ed.), *Public relations in schools* (3rd ed., pp. 3-29). Upper Saddle River, NJ: Merrill, Prentice Hall.

Kowalski, T. J., Björk, L, G., & Otto, D. (2004, February). *Role expectations of the district superintendent: Implications for deregulating preparation and licensing.* Paper presented at the Annual Conference of the American Association of School Administrators, San Francisco.

Kowalski, T. J., & Brunner, C. C. (2005). The school superintendent: Roles, challenges, and issues. In F. English (Ed.), *The Sage handbook of educational leadership* (pp. 142-167). Thousand Oaks, CA: Sage.

Leithwood, K., Jantzi, D., & Fernandez, A. (1994). Transformational leadership and teachers' commitment to change. In J. Murphy & K. S. Louis (Eds.), *Reshaping the principalship* (pp. 77-98). Thousand Oaks, CA: Corwin Press.

Lipinski, A. J. (1978). Communicating the future. *Futures*, 19 (2), 126-127.

Lutz, F. W. (1996). Viability of the vulnerability thesis. *Peabody Journal of Education*, 71 (2), 96-109.

Manheimer, R. & Manning, R. C. (1995). System leaders apply research in their decision making. *School Administrator*, 52 (6), 17-18.

Melby, E. O. (1955). *Administering community education*. Englewood Cliffs, NJ: Prentice Hall.

Morgan, C. , & Petersen, G. J. (2002). The superintendent's role in leading academically effective school districts. In B. S. Cooper & L. D. Fusarelli (Eds.), *The promise and perils of the modern superintendency* (pp. 175-196). Lanham, MD: Scarecrow Press.

Murphy, J. (1991). *Restructuring schools*. New York: Teachers College Press.

Murphy, J. (1992). *The landscape of leadership preparation: Reframing the education of school administrators*. Newbury Park, CA: Corwin.

Murphy, J. (1994). The changing role of the superintendency in restructuring districts in Kentucky. *School Effectiveness and School Improvement*, 5 (4), 349-375.

Murphy, J. (2002). Reculturing the profession of educational leadership: New blueprints. *Educational Administration Quarterly*, 38 (2), 176-191.

Murphy, J. , & Hallinger, P. (1986). The superintendent as instructional leader: Findings from effective school districts. *Journal of Educational Administration*, 24 (2), 213-236.

National Center for Education Statistics (2004). *Number of public school districts enrollment, by size of district*. Retrieved February 1, 2004, from http://nces. ed. gov/programs/digest/d02/tables/PDF/table88. pdf

National Commission on Excellence in Education (1983). *A nation at risk: Imperative for reform*. Washington, DC: U. S. Government Printing Office.

Negroni, P. (2000). A radical role for superintendents. *School Administrator*, 57 (8), 16-19.

Parsons, T. , & Shils, E. A. (Eds.) (1951). *Toward a general theory of action*. Cambridge, MA: Harvard University Press.

Perina, K. (2002). When CEOs self-destruct. *Psychology Today*, 35 (5), 16.

Petersen, G. J. (2002). Singing the same tune: Principal's and school board member's perceptions of the superintendent's role in curricular and instructional leadership. *Journal of Educational Administration*, 40 (2), 158-171.

Petersen, G. J. , & Barnett, B. G. (2003, April). *The superintendent as instructional leader: History, evolution and future of the role*. Paper presented at the annual meeting of the American Educational Research Association, Chicago.

Peterson, K. D. , Murphy, J. , & Hallinger, P. (1987). Superintendents' perceptions of the control and coordination of the technical core in effective school districts. *Educational Administration Quarterly*, 23 (1), 79-95.

Peterson, M. R. (1999). *Superintendent competencies for continued employment as perceived by Louisiana public school superintendents and board presidents*. Unpublished doctoral dissertation, University of Southern Mississippi, Hattiesburg.

Rice, J. M. (1893). *The public school system of the United States*. New York: The Century Company.

Riehl, C. (2000). The principal's role in creating inclusive schools for diverse students: A review of normative, empirical, and critical literature on the practice of educational administration. *Review of Educational Research*, 70 (1), 55-81.

Sarason, S. B. (1996). *Revisiting the culture of the school and the problem of change*. New York: Teachers College Press.

Schein, E. H. (1996). Culture: The missing concept in organization studies. *Administrative Science Quarterly*, 41 (2), 229-240.

Schlechty, P. C. (1997). *Inventing better schools*. San Francisco: Jossey-Bass.

Spring, J. H. (1994). *The American school*, *1642 - 1993* (3rd ed.). New York: McGraw-Hill.

Streitmatter, J. (1994). *Toward gender equity in the classroom: Everyday teachers' beliefs and practices*. Albany: State University of New York Press.

Thomas, W. B., & Moran, K. J. (1992). Reconsidering the power of the superintendent in the progressive period. *American Educational Research Journal*, 29 (1), 22-50.

Thwing, C. F. (1898). A new profession. *Educational Review*, 25.

Trimble, K. (1996). Building a learning community. *Equity and Excellence in Education*, 29 (1), 37-40.

Tyack, D. (1974). The "one best system": A historical analysis. In H. Walberg & A. Kopan (Eds.), *Rethinking urban education* (pp. 231-246). San Francisco: Jossey-Bass.

Tyack, D., & Hansot, E. (1982). *Managers of virtue: Public school leadership in America*, *1820-1980*. New York: Basic Books.

Van Til, W. (1971). Prologue: Is progressive education obsolete? In W. Van Til (Ed.), *Curriculum: Quest for relevance* (pp. 9-17). Boston: Houghton-Mifflin.

Wert-Gray, S., Center, C., Brashers, D. E., & Meyers, R. A. (1991). Research topics and methodological orientations in organizational communication: A decade of review. *Communication Studies*, 42 (2), 141-154.

Willower, D. J., & Forsyth, P. B. (1999). A brief history of scholarship in educational administration. In J. Murphy & K. Seashore Louis (Eds.), *Handbook of research on educational administration* (2nd ed.) (pp. 1 - 24). San Francisco: Jossey-Bass.

Wirt, F. M., & Kirst, M. W. (2001). *The political dynamics of American education* (2nd ed.). Berkeley, CA: McCutchan.

Zigarelli, M. A. (1996). An empirical test of conclusions from effective schools research. *Journal of Educational Research*, 90 (2), 103-110.

第3章

实践状况

组织的变化可以始于内部或外部，也就是说，变化可以源于组织的内部人员或组织的外部人员。就公共初等和中等教育来说，组织结构重建或者改革的推动力主要来自外部；学区和学校内的大多数重大改革都是被迫的，特别是受法律或一些合法的决定所迫。下面是一些学校改革受到外部干扰的例子：

● 联邦法律——影响着所有的公共机构（如《公民权利法案》），并且对学校有特殊影响（如《不让一个孩子掉队法案》）；

● 州政策——要求学区服从的政策（如绩效责任计划和强制性的成绩测验）；

● 诉讼——具有里程碑意义的废除学校种族隔离制度的诉讼（如"布朗诉托皮卡教育委员会案"，Brown v. Board of Education of Topeka*）；

● 社会环境的变化——社会问题影响教育需求（如贫穷、少女怀孕、犯罪等问题）；

● 政治环境的变化——这些问题影响了权力分配和资源配置（如学校董事会新成员的选举没有收回所需的投票）。

正是由于公共教育中多数重要的改变是由外部因素决定的，所以教育人员并没有社会化或者从学术上准备好承担适应社会发展需求的责任（Hall & Hord, 2001）。结果，公立学校成了保守的公共机构，它的这种角色是不利于学校改革的。

地方学区容易受到外部干扰的影响，因为它们既是公共机构又是政治机构。它们的使命、结构和操作程序很容易被其他政府机构的行为或者地区纳税人的决定所影响。这样的政治氛围和社会环境对我们理解在同一时间里学区为什么是相似的和

---

* 疑原文漏掉 Topeka 这个诉讼案，此诉讼案是美国教育法判例中的一个重要案例。——译者注

特殊的是非常重要的（Kowalski，2005）。然而，即使在相同的州政策、社会环境、地区政策和组织氛围的影响下，建立和形成的学区也各有特点（Hoyle，Björk，Collier，& Glass，2004）。因此，适合于一个学区的计划和管理行为，在其他学区却往往没有成效。这个事实提醒我们，使用统一的强制命令去发展全州的所有学校是不合适的。

本章探讨了当前督导开展实践活动所需要的更为重要的条件，并提供了一种对环境可变性的理解。第一部分论述了社会环境的变化，包括新教育哲学观的出现、人口状况的变化，以及公众对公共教育的不满和期待的变化。第二部分主要阐述了工作环境，包括学区的类型和分布以及组织的氛围与其反对改革之间的关系。

社会环境的变化

在公共教育刚形成的几年时间里，公众广泛地接受了公立学校的概念。但是，到了 19 世纪末期，美国向移民敞开了大门，于是，像约翰·杜威（John Dewey，1899）这样有思想的领导者就意识到，日益增长的多样性将会导致人们对公共教育的目的和主旨产生不同的意见。然而，权力精英们把这种多样性看作一种威胁而不是一种财富。于是，州政策制定者坚定地认为公共教育应该让移民孩子接受白种人、盎格鲁-撒克逊人和大多数新教徒的价值观和理念，并且不允许学区满足他们的特殊需求（Spring，1990）。州政策制定者在制定统一的州课程的过程中，把公立学校变成了自己的控制机构。他们为了维护自己的利益而抵制改革，同时，在建立新社会秩序的过程中他们也没能发挥积极的作用（Burroughs，1974）。

新的教育哲学观

1960 年之前，大多数过早辍学的学生都能找到一份不错的工作，所以学生的毕业率对评价公共教育的有效性是相对不太重要的。工厂有大量的工作岗位，即使学校只给学生提供了一些基本技能和基本原理方面的知识，多数纳税人对此也是非常满意的。公共初等和中等教育本质上更像一个分流机构，雇主们从一群没有学术前途、没有经济条件继续学业及对教育不感兴趣的人中挑选人才（Kowalski，2003）。但自 20 世纪 70 年代以来，世界和全国变化的形势明显地改变了这种状况。全球经济的出现和信息社会的到来，导致工厂中许多之前只需较低的教育水平和技能就可以获得的工作岗位不复存在。员工教育量不足的问题日益严峻，对美国经济的稳定造成了一定的危害（e. g.，National Commission on Excellence in Education，1983），由此带来的政治压力要求公立学校的行政人员对学校进行改革。

20 世纪 80 年代早期，由于公众对公共初等和中等教育指责的增加，州政府开始在学校改革行动中担任一种更加重要的角色（Mazzoni，1994）。州政府的改革几乎总是强加给所有学校，20 世纪 80 年代中期最常见的策略是要求教育人员加大工作量和工作力度以寻求进步（比如，提高毕业要求，延长学生的在校学习时间，增加学生的在校学习日）。然而，在实施这种中央集权方式的同时，不断发展变化的人口、社会、政治和经济环境使地区之间和地区内部真正的教育需求也发生了变化。直到 20 世纪 90 年代早期，研究改革成就的学者们（e. g.，Fullan，1994）推断：绝对的集权制或绝对的分权制都不可能达到所需要的进步标准。这样一种推断加上公众对合并改革策略的支持，促使州政府官员制定长远的教育目标，并且要求地方学区官员制定构想和计划去实现这些目标。

在民主社会，价值观是公共教育的基础，也是评判学校是否进步的标准（Stout，Tallerico，& Scribner，1994）。因此，很明显，以价值观为划分标准的社区类型对学校的价值观也有影响。施莱彻蒂（Schlecty，1990）注意到，教育家在一个拥有共同的价值体系的社区内运营公立学校可以获得相当大的成功；他还推断，意识形态上的共识有助于多数私立学校的成功。然而，多数公立学校的督导并没有在一个意识形态融洽的环境中开展实践活动，相反，他们提出或支持的一些新想法很可能遭到社区派别的挑战或抵制。在这样的环境中，他们的管理工作很难开展。不过，反对的程度并不是静态的而是动态的。在一些消极的、政治反应强烈的社区，争议往往可以得到一些重视。尽管对我们来说，理解本质和影响力不同以及不平衡的意识形态很重要，但是仅有这种认识是不够的。因为，它既不能减少对改革的需求，也不能改变这样一种事实——只有开展有意义的改革，公共教育才有可能进步（Schlecty，1990）。

变化的社会环境

学生的学习受很多因素的影响，包括家庭和社会。事实上，大量进入公立学校的学生有成为教育牺牲品的风险。如果管理者、教师和政策制定者不了解社会环境会影响学生的学习，或者他们忽视这种因素，公众对必要的改革的期待就会降低。这是因为学校进步的关键步骤，如设想和长期计划，最终都可能因为所需的信息不足而流产。因此，督导必须与时俱进，紧跟时代步伐，因为社会环境影响着公众对公共教育的期待和评价。

人口结构。美国社会的人口状况，包括种族和年龄，一直在改变。十多年前，许尔斯卡姆普（Huelskamp，1993）推断，与其他因素相比，"学生结构的变化将会对未来的教育需求产生重大影响"（p.720）。移民数量的增加和大多数少数族裔人口的高出生率，影响了美国社会种族的多样性。美联邦政府现在认为，种族和西班牙血统（Hispanic origin）是相互分离且截然不同的概念，这种说法使得将 2000 年的人口调查数据与以前的数据进行直接比较变得困难了。即便如此，无论从人种还是种族来划分，少数族裔人口的比例都在加速增长。2000 年，大约占全国总人口 98％的人口属于一个种族。在这样一个群体中，75％是白人，12％是黑人和非裔美国人，大约 13％的人被称为西班牙裔美国人或拉美裔美国人（U. S. Census Bureau，2004）。

各州有色人种学生人数的分布明显不均衡。在南部的几个州，像密西西比州、南卡罗来纳州和路易斯安那州，非裔学生占了大约公立学校学生人数的一半（分别是 56％、44％和 41％），但是在其他 9 个州，他们所占的比例不到 1％。同样，西班牙裔美国人在 4 个州的学生人数中占的比例是 25％或者更多，即新墨西哥州（45％）、得克萨斯州（33％）、加利福尼亚州（27％）和亚利桑那州（26％），但是却只占其他 16 个州学生人数的不足 1％（NCES，2004）。人口增长率最快的州，其少数族裔学生的比例也是最高的（Hodgkinson，1992）。公立学校中有色人种学生人数在上升，但学校董事会中的少数族裔成员和管理者的数量却没有实现同步的增长（School Leaders，1966）。

移民儿童经常会给学校带来社会和经济问题,除了语言障碍之外,他们还必须克服文化差异、个人健康和贫穷等问题。下面是来自 NCES (2004) 的事实材料:

● 2000 年,公立学校中有 36％的学生享有免费和给予补贴的午餐的资格;

● 高于白种学生人数两倍的非裔和西班牙裔学生生活在贫困之中;

● 占学生人数 12％的少数族裔学生参加了"特别教育计划"。

大部分少数族裔学生生活在贫困中,他们居住在大的城市学区,这些地方在过去至少 25 年时间里一直是被抨击的主要目标,因为学生在州成绩测验中并不尽如人意(Glass,2004)。詹克斯和彼得森(Jenks & Peterson,1991)声称,美国最近提出了"社会底层"的概念,但这一概念并不符合传统的"底层"定义。许多处于社会底层的人缺少工作中所必需的工作技能和社会技能。最值得注意的是,处于这一阶层的学生大部分来自公立学校(Jenks & Phillips,1998)。

对公共教育而言,年龄也是一个值得关注的变量。依据最新的国家人口普查结果,2000 年受教育者的平均年龄是 35.3 岁,比 1990 年增加了 3 岁,而且是到目前为止最高的。1990 年,5 岁以下的儿童占总人口的 7.4％,但是到 2000 年,这个年龄段的儿童只占总人口的 6.8％。尽管在 1990—2000 年间,各州这个年龄段的人数比例都有一定的增长,但是增长幅度是不同的。比如,内华达州增长了 66％,亚利桑那州增长了 40％,而北达科他州和西弗吉尼亚州却只增长了不到 1％ (U.S Census Bureau,2004)。

在诸多因素中,对督导而言年龄因素尤为重要,因为它造成了入学人数的变化。一些学区规模发展速度很快,其他一些学区仍保持着原有规模,甚至还有一些学区的学校因为学生人数较少而被迫关闭。形成这些趋势同样也有政治原因。随着人口平均年龄的增长,一些人的直系亲属不在公立学校求学或任职的比例也在增长。分离会导致疏离感的产生,它不利于公众对学校的支持。一些前辈,他们拥有一定的资产,有稳定的收入,是疏远的纳税人的主要代表。在此问题上,鲍曼(Bauman,1966)写道:

> 零学龄儿童家庭数量的增加以及有学龄儿童的选民比例的减少在美国形成一种"泛灰色"(graying)转变。这种"泛灰色"转变增强了相应的"泛灰色"政治势力。这种转变趋势直接影响了依赖公众支持而实现自我优化的公立学校。(p. 92)

人口结构的变化对公共教育造成三种相关影响:第一,它使各州的需求与之前相比大为不同;第二,它使一个州内的各学区之间的需求较以前也有所不同;第三,它使许多督导更难得到经济和政治方面的支持,而这种支持对学校的发展又是非常必要的。30 年前,多数督导即使很少与公众接触,也可以取得很大的成功。但是现在,公众不会接受这种督导,因为普通公众希望管理者能了解他们社区的复杂情况。他们认为只有这样,管理者才能鼓励民众参与学校发展计划的构建,公众也才会为与他们有关的一些行动提供资金。

家庭。20 世纪 50 年代,典型的家庭模式是一家有两个或更多的孩子,男人在外工作,女人在家操持家务。另外,孩子有大量的时间与居住在同一社区的祖父母和其他亲戚在一起。而现在许多学龄儿童生活在单亲家庭。20 世纪 90 年代后期,有 25％的美国孩子和 60％的非裔美国孩子生活在单亲家庭(Glass,2004)。

无论是在单亲家庭还是双亲家庭，越来越多的孩子都面临着西尔维亚·休利特（Sylvia Hewlett，1991）所提出的"时间赤字"的问题——与前几代人相比，现在父母和孩子相处的时间在减少。据家庭研究协会的调查，父母用于和孩子相处的时间（大约每周 17 个小时）只是 1965 年所花费时间的一半（Stratton，1995）。正如学前教育、社会工作和扩展的食品服务（比如早餐工程）等项目所证实的，孩子家庭生活的数量和质量的下降直接影响了公共教育。另外，诸如监护人的职责、通过没有监护权的父母获取信息等一系列的合法和准合法化的隐晦问题，以及重视父母权利和职责的政策等，都对公共教育有一定影响（Duncan，1992）。

　　破坏性的反社会行为。反社会行为问题的复杂性远远超出我们大多数人所了解的程度。这个有特定意义的词通常用来描述四类破坏性行为：（1）环境的；（2）亲属的；（3）掠夺的；（4）精神病理的（Van Acker，1995）。心理学家通常认为年少的孩子容易受暴力的影响，他们在生活中和电视上看到的暴力画面歪曲了他们对现实的理解（Sauerwein，1995）。这个推论来自一项研究，该研究揭示了学生的暴力受他们所看的电视节目数量和质量的影响（Stratton，1995）。这样的结论对反社会行为来说可能显得理论化和抽象化，但对于曾遭受学生挥舞着武器或用一些其他方式威胁的数以千计的管理者和教师来说，这个结论是真实的。20 世纪 90 年代，督导们认识到，媒体所报道的危机事件深深地影响了公众对学校的看法。实际上这种影响比数据上显示的还要深刻（Pride，2002）。

　　许多孩子不再从家庭、社区、教堂学习道德和伦理的行为准则，取而代之的是，他们的行为标准由 POP 文化和同龄人的影响所决定。这些消极影响的程度和性质通常与家庭生活及贫穷等问题相关。20 世纪 90 年代末期，媒体对发生在各年级学生中的多重谋杀罪的报道，使公众对学校暴力事件的担心显著提升。尽管现在多数公众意识到暴力遍布于社会和学校，但是，督导和校长们常常不愿意承认在他们监管之下的学校会发生此类事情，因为他们担心公众将会抵制社区和学校，认为社区和学校不安全，并且公众会批评那些学校管理者没有给予学生适当的纪律约束（Schwartz，1996）。在全国范围内公开暴力行为的做法使公众产生了恐惧，于是，许多学区采取了"零容忍"政策或与此类似的政策，以此来根除或终止"较小的有时甚至是非犯罪的行为"（Donohue，Schiraldi，& Ziedenberg，1999，p. 8）。

公众的不满

　　通过讨论对比不同的公共教育目的，施莱彻蒂（1990）描述了三种看似有竞争力的目标，它们构成了课程、教学和教育者的行为：

1. 保存主流文化的价值观和理念。
2. 为个体进入劳动力市场做准备。
3. 对不公平和不平等现象实施补偿。

　　20 世纪大半部分时间以来，教育的目的受外部力量所支配（如来自学校外部和学区的力量）。美国的经济、社会、政治的转变通常都是过激的，学校也常常出其不意地被要求改变路线，但是大多数的突变都会涉及优秀和公平的价值观。优秀价值观的拥护者声称，学校应该培养智力和能力兼备的有价值的人；持公平价值观的人声称，学校应该提供平等的机会（Parker & Parker，1995）。大概从 20 世纪 50 年代中期至今，人们所持有的价值观一直在主导着改革的进程，结果就是，学

校得以发展的途径变得不一致了。范·蒂尔(Van Til, 1971)对这一时代发表了自己的评论:

> 1957 年，苏联人造卫星发射成功，这一事件震惊了美国朝野，学校被当作唾手可得的替罪羊。一些杂志呼吁改变学校里悠然自得的状态；那些自从毕业就再也没有待在初等和中等学校的聪明的领导人傲慢地指责学校缺乏学业上的严厉。(p. 3)

公众对国家安全的忧虑引发了他们对社会秩序的不满。1958 年，美国颁布了《国防教育法》，这部法律提出要加强学生在数学、自然科学和现代英语方面的学习，以推动学校朝高水平学术研究的目标前进(Kowalski, 1981)。但是，学校朝这个方向努力几年后，政策制定者又采纳了一个新的议程作为政府解决一些新生问题的策略，这些问题包括民权、贫穷、持续的种族冲突和不得人心的越南战争等。这样一来，学校秩序再次陷入混乱状态，但是这次，疏远、理想破灭和对政府的不信任成了主流(Van Til, 1971)。公众对社会不完美的指责的矛头都直接指向了公共初等和中等教育，结果就是，优化教育质量的议程很快被一个促进教育公平的议程所取代。

然而，20 世纪 70—80 年代的教育改革，再次向优化教育质量的方向倾斜。首先，为了回应对教育的指责，"恢复基础"运动以及此后包括《国家处在危机中》在内的报告，都要求学校对学生提出更高的要求和期望。与促进教育公平相比，优化教育质量是开放性的而且很难对其作出一个明确的定义(Duke, 2004)。学校改革主要基于两个重要的价值标准：教学上的严谨和高学术水准。例如，从 20 世纪 80 年代初期到中期，州政策制定者通过提高对学生的要求改革学校教育，如提高毕业要求，要求学生在数学、自然科学和现代英语方面修更多的课程，增加学习日等强制性命令。然而，力求优化教育质量的努力又一次引发了公众对公平的关注。例如，对学生增加的要求使一些边缘学生丧失信心以致退学，因为他们认为想从高校毕业有些不现实。

优化教育质量与促进教育公平之间的紧张局面是可以预见的，但处在这种紧张局面中的人并未意识到哪个更重要一些。美国社会对这两种价值观都支持，并不是选择一种就要结束另一种，而是二者都是优先选择。尽管要实现与这个目的相关的必要的折中方案的参数既不清晰又不兼容，但结果是可以识别的。学区董事会和督导平衡教育质量和教育公平之间关系的努力以失败告终，这促使州政府通过强化教育目标和实现教育目标的手段的方法行使职权(Bauman, 1996)。表 3—1 提供了几个导致教育质量和教育公平二者之间关系紧张的改革例子。

表 3—1 　　　　　　　致使教育质量和教育公平之间产生冲突的相关改革

主题	质量	公平
测试	学生必须在课程方面有好的成绩；不及格的学生不能毕业；对学校的评价应该基于学生的测试成绩	测试一般并不能揭示学生真正学到的东西；一些测试存在种族偏见；成绩通常是家庭经济地位的象征而不是教育质量的证明

续前表

主题	质量	公平
特权学校	公共资金应该用于支持公众对传统公立学校的选择；竞争有助于提高学校的生产力	学生在选择学校时被财富、种族、宗教和能力分流了；没有证据证明竞争提高了学校的生产力
凭证	许多父母受困于无效的学校体系；如果有选择学校的机会，父母和学生会更忠于自己的选择；竞争淘汰了差校	凭证对家庭来讲是有好处的，至少家庭需要它们；好学校只不过提升了学费价格；贫穷的学生仍将受困并且种族隔离将会加大
全方位的服务	学校应该把重点放在教学上并且不应该涉及其他服务	许多学生在学校取得不了成就，除非他们的心理、社会和生理方面的需要得到满足

最近，联邦政府在平衡教育质量与教育公平的过程中扮演了积极的角色。例如，《不让一个孩子掉队法案》设置了学区和学校的目标（体现教育质量观），同时，也允许父母把他们的孩子从较差的学校中转出（体现教育公平观）。但是在法案成为法律后的短短几个月，实现这些目标的困难就显现出来了。2003 年，一个反对纽约城市学校集体行动的诉讼案声称，父母并不享有为孩子转学的权利，他们的行为不受联邦法律的保护（Viteritti，2004）。

弗兰克·卢茨和劳伦斯·扬纳科内（Frank Lutz & Laurence Iannaccone，1986）在讨论有关 20 世纪 80 年代的教育政策时，提出了公众不满理论。他们把公众不满称为一种疾病，它可以通过监控社会的经济和政治走向来诊断。随着疾病的加重，特别兴趣小组和其他人员加大了政策影响的力度，学校董事会选举的实际投票人数和被击败的或不准备连任的在职学校董事会成员人数都在增长。最终，这种疾病导致了一场督导职位的人事变革和一次学校系统的混乱。理论证明，不满是随时间的累积而形成的，因此，精明能干的实践者可以识别出不满的症状，准确估量不满程度，并且推断出主要原因。最近的研究（e.g.，Alsbury，2003）指出，这种理论仍然是一种认识学区不稳定性的有效手段。

在一个理想社会，公众对教育的看法可以用一套他们普遍接受的目标进行预测。成功与否取决于是否达到了这些目标的客观标准。遗憾的是，这一步还没有迈出，也就是说，公众就教育目标的看法还没有达成一致意见。因此，他们对舆论的感知常常源于自我兴趣或由媒体及特别兴趣小组提供的第二手信息（Kowalski，2001）。好在美国大众在公共教育方面认可两个主要目标——服务个体和服务社会，它们也经常被描述为学校的个体使命和社会使命（Bauman，1996）。

多数美国人没有注意到这样一个事实，今天学校里的学生人数较之以前增加了，随之即将毕业的学生人数也有所增加，但与此同时，一些人却声称他们没有学到应该学到的东西。与过去几十年相比，"学校确实做得不少"（Schlecty，1990，p.30）。事实上，"美好的往日"常常被夸大。当代的批评家有这样一个癖好：当他们回顾过往时，喜欢把注意力放在那些成功的学生身上，而当他们着眼于眼前时，又只是聚焦在那些没有成功的学生身上。他们也忽略了这样一个事实，道德、伦理和公民责任方面的进步更多地出现在 20 世纪前半叶（Finn，1991）。家庭、教会、邻居和其他社会团体积极地致力于青年们的需求，同时这些干预的积极影响也有助于学校的发展。

对于学校社会目的的争论可以追溯到美国公共教育的确立时期（Spring，2001）。前文提及的突然的、有重大意义的政策的转变，是由于提倡竞争价值观的团体在决策层面处于劣势（Cuban，1988）。正如在联邦和州政策中所表明的，无论是从人口还是从意识形态来看，美国都是一个多样化的社会，因此，一些鼓励教育改革的公开建议会遭到一些社会团体的反对（Wirt & Kirst，2001）。

尽管社会改革者和经济保守主义者在对待公共教育的立场上往往持不同意见（Keedy & Björk，2002），但他们的担忧是相同的：下一代很可能不能使自己的国家继续保持强劲的势头。然而，在他们公开表示愤怒和不满之后，许多美国人仍然相信好学校会创造一个好社会（Tyack & Cuban，1995）。不过，即使在较小的同质社区，公众对学校目标也会持不同甚至对立的意见，主要原因在于见多识广的督导和学校董事会成员想在优化教育质量和实现教育公平之间寻求双赢。

期待少花钱多办事

价值取向的竞争产生了两种截然不同的改革观点。强调教育公平是教育质量的先决条件的人认为，公共教育有责任为所有学生搭建一个实现成功的平台。这个平台可以通过要求教育人员重视多样性，同时补偿因贫穷、虐待和不良家庭问题对学生所产生的消极影响来实现。就此方面，纳塔利（Natale，1992）写道：

> 专家说，改变美国孩子命运最有效的是基于与健康、社会和教育服务相关的计划，这些都应该在学校范围内产生。不健全的服务——不管是真实的或是被感觉到的——都会阻碍孩子和他们的家庭得到他们所需要的帮助。（p.26）

社会改革家（e.g.，Garcia & Gonzalez，1995；Kirst，1994；Negroni，1994）声称，有意义的变革不仅应该包括教育公平概念的重建，还应该包括以贫穷学生为对象的附加计划，以及学校与其他社会机构之间的共同努力。社会改革家通常受以下的理念所主导，认为社会和政治的议题必须融入改革政策中：

● 美国拥有双重的教育体制——一个是为穷人的，另一个是为其他所有人的。学校改革并没有致力于解决学校内存在的种族隔离和不平等问题。如果学校的改革仍然忽略种族歧视和贫穷问题，那么改革还是不会奏效的（Kozol，1992）。

● 商业领导者并没有不公平地把国家的经济问题归罪于学校，也没有不公平地期望学校的重建仅仅以经济为目的（Schneider，1992）。

● 商业领导者想在不增加财政职责和公平的情况下提升责任和效率。他们通过把非政府部门的价值观强加给公立学校，削弱了公民为改善学校而展开集体行动的责任（Moffett，1994）。

● 许多低收入和少数族裔家庭的孩子不能较好地适应传统学校，因为这些学校教授的内容与他们的生活经历关联很少。改革的目的应在于为贫穷学生增加服务，并增加与贫穷学生生活相关的学习内容（Banks，1993）。

与此对立的改革观点源自以下看法：学校浪费了太多的金钱，它们对非学术事务漠不关心，缺乏纪律约束，过分依赖政府，并且缺乏责任感。这种立场的拥护者声称，把商业和经济原理应用于教育将会提升学校的效率，并且不需要增加支出。

自 20 世纪 80 年代以来，许多州的主要政治势力开始鼓吹"通过效率提高教育质量"的言论。为了迎合他们所提出的言论，这些人认为学生是懒惰的，教育家是无能的，学校是无效的官僚机构。他们为治疗这些"疾病"开的处方是一服混合剂：强制的命令和市场导向的理念，即要求公立学校为争夺生源而展开竞争。凭证（vouchers）、学费（tuition）、税收（tax credits）和特权学校（charter schools），这些项目证明了策略的目的是为促使公立学校脱离政府保护而进入市场，在市场中为生存而展开竞争（Cobb，1992）。私立学校吸引了许多人的眼球，因为它不要求纳税人作出牺牲（Jacob，2003）。自 20 世纪 70 年代早期以来，认为公共教育过于保守的评论在美国、加拿大和英国并不少见（Elliott & MacLennan，1994）。

　　许多完全从经济视角考察学校学术缺失的人认为，学校的唯一目标是为培养顺从的工人做准备。他们指控美国为受教育程度不足的工人付出了高昂的代价（e. g.，Groennings，1992）。由于只关注经济问题，这些批评家通常具有如下特点：（1）对道德和政治环境采取漠视的态度，事实上这比知识的触及面更广（Soder，1995）；（2）认为国家经济问题是学校改革的一个充分理由（Ehrlich，1988）；（3）认识到渐进的改革是无效的，国家需要激进的改革，就像在 20 世纪 70—80 年代通用汽车（General Motors）这样的大公司执行的改革一样（Shreve & Lidell，1992）；（4）对学校管理者的改革能力和自觉性持悲观态度。基于这些因素，他们更青睐于强迫学校进行改革的策略。

　　把经济、政治和宗教因素结合起来分析的批评家看到的问题则有些不同。例如，基督教权力机构，其精力主要集中在人文主义问题以及在 20 世纪 80 年代引起广泛讨论的问题上，如多元文化主义、性教育和基于结果的教育等（Jones，1993）。乔治·卡普兰（George Kaplan，1994）注意到宗教权力增长的势头，并推断其工作被一种普遍的信仰——学校在走向失败——赋予了活力，并且，通过巧妙地指向多数美国人所关注的问题而变得更加具有影响力。

工作环境

　　督导的实践活动会受到社会环境和工作环境的影响。在这两种环境中，政治舆论是深入人心的，因而政治方面的问题贯穿了本书。然而，关于学校改革，另外两个工作环境方面的因素也非常有影响力：第一个因素是公共教育中学校数量越来越少、学校规模越来大的持续发展趋势；第二个因素是抵制改革的组织氛围。

学区地位

　　有两种因素与地方学校体系的现状高度相关，它们分别是日益下降的学区数量和州内部与州际间变化的环境。1985 年，公立初等和中等学校入学人数为 39 400 000；2000 年，人数增长到 47 200 000，增长了将近 20%。但是，美国学区的数量却在持续下降。1937 年，美国共有 119 001 个学区，1963 年有 35 676 个，到了 2001 年只有 14 859 个。然而，只有不到 2%的学校有 25 000 名或者更多的学生，71%的学校入学人数不到 2 500，甚至更为显著的是，有 48%的学校入学人数少于 1 000（NCES，2004）。地方学区数量的减少主要原因在于州内学区的合并，之前一些大学区内有许多小的学区在招生（如伊利诺伊州和内布拉斯加州）

(Ramirez，1992)。

　　学区的合并，特别是受到州政府强迫时，会在学区内产生不满；如果因为合并而导致了一些学校的关闭，这种不满就会表现出来。学校合并是一个有争议的且高度情绪化的问题。公众之所以反对合并，是因为他们对社会、经济、政治方面问题的担忧。从社会角度来看，居住在小的农村地区的居民常常会反对合并，因为学校是他们身份和自豪的一种象征，但却要被迫关闭（Ornstein，1993）。从政治角度来看，纳税人拒绝自己权利的流失。因为在一些极小的学区，居民有更多途径进入学区董事会并且影响其成员——这样一来他们可以更多地保护个人利益（如影响税率或者就业结果）。从经济角度来看，关闭学校对社会发展来讲是消极的，也就是说，关闭社区内的一所学校通常不利于本地区未来的税收增长。鉴于此，我们便产生了一个疑问：为什么在许多州，学区合并仍在继续？

　　支持合并的人通常是基于对教育政策有指导作用的几种基本价值观，包括充分（确保所有的学生接受充分的教育）、平等（确保所有的学生享有平等的受教育机会）、友爱（确保学生在一个民主社会体验和感受多样性及其待遇）和经济发展（确保学校对社会福利事业作出贡献）(King，Swanson & Sweetland，2003；Kowal-ski，2003)。表3—2罗列了一些更具说服力的因素来解释某些州立学校合并的可行性。

表3—2　　　　　　　　学校合并的价值观导向、动机和基本原理

价值观导向	明确的动机	基本原理
平等	财富均等	大多数州内的学区应税财富上有明显的不同；诉讼和政治行动试图消除财富不均的影响
	机会均等	课程的变化与学校的大小有关；取消规模小的学校是为了在学区之间和学区内部为学生提供更多平等的教育机会
效率	降低操作成本	大规模的学校被认为比小规模的学校效率高；合并规模小的学校是为了降低操作成本，包括人员的开支
	经济规模	学区通过购买更多的商品和服务使操作更有效，并且减少了生均开支
充分	扩展课程	州提高了学生的毕业要求，以此让学生适应信息化社会；合并学校的目的是为了使较小规模学校的学生受到充分的教育
	增加个性化服务	在一些诸如特殊教育之类的计划中，为所有学生提供充分的教育是很困难的；而几个规模大的学校能使所有学生更有希望达到所需教育的最低水平，这在一定程度上也促进了合并
友爱	生活在多元社会	学区合并的支持者声称，规模大的学校更有利于学生对多元文化及民主社会的理解
经济发展	提高教育产出	一些学区合并的支持者把合并看作一种人力资本的投资。他们认为，较大规模学校的学生更容易获得技术、较宽的课程结构和多方面的能力——这些均有助于学校生产力的提升与国家经济的发展

　　反对学区合并的人大多基于另一种他们所钟爱的价值观——自由。反对学区合并的人认为，大型学区阻碍了民主参与，并且疏离了许多纳税人，这样纳税人会认

为自己对政策的影响力降低了（Kowalski，2003；Post & Stambach，1999）。然而，近来的阻力主要集中在"越大越好"这样一个指导原则的教育价值上。学区合并的批评者指出，大型学区通常管理大型学校——他们认为这些机构容易变得冷漠无情。一些研究者（e.g.，Skandera & Sousa，2001）发现了学校大小和学生父母参与度之间的一种逆向关系：学校变得越来越大，学生父母的参与度反而下降。值得注意的是，目前并不存在较大学区对学生的学习有积极影响的确凿证据（Howley，1997；Ramirez，1992）。这些研究者认为，政策制定者很少关注潜在的社会问题和个人问题，实际上这些问题在较大的学校更为普遍（如疏离、价值冲突等）。

除了整个国家范围内学区数量的下降外，与地方学区体系现状有关的还有各州之间的差异性。例如，夏威夷州是唯一拥有独立公立学校体系的州，其他几个州（如佛罗里达州、肯塔基州、路易斯安那州和内华达州）每个县只有一个学区。多数州的一些较小规模的学区（如不到 1 000 名学生）都在农村地区（如缅因州、蒙大拿州、内布拉斯加州、俄克拉何马州、南达科他州和佛蒙特州）。各州的生均支出总数也有明显不同，比如，2000 年，新泽西州的生均支出比犹他州高 217%（NCES，2004）。

合并对许多小型学区来讲仍然是一个具有争议的话题，而且它继续操纵着许多小学区。在一些城市地区，学区合并是可行的。因为在这些地区，州政府可以通过立法程序取消某些组织来解决困扰大城市地区的问题（分成几个大学区，邻近的市郊学区附属于几大学区）（Kowalski，1995）。但是，总的来讲，我们应该明白，州与州之间以及州内部的情况是不同的，而且，我们应该承认，这种可变性降低了地方学区和督导角色普遍的适用性。

抵制改革

近来公众对督导发难：学校改革为什么不成功？这个问题很难回答，原因在于环境具有可变性，就是说，各州、各学区甚至各学校的原因都是不相同的。不过，一般来讲，下面几个确定的因素能帮助我们理解有意义的改革为什么难以开展。

• 教育家大多从社会理论角度来看待教育问题并制定政策，而许多政策制定者和立法者大多从经济理论角度来看待问题（Boyd，1992）。因此，通过州政策和法律强加于学校的改革并不会必然地影响到教育家的情绪和感情。

• 美国公众对学校教育的目标总是很难达成共识（Wagner，1993），与过去改革相结合的折中方案常常掩盖了教育公平和教育质量这两种价值观之间本质的冲突（Tyack & Cuban，1995）。

• 公众普遍对教育赤字的本质和严重性不满（Harris，Hunt，& Lalik，1986），但政策制定者和立法者常常把这种状况误解为公众要求激进改革的一种暗示。对许多父母来说，改革是必要的，除非他们和他们的孩子认为改革不再必要。

• 许多学区官僚组织的继续存在反映了一个事实，学校被看作控制机构而不是改革机构。管理者担任改革代理人的角色既不是基于学术准备也不是基于改革的主动性（Kowalski，2003）。

• 公众对改革的争论并没有代表公民心声，而是一向被权力精英所操纵和利用，"他们试图说服公众，让公众相信他们对问题的定义和提出的解决方法是权威的"（Tyack & Cuban，1995，p.59）。因此，改革行动往往缺乏普遍的支持。

关于学校改革问题，哈伯曼（Haberman，1994）指出：

> 学校重大改革受阻的最根本原因是公众不愿意变革。使用人口统计学（demography）这种策略威胁公众，迫使其接受改革是无效的，因为被提议的改革和用于陈述问题的数据的惊骇（statistical horrors）之间没有外在的关联。（p. 692）

督导总是处于改革的风口浪尖上，公众的不满、教育质量与教育公平的辩证关系、公众对改革的要求……多种因素结合在一起使他们里外受气。从政治角度来讲，管理者在商业和政府领导者的推动下提高了学校效率。同时，受专家、同行和自己良心的驱使，他们保证学校为每个学生提供平等的机会。和那些商业对手不同，督导面对着更多明确的法律约束，如对政府资源的高度依赖、较少的决策权、较强大的外部政策影响。由于他们的决定由公众评判，所以决定的实然状态和应然状态很难达成一致（Shibles, Rallis, & Deck, 2001）。

这些状况会造成什么结果呢？高瞻远瞩的实践者意识到在不牺牲教育公平的前提下必须追求教育质量。想要做到这些，督导必须创造条件，鼓励一种有见识的、有思想性的意见交流，交流的主题应该围绕公共教育的目标以及如何在具体的学区和学校实现这些目标而展开（Wagner，1993）。在这种交流中，管理风格——即目标设置和发生的环境——是由督导和学校董事会决定的。因此，这些官员通常决定着学校进步的范围和方向。学区雇员、学生和其他社会成员"通过关注被检验的内容和被尊重的事物可以看出什么是被期待的"（Schlecty，1992，p. 28）。

1971 年，耶鲁大学心理学家西摩尔·萨拉森（Seymour Sarason）写了一本有关公立学校的发人深省的书——《学校文化和改革问题》（*The Culture of School and the Problem of Change*）。在遍访了美国境内的学校之后，西摩尔·萨拉森得出结论，由于一种被强加于所有公立学校的文化，全美国的教师和学生有着惊人的相似性。他认为，外部强加的命令通常难以达到目的，因为这些强加的命令忽视了根植于内心的价值观和理念，这些价值观和理念使爱达荷州农村地区的教师和管理者像波士顿的教师和管理者一样行事。萨拉森重新走访了这些学校，并在 25 年之后修正了自己的理论，但他对教育家能否进行学校所需要的改革仍然持消极态度（Sarason，1996）。他发现班级的结构和活动依然不具备有效学习的条件。从宏观角度来看，他指责教育家一贯的被动性，批评他们不阅读有关专业的杂志和书籍。更值得注意的是，他断定，源自内部力量的改革是非常不可能的，因为学校管理者和教师既不了解组织文化也不了解组织机构改革的程序。萨拉森还指责教育家没有就他们的实践与教师和管理者开展有益的对话：

> 我发现最让人沮丧甚至恐惧的是学校人员很少提出并严肃地讨论两个问题：1. 什么是学校教育的基本目标？如果不能实现这个基本目标，其他目标就更不太容易实现。2. 有效学习环境的特质是什么？（p. 379）

萨拉森进而表明教育专家没有把注意力放在这两个问题上是令人惊讶且不可宽恕的。

虽然许多教育家认为萨拉森的分析过于消极悲观，并且是在指责他们，同时也有少数人对于他有关美国公众是极度急躁的言论提出了异议，但是，很显然，公众对管理者和教师可以重建学校越来越没信心，结果就是，公众真的变得越来越没有耐心了。

反　思

在过去的 50 年中，大多数学校的督导开展实践活动的环境发生了显著的变化。今天，一个学区的人口不会再有较多的种族了，但学校仍不得不面对大量的社会、经济和政治问题。在美国，贫穷问题对学生的影响很大。在许多美国人眼中，学校是最不安全的地方，人们对能够在学校学习的期望值也不断下降。

不足为奇的是，这些感觉引起了公众对国家未来发展的担心。我们的公立学校为学生做好充足的准备了吗？将来，我们国家的经济和政治水平会受到影响吗？许多事实证明，多数美国人对公共教育的产出不满；这种不满促使他们中的许多人支持或者至少被动地接受激进改革计划。当许多纳税人的家庭成员都已经不在初等和中等教育领域时，改革公立学校或者使其与私立学校展开竞争的时机就成熟了。在这样一种情形下，公众在矛盾地支持改革计划的同时又反对为实施这些改革而增加税款的现象就显得很正常了。

1. 你所在州的人口多样化到一种什么程度了？哪些因素有助于多样性？
2. 你所在州的多样性是怎样影响地方学区的计划的？
3. 哪些价值观有助于美国二战前 100 000 多个学区的发展？
4. 哪些价值观有助于学区的合并和地方学区数量的大幅度下降？
5. 在什么情况下社会问题会产生新的教育需求？
6. 在具有里程碑意义的"布朗诉托皮卡教育委员会"案五十多年之后，批评者声称学校仍存在种族隔离，这种说法在你所在的州存在吗？在全美国范围内呢？
7. 什么原因使得公众对公共初等和中等教育不满？
8. 许多公立学校需要以较少的资源做更多的事情，为什么？
9. 为什么把教育质量和教育公平看作竞争的价值观？
10. 国家媒体关于暴力和反社会行为的报道给你所在州的公立学校造成一定的影响了吗？如果造成了影响，是以何种方式呢？

案例研习

二战之后，泰勒维尔地区（Tylerville）成了美国发展最快的郊区之一。到 1970 年，大多数可用的土地已经被划分完毕，剩下的地区建了许多公寓和购物中心。距芝加哥商业中心区仅 15 分钟路程的社区主要吸引了一些中产阶级家庭的眼球。20 世纪 50—70 年代的 20 年间，这一学区建了 7 所学校，入学率增长了 175%，雇员比例增长了 160%，其中教师占了新雇员的大多数，他们都是刚从学校毕业的学生。

该地区入学率的第一次下降出现在 1973 年，在以后的 13 年时间里，地区入学人数从 11 500 下降到 6 400，而且有几所学校被迫关闭。1986 年出现了转机，从这时起，入学人数每年有大约 2% 的小幅度增长。入学人数上升的原因是社区内人口构成的变化，许多在泰勒维尔地区居住了几十年的家庭移居到了较富裕的郊区。1975—2000 年间，该地区享受免费上学资格或免费午餐的学生比例从 6% 上升到 42%；生活在单亲家庭的学生比例从 9% 上升到 54%；19 岁之前没有完成高中教育的人数比例从 12% 上升到 36%。此外，人口在人种和族裔方面变得更加多样。1975 年有色人种只占总人口数的 5%，2000 年达到了 63%；同期，教师的平均年龄从 29 岁增长到 52 岁，但教师中有色人种的比例仅仅从 4% 增长到了 18%。

一年前，罗伯特·斯蒂芬（Robert Stephan）成了泰勒维尔学区的督导。他曾在伊利诺伊州南部的一个较小的学区任督导，该学区有 1 500 名学生。到 43 岁时，斯蒂芬已有 9 年教学经验、6 年管理经验（building-level administrative experience），并且在中心办事处工作了 4 年——他所在的地区都是一些较小的农村地区。

斯蒂芬先生和他的妻子，包括他们的两个孩子（一个 14 岁，一个 17 岁）对移居到芝加哥很矛盾。然而，有利的方面是，斯蒂芬先生的薪水增加了 3 万美元，而且无须居住在学区也使这份工作相当有吸引力。同时，斯蒂芬先生对学校董事会稳定的局面也很满意，董事会成员中有两位已经工作了 20 多年，还有 4 位工作时间超过 12 年，其他成员也已经工作了 4 年。

在泰勒维尔地区所面临的许多挑战中，斯蒂芬先生认为，不断上升的辍学率是最亟须解决的问题。上任后不久，他就派了一个特别工作小组去调查这个问题。工作小组由 3 名管理者和 7 名教师组成，他们的任务是查明高辍学率的原因并为改善现状提出意见和建议。几个月之后他们向斯蒂芬先生提交了以下调查结果：

1. 学区内高中的课程内容绝大部分仍然是为学生升入大学做准备的。在过去的 25 年时间里，课程内容几乎没有进行过任何改革。

2. 学校没有开设为工作做准备的过渡课程。

3. 因怀孕辍学和被开除的学生占了辍学学生的一大半。尽管怀孕的学生仍然可以继续学业，但是将近 2/3 学生未选择这样做。

4. 被开除的学生多半再也没有返回学校。

5. 学生被开除最常见的原因是：（1）吸毒；（2）经常旷课；（3）打架或是实施相关的暴力行为；（4）酒后攻击。

6. 学生可以进入职业学校学习，但是很少有人这样做。尽管学生收到了职业学校录取通知书但不愿意入学。

7. 高中学生进入四年制高校的人数比例从 1970 年的 73% 下降到 2002 年的 38%。

8. 学生没有权利进入"选择学校计划"，除非他们具备特殊教育的资格。

9. 在过去的 3 年时间里，有几乎一半的辍学男生宣称是帮派成员。

10. 过去，学区官员与其他社区机构接触很少，参与社区活动的管理者和教师较之 25 年前相差甚远。

基于这些调查结果，工作小组成员向斯蒂芬先生提出三条建议：

1. 学区内应该建立一所选择性高校，这样一来，因为纪律原因被开除的学生也会有资格进入这个学校学习。

2. 管理者和教师中有色人种的数量应该增加，这样，学生将会从更多的西班牙裔和非裔的角色榜样中受益。

3. 高中课程需要修订，重视以不打算上大学的学生为对象的"学校—工作课程"（school-to-work programs）。

工作小组的调查结果和建议首先交给学区管理者讨论，接着高校教师和员工又对此作了讨论。管理者在此问题上比较中庸，他们表示，既不支持也不反对。然而，许多高校部门的成员持消极态度，他们认为报道具有误导性，如当地教师联合会主席声称，这些建议只是试图解决表面症状而没有探究其深层原因。她说："建立一所选择性学校，缩减课程，基于真才实学而不是资历聘请人员，这些做法只会使事情变得更糟。我劝大家不要支持工作小组的建议。"

案例讨论

1. 你认为工作小组的调查结果和建议与泰勒维尔地区人口结构的变化有关吗？为什么？

2. 辍学问题在泰勒维尔地区是一个重要问题吗？你的依据是什么？

3. 管理者和教师很少公开露面参与社区活动，你认为有必要对此表示担心吗？为什么？

4. 如果你是泰勒维尔地区的新督导，那么在解决辍学问题上你将采取什么措施？

5. 对当地教师联合会主席的反应作出自己的评价。如果你是督导，对她关于调查小组报告的评论，你持什么看法？

6. 你认为辍学率和四年制大学的入学人数比例下降之间有关系吗？为什么？

7. 被督导任命的特别工作小组只包括学区雇员，如果考虑到问题的性质和现状，你同意他的指派吗？为什么？

8. 如果你是督导，你还需要了解哪些有关辍学问题的信息？

参考文献

Alsbury，T. L. (2003). Superintendent and school board member turnover: Political versus apolitical turnover as a critical variable in the application of the dissatisfaction theory. *Educational Administration Quarterly*，39 (5)，667—698.

Banks，C. A. (1993). Restructuring schools for equity: What we have learned in two decades. *Phi Delta Kappan*，75 (1)，42—44，46—48.

Bauman，P. C. (1996). *Governing education: Public sector reform or privatization*. Boston: Allyn & Bacon.

Boyd，W. L. (1992). The power of paradigms: Reconceptualizing educational policy and management. *Educational Administration Quarterly*，28 (4)，504—528.

Burroughs，W. A. (1974). *Cities and schools in the gilded age*. Port Washington，NY: Kennikat.

Cobb，C. W. (1992). *Responsive schools，renewed communities*. San Francisco: Institute for Contemporary Studies Press.

Cuban，L. (1988). Why do some reforms persist? *Educational Administration Quarterly*，24 (3)，329—335.

Dewey，J. (1899). *The school and society*. Chicago: University of Chicago Press.

Donohue，E.，Schiraldi，V.，& Ziedenberg，J. (1999). School house hype: Kids' real risks. *The Education Digest*，64 (6)，4—10.

Duke，D. (2004). *The challenges of educational change*. Boston: Allyn &

Bacon.

Duncan, C. P. (1992). Parental support in schools and the changing family structure. *NASSP Bulletin*, 76 (543), 10–14.

Ehrlich, E. (1988, September 19). America's schools still aren't making the grade. *Business Week* (3070), 129, 132, 134–136.

Elliott, B. , & MacLennan, D. (1994). Education, modernity and neo-conservative school reform in Canada, Britain, and the U. S. *British Journal of Sociology of Education*, 15 (2), 165–185.

Finn, C. E. (1991). *We must take charge*. New York: The Free Press.

Fullan, M. (1994). *Change forces: Probing the depths of educational reform*. Philadelphia: Falmer.

Garcia, E. E. , & Gonzalez, R. (1995). Issues in systemic reform for culturally and linguistically diverse students. *Teachers College Record*, 96 (3), 418–431.

Glass, T. (2004). Changes in society and schools. In T. J. Kowalski (Ed.), *Public relations in schools* (3rd ed. , pp. 30–46). Upper Saddle River, NJ: Merrill, Prentice Hall.

Groennings, S. (1992). The politics of education. In T. Brothers (Ed.), *School reform: Business, education and government as partners* (pp. 15–16). New York: The Conference Board.

Haberman, M. (1994). The top 10 fantasies of school reformers. *Phi Delta Kappan*, 75 (9), 689–692.

Hall, G. E. , & Hord, S. M. (2001). *Implementing change: Patterns, principals, and potholes*. Boston: Allyn and Bacon.

Harris, L. , Hunt, T. , & Lalik, R. (1986). Are public schools failing? Assessing the validity of current criticisms. *Clearing House*, 59 (6), 280–283.

Hewlett, S. A. (1991). *When the bough breaks: The cost of neglecting our children*. New York: Basic Books.

Hodgkinson, H. L. (1992). *A demographic look at tomorrow*. Washington, DC: Institute for Educational Leadership.

Hoyle, J. , Björk, L. , Collier, V. , & Glass, T (2004). *The superintendent as CEO*. Thousand Oaks, CA: Corwin.

Howley, C. (1997). Dumbing down by sizing up. *School Administrator*, 54 (9), 24–26, 28, 30.

Huelskamp, R. M. (1993). Perspectives on education in America. *Phi Delta Kappan*, 74 (4), 718–721.

Jacob, M. (2003). *The voucher veneer: The deeper agenda to privatize public education*. Washington, DC: People for the American Way Foundation.

Jenks, C. , & Peterson, P. E. (1991). *The urban underclass*. Washington, DC: Brookings Institution Press.

Jenks, C. , & Phillips, M. (1998). Black-white test score gap: Introduction. In C. Jenks & M. Phillips (Eds.), *The black-white test score gap* (pp. 1–54). Washington, DC: Brookings Institution Press.

Jones, J. L. (1993). Targets of the Right. *American School Board Journal*, 180 (4), 22−29.

Kaplan, G. R. (1994). Shotgun wedding: Notes on public education's encounter with the new Christian Right. *Phi Delta Kappan*, 75 (9), K1−K12.

Keedy, J. L. , & Björk, L. G. (2002). Superintendents and local boards and the potential for community polarization: The call for use of political strategist skills. In B. Cooper & L. Fusarelli (Eds.), *The promises and perils facing today's school superintendent* (pp. 103−128). Lanham, MD: Scarecrow Education.

King, R. A. , Swanson, A. D. , & Sweetland, S. R. (2003). *School finance: Achieving high standards with equity and efficiency* (3rd ed.). Boston: Allyn & Bacon.

Kirst, M. W. (1994). Equity for children: Linking education and children's services. *Educational Policy*, 8 (4), 583−590.

Kowalski, T. J. (1981). Organizational patterns for secondary school curriculum. *NASSP Bulletin*, 65 (443), 1−8.

Kowalski, T. J. (1995). *Keepers of the flame: Contemporary urban superintendent*. Thousand Oaks, CA: Corwin.

Kowalski, T. J. (2001). The future of local school governance: Implications for board members and superintendents. In C. C. Brunner & L. G. Björk (Eds.), *The new superintendency* (pp. 183−201). New York: JAI.

Kowalski, T. J. (2003). *Contemporary school administration: An introduction* (2nd ed.). Boston: Allyn & Bacon.

Kowalski, T. J. (2005). *Case studies on educational administration* (4th ed.). Boston: Allyn & Bacon.

Kozol, J. (1992). Inequality and the will to change. *Equity and Choice*, 8 (3), 45−47.

Lutz, F. W. , & Iannaccone, L. (1986). *The dissatisfaction theory of American democracy: A guide for politics in local school districts*. East Lansing, MI: National Center for Research on Teacher Learning. (ERIC Document Reproduction Service No. ED274041)

Mazzoni, T. L. (1994). State policy-making and school reform: Influences and influentials. *Journal of Education Policy*, 9 (5 & 6), 53−73.

Moffett, J. (1994). On to the past: Wrong-headed school reform. *Phi Delta Kappan*, 75 (8), 584−590.

Natale, J. (1992). Growing up the hard way. *American School Board Journal*, 179 (10), 20−27.

National Center for Education Statistics (2004). *Digest of Education Statistics, 2002*. Retrieved May 10, 2004, from http://nces. ed. gov/programs/digest/d02/tables/PDF/table88. pdf

National Commission on Excellence in Education (1983, April). *A Nation at* risk：*The imperative of school reform.* Washington，DC：United States Government Printing Office.

Negroni，P. J. (1994). The transformation of America's public schools. *Equity and Excellence in Education*，27 (1)，20−27.

Ornstein，A. C. (1993). School consolidation vs. decentralization：Trends，issues，and questions. *Urban Review*，25 (2)，167−174.

Parker，F. ，& Parker，B. J. (1995). A historical perspective on school reform. *Educational Forum*，59 (3)，278−287.

Post，D. ，& Stambach，A. (1999). District consolidation and rural school closure：E pluribus unum? *Journal of Research in Rural Education*，15 (2)，106−120.

Pride，R. A. (2002). How critical events rather than performance trends shape public evaluations of the schools. *The Urban Review*，34 (2)，159−178.

Ramirez，A. (1992). *Size，cost，and quality of schools and school districts：A question of context.* East Lansing，MI：National Center for Research on Teacher Learning. (ERIC Document Reproduction Service No. ED361162)

Sarason，S. B. (1971). *The culture of the school and the problem of change.* Boston：Allyn & Bacon.

Sarason，S. B. (1996). *Revisiting "the culture of the school and the problem of change."* New York：Teachers College Press.

Sauerwein，K. (1995). Violence and young children. *Executive Educator*，17 (3)，23−26.

Schwartz，W. (1996). *An overview of strategies to reduce school violence.* East Lansing，MI：National Center for Research on Teacher Learning. (ERIC Document Reproduction Service No. ED410321)

Schlecty，P. (1990). *Schools for the twenty-first century：Leadership imperatives for educational reform.* San Francisco：Jossey-Bass.

Schlecty，P. (1992). Deciding the fate of local control. *American School Board Journal*，178 (11)，27−29.

Schneider，E. J. (1992). Beyond politics and symbolism：America's schools in the years ahead. *Equity and Excellence*，25 (2−4)，156−191.

School leaders (1996). *The American School Bard Journal*，183 (12)，A19−A21.

Shibles，M. R. ，Rallis，S. F. ，& Deck，L. L. (2001). A new political balance between superintendent and school board：Clarifying purpose and generating knowledge. In C. C. Brunner & L. G. Björk (Eds.)，*The new superintendency* (pp. 169−182). New York：JAI.

Shreve，D. L. ，& Lidell，S. A. (1992). The GM school of reform. *State Legislatures*，18 (5)，39−41.

Skandera，H. ，& Sousa，R. (2001). Why bigger isn't better. *Hoover Digest：Research and Opinion on Public Policy*，(3)，1−5.

Soder, R. (1995). American education: Facing up to unspoken assumptions. *Daedalus*, 124 (4), 163-167.

Spring, J. (1990). *The American school: 1642-1990* (2nd ed.). New York: Longman.

Spring, J. (2001). *American education* (10th ed.). New York: McGraw-Hill.

Stout, R. T., Tallerico, M., & Scribner, J. P. (1994). Values: The "what?" of the politics of education. *Journal of Education Policy*, 9 (5 & 6), 5-20.

Stratton, J. (1995). *How students have changed*. Arlington, VA: American Association of School Administrators.

Tyack, D., & Cuban, L. (1995). *Tinkering toward utopia: A century of public school reform*. Cambridge, MA: Harvard University Press.

U. S. Census Bureau (2004). Overview of race and Hispanic origin. Retrieved May 15, 2004 from http://www.census.gov/prod/2001pubs/c2kbr01-1.pdf

Van Acker, R. (1995). A close look at school violence. *Update on Law-Related Education*, 19 (2), 4-8.

Van Til, W. (1971). Contemporary criticisms of the curriculum. In W. Van Til (Ed.), *Curriculum: Quest for relevance* (pp. 1-8). Boston: Houghton Mifflin.

Viteritti, J. P. (2004). From excellence to equity: Observations on politics, history, and policy. *Peabody Journal of Education*, 79 (1), 64-86.

Wagner, T. (1993). Systemic change: Rethinking the purpose of school. *Educational Leadership*, 51 (1), 24-28.

Wirt, F. M., & Kirst, M. W. (2001). *The political dynamics of American education* (2nd ed.). Berkeley, CA: McCutchan.

第 2 编

学区组织与学区行政

第**4**章

作为组织的学区

本章要点 ▶▶▶

地方学区的组织性质

学区间的差异

学区的组织背景

学区的组织氛围和政治特征

集权与分权

自治与权力分配

在美国，绝大多数的督导都被聘任为地方学区的首席执行官。"地方学区"这一概念起源于自由主义价值观，以期较好地帮助市民掌控公共教育。不过，丹茨伯格（Danzberger，1994）指出了促使基层学校董事会在公众教育领域成为常设机构的两大原因：

地方学校董事会是美国最权威的公共组织之一，它承载了许多我们主张的政治与文化理念。其一，对政府的不信任，这种不信任始于英殖民地时期。那时美国人民处于殖民政府的统治之下，而殖民政府对殖民地人民的生活状况却一无所知。其二，美国人民比较重视基层学校董事会，是由于他们对专业人士和专业知识存有复杂感情。（p. 367）

可见，学校董事会使得专业的教育人员不能自由地组织和运营学校。在当今的改革背景下，这种状况备受争议（Danzberger, Kirst, & Usdan, 1992）。本章旨在探讨学区的组织性质和学区的组织维度，以期重组这一传统机构的理念。

地方学区的组织性质

地方学区是政府公共教育组织体系的一个基本组成部分。就地方学区而言，如第3章所述，不同的州有不同的组建方式。比如，在夏威夷州，全州范围内仅有一个统一的学区体系，另外有几个州中每个县都有自己的学区体系，其余的州，虽然人口相对较少，但学区则多达1 000个以上。这种不同主要缘于政治偏好而非为效率考虑（Ramirez, 1992）。由于没有令人信服的论证说明学区大小或学区设计与学生学习相关，学区作为政府管辖范围内的一个基本要素，在20世纪80年代曾一度被改革家们严重忽视（Hannaway, 1992）。近年来，一些诸如对口管理、特许学校和选择性管理等关于学校改革的理念不断质疑地方教育管理的效率。

学区的地位

地方学区在各州的地位各不相同。在有些州,学区属于州辖的法人实体(具有法人地位的公共组织)。在更多的地方,学区属于半法人实体(具有法人身份的组织形式)(Guthrie & Reed, 1991,)。后者属于特殊的州辖组织,即其特色是保护当地利益和优势,而非执行州政府的政策(Edwards, 1955. p.54)。半法人实体在有限的范围内享有更多的权力。基于这种原因,学区常常被当作有限法人实体(Knezevich, 1984)。比如在印第安纳州,学区就是被赋予法律地位的学校团体。有几个州,曾为明晰学区法律地位提起诉讼。这类诉讼往往是关于当地某政府部门将其法规凌驾于其辖区内的另一组织之上的事务。比如,城建局是否可以在其管辖范围内将其建筑代码用于地方学区。类似的决策权协调不当的问题在各州都有。在某些情况下,法院规定州政府组织有这种决策权。在其他一些情况下,法院又规定,作为政府组织分支机构的学区组织,可以免受这种法规的约束(Campbell, Cunningham, Nystrand, & Usdan, 1990)。可见,不能将地方学区准确地定义为法人实体或半法人实体。督导应依照各自所在州的情况作出相应的决定。

地方学区作为政府的分支机构之一,必须服从州立法机关的绝对权力。如果立法机关在宪法条文范围内行使权力的话,它可以改变学区的管辖权、管辖范围和区域,甚至可以取消一个地方学区(Lunenburg & Ornstein, 1991)。由于州法律所赋予公共教育的实际权力很有限,所以,学区往往还不如地市政府或者区县政府有权威。一般而言,学区所拥有的权力如下:(1)法律法规明确规定的权力;(2)由法律法规规定的权力推演出的权力;(3)一些基本的自主操作权(Knezevich, 1984)。由于各州宪法和法令并不统一,所以各州的地方学区所享有的自主权限也各不相同。当然,在同一州内,学区的等级划分并无差异(Campbell et al., 1990)。

1940—1980年间的学区合并(此话题在第3章已论及),对美国的学区数量产生了巨大的影响。这一时期,各州的地方学区的平均数量明显减少。1940年,学区数高达2 437个,而到1980年削减到318个(Strang, 1987)。数量少而规模大的学区特点,不仅使行政结构得以转型,还影响了行政行为。由于入学人数的增多及地域扩展,学区行政变得更官僚化,即权力变得更集中。集权有助于统一和提高效率,而这两者都是人们广泛认可的目标。小型学区并入大型学区的举措使得学区政策制定和行政管理都变得越来越集中(Strang, 1987)。

学区合并的成效至今仍有争议。绝大多数州的刚性法律都不容修改,这些法律一旦修改便意味着允许以前的学区脱离现有组织。然而俄亥俄州在2004年便有几个小型学区脱离现有组织。由于认识到很可能有碍于学区合并的趋势(如果不是不理想的话),改革派力图避免诸如对学生真实需求关注不够、政治让渡、灵活性不够等传统做法的负面影响(Kowalski, 2003)。学校理事会便是改革派努力的一大产物。这些改革派盛行于20世纪最后20年,他们很大程度上是基于两种认识:(1)学区间及学区内学生需求的差异性;(2)施行改革和维持变革都需要得到政治支持。将集权主义和分权主义相融合,是公共教育试图在诸如效率和卓越等不同的价值观之间找到一种平衡的另一表现。

学区类型

对学校体系的描述很多，然而这些描述并非都为人们所了解。以往的划分主要基于以下几种方式：（1）以创建学区时的法律条文为准；（2）以财务独立程度为准；（3）以所提供的教育机会为准；（4）以服务的地域为准；（5）以地域状况为准。表4—1呈现了学区分类标准。

表 4—1   学区分类标准

类别	说明
法律基础型	学区的划分以州政府组织和构建学区时的法律为基础，如社区学区、都市学区、城市学区
财务独立型	学区的划分以学区财务预算、税率独立决策程度为基础，如独立学区或非独立学区
教育层次型	学区的划分以学区内所提供的教育层次为基础，如联合学区、初等教育学区、中等教育学区
服务区域型	学区的划分以学区与乡镇、城镇、县市、城市的关系为基础，如县市学区、乡镇学区
地理位置型	学区的划分以学区所处的地理位置为基础，如农村学区、城镇学区、郊区学区

按创建学区时的法律来分类。这是以最初创建学区时的法律条文为基准进行划分。这很大程度上是由于战后政府希望通过学区重组削减地方组织的数量。这一时期政府往往鼓励和激励当地居民融入或脱离以前的乡镇委托体系。[1]其中一项激励措施是允许地方官员依法为当地居民选择最佳重组方式的法律条款。例如，在印第安纳州和艾奥瓦州，学区的正式名字通常喻示着学区形成和运作的法律背景，而非地理背景。在印第安纳州，农村学区可能被称作都市学区，而艾奥瓦州的农村学区则可能被称作社区学区。

按财务独立情况来分类。官方的和非官方的学区都可以划分为独立型和依附型两种。独立或依附说明了地方学区的财务运作方式，也反映了地方学区维持自身的运转而征收税务的特征（如州政府授权征税）。在美国大约有90％的学区被归为独立型学区。在23个州中只存在独立型学区，在4个州中只存在依附型学区，其余的州内既有独立型学区也有依附型学区（Campbell et al., 1990）。依附型学区的财务预算和税率都得经过其他政府部门批准（如县或市级政务会）。依附型学区的推崇者们认为，为政府服务而征收的税率应适当，应让民众免受不必要的、无节制的或过量的税收重担。他们认为对公共教育的财政支出应该视当地政府的其他所有财务需求而定。而独立型学区的推崇者们认为教育的需求非常重要，不能将其纳入政府分配稀有资源的领域中。其实，并没有几个学区真正享有征税权力。在许多州，甚至地方学校董事会的预算及与税收相关的决定都需经过州政府审核或受法律限制。

按教育项目层次来分类。在美国，合成或联合学区也是一种学区形式。这种形式的学区服务于所有的初等和中等教育。有几个州，如加利福尼亚州和伊利诺伊州，既存在联合学区也存在二元学区。二元学区服务于初等教育（尤其是学前至6年级或8年级）或者中等教育（尤其是7年级至12年级或9年级至12年级）。二元学区更具有政治特性。比如在伊利诺伊州内处于二元学区的居民享有两套税率，同时也有两个学校董事会维护他们的利益。在联合学区执行的最高税率实际已经超过了其应缴纳的最高税率。因而，二元学区的居民可以享受到更多的为公共教育筹集的资金。不难预料的是，多数的二元学区都设立在城郊区域，因为这些地方的居民更愿意支持教育。有几个州，如加利福尼亚州、佐治亚州和明尼苏达州，还把为中等教育毕业服务的社区学院、初级学院、技术学校也纳入了公共教育的学区范畴。

按学区所服务的地域来分类。这是以学区服务的地域为划分基准。这种分级很大程度上从侧面反映了学区与乡镇、县区、省市的关系。有的学区可能很小，只服务于乡镇某一部分，而有的学区则可能服务于整个县。在美国的许多地方，多种学区并存的情况比较常见。在这种设置中诸如"乡镇学区"或者"城市学区"等叫法比较常见。如上一章所述，有几个南方的州则仅以一县一个学区的方式组织公共教育。究其原因可以追溯到殖民时期。这是由于那时英格兰教会学校在南方殖民地占有主导地位。这些州并没有将在新英格兰发展起来的以社区为基础的学区作为自己的学区组织形式，而是选择以政府为中心的形式来组织学区。为什么这样组织学区呢？因为在这些南方的殖民地中，宗教事务和公共事务的关系比较密切。此外，也有几个州，如犹他州和内华达州等，选择以整个州为一个体系的方式组织教育。

按学区所处的地理位置来分类。另一种不太正式的划分方式即基于其服务区域的地理状况来划分的方式。主要有城市学区、小城市学区、城郊学区、城镇学区、乡镇学区和乡村学区等划分层次。这种设置引起了关于地域差异与学区教育需求之间的关系的讨论（如城市学区常常导致人口差异大、入学率高、贫困度高等问题）。以地理状况为标准进行划分也间接地产生与质量有关的印象。这种印象可能切合实际，也可能与实际相违背。有几个州的学区就是州教育主管部门根据它们的地理状况来划分的。当然，这种划分方式便于做研究或开展其他特别基金项目。

学区的组织维度

学校行为和社区行为的研究很大程度上有赖于特定的组织背景。所有组织都具有某种特性，如宗旨、正式或非正式的组织结构、特定的领域、特有的社会行为、特有的结构和文化（Razik & Swanson，2001）。然而，这并不意味着所有的组织特性都毫无差异和特征可言。公共教育学区所具有的特征不仅使之有别于私立营利性企业，也有别于其他学区，甚至和同一个州内的别的学区也不一样（Hannaway，1992）。各组织中所蕴涵的共性特征对于了解学区行为很重要，但是这些共性特征并不足以全面真实地说明情况。

作为组织的学区

简单而言，组织即"通过集体力量来完成目标的社会单位"（Johns，1988，p.10）。实际上，所有的对组织的定义都包含了两个主题：（1）组织是一种社会单位；（2）组织享有共同的目标（Kowalski，2003）。前者涉及一个事实，即组织由个体及具有一定程度的相互独立性和一定互动的群体组成。我们可以把组织中的人比作人体中的各种细胞和分子，一旦某一部分出了问题就会影响到整个系统。共同的目标反映了组织的目的和使命。不同的组织有不同的目的（例如，营利性企业和公立学校显然有不同的目的）。不同的组织，其规模大小、环境状况、激励机制、领导方式、权利分配及目标都不同（Knoke & Prensky，1984）。

督导面临的最为严峻的问题之一是组织的不确定性。这个问题涉及以下一个或几个方面不确定的教育问题：哲学观、使命、结构和目标。如前文所述，统一目标的缺乏困扰了学校的改革。就这个问题泰亚克和库邦（Tyack & Cuban，1995）写道："关于公共教育的目标的争论一直是一个有关民主组织创新与重建问题，反过来，它又有利于建立一个民主社会"（p.142）。对于目标的理解因社会需求和个人哲学观的不同而不同。由于缺乏一个公认的目标，市民被鼓励参与到关键的预测与规划活动中去。这样的活动在许多地方决定着学校需求的实现程度和改革方向（Kowalski，2001）。由于没有对目标进行审核的过程，也没有预期的结果，这种关于目标的民主争论会造成组织的不确定性，并增加领导的风险系数，尤其是在决策领域（March & Simon，1958）。

不同的理论，如古典理论和社会系统理论，被应用到教育领域。尽管它们进入学校主流管理思想的时期不同，但在一定程度上代表了近代的管理思想（Hanson，2003）。古典理论首先出现在工业革命时期，它强调五大控制与合作机制：（1）保持高度的控制权和对工人的高度监管；（2）建立和保持适度垂直交流方式（即自上而下，单向交流）；（3）制定完善的规章制度以及规范行为；（4）制定清晰的计划和流程以供员工遵循；（5）如果局势变化或问题转变要求额外的监控，则增强上级的监管力度（Owens，1995）。这一理论主要应用于预测和控制学生、员工和教师的行为。

社会系统理论出现在 20 世纪 30 年代。它利用研究人际关系的方法研究组织中的行为。与古典理论关注组织目标不同，社会系统理论不仅关注组织的需求，同时也关注个人和群体的需求。通过研究和观察组织背景下的群体和个人行为，社会系统理论利用描述理想行为和现实行为的差异来提出对古典理论的信条的质疑。例如，社会系统理论能使我们认识到社会接纳性是如何影响员工行为的，而古典理论并没有认识到这一点。社会系统理论还描述了个人行为及其影响力（Hanson，2003）。个人行为是性格和个人需求及组织期望综合反映的角色行为的综合体。教师和校长行为的差异也常被解释为对个体角色的遵循方式及个人追求方式的不同（Chance & Björk，2004）。就影响力而言（让他人做事的能力），社会系统理论使我们认识到了正式影响力和非正式影响力的关系。正式影响力或法定影响力是由组织尤其是其岗位赋予的。而非正式影响力则不然，它是在政治、职业及日常生活中逐渐形成的。例如，教师和校长可能也会有非正式影响力，这是由于他们个人行为有影响力，或由于他们被看作专家，也可能缘于他们的个人魅力。

开放体系理论流行于 20 世纪 60 年代。与古典理论及社会系统理论不同，开放体系理论关注的是组织与外在环境的相互作用（如组织与社区、州政府的关系）。而前两者关注的是组织的内部运行方式。开放体系理论的发展得益于研究组织行为的行为科学研究方法。我们对行为的研究需要将其放在组织与外界交往的具体循环的环境中进行（Hanson，2003）。就学校行为而言，开放体系理论认为作为公共机构，学区应该对社区的需要和要求高度敏感，不负公众的期望。在这种背景下，组织的生存应该更多地依靠对社会需求的应对能力，而非对员工行为的预测能力（Snyder & Anderson，1986）。

对组织和组织中的复杂行为的描述有很多种比喻。其中由加瑞斯·莫干（Gareth Morgan，1986）提出的八种比喻被广泛应用：

● 机器组织——把组织看作一系列角色分明、相互制约的零部件；行政管理的精髓。

● 系统组织——把组织看作特殊的社会系统；分析组织如何设立、发展和调整。

● 大脑组织——把组织看作大脑；看信息如何加工，学习如何进行，知识如何积累和使用。

● 文化组织——把组织看作一种文化；看价值观、准则和基本设想如何决定和维持行为。

● 政治体系组织——把组织看作政治系统；看利益、冲突和权力如何影响行为。

● 心理监狱组织——把组织看作心理监狱；看个体和群体是如何受他们的思想观念和潜在意识困扰的。

● 变动和转化的组织——把组织看作变动的机体；看组织如何变化和重建。

● 支配工具的组织——把组织看作一种工具；看组织如何利用其员工，以及社区或州政府如何实现其自身制定的目标。

这些比喻有如理论一样，让我们看到了组织生活的活力和多样性的特质。

可惜，实践者往往认为理论和比喻不切实际。他们认为理论仅仅是推测、假想或过于理想化的东西。这种轻视态度是有弊端的，主要有以下三种原因：（1）理论可以提供参考框架；（2）理论可以提供一种分析现实事件的常用模式；（3）理论可以指导决策（Hoy & Miskel，1996，p.7）。许多管理人员习惯于单一地用自己在实践中形成的经验和直觉来审视组织生活，而非结合理论，因此他们完全不可能全面地认识群体和个体行为的动机与动力（Bolman & Deal，1989）。

组织氛围

当你进入一所学校时，你所看到的事物及你所受到的礼遇顿时会给你留下一种印象。如果学校的环境温馨且多姿多彩，同时人们很热情友好，那么这所学校给你留下的印象很可能是积极的。此后，你可能会把这所学校当作一所氛围友好的学校。氛围决定了我们对一个组织的印象。对于组织成员而言，组织氛围也会使他们形成一种与工作相关的共同认可的行为（Miskel & Ogawa，1988；Owens，1995）。尽管社区和学校有许多相似之处，但它们并非完全相同。组织氛围特征往往被用以区分学校和社区。

一般而言，氛围可以分为开放型或封闭型。这样的分法涉及一个组织与外界的交流程度。封闭型学区试图免受外界机构、政府、法院及赞助商的介入。这样做的目的是避免矛盾。如果允许"外来者"深入到组织内部，那就要求学校官员应处理好不同的价值观和政治信仰等问题。例如，在每个月的最后一个周六早上8点某农村学区董事会的例会上，除了董事会成员和行政人员的座位外，不安排其他的座位。这样的安排透露出一种信息：不欢迎来访者。相反，开放型体系把外界介入看作协调社区和学区关系所必需的平衡点。这样做的理由是：如果学校不能很好地了解社区的需要和要求，那么它就不能制定出能很好地满足公众利益的政策。从本质上说，价值观及政治观念的冲突是变革的催化剂（Hanson，2003），例如，地处郊区的学区董事会是在学区内各学校而非在行政楼轮流举行。这样每个学校每年至少轮到两次会议。另外，会议期间也鼓励赞助人发言或提问并出席会后的招待会，以便更好地和校领导交流。这样的安排传递出一种信息：欢迎来访。

人们往往会将组织文化和组织氛围混淆在一起，甚至有的学者把它们当作同义词。然而，更多的学者把文化看成氛围的四大构成要素之一。对氛围的定义应用最为广泛的当属由莱纳托·塔格利（Renato Tagiuri）提出的概念。他将氛围分为四个构成要素，即生态、环境、组织和文化（Owens，1995）。这些要素如表 4—2 所示。近几年，组织维度受到了研究人员的高度关注。在研究社区和学校的过程中，研究人员经常关注组织设计（如进度安排、全年校历）、正式角色（如副校长、办公室主任）及教学设计（如分组）等特色性问题。然而，近期在学校改革背景下，组织文化已成为最关键的要素。这是因为研究组织变革的研究员（e.g.，Fullan & Stiegelbauer，1991；Sarason，1996）认为：如果不珍视和改变教育者的潜在价值观，教育改革不太可能实现有意义的改进。组织文化根源于社会学和人类学，它关注的是学区是什么，而非学区拥有什么（Hanson，2003）。埃德加·沙因（Edgar Schein，1992）把组织文化定义为：

> 组织成员用以解决外在问题和调适内在情感的一类基本设想。这类设想效果良好，也较为稳定，所以代代相传，被当作新成员观察、思考和感知的正确方法。(p. 12)

组织文化是构成学校或学区的每一个体和群体公认的一系列的信念、价值观和准则。这是一种建构型定义，即：（1）是什么——知识、信念和技术；（2）应该是什么——代代相传的价值观、准则（Firestone & Corbett，1988，p. 355）。组织文化由环境（如社区需求和要求、竞争、流行做法）、价值观（共同的观念和信念）、英雄人物（发扬共同价值观的人）、仪式与礼仪（一系列的系统行为）及价值观传播体系等构成（Deal & Kennedy，1982）。由于个体和群体是根据他们身边的环境来构建起他们对组织文化的理解的，所以，有些学校文化属于有形的，而另一些却属于无形的。

表 4—2   **学区文化的基本要素**

要素	表述	例子
生态环境	学区的现实和物质特征	学校建筑物，设施，设备
社会环境	学区的社会关系	管理人员、教师、学生及其他个人、群体雇员之间的相互关系
组织	学区的正规机构	人员结构，年级组织，日常安排，校历和学校计划
文化	学区内共同的观念和价值观	珍贵象征物品（如奖品、荣誉奖章、奖牌），办学理念，行为守则，操作指南

资料来源：改编自 Kowalski，2003；Owens，1995。

尽管公共教育中有一些共同的价值观和理念，但是学校与学校之间的文化和亚文化也存在着十分明显的差异。当然，我们可以根据社区和学区的凝聚力，以及组织成员遵从组织价值观和理念的程度来区分社区和学校文化。从强势文化中我们可以发现哲学凝聚力,而从弱势文化中我们可以发现哲学离心力。我们也可以根据专业认同度(组织成员遵从最佳价值观和理念的程度)来区分文化。从积极文化中我们可以发现专业知识与共同价值观的和谐性,而从消极文化中我们可以发现专业知识和共同价值观的不和谐性(Kowalski, 2003)。理解这些差别有助于我们理解为什么在改革中如此强调学校文化问题——较为消极的文化很可能拒绝接受新建组织或更为高效的教学方式。

如果要正确地评估社区文化,那么督导必须系统地研究社区文化现状。就此项任务的性质,拉瑞克和斯旺森(Razik & Swanson, 1995)写道:

> 在调查中,研究者或观察者会发现对文化的融合、对立、差异等不同理解的观点。这些观点为我们提供对以下要素的重要解释,包括组织道德观、组织长期以来的宗旨、组织权力的形成、组织动力、组织信念、组织的常设机构、组织象征物、组织的可视数据及其他事物。文化是组织的一部分,而文化本身也是一种组织体系。(p.211)

文化评估是一个复杂而耗时的过程。因为要从不同的层面才能发现一个组织的真实特性。这种特性可能蕴涵于人们完全可以看见和感知的显性事物中,也可能蕴涵于那些不能完全感知的隐性事物中。关于具体层面,沙因(1992)作出了如下分析:

- **显性事物**,即可视结构和过程。比如学校建筑物、教师的显性行为及应用型科技设备。
- **隐性价值观**,即办学理念、计划目标,以及在官方文件中常看到的领导策略(如办学宗旨、远景计划)。组织成员会重复这些策略,而这些策略可能从侧面反映了该组织真正的价值观。
- **基本观念**,即毫无争议、不容置疑的引导行为的观念。

然而,如若仅仅依靠可视物或者隐性价值观,督导是很难正确评估学区文化的。如果基于上述这几个背景层面来界定组织文化,那么就不难理解改变这种重要组织特性的难度。真正的改变要求注重潜在的看似简单的细节性的东西。再则,隐藏在文化中的个体认可的潜在观念往往会升华,尤其是当这些观念与专业知识及社区期望不相符合的时候。学区行为不是随意形成的,而是受该组织中根本的一致性的影响。这种一致性源自文化背景下个体之间以及正式群体和非正式群体之间的相互影响(Robbins, 1986)。在这种情况下,共同的价值观和理念形成一种组织凝聚力(Firestone & Corbett, 1988)。这些价值观和理念决定着组织成员对自身角色的理解(如管理人员和教师如何看待他们的职责以及在正确履行这些职责过程中的行为)(Prestine & Bowen, 1993)。可见,文化间接或直接地影响着学区组织及其功能的发挥。

有的督导也尝试过强硬地重建学区,但几乎都以失败告终。这是因为督导以及支持他们的董事会成员忽视了这样一个问题,即组织为保全自己往往会作出摧毁性的努力。当督导以及其他主要行政人员成为一个组织的新成员时,这个组织正式或非正式的文化会将他们同化或社会化。也就是说,潜存于文化深层次的基本的理念会使新成员接受它或者至少因它作出调整(Hart, 1991)。不接受社会化的新成员往往必须离开学区或被组织的政治权力结构所排斥,督导也不例外。

在大都市学区，学校董事会成员试图通过从学区外聘请新督导来强制推行变革，但这种尝试并不成功。起初，尽管改革下的价值观和理念与原有的价值观和理念不一致，但董事会的合法权力支撑着新督导执行的改革。但是，当文化受到威胁的时候，反对改革的政治抵抗被激化，最终转化为抵制督导的合法权力（如董事会成员支持的督导在选举中被击败）(Kowalski，1995a)。现行的官僚体系总是显得比新体系强大。尽管总是失败，董事会仍不断寻求想象中的"救世主"——被认为能够迅速而有力地推行学校改革的督导。政治目的似乎是董事会这样做的首要原因。在社区巨大的压力下，董事会成员往往变得满足于想出一种幻想中的变革。他们先是告诉群众新督导能够施行改革，而当目标达不成的时候便去怪罪督导（Kowalski，1995a）。

地方政治

　　地方政治在两个方面影响着学区组织。首先，赞助商的公共利益影响着组织文化。比如说，学校董事会成员的偏见和喜好往往会影响教育者所认同的实践。其次，当社会政治和组织文化两种力量较为均衡的时候，前者会胜过后者。换言之，政治力量在决定公立学校如何组织、如何实施政策方面，起着关键作用。在学校改革方面，20 世纪 90 年代，社区参与度通过两个途径得到了提高：一是联邦和州的立法政策要求公民参与改革；二是一场新的民权运动，该运动关注的是公民对公共组织支持积极性下降的问题（Keith，1999）。因此，社区政治的影响既不是毫无计划的，也不是无视过去几十年的经验的。它是建立在既要防止公共教育的专业控制，也要确保教育改革与当地的需求相结合这两个必要基础之上的（Hess，1999）。

　　具有相似的宪法背景和方案的区域在组织设计和作出决定的程序方面却经常存在很大的差异。理解这些差异的根源对当今的实践很重要。因为一些政策制定者会误认为督导在重建学校时可以有独立的选择余地。汉娜韦（Hannaway，1993）在对当地政治对学校区域设计方面的压力研究进行讨论时写道：

> 结果表明，在某种重要程度上，许多教育改革者关于"学校可以自由选择组织结构"的假设是不恰当的，当地的政治压力会制约地方学区的管理。(p.160)

　　即使督导所提出的改革被大部分教师和管理者所接受，他的努力还是有可能遭到社区反对力量的抵制。在研究如何在密歇根州的底特律的学校实施分权政策方面，朱莉和胡拉（Jelier & Hula，1999）总结道：不论改革的建议多么有说服力和可操作性，政治方面对此的反对都会产生许多压力。比如，一个大都市学区因一个新督导的建议而在中学建立"不安排固定课程"的制度。虽然，此项变革得到教师、校长和教师们的鼎力支持，但还是遭到了一群有影响力的父母的反对。他们反对改变，因为他们认为"不安排固定课程"的制度限制了他们的孩子对课程的需求，这将使他们的孩子在大学入学标准考试中处于不利地位。尽管有阻力，这位得到 6 位董事会成员（董事会共有 7 位董事）支持的督导拒绝废止这项制度。然而，14 个月以后，两名原本支持这项改革的在职董事会成员在民意调查中被击败。其他董事会成员便很快地给督导施加压力，要求废除这项制度。

　　学区文化与社区政治是相互影响、相互制约的，这就要求新来的督导能够迅速地融洽组织与社区的关系。一个加利福尼亚州的督导在谈论学校董事想迅速改变这

种处境而不发生冲突时,提出了这样的要求:

> 学区的实际情况是,督导也是这个组织中的一员,而不仅仅是脱离组织的项目或产品。在提出长期而有意义的变革时,学区与社区的关系比创新的想法更重要。要想变革成功,督导必须把自己看作组织文化中的一员。在"我们与他们"的世界中,督导必须迅速奠定和发展与社区的关系。(Hewitt,2002,p.40)

社区政治议程经常与教育者的初步提议不一致,进而被高度分化(Lugg,1996)。

学区的组织类型

在公共教育中,权力的分配涉及三对相互制约的关系:(1)州与地方学区之间的关系;(2)学区与学校之间的关系;(3)合法控制与专业化之间(即管理者与教师之间)的关系(Kowalski,1995)。这三对关系都在一定程度上决定了权力的分配方式。因为并非所有的州都授予地方学区同样的立法权力,并非所有学区都授予学校同样的自治权,也并非所有校长都授予教师同样的自主权。这些权力的变动是由外在变化(如社区政治和法律)和内在变化(如组织文化)共同决定的。学区和学校间的权力分配曾经是当地政策问题。近年来,一些州,如堪萨斯州和肯塔基州,采取了以学校为基础的管理政策。20世纪大半个世纪以来,地方学区更强调集权管理,但在过去的10年至20年间,有转向分权的发展趋势。

集 权

参与学校管理的学生有机会看到各种督导的行为,他们往往会发现督导对学校的控制与监督是不一样的。有些督导非常严格地控制着校长的活动,而另外一些督导则更民主。集权制的学校区域表现出了金字塔状的组织文化特征,也就是,权力和权威都集中在组织的上层。当金字塔从底部向顶部移动时,雇员的数量减少,但被授予的权力增多(见图4—1)。

这使督导拥有一定的权力对校长进行严格的控制,而校长也对教师进行严格的控制。彼得森(Peterson,1987)将督导对校长的控制分为以下六种机制:

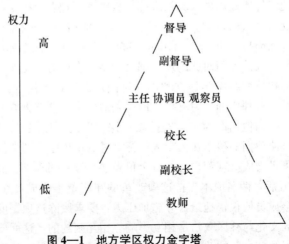

权力
高
督导
副督导
主任 协调员 观察员
校长
副校长
低
教师

图4—1 地方学区权力金字塔

- 监督式控制：监督、评价及指导校长的工作。
- 输入式控制：决定提供给校长的物资及人力资源。
- 输出式控制：监测生产并指导变革。
- 行为控制：拟定与实施能够影响校长的政策、规章和规范。
- 选择性社会化控制：选择个性（如价值观和理念）理想的校长，或利用社会压力使校长遵循这些价值观和理念。
- 环境控制：利用别的个人和团体影响校长的行为。

在一些权力高度集中的学区，督导尽力综合使用这些机制以使校长遵循一定的行为规范。

学区职员关系图可以很好地说明这种集权关系。图 4—2 显示了一个拥有 14 000 名学生的学区职员的组织关系。

从图 4—2 中我们可以看到只有一个人即副督导直接向督导汇报工作。如果严格遵循这种权力链，校长必须获得其他管理层的批准才能见到督导。这样的要求在许多学区很难执行。因此，大多数的学区只是维持这种权力链的形式，实际操作中则比较宽松，在发生重大问题时，尤其如此。

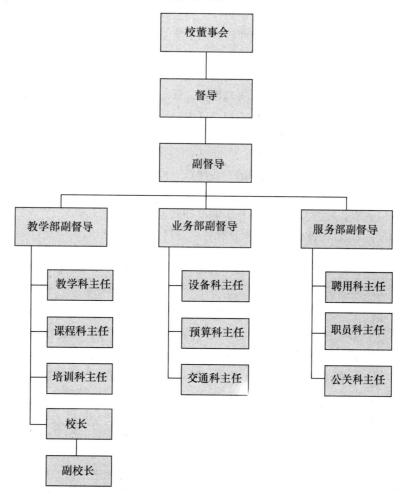

图 4—2 拥有 14 000 名学生的学区职员关系图

高度集权的理念植根于经典理论，这些规范化的理论影响了工业和商业部门的组织形式。根据下面的理念，集权是一种理想的组织形式：

- 效率是衡量生产力的唯一尺度；
- 人的行为是理性的；
- 工作应该分成多个构成部分并接受高度监督；
- 为确保较好地管理，统一的政策、规则和规范是必要的；
- 人不是生来就喜欢勤奋工作的；
- 为建立一个共同的目标，同时较好地协调完成目标，权力的等级制是有必要的。

　　20 世纪早期，经典理论影响了一些城镇学区的形成。由于这些学区被认为在教育改革中有创新精神，其管理模式被后来的一些规模小的学区所采用（Callahan，1962）。长期以来，评论家们攻击经典理论关于公共学区应该像官僚组织的理念。他们认为学校与工厂是有很大差异的。同时，他们认为经典理论的基本假设并不可靠，并以此来进行批评。例如，他们注意到，在等级制的管理模式下，公立学校的管理并不是"有条不紊，合理有序"，也不像生产机构"在脑海中有一个明确而清晰的目标，如内燃机、喷气式飞机或者是普通的茶壶"（Smith，1995，p. 587）。公立教育的集权制同样受到公众的批评。因为这种制度使权力过分集中。这牺牲了学区的权力，使那些真正了解学生需要的人没有决策权。

　　在学校，督导常常因推行权力集中制而备受指责。一些批评者指出：这种管理模式意在维护管理者自身的利益（例如保护他们自身的权力），并且有利于减少民主决策产生的冲突，甚至可以推脱责任。仔细分析历史我们就可以知道这种批评并不成熟。如本章前文所述，地方政治已经并且将继续在学区的形成中起主要作用。除此之外，还有三个因素影响着权力的集中：

　　1. 联邦和州的法律。20 世纪 60—70 年代，由于学校董事会和管理人员害怕被起诉以及州政府所实施的一些制裁，许多学区变得更加集权。联邦政府和州政府在一些领域所制定的法律，例如民权、残疾人的权利、应聘歧视等，促使督导和学校董事会采纳了规范化的行为制度和政策（Tyack，1990）。

　　2. 管理公共教育的州政府的权力。州宪法和州的地位允许并要求立法部门和州教育部门对当地区域进行控制。这种控制随着 20 世纪 80 年代政治改革压力的增强而加剧。州的干预通常会使管理结构趋于集权化，因为州政府的权力本身就是权力结构中的一分子（Kowalski，2003）。《学校联合法案》就是一个较好的例子。这项法案使得学区数量变少了，但规模更大了。这让州教育部门与地方学区的关系变得更加易于掌控（Strang，1987）。复杂的立案程序、财政控制以及课程指示都鼓励着集权管理，同时也鼓励聘请实现这些功能的专家。

　　3. 理念的转变。公平教育与精英教育之间的矛盾使学校董事会和督导担忧会失去对教育的控制。现在分权的要求是由于大众对质量教育与精英教育的期盼而激励起来的。例如，倡导分权的人认为由于行政管理人员过于脱离教学过程使教育的成果受到了损失。但是，将先前的教育政策转向质量和精英教育难免会再次涉及公平与再分配方面的问题（Weiler，1990），学校的财务诉讼史印证了这一顾虑。

　　如前文所示，学区的集权状况不是由一个原因造成的。社会、政治、经济、法律的变更都会在一定程度上决定着学区的组织和运作。

　　在学校管理中，集权并不反映权力分配的具体情况，但它反映了被扭曲了方向的权力分配状况。因此，职员测评不足以决定实际集权的程度，测评时应该有如氛围审查等更准确的测评过程。在许多学区，集权程度因所需要做的决定的类型不同而不同（Abbott & Caracheo，1988）。

虽然集权得以持续的原因很多，但其负面效应却不容忽视。过多的控制会压抑创造性，这有碍于校长与教师的专业化发展，从而阻碍现代化决策的实现。最重要的是，高度集权抹杀了基于学校改进的弹性，也使学校不能改变消极的文化。表4—3 列举了集权可能带来的问题。

表4—3 受大众批评的学区集权领域

特性	批评
单一决策	只有具权威性的阶层才有权作出决定，教师被排除在作出关键性决策的范围之外；改变受到多方面的阻碍（Hanson，2003）
单向交流	交流是自上而下进行的，信息经过学区各级传递后，管理者可能将信息过滤；由于教师被排除在作出关键性决策的范围之外，他们可能会对校长的意见持保留态度（Kowalski，2004）
过度控制	由于校长和教师的权力受到限定，他们对学生的真实需要很难作出恰当的反应（Firestone & Bader，1991）
结构僵化	由于大多数专业劳动者不能参与关键性决策，僵化的自上而下的组织结构使组织不能有效地处理意外事件（Hanson，2003）

分 权

分权涉及正当权力的分配问题，以期构建一个较之集权组织效率更高的组织结构。各学区在下放权力的过程中，所下放到下级单位的权力数量与类型各不相同，因而，"分权"这一术语被用来描述一种趋势而不是一个绝对的情况。例如，某个学区可能只下放课本与指导材料的选择权与决定权，而另一个学区可能下放指导权、经费管理权甚至招聘权。尽管有所不同，但这两个学区的督导都声称已经下放了权力。

分权是一个近几十年才发展起来的概念。20 世纪 50—60 年代，城市化的发展导致一些大城市学区所服务的学生的背景越来越多元化。分权多次用来解决少数族裔和种族要求的代表性不足问题（Lunenburg & Ornstein，1991）。近年来，由于政治变化及专业化发展的原因，这一概念受到了广泛关注。政治上，分权与自由联系在了一起，并且已经得到了广泛的支持。近几十年来，纳税人有权干预社会公共事业机构这一理念又流行起来。专业化发展方面，分权与有效的校本研究联系在一起。这表明，将教育者置于官僚主义制度和管理制度两难困境中的已经失去了指导效用。虽然，专业化发展主要涉及管理者与教师间的不协调关系，但一些政治决策者指出，除非学校从学区集权管理者手中获得更多自由，否则专业化发展的目标是不可能实现的。

组织分权的争论往往是为了实现下列预期目标：（1）增强弹性（学校能更快更直接地对新需求作出反应）；（2）更有效地利用人力资源（教师可以在决策中贡献力量）；（3）确保决策在问题处理中更有针对性（Certo，1989）。在谈到学校具体问题时，布朗（Brown，1991，pp.12-15）强调了实行分权的三个关键理念：一些可变性是可取的；学校常常最了解情况；学校经常是可信任的。有意思的是，"一些"、"常常"、"经常"这些词反映了分权在概念上的含糊性。然而，某些督导的矛盾态度往往会带来一些利益风险。如果校长犯了严重错误或触犯了法律，权力下放难免会使督导备受批评和谴责。此外，令一些督导感到疑惑的是，分权是管理的一项新标准，还是仅仅是公共教育管理的另一种新时尚。

学区权力关系的重组可能带来一些问题，如表4—4所示。一个明显的问题就是专业教育人员与团体之间的矛盾。这个问题在涉及学校理事会时，必须考虑分权的可行性。在理事会中，有校长，有职员，还有供职于此的有代表性的家长。

表4—4　　　　　　　　　　　学区分权遭受批评的事项

特性	批评
选择的代表性	学校理事会往往不是总体的代表，没有在读孩子的家长可能被剥夺选择权（Danzberger, Kirst, & Usdan, 1992）
混乱的可能性	过于分散的学区，其分裂的可能性会增大，各个学校也将加剧竞争而非合作（Fullan, Bertani, & Quinn, 2004）
民主与专业化	对学校过度的控制可能妨碍专业化；当非教育者和教育者在一个决策组织中时，他们的意见常常是不可调和的，并且严重冲突的可能性将会增加（Strike, 1993；Zeichner, 1991）
不平等性	在一个学区中，允许学校自己选择课程常常会造成教育机会不平等（Kowalski, 2003）
有效性证据	虽然分散化可能迎合了纳税人的政治兴趣以及教师和校长的个人偏好，但鲜有证据表明这种观念是正确的（Weiler, 1990）
政治分裂性	与解决基于权力的矛盾相比，分散化可能创造学校间的新战争；如果分散化脱离管理而强调知识、信息和经济，以上情况极有可能发生（Odden, Wohlstetter, & Odden, 1995）

如果有课本选择权、资源分配选择权和特权分配的决定权，专业教育人员在政治兴趣方面的潜力将得到高度发挥，但这很可能抹杀他们的自由选择权。本质上讲，民主决策与专业化发展的不协调关系可能造成严重冲突（Kowalski, 1995b）。此外，经验证明分权努力往往不能成功地实现目标。例如，在肯塔基州，尽管学校已经建立有家长参与的相关委员会，但是，与贫困家庭相对应的教师——家长——学生的三者关系仍然很脆弱（Björk & Keedy, 2002）。

由于还存在许多尚待解决的问题，而且学区是比较独特的实体，所以分权方面的决定最好依据各个学区的情况而定，学校的改革尤其如此。弗兰（Fullan, 2003）指出，集权的问题在于过度的控制，而分权的问题在于混乱。他认为，从某种程度上说，这两者都是需要的。换言之，督导的挑战不在于选择集权还是分权，而在于如何平衡两者之间的利弊。例如，涉及改进教学方面的问题时，分权管理比较可取；而涉及法律和州政策时，集权比较可取。

分权向一些有经验的教育者提出了挑战。因为，他们已经习惯了在高度集权的系统中进行学术性和社会性的工作。显然，分权改革要求一定程度的文化变革。在一些学区，如果分权被制度化，那么长期以来形成的关于效率、控制、风险和信任的理念将需要重新进行审视。

学区的组织与自治

公立学校的性质以及它们和州政府的关系使公共教育几乎不能实现完全分权。

大量事实证明，当学校与教师在自己的实践活动中被赋予更多自主权时，有意义的改革才更可能实现。同时，督导面临着决定如何在自己学区内实行必要的分权的挑战。对这件事情的思考，催生了完全自治的概念。完全自治权是指雇员有权甚至被鼓励去按他们自己的方式做事的一种自治方式。但是，赋权不是没有界限的（Waterman，1987）。随着管理系统由完全集权变为完全分权，完全自治也往往趋向于分权。

聪明的管理者认识到学区和学校已经享有了权力，只是不是正式地享有而已。也就是说，团体和个人是由于专业权威性、政治影响力或社会关系，而不是由于在组织中的位置而享有自治权（Chance & Björk，2004）。例如，一个在其他兄弟学校有影响力的乡村学区的教师，可能对他的校长很有影响力。学校不是真正的官僚系统，它们只是宽松地联系在一起的系统，因为其下属组织只是部分地联系在一起的（Weick，1976）。从社会学角度看，宽松体系即目标不明确，权力等级体系融合程度不高，程序不清晰，参与程度具有变动性，部分组织成分自发来自社会组织的其他组织的体系（Corwin & Borman，1988）。即使在有着许多制度和法规的结构比较严密的学校，教师在教室也拥有相对的自由。这是因为他们的行为不可能不间断地受到监视。这种自由往往是非正式的自由，也就是说，它是教师自发的、非计划的行为的结果，它也反映了教师的需求（Hanson，2003）。然而，完全自治——即使学区官员鼓励——还涉及自治权力的分布范围问题。

教师，作为教育专业发展的成员和完全自治的管理人员，必须在权力领域里作出决定。对于学区来说，通常涉及的权力领域包括：（1）主要由社区管理人员掌控的权力；（2）主要由校长掌控的权力；（3）主要由教师掌控的权力；（4）由教师和管理人员共同掌控的权力。如下面的例子所示：学校出勤方面的事务可能由督导决定；学校设施维护方面的事务可能由校长决定；课外作业及留级升级方面的事务可能由教师决定；校庆及福利方面的事务可能由管理人员和教师共同决定。图4—3说明了学校体系中可能出现的权力范畴。在强调专业与协商决定的学区，最重要的决定涉及办学宗旨、课程设置以及成员发展等问题。这些都属于共享权力的范畴。

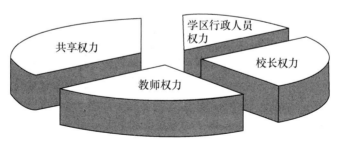

图4—3　学区权力分布示意图

专业知识和教育理念都要求革新社区和学校的权力结构。在美国，人们期待的改革是符合民主原则的改革。在这方面有三种理念值得注意：

　　……第一种是在校园生活中重视个人参与和讨论的理念；第二种是重视自由、智力和咨询的理念；第三种是认为项目设计、计划及方案是社区内每个个体倾注他们智慧的结果的理念。（Maxcy，1995，p. 73）

瑟吉奥万尼（Sergiovanni，1994）认为：我们脑海中已有的关于学校组织的印象会促使我们抵制这些理念。他主张我们这样看待学校：

> 组织中的生活和社区中的生活在质量和种类方面都不同。在社区中，我们是与我们有相似意愿的人交流；在组织中，人际关系是由别人为我们构建的等级体系、角色控制等方面构成的。（p.4）

在了解了学校要成为学习型组织之后，巴斯（Barth，2000）注意到公共教育的问题不在于学校已不再是以前的学习型组织，而在于周边的环境都相对地改变了而学习型组织却完全和以前一样。组织文化的形成依赖于标准、目标、价值观、社会知识、同事关系以及自然的依赖性，而不是依赖于实施的政策、法规、条例（Sergiovanni，1994，p.4）。这反映了最好的实践知识以及学习者的真实需求。

然而，要重新构建学习型组织文化相当困难，主要有三个原因。

首先，绝大多数教员及相关人员仅仅知道他们工作单位的现有文化，而且他们接受了基于他们工作行为的基本理念。即便那些愿意变革的人，他们对组织文化愿景的挑战也感到迷茫和困惑。

其次，州政府与地方学区的关系——不断强调效率与统一的一种合力——阻碍了教员真正地行使自治权。然而，要脱离州政府的控制不太可能。例如，已经有人担忧公共教育分裂、分权及民族个人主义的潜在影响（e.g.，Maxcy，1995）。韦尔（Weiler，1990）认为在分权与"现代政府对教育体系坚持集权控制的趋势"（p.433）之间存在一种基本矛盾。他总结道，在其需求与价值观方面，现代政府逐渐面临严重的挑战。20世纪90年代，许多州的政策制定人员授予地方学区灵活的权力使其自行决定如何实行学校改革，从而设置严格的州标准和责任措施。这印证了其结论的正确性。例如，州政府实行了基于教师的"测试教学"的教学结果评价措施。韦尔认为州政府通过设定基本目标来衡量目标达成状况的做法，并没有给予真实意义上的专业自主权。消除集权最终会导致缺乏核心力，从而产生责任问题，这说明一定程度的州政府控制还是必要的（Moloney，1989）。关于控制与自治之间的矛盾，一些专家（Wimpelberg & Boyd，1990）已经得出结论，即官僚和专业决策过程在社区和学校间必须并存。

再次，学校董事会常常要求督导关注管理的整体功能与基本功能。结果组织的传统维度得以永存，而诸如授权、分权等理念却被当作反面废弃了。社区的管理结构——自由的象征、学习型组织的概念以及专业化的象征往往自相矛盾。邓恩（Dunn，2001，p.165）认为，这种管理结构并不能为督导提供优越的方式以支持社区建设。正是这种矛盾使州政府在处理学区管理结构时处于一种两难境地。分权管理及分权政策有其政治优势，同时也有其政治弊端。如果学校要求自主决定它们的办学宗旨、办学方向、办学目标，那么，社区是否也应该自主决定它们的相应事务。正如州一样，学区将为其合法生存地位而斗争，因此，现有的管理体系往往阻碍着分权与社区建设。

反　思

学区同时也是政府的法人单位、政治组织、社会组织。学区是以它们的氛围，尤其是文化氛围为特征的组织。因此，学区表面似乎与其他组织一样，实际前文所述的特征都使它们有别于其他组织。另外，组成学区的学校也是特别的，某一学校的学生的需求可能与其他区域性学区体系的学生的需求不一样。这便是近年来改革着力强调州放权和学区分权的基本原因。

对于督导而言，学区的权力分配是个核心问题。尽管他们很少在这个问题上单方面作决定，但是他们对于组织文化及社区政治的了解往往决定着他们影响力的程度。虽然学区既非完全集权组织也非完全分权组织，但是它们常常被扭曲为趋向其中之一的组织形式。要使学校得到必要的发展，领导人员必须决定分权的范畴和深度（Fullan, Bertani, & Quinn, 2004）。这必须根据各学区的实际情况来操作。因此，督导在这样的决定中扮演着尤为重要的角色。而挑战在于如何根据特定的学校氛围和需求来正确决定自治和控制的程度。

结合本章内容，思考下列问题：

1. 你认为公共教育本质上是属于联邦政府、州政府还是地方政府的责任？你的依据是什么？

2. 你认为是什么使地方学区成为法人实体、政治实体以及社会实体？

3. 就地方政府机构包括公立学校而言，财务独立型单位和财务依赖型单位的本质区别是什么？

4. 学区及学校作为概念上的组织与概念上的团体的区别是什么？

5. 什么是组织氛围？为什么督导应该考虑组织氛围？

6. 本章描述了组织氛围的四个要素，生态因素是什么？这一因素是如何影响氛围的？

7. 文化常常被描述为由"弱势"到"强势"的连续体，那么强势学区文化与弱势学区文化有什么不同呢？

8. 文化也被描述为由"消极"到"积极"的连续体，那么消极学区文化与积极学区文化有什么不同呢？

9. 学区集权管理有什么优缺点？

10. 社区政治真的能够阻止学校改革吗？为什么？

11. 什么是完全自治？这一概念的真正目的是什么？

案例研习

哈汀敦（Haddington）学区位于美国"铁锈地带"的中心。1970 年，该学区有 42 000 多名学生，然而现在只有不到 23 000 人。自 1980 年以来，该学区已有 10 所学校被封闭，共举行了三次教师罢工，换过七任督导。上述三个因素是相互关联的，入学率的下降导致了学校的关闭，学校被封又导致了力量的减小，从而引发教师罢工，进而引起了领导层的不稳定。

哈汀敦学区的情形自两年前有所改观，生源开始稳定。在近十年中该区首次出现了几家商业公司。现任学区督导沃尔特·梅休（Walter Mayhew）博士经验非常丰富，曾在两个稍小的学区任职。这两个学区与哈汀敦学区位于同一区，因而当他接受督导之职时，他有点担心学区的历史。当董事们告诉他，董事会正在积极改进以消除不稳定因素，并初见成效时，他的忧虑才消失。同时，他也在考虑是否应该在人事变动上有所行动。

沃尔特·梅休正式担任督导后，曾经申请过该职务的代理督导立即宣布退休，这使得新督导可以聘请其好友兼以前的同事凯里博士作为其助理。凯里曾担任过梅休的助手。

梅休与凯里正式上班后，才惊奇地发现该学区高度集权的体系自 1970 年以来居然从未作过任何调整。尽管因为生源下降，那几个中心职位已经被取消，但督导与校长之间依然横亘着四个权力管理层。

由组织内部提职的前任督导任职仅 28 个月。在聘请了两名来自他区的督导后，学校董事们便承受了来自教师协会与几个社区组织要求选举内部候选人的压力。梅休博士和凯里博士推断，以前的督导们并没有做大的变革，而仅仅是从生态和环境组织等维度略作修补，使董事会与社区相信学校正在与日俱进。比如，他要求学校设立政务顾问，然而事实（如办公时间，校长与教师进行的传闻性评价）却表明那些政务顾问只是在敷衍了事。梅休博士的前任也只是在依据惯例管理学校。

抵达哈汀敦学区四个月后，梅休博士与凯里博士对于如何改善学区产生了分歧。督导助理希望马上重组机构，使学校能够更加独立，各部门各司其职。她告诉督导："改革也许会受限，尽管董事们认为领导关系稳定，但从以往的行为来看，他们并不是很有耐心。如果我们不尽快采取行动，极有可能也会面临前辈们的遭遇。"她补充说，通过设立学校理事会从而配置资源是不明智的，重新布局行政管理线和人员安排则是可行的。具体而言，她想马上在行政中心至少淘汰三个职位，从而使得校长能够更多地为该校改进议程负责。

梅休博士对此并不认同："也许你对于时间的规划是正确的，但我认为如此快速地推动改革并不是个好主意。几位前任督导尝试强行进行改革，结果都以失败告终。我的策略是大概用两年时间首先形成一个检查的氛围，然后再把社区吸纳进来。完成这些之后，我想，我们就能集中精力制定计划来实现目标。如果董事们能融入进来，他们也不至于不耐烦。"梅休督导补充说，他想从大环境的营造开始，就学校的改革列出几个大概步骤，然后提交学校董事会批准。

案例讨论

1. 如果你是哈汀敦学区的新督导，要判断集权的程度，你首先会对这一学区的哪些因素进行考察？

2. 梅休博士发现在他和校长之间存在好几个权力层。如果你是他，你会担心这一点吗？为什么？

3. 对于凯里博士的重组管理层以及至少淘汰三个中心职位的建议，你认为阻碍因素有哪些？结合案例，你认为众多阻碍因素中的哪一因素是最重要的？

4. 梅休博士与凯里博士作为"外来者"来到哈汀敦的这一事实是否会影响到他们推进学校改革的方式？为什么？

5. 根据提供的有限信息，你能对该学区体系文化的优势作出某些判断吗？为什么？

6. 除了督导与其助理所提供的建议，你还能为该学区改革提出其他可行性的方案吗？

注 释

[1] 乡镇委托体系，一度被视为公共教育的示范，它先于学校董事会而产生。在该组

织模式下，各乡镇当选的受托人有高于学校的司法裁判权。一般而言，存在此体制的各学区，设有校长但没有督导，而是利用县市的督导系统进行督导。这一职务的设置发挥了两大基本功效：既符合州必须设立督导的要求，又能为受托人和校长提供帮助。

参考文献

Abbott, M. G. , & Caracheo, F. (1988). Power, authority, and bureaucracy. In N. Boyan (Ed.), *Handbook of research on educational administration* (pp. 239 – 257). New York: Longman.

Barth, R. S. (2000). Building a community of learners. *Principal*, 79 (4), 68 – 69.

Bates, R. J. (1984). Toward a clinical practice of educational administration. In T. J. Sergiovanni & J. Corbally (Eds.), *Leadership and organizational culture* (pp. 64 – 71). Urbana, IL: University of Illinois Press.

Björk, L. G. , & Keedy, J. L. (2002). Decentralization and school council empowerment in Kentucky: Implications for community relations. *Journal of School Public Relations*, 23 (1), 30 – 44.

Bolman, L. , & Deal, T. E. (1989). *Modern approaches to understanding and managing organizations*. San Francisco: Jossey-Bass.

Brown, D. J. (1991). *Decentralization: The administrator's guidebook to school district change*. Newbury Park, CA: Corwin.

Callahan, R. E. (1962). *Education and the cult of efficiency*. Chicago: University of Chicago Press.

Campbell, R. F. , Cunningham, L. L. , Nystrand, R. O. , & Usdan, M. D. (1990). *The organization and control of American schools* (6th ed.). Columbus, OH: Merrill.

Chance, P. L. , & Björk, L. G. (2004). The social dimensions of public relations. In T. J. Kowalski (Ed.), *Public relations in schools* (3rd ed. , pp. 125 – 148). Upper Saddle River, NJ: Merrill, Prentice Hall.

Certo, S. C. (1989). *Principles of modern management: Functions and systems* (4th ed.). Boston: Allyn & Bacon.

Corwin, R. G. , & Borman, K. M. (1988). School as workplace: Structural constraints on administration. In N. Boyan (Ed.), *Handbook of research on educational administration* (pp. 209 – 238). New York: Longman.

Danzberger, J. P. (1994). Governing the nation's schools: The case for restructuring local school boards. *Phi Delta Kappan*, 75 (5), 367 – 373.

Danzberger, J. P. , Kirst, M. W. , & Usdan, M. D. (1992). *Governing public schools: New times new requirements*. Washington, DC: The Institute for Educational Leadership.

Deal, T. E. , & Kennedy, A. A. (1982). *Corporate cultures: The rites and rituals of corporate life*. Reading, MA: Addison-Wesley.

Dunn, R. J. (2001). Community and control in the superintendency. In C. Brunner & L. Björk (Eds.), *The new superintendency: Advances in research and theories of school management and educational policy* (pp. 153 – 168). Stamford, CT: JAI.

Edwards, N. (1955). *The courts and the public schools*. Chicago: University of Chicago Press.

Firestone, W. A., & Bader, B. D. (1991). Professionalism or bureaucracy? Redesigning teaching. *Educational Evaluation & Policy Analysis*, 13, 67–86.

Firestone, W. A., & Corbett, H. D. (1988). Planned organizational change. In N. Boyan (Ed.), *Handbook of research on educational administration* (pp. 321 – 340). New York: Longman.

Fullan, M. (1994). *Change forces: Probing the depths of educational reform*. Philadelphia: Falmer.

Fullan, M. (2003). *Change forces with a vengeance*. London: Routledge/Falmer.

Fullan, M., Bertani, A., & Quinn, J. (2004). New lessons for districtwide reform. *Educational Leadership*, 61 (7), 42–46.

Fullan, M., & Stiegelbauer, S. (1991). *The new meaning of educational change*. New York: Teachers College Press.

Guthrie, J. W., & Reed, R. J. (1991). *Educational administration and policy: Effective leadership for American education*. Boston: Allyn & Bacon.

Hannaway, J. (1992). *School districts: The missing link in education reform*. East Lansing, MI: National Center for Research on Teacher Learning. (ERIC Document Reproduction Service No. ED359644)

Hannaway, J. (1993). Political pressure and decentralization in institutional organizations: The case of school districts. *Sociology of Education*, 66 (3), 147–163.

Hanson, E. M. (2003). *Educational administration and organizational behavior* (5th ed.). Boston: Allyn & Bacon.

Hart, A. W. (1991). Leader succession and socialization: A synthesis. *Review of Educational Research*, 61 (4), 451–474.

Hess, G. A. (1999). Community participation or control? From New York to Chicago. *Theory into Practice*, 38 (4), 217–224.

Hewitt, P. (2002). Rapid change? Only the name on your office door. *School Administrator*, 59 (9), 40–41.

Hoy, W. K., & Miskel, C. G. (1996). *Educational administration: Theory, research, and practice* (5th ed.). New York: McGraw-Hill.

Jelier, R. W., & Hula, R. C. (1999). A house divided: Community politics and education reform in Detroit. *Urban Review*, 31 (1), 3–29.

Johns, G. (1988). *Organizational behavior: Understanding life at work* (2nd ed.). Glenview, IL: Scott, Foresman.

Keith, N. Z. (1999). Whose community schools? New discourses, old patterns. *Theory into Practice*, 38 (4), 225–234.

Knezevich, S. J. (1984). *Administration of public education: A sourcebook for the leadership and management of educational institutions* (4th ed.). New York: Harper & Row.

Knoke, D., & Prensky, D. (1984). What relevance do organizational theories have for voluntary associations? *Social Science Quarterly*, 65 (1), 3−20.

Kowalski, T. J. (1995a). *Keepers of the flame: Contemporary urban superintendents*. Thousand Oaks, CA: Corwin.

Kowalski, T. J. (1995b). Preparing teachers to be leaders: Barriers in the workplace. In M. O'Hair & S. Odell (Eds.), *Educating teachers for leadership and change: Teacher education yearbook III* (pp. 243−256). Thousand Oaks, CA: Corwin.

Kowalski, T. J. (2001). The future of local district governance: Implications for board members and superintendents. In C. Brunner & L. Björk (Eds.), *The new superintendency: Advances in research and theories of school management and educational policy* (pp. 183−204). Stamford, CT: JAI Press.

Kowalski, T. J. (2003). *Contemporary school administration: An introduction* (2nd ed.). Boston: Allyn & Bacon.

Kowalski, T. J. (2004). School public relations: A new agenda. In T. J. Kowalski (Ed.), *Public relations in schools* (pp. 3−29). Upper Saddle River, NJ: Merrill, Prentice Hall.

Lugg, C. A. (1996). Calling for community in a conservative age. *Planning and Changing*, 27 (2), 2−14.

Lunenburg, F. C., & Ornstein, A. C. (1991). *Educational administration: Concepts and practices*. Belmont, CA: Wadsworth.

March, J. G., & Simon, H. A. (1958). *Organizations*. New York: John Wiley.

Maxcy, S. J. (1995). *Democracy, chaos, and the new school order*. Thousand Oaks, CA: Corwin.

Miskel, C. & Ogawa, R. (1988). Work motivation, job satisfaction, and climate. In N. Boyan (Ed.), *Handbook of research on educational administration* (pp. 279−304). New York: Longman.

Moloney, W. J. (1989). Restructuring's fatal flaw. *Executive Educator*, 11 (10), 21−23.

Morgan, G. (1986). *Images of organization*. Beverly Hills, CA: Sage.

National Center for Educational Statistics (1993). *Digest of educational statistics: 1993*. Washington, DC: U. S. Government Printing Office.

Odden, A., Wohlstetter, P., & Odden, E. (1995). Key issues in effective site-based management. *School Business Affairs*, 61 (5), 4−16.

Owens, R. G. (1995). *Organizational behavior in education* (5th ed.). Boston: Allyn & Bacon.

Peterson, K. D. (1987). Administrative control and instructional leadership. In W. Greenfield (Ed.), *Instructional leadership: Concepts, issues, and controversies* (pp. 139-152). Boston: Allyn & Bacon.

Prestine, N. A., & Bowen, C. (1993). Benchmarks of change: Assessing essential school restructuring efforts. *Educational Evaluation and Policy Analysis*, 15 (3), 298-319.

Ramirez, A. (1992). *Size, cost, and quality of schools and school districts: A question of context*. East Lansing, MI: National Center for Research on Teacher Learning. (ERIC Document Reproduction Service No. ED361162)

Razik, T. A., & Swanson, A. D. (1995). *Fundamental concepts of educational leadership and management*. Upper Saddle River, NJ: Merrill, Prentice Hall.

Razik, T. A., & Swanson, A. D. (2001). *Fundamental concepts of educational leadership and management* (2nd ed.). Upper Saddle River, NJ: Merrill, Prentice Hall.

Robbins, S. P. (1986). *Organizational behavior: Concepts, controversies, and applications* (3rd ed.). Englewood Cliffs, NJ: Prentice Hall.

Sarason, S. B. (1996). *Revisiting the culture of the school and the problem of change*. New York: Teachers College Press.

Schein, E. H. (1992). *Organizational culture and leadership* (2nd ed.). San Francisco: Jossey-Bass.

Sergiovanni, T. J. (1994). *Building community in schools*. San Francisco: Jossey-Bass.

Smith, F. (1995). Let's declare education a disaster and get on with our lives. *Phi Delta Kappan*, 76 (8), 584-590.

Snyder, K. J., & Anderson, R. H. (1986). *Managing productive schools: Toward an ecology*. Orlando, FL: Academic Press.

Strang, D. (1987). The administrative transformation of American education: School district consolidation, 1938-1980. *Administrative Science Quarterly*, 32 (3), 352-366.

Strike, K. A. (1993). Professionalism, democracy, and discursive communities: Normative reflections on restructuring. *American Educational Research Journal*, 30 (2), 255-275.

Tyack, D. (1990). Restructuring in historical perspective: Tinkering toward utopia. *Teachers College Record*, 92 (2), 170-191.

Tyack, D., & Cuban, L. (1995). *Tinkering toward utopia: A century of public school reform*. Cambridge, MA: Harvard University Press.

Waterman, R. H. (1987). *The renewal factor: How the best get and keep the competitive edge*. New York: Bantam Books.

Weick, K. E. (1976). Educational organizations as loosely coupled systems. *Administrative Science Quarterly*, 21 (1), 1-19.

Weiler, H. N. (1990). Comparative perspectives on educational decentralization: An exercise in contradiction? *Educational Evaluation and Policy Analysis*, 12 (4), 433-448.

Wimpelberg, R. K., & Boyd, W. L. (1990). Restructured leadership: Directed Autonomy in an age of educational reform. *Planning and Changing*, 21 (4), 239-253.

Zeichner, K. M. (1991). Contradictions and tensions in the professionalization of teaching and the democratization of schools. *Teachers College Record*, 92 (3), 363-379.

第**5**章

学校董事会

本章要点 ▶▶▶

　　学校董事会的法律地位和权威

　　学校董事会的理想角色和现实角色

　　学校董事会各部门之间的区别

　　政治背景

　　批评和改革建议

　　自 20 世纪 90 年代初期以来，学校的改革比过去更加关注管理在公共教育中的作用。这种关注主要包括认真考察校董事会，判断其是否有必要进行改革（To-dras，1993）。由于诸多因素，挑战学校董事会的权威就意味着挑战特权，因为控制地方学区的想法已经"深深根植于美国人的政治价值观中"（Danzberger，Kirst，& Usdan，1992，p. 1）。因此，当局很可能会反对一切消除地方学校董事会的努力，即便承诺只是为了促进学校的建设也不行。

　　本章审视了学校董事会的角色和职责及其在当今社会中的作用。关于学校董事会的功能，主要关注它的重要功能以及与督导的关系。这些组织的积极和消极面本章都将涉及。本章结尾处展望了学区管理的未来。

学校董事会的法律地位和权威

　　在不同的州，其公共教育领域中学校董事会的法律地位也不相同，即便如此，"所有的州都明确规定了学校董事会的法律地位、大小以及权力"（Russo，1994，p. 7）。虽然公共教育的背景在过去的一百年中已经有了显著的变化，但是很多规则还是保持不变。尽管美国经济、政治、社会结构都发生了巨大变化，人口在急剧增长，学区数量越来越少，规模越来越大，但地方政府控制公共教育、组建和选择学校董事会的控制体系还是和 20 世纪早期相差无几（Danzberger & Usdan，1994）。学校改革的压力使一些方面产生了紧迫感，因而，州政治当局更愿意去做实验。从法律和政治角度而言，困扰着地方学区的效率低下问题以及财务问题都会变得更加严重，因为公共教育完全是整个州的责任。

　　20 世纪 80—90 年代，立法机关在伊利诺伊州、肯塔基州和马萨诸塞州的行动说明了在穷困地区更有可能采取强硬措施，比如芝加哥公立学校。家长、社会活动

家和商业领导者结成联盟，游说并促使伊利诺伊州的立法机关通过于 1988 年的
《芝加哥学校改革法案》，而在此之前公众已经对公立学校产生不满情绪。法律要求
在城市学校系统中的每一所学校都要成立一个校委员会，由选举产生的家长代表、
教师代表及民众等组成。这样他们就可以控制主要负责人的权力和学校的部分预
算。在这次极端的尝试失败过后，芝加哥市市长在 1995 年成功地制定了一项法律。
这项法律使市长有权组建新的学校董事会以及任命督导，同时赋予他们特殊权力。
不到十年，这项法令完全与国内主要的学校法律体系相矛盾，矛盾之处首先是当局
对给予市政更多的权力表示认可。同样，马萨诸塞州的法律中规定先废除波士顿的
学校董事会的选举，然后给予市政当局组建新学校董事会的权力（Todras，1993）。
然而，最突出的事件发生在肯塔基州。对公共教育体制构成挑战的是法律制定者制
定了大量的学校改革法案，这些改革法案在 1990 年生效，所有有关公共教育的法
律、政策、规章制度都被改写，地方当局也被赋予了更多参与管理的权力。

　　州政府也可以通过权威方式对地方学区实行控制。比如在 1989 年，新泽西州
政府直接对所在地的学校进行管理。"领导地位"使州政府可以对存在困难的地方
学区进行管理。阿肯色州、佐治亚州、堪萨斯州、新泽西州、新墨西哥州、俄亥俄
州、南卡罗来纳州、得克萨斯州和西弗吉尼亚州都是如此（Pancrazio，1994），在
学校董事会当局出现反常的情况下，政府同样有权力对学区实行财政控制。如在印
第安纳州，如果学区要实施财政赤字预算，必须经过州财税控制委员会同意。尽管
如此，这些州的学区仍然可以参与政策制定，解决就业等问题。

　　对学区管理的关注已经引出了诸多问题，比如如何界定学校董事会的职责以及
如何赋予其权力。通过研究这个问题，潘科日尔（Pancrazio，1994）预测更多的州
可能会通过地方法律来实现对地方学区的全面控制。实际上，所有的州都已经采取
措施来强化地方学区的职责。许多观察者（e.g.，Harrington-Lueker，1993）总结
道：职责动力正在促成对公共初等和中等教育管理体制的改革。由于董事会地位关
系到州政府的权威是否有强制力，因此，督导应当有权判定控制他们学区的州的律
法是否妥当。

学校董事会的理想角色和现实角色

　　从历史的角度来说，文学作品中含有大量关于公立学校董事会的信息，尤其是
与其政治角色、法律和道德行为有关的方面。但是，关于这些董事会理想角色的困
惑和争论还在继续（Campbell & Greene，1994）。作为一个政府机构，学校董事会
发挥着控制功能——通过政治决定来实行。这种责任包括内在范围和外在范围。从
外在范围来看，学校董事会的决定应该代表着区域政府的意愿——一种需要学校董
事会成员分辨出的真正的共同期望。从内在范围来看，董事会的责任包括通过督导
办公室来确保合理的行政控制，作出有关预算和税收方面的初级财政决定，以及对
地方支出的审核（Campbell，Cunningham，Nystrand，& Usdan，1990）。鉴于对
董事会的角色分歧，全国学校董事会协会试图更精确地界定这些职责。在四大领域
中，二十多项职责被确定了下来。

- 为学校体系制定一个长远目标；
- 建立和保持最基本的学校组织体系，包括聘请最高层督导，实施年度预

算，贯彻政府政策，建立一种良好的环境以促进学生个性发展；

● 建立体制和程序以确保履行对学区的职责，包括财政职责、计划职责、工作人员职责和集体交易；

● 在社区、州和联邦范围内为公共教育和儿童呼吁。 （Campbell & Greene，1994，p.392）

图5—1展示了公众对学校董事会大致的角色期待。

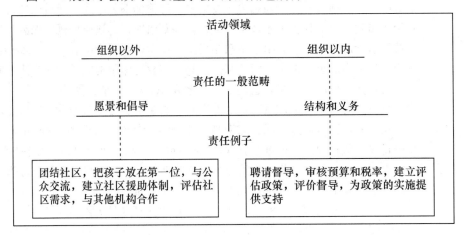

图5—1 学校董事会角色期待图

就外在和内在的角色期望而言，督导通常认为学校董事会成员的恰当行为和不恰当行为有一条明显的分界线。比如，公众期望董事会成员与他们保持沟通。通过这个过程，他们能及时收到关于项目规划和雇用人员信息方面的反馈，当然，他们有时可能只是反映表面问题或是表现出消极的态度。尽管关于董事会成员行为方面，董事会所获得的消极信息在明显下降，但是应该选择改进这些消极方面的方法而不是仅仅依靠督导去做。当董事会成员通过选举去明确管理职责时，督导和董事会成员之间的冲突可能就上升了。

董事会成员受欢迎的角色已经在有关现实行为中讨论过了。比如，艾奥瓦州学校董事会协会认为高效率的董事会成员应具备以下特征：

● 他们关注为所有的孩子服务；

● 他们了解其基本角色和责任；

● 他们像一个团队一样认真地工作；

● 他们专业地、全身心地工作；

● 他们充分利用必要的时间和精力。

校董事会成员的角色冲突总是表现在不得不对两个截然不同的概念作出选择：是做一个受托管理人还是一个代表。前者是基于董事会成员有义务去服务董事会公众利益的信念；后者是基于董事会成员有义务去保护他们的个人利益以及支持他们的组织的利益。因此，受托管理员根据督导的政策建议作出独立的判断，并且他们的决定反映整个学区的利益；而代表打算根据主管者的政策建议作出政治上的判断，并且他们的决定反映个人和特殊团体的利益（McCurdy，1992）。很多董事会成员试图既避免做受托管理人也避免做代表，这使得他们的行为更加难以预料。他们游离于两种角色之间，根据周围环境来选择自己的角色。

自 20 世纪上半叶开始，受托管理员的角色就被视为是理想的。除了行为理性不带政治色彩外，理想的董事会成员应该注重拟定政策和执行政策。发布政策是学校董事会的职责，履行政策是专业管理者的职责（Zeigler, Jennings, & Peak, 1974）。但是理想的角色并未被多数市民彻底了解或接受。尤其是自 20 世纪 60 年代开始，"学校董事会正在转变为行政性的董事会，它们逐渐在学区的运作和管理方面发挥作用"（Danzberger & Usdan, 1994, p.366）。市民们经常认为他们应该毫无限制地接近学校董事会成员，而且董事会成员应该是他们的利益保护者，他们让这些董事会成员怎么做他们就得怎么做。研究了新泽西州学校董事会对家长和社团组织的回答后，肯尼斯·格林（Kenneth Greene, 1990）发现，许多个体的回答和他们行为上的不同，是被这个地区选举竞争中的水平、地区的复杂度和他们是否打算再次参与选举所影响的。在总结了学校董事会成员行为的决定因素后，他得出结论：专业社团的恳求和教育管理的专业氛围都不足以使他们克服现实和政治上的顾虑。

目前，改革者已经又把注意力聚集在核心角色的冲突上，也就是说，他们已经逐渐对董事会成员忽略或没太注意的话题产生兴趣了。这些注意和观察产生了以下一些对于学校董事会成员的批判：（1）没有在教育问题上花费足够的时间；（2）没有和其他团体一起有效率地工作；（3）没有提供足够的政策；（4）没有积极有效地和社区交流成果；（5）没有成功地为学校体系提供一个长远的计划（Danzberger, 1994）。从某种程度上说，这些疏忽都是社区期望引起的，学校董事会成员把自己的精力放在当前的问题上，他们不是高瞻远瞩，而是目光短浅。一些学校董事会实际上把所有的时间都花在日常的琐事上，以致其在改进教学的方面成效很小。

近年对学校董事会行为的研究表明督导的政策建议大约有 90% 被接受了（Glass, 2001）。乍一看，这似乎使很多董事会成员经常或是偶尔作为代表的说法站不住脚。但是这个数据并未揭示出董事会成员影响督导的建议的程度。为了使其建议被采纳，督导经常必须做出让步以达到折中状态。督导和董事会成员都不想陷入公众矛盾中。不支持督导建议的董事会成员可能会通过投票来表达自己的意愿，如果多数董事会成员持反对态度，督导会改变自己的建议以迎合董事会的偏好。通过这样的做法，督导会给社区这样一种印象：董事会和督导是一致的，是一起保护督导提出的政策的。在全国研究中（Glass, Björk, & Brunner, 2000），只有 43% 的督导说他们在发展政策中占据领导地位。这表明，督导政策建议的批准率并不能准确地反映出督导和董事会成员之间观点的一致性。

陷入社会冲突政治本身的董事会成员代表经常把督导看作经理而不是专业的领导者——反映专业主义和民主主义紧张关系的一种观点（Kowalski, 2004）。这些董事会成员已经觉察到，并且对公众不愿意放弃对学校行政管理员的控制很敏感（Blumberg, 1985）。他们被其选民反复地提醒，任何人，不管教育背景和经历如何，都不能控制地方学区的决定。可以看出，督导的专业角色和纳税人通过学校董事会成员来影响关键决策的愿望之间达成了微妙的妥协。与此同时，社区完全接受了受托管理员的角色，一个不太确定但是对董事会成员来说不可否认的要求是政治代表。鉴于认识到了专业主义和民主主义之间的紧张关系，学校董事会成员往往并不把政策和管理看作完全独立的功能（Trotter & Downey, 1989）。

学校董事会的构成

在今天的美国，学校董事会的数量要比75年前少了许多。1930年，大约有20万个学校董事会，而且每500个市民中就有一个是学校董事会成员。2003年，学校董事会的数量下降到不足15 000个，而且每20 000个市民中才有一个是学校董事会成员（Meier，2003）。因此，大部分学校董事会成员可能代表着不一样的人口，各地董事会在规模、选举方法、权威和组成上都有差异。

规模和选择

学校董事会的规模在各州之间甚至一个州的内部都是不同的。一般而言，董事会成员的数量由该州的法律决定，或者由该学区建立时的特殊形势决定。董事会成员的数量往往是变化的，因为经常有不定期的选举。一些董事会可能只有3个成员，但是其他一些董事会的成员则可能多达15个。不过按标准，一般是5个或7个成员。

基本上学校董事会成员是通过任命或选举的方式产生的，其中每一种选择方式又分为更具体的几种，如表5—1所示。

州的法律要么规定详细的选举方法，要么为本地区提供一个选举的范围，如学校董事会有几个被选举的成员和几个被任命的成员。在许多州，董事会允许任命一个人来填补由于董事会成员退出而空缺的职位，但是被任命的人如果合同到期时还想连任的话就必须再经过一次选举。从区域的角度来说，在南方任命董事会成员的现象要比在国内的其他地区更普遍。根据区域登记的情况来看，一些较大的学校系统中学校董事会成员更多由任命产生（Campbell et al.，1990）。

表5—1 学校董事会成员的选择方式

类型	选择	备注
任命	通过外部组织或单位	学校董事会的任命是通过市长、市政府、国家委员会、法官或其他一些官方代理来实行的（依靠相关的法律和政策）
	通过学校董事会	在一些州，如果某些成员在合同未到期时离开，学校董事会有权更换董事会成员，如果董事会成员开始没有被选上，则未到期的任命常常是由负责最初任命的个人或团体下达
选举	党派人士或无党派人士	绝大多数的学校董事会成员是在无党派人士中挑选的，但是有一些地区，董事会成员就是政党的候选人
	大规模或区域性的选举	在一些学区，董事会的部分或全部席位是与它所在州的特殊地位联系在一起的。也就是说，候选人只能寻求学校董事会专门为他们设定的职位，地区性选举的概念和美国总统选举是一样的，也是建立在大规模或区域性选举的基础上

任命董事会成员的做法越来越不流行了，这很可能是因为一些投票者认为被任命的董事会成员对组织成员的需求很少给予回应和满足。1992年，唯一一个禁止

进行学校董事会选举的州——弗吉尼亚州——也改变了它的做法（Underwood，1992）。同时反对学校董事会的任命制也逐渐兴盛，20 世纪 70 年代至 90 年代初，被任命的董事会成员数量下降了 1％ 或更少；在 90 年代初期董事会中超过 94％ 的人都是选举产生的（Glass，1992）。赫斯（Hess，2002）称：学校董事会 93％ 的成员是被选举出来的。对学校董事会成员来说，党派人士参与选举肯定是例外，因为在所有的学校董事会选举中，将近 90％ 的候选人都是无党派人士（Campbell et al.，1990）。大部分学校董事会选举不仅仅是无党派的，而且基本不带政治色彩：很少的选举经费，很少攻击对方，候选人之间相对很少发生竞争（Hess，2002）。

被任命的和选举产生的董事会都有其支持者，表 5—2 就概括了这两种方式各自的支持观点。

表 5—2 选举或任命学校董事会成员的明显优点和支持观点

类别	已看出的优点	支持观点
任命	更多地强调资格	被任命者应该比投票的公众更善于发现和解决问题，例如专业资格、相关经历、见解和计划
	更能做一名受托管理人	因为被任命者很少受惠于政治团体，他们会更多地支持公众利益而不是狭隘的个人或群体利益
	更集中备用候选人	一些准备好为学校董事会服务的人不愿意迫使自己进入选举的过程，任命体制可能会更多地影响平民
	更能产生合作效应	因为任命更多的是通过关键的政府官员或组织决定的，被任命者可能更少倾向于自己的选区，他们会更愿意与其他团体或中介机构合作
	在管理上不易被干扰	被任命者对那些帮助他们进入管理事务中的人没有政治上的义务；他们的连任更多地建立在总体服务上而不是他们在单个事件上的投票
选举	民主的适应性	在一个民主的社会，选举是选择公众代表最好的机制
	责任	学校属于公众，政府应该对公众负责
	董事会代表	选举更可能产生代表广大社区利益的董事会
	公众意识	选举的过程使公众了解了教育上的问题和需要，同时也了解了不同的观点和评论
	公众参与	学校董事会选举是公众参与学校事务的一个途径；大约 75％ 的选举人的孩子没有在公立学校入学，这是一个重要的问题

对以任命方式产生的学校董事会的支持，经常要依据法律细则，尤其是对那些通过法律任命的个人或群体。比如在一些较大的城市，督导对于市长任命的董事会往往很谨慎，因为这可能是市政厅通过公立学校设置的政治杠杆（Kowalski，1995）。

尽管近期关注学校政策的变革较多，但董事会成员的产生也已经逐渐从任命过渡到选举。虽然许多学区在过去的四五十年间有了改变，但董事会成员对这种改变造成的政治影响却知之甚少。从任命董事会成员到选举可能存在很大变动，因为已经被任命的在职人员不会去参加选举或他们可能会在选举中被击败。此外，这种选择方式的变化，会使团体内经常产生新的政治联盟或对已制定的政策作出新的安排（Godfrey，1987）。

学校董事会的选举，像其他选举一样，会受政治行为委员会的活动或是相类似的团体影响。在过去的几十年间，这些联盟中的一些人已经改变他们的策略来努力模糊他们的动机。比如，他们事先已经选出"秘密赞助"的候选人——这些人直到选举时才会透露他们的身份或真正议程（Ledell，1993）。在 20 世纪 90 年代初期，阿罗查（Arocha，1993）在描述基督徒组织所做的努力时写道：

> ……虔诚的基督徒正在积极推进民主化进程，有时与和他们有共同打算的一些纳税人、老人以及其他一些保守的宗教团体联手共同推进这一进程。他们正在获得本学区州和地方学校董事会的一些席位，他们正在用来之不易的权力对教育政策施加影响。（p.9）

在学校董事会选举中发生的斗争，反映了美国社会存在的不同的哲学理念。关注此领域的人认为美国正进行一场文化斗争。显而易见，他们已决定把公立学校作为战场。这些斗争带来了强烈的情感冲突、紧张的局势，甚至公开的敌意。尽管存在选举压力和暗中争斗，公众仍十分希望通过选举产生董事会。主要原因可能是选举的过程使董事会成员对家长和社区成员更加负责。社区居民试图通过董事会影响政策的制定和产生（Greene，1990）。

人员分布

在 20 世纪上半叶很长一段时间，董事会成员主要是男性白人，他们在社区往往拥有强大的政治影响力。在一些有名的社区更是如此，这些社区构成了庞大的城市体系（Kowalski，1995）。从那时起，学校董事会成员的比例就变得越来越不协调了。1989 年，大约 32％的成员是女性。这一比例在 1994 年上升到 40％多。2001 年女性所占的比例继续保持在这个水平上（Vail，2001）。1989 年，94％的董事会成员是白人。这一比例在 1994 年稍微下降到 90％。2001 年，这个比例已下降到 86％（Vail，2001）。在非白人的董事会成员中，约 8％的人承认他们是亚裔，大约 4％的人是拉美裔（Hess，2002）。

由于学校董事会一直关注人口的分布，所以董事会比州和全国其他选举团体在族裔构成上更加多样化（Hess，2002）。此外，2/3 的督导认为学校董事会能代表市民的共同利益。只有 19％的人认为学校董事会代表某一群体的利益。略低于 3％的人认为学校董事会由社区精英占主导地位（Glass et al.，2000）。

薪 酬

在美国，学校董事会成员称他们平均每个月工作约 25 个小时，处理与董事会有关的事务。然而，大多数人每周大约工作 20 小时。在一些学生人数比较多的学区，例如学生人数超过 25 000 人的学区（Hess，2002），董事会成员有可能工作更长的时间，而其薪酬与工作时间有关。

但并不是所有的学校董事会成员都有权领取工资以作为他们提供服务的薪酬。有关薪酬的法规在各个州有所不同，薪酬基本上有三种：（1）所有成员都能得到的薪酬。(2) 部分成员能得到的薪酬。(3) 所有成员都不能得到薪酬。在美国，大约 2/3 的董事会成员没有工资 (Needham，1992)，据报道，2001 年只有 4% 的人领取了 1 万多美元。在一些人数较多的学区，学校董事会成员最有可能得到 1 万多美元的薪酬 (Hess，2002)。

批评和改革建议

20 世纪 80 年代后期，大多数教育改革者认为强制性的指令只能部分地提高学生的成绩。因此，他们把注意力转到更为激进的改革建议上，例如转变学校的教育结构。当这种转变出现时，学校和学区管理陷入学校改革的争论中。1992 年，国内两篇报道——由 20 世纪基金和丹福斯基金共同资助的《迎接挑战》(*Facing the Challenge*) 以及由教育领导研究所撰写的《公立学校的管理》(*Governing Public Schools*)，揭示了现行学校管理体制的不完备。两篇报道都建议对学校董事会的组织和操作方式进行彻底的改革 (Harrington Lueker，1993，p. 31)。报道发表后，公众迅速把注意力放在学区的管理上。

批　评

近年来，对学校董事会的批评越来越多。例如，一篇质疑学校董事会未来的文章 (Elizabeth，2003) 以切斯特·芬恩 (Chester Finn) (前任教育秘书助理) 为例写道："学校董事会偏离正轨，跟不上时代，应该对其管理进行改革。"如此尖锐的批评仅仅是长期备受尊敬的地方学校董事会现在却受到人们质疑的原因之一。请注意以下两个原因：

1. 不稳定性：现行的管理结构导致了领导权的不稳定，这就制约了改革。评论还认为由于终身雇佣的学校董事会成员和学区督导人数正在减少，在许多学区，领导成员没有足够的办公时间来实施必要的改革。事实上，终身雇佣的地方学区督导人数只在小的乡村和大的城市学区减少，对所有的学区来说，全国平均雇佣期大约为六年，最近几十年一直保持稳定 (Glass et al.，2000；Kowalski，2003)。然而，学区的学生人数变得越来越多，学校董事会在政治和哲学观点上的分歧也越来越多，这尤其不利于改革的进行。

2. 与现代改革不一致：特许学校、学校选择以及学区分权等做法引发了一系列关于学校董事会的需求和角色等问题，例如，对口管理，要求学校董事会以及地方督导重新考虑权力在各个州学区及各个学校的分布，以及权力重新分配对其角色产生的作用。环境的变化促使许多学者提倡学校董事会花费更多的时间在诸如课程大纲、改革创新与学区政策相一致、确保每个学区都有充分和公平的实践学习上，并对此作出评价，同时花费少一点时间在管理功能上 (Danzberger，1994)。其他的评论 (e.g.，Finn，1997) 则认为学校董事会有助于永远保持公共教育的垄断地位。

即使是学校董事会成员也经常担忧他们的工作效率。在 20 世纪 90 年代早期，一份关于教育领导权的研究表明：学校董事会成员也承认他们并没有很好地履行计划和目标制定的职能 (Danzberger et al.，1992，p. 58)。

市民们很快对以下两种情况表示不满：一是当地的学校董事会不再真正代表市

民的利益；二是董事会成员也没有与市民进行充分的交流。在美国，减少当地学区的数量可能增加纳税人之间的疏远感，即便如此，这种不满也可能归因于政治环境的变化。在20世纪，商业领导和其他社区精英对学校颇具影响力（Callahan，1962；Wirt & Kirst，2001）。由于这些人经常被称为社区领导者，公众可能更愿意接受他们的决定。然而在20世纪70年代，教师联盟作为一个强有力的对手出现了。教师联盟和全国各个州的组织联合起来，直接加入到学校，并积极参与学校董事会选举，这使得教师联盟在许多学区享有政治权力。在评论公共教育时，莫（Moe，2001）认为，教师联盟处于一种特殊地位，因为它能够决定谁将当选为董事会成员，并决定与谁进行谈判。他认为由于教师联盟能够控制董事会的规模，以致他们的政治影响力增强了。他认为教师联盟是改革的障碍（Moe，2003a）。例如，加利福尼亚州最近的一项研究表明，92％的任职后的学校董事会成员是教师联盟批准并选举产生的（Moe，2003b），鉴于教师联盟在学校董事会选举中的巨大贡献和积极性，这不足为奇（Elizabeth，2003）。即使这样，仍有许多社区精英在地方学区领导中占主导地位，他们影响学校董事会选举和重要问题的决策。

由于公众意识到矛盾是无处不在的，它不仅存在于学校董事会与督导之间，同时也存在于学校董事会内部成员之间，因此，加剧了学校董事会的负面形象（Danzberger et al.，1992）。即使是督导也开始质疑现行的管理结构是否合理。在一项对督导的全面调查中，格拉斯（Glass，2001）发现，68％的督导认为学校董事会体系需要"彻底重新改组"，或者是"完全取消"。

改革建议

一百年前，为了更好地服务于孩子和年轻人的需要，学校董事会从市政府和政治任命体系中分离出来，因此不会受到令人讨厌的政治影响的束缚（Norton，Webb，Dlugosh，& Sybouts，1996，p. 111）。然而，近年来，这一性质受到改革家的质疑。尽管存在很多明显的不足，但大多数法律制定者似乎不愿意去改变现状。然而，一些分析家仍然认为当地学校董事会担当的基本角色需要改变。例如，丹茨伯格（Danzberger，1994）认为，单纯的学校改组是不可能实现的，除非同时进行管理方面的改革。这一问题经常引起争论。这揭示了人们在价值观和政治观点上的不同取向。

如果当地学区的管理结构得到改善，我们首先得判断这种行为是有效的还是无效的。施莱彻蒂（1992）认为最优秀的学校董事会能够共同勾勒出一幅蓝图，制定和实行让全体社区参与到蓝图的讨论中的计划，授权领导者来实现这个蓝图，评价实现的程度，并确保政策和规章有利于蓝图的实现。同时，它不管理细小的事务，不代表教会的利益。董事会成员应该与教师和行政官员相区别，以免遭受公众的批评。这种区别尤其有必要，因为它区分了法律制定机构和执行机构。而这种区分必然会给督导和学校董事会成员之间的关系带来严重的问题。

在考察地方学校董事会在学校进步中所扮演的角色时，教育领导研究所（Institute for Educational Leadership）建议州议会呼吁将所有出现在现行法律和机构中的学校董事会更名为"地方教育政策委员会"（Local Education Policy Boards Danzberger et al.，1992，p. 87）。研究所的报告指出，地方政策委员会的工作包括构思蓝图、制定计划、课程开发、社区交流、经费核准和签订合同。重新组合的地方政策委员会不再具有司法职能（如主持听证会等），不履行受托人的身份职责，不参与资金管理，不处理建设工程的细节问题，不处理个人问题（除非是与学区督导个人有关的问题），不批准常规的旅行申请（如实地考察）。

有趣的是，一些提倡学校董事会直接参与日常管理的人已使用过政策委员会这一说法。一些拥护这一政策的人认为学校改革之所以未能取得进步是由于现存的校园文化抵制外来文化的侵入，以及把学校董事会当作下属机关的督导。例如，一位学校董事会成员曾写过一篇文章，呼吁把学校董事会改成为政策委员会。然而从某种意义上来说，这与教育领导研究所的建议完全不同。她写道：

> 从传统意义上说，董事会举行的会议很少没有督导出席，这很像孩子依恋父母或是学生依恋老师。正如我们看到在教室里的孩子一样，如果不要求他们上进，如果他们的思想不被重视，如果不要求他们完成自己策划的有意义的工作，他们就容易变得冷漠和平庸。所以这些董事会成员放弃他们的责任一点也不足为奇。（Zlotkin，1993，p.24）

这位董事会成员倡导：（1）督导应该时常让出职位；（2）董事会成员应该参加与学校管理有关的研讨会和其他会议；（3）董事会成员应该与内部人员而不是与督导建立关系。

下面两种完全不同的观念揭示了为什么改变州制定的与学校董事会有关的法律非常困难。一方面，提倡改革的人想限制董事会进入管理层。因此，董事会成员可以把时间用在对政策问题的批评上。这些改革家认为学区督导是专家，他们有权落实制定的政策以及在没有董事会参与的情况下管理学校的事务。另一方面，改革家们认为督导享有政治任命权，是国家公共事务雇员。他们认为自己的政治兴趣、常识和智慧将胜过学区督导。反对专业化的思想实际上在学校管理的早期就已经存在。这些思想反映了专业和民主之间不可避免的矛盾（Kowalski，2004）。在过去的几十年中，对学区督导的政策建议的不重视以及反对学校董事会参与管理已成为对学校管理最具影响的两个社会和政治因素，而不是理论和研究（Goldhammer，1983）。

在最后的分析中，学校董事会的基本目标应该是把社区的需要变为可以实现的蓝图，并为学校的改进指明方向（Schlechty，1992，p.28）。为了实现这个目标，就民主社会的教育而言，董事会应该代表社区最先进、最积极的思想。如果学校董事会成员致力于学区政策的拟定和执行，那么各个学区的蓝图就更有可能实现。同时，如果学校管理者明白他们必须把专业知识应用到政治工作中去，改革也更有可能实现（Wirt & Kirst，2001）。因此，学校管理者既不应该把学校董事会当作自己的下属组织，也不应该认为董事会的提议会永远和自动获得通过。

反　思

这一章我们回顾了学校董事会及其成员所应承担的责任和义务，并对当代学校董事会作了简单介绍，尤其应该注意受托管理员和代表的概念。从理论上讲，学校董事会应代表整个社区利益，在现实生活中，一些学校董事会成员在政治上拥有发言权，代表一部分选举人的利益。哲学和政治原因决定了学校董事会所担当的角色。

我们应把注意力放在学校董事会成员与地方学区督导之间的关系上。长期以来，人们付出了不少心血来改善或破坏两者关系，以实现学校改革目标。公众经常建议督导减少与董事会成员的社会接触，也要求划清政策制定与政策执行之间的界线。然而，在实践中远没有像在理论中那样区分得清楚。

本章还讨论了学校董事会的未来。一些分析家提倡为了学校董事会撤销现行的法律，并将学校董事会更名为教育政策委员会。其他人则提倡学校董事会成员更直接地参与学校管理。到目前为止，州政策制定人员似乎对改变这一长期存在的机构不感兴趣。

结合本章内容，思考下列问题：

1. 拟定政策和执行政策有什么区别？

2. 学校董事会作为委托管理员和代表的根本区别是什么？

3. 根据你的经验，学校董事会是委托管理员还是代表？

4. 一些学校董事会成员依靠地方学区督导来领导和获得信息，其他人则喜欢自己处理问题，搜集信息。什么因素使他们选择不同的行为方式？

5. 按照面试常识，迎合面试官的偏好是获得所应聘职位的好办法。在督导面试中也应该这样吗？为什么？

6. 地方学区督导怎样破坏了自己正直的品格？

7. 因为大多数学校董事会成员在工作之前都没有接受过正式的训练，那么学区督导能够为他们提供哪些指导性的经验？

8. 你认为各州是否应修改法律来满足公众对改革学校董事会的要求？为什么？

9. 学校董事会选举的优点和缺点是什么？

10. 在面试中，你会问什么问题来测试学校董事会对督导作用的评价？

案例研习

在这三年中，伊莱恩·康克林（Elaine Conklin）博士曾一直主管格林河（Green River）学区，她已经和教师联盟建立了一种积极的工作联系。联盟的主席马克·尤戴尔（Mark Udell）已经公开大力赞扬她为教师和这个团体所做出的工作。康克林博士的前任埃文·斯塔克（Evan Strack）博士仅仅工作两年就辞职了，并且告诉董事会成员：联盟的领导阶层对学校的改革已经构成了一个无法逾越的障碍。毫无疑问，尤戴尔和斯塔克的私人关系不是太好。

与她的前任不同，康克林博士比较耐心，并且把改革看作一个长期的过程。她决定使联盟在追求变革方面达成一致，所以她劝告董事会必须允许联盟在四个重要的学校董事会中分别委任一名教师，尽管这些董事会中已经有两个学区象征性地有了一名教师，但是这些任命都是曾经由学校董事会作出的。这些委任的教师没有一个是联盟的成员。康克林博士有关联盟代表的建议使她更具争议性。学校董事会的成员中有三个曾私下告诉她，他们不会赞同这个建议，并且力劝她放弃之前公之于众的想法。在其余的四个董事会成员中，有两个对这个建议反映良好，还有两个没有作出任何评论。确信这个建议关系到这个地区的最大利益，康克林博士在一次公共会议上提出了这个建议。在经过 30 分钟的讨论后，3/4 的成员通过了这个建议。学校董事会中不赞成督导建议的两个成员的任期即将结束。两个人都声明他们正在寻求再选，并且从不期望仅仅是象征性的职位。最初，尤戴尔先生声明：教师联盟不支持这两位董事会候选人，并且公开力劝那些积极进步的居民去挑战他们。

两周后，联盟发布了一份通告声明他们支持两个挑战者：一个是住在格林河，但在一个邻近地区工作的教师；另一个是一位退休教师，格林河地区的前联盟主席。尽管康克林督导在鼓励董事会成员寻求再选或鼓励教师联盟找挑战者方面没有发挥积极作用，但她被那些候选人推入了政治的泥潭，董事会候选人争论，她和教师联盟的良好关系已经鼓励了教师联盟去扩展它的政治权力。那些挑战者表扬了督导，并且声明那两个董事会候选人企图通过选举来反对督导的建议，他们才是学校改革真正的障碍。

　　来自本地区的记者多次让康克林博士对选举进行评论，并征求她对四位候选人的看法，但是她拒绝了。曾经是她最热心的支持者的董事会主席私下见过她，并告诉她：她在学校董事会的地位迅速提高，至少有三个董事会成员，包括两名候选人，已经私下告诉董事会主席，在下一年任期结束前，他们不会再更改和督导之间的契约。和董事会主席见面后的那天，康克林督导与尤戴尔先生见了面。尤戴尔告诉她：他从一个可靠的渠道了解到，如果那两个候选人当选的话，她有可能会被解职。他力劝她公开赞同那两位挑战者，并且向她保证教师联盟在保护她的工作方面会发挥积极的作用。

案例讨论

　　1. 结合她的前任卸任时的背景，康克林博士应该和教师联盟建立关系吗？为什么？

　　2. 虽然康克林督导知道任命教师联盟成员到四个学区的董事会上任的建议是有争议和不妥的，但是最后她还是把建议提交到董事会。她的行为在伦理和政治上是恰当的吗？

　　3. 获得三个董事会成员的认可和拒绝采纳其建议，各有什么优缺点？

　　4. 如果你是督导，你会听董事会主席的建议还是尤戴尔博士的建议？

　　5. 你认为那两个候选人对督导公平吗？为什么？

　　6. 地方教师联盟在许多地区获得学校董事会成员选举的代表权。他们的成功在公共教育方面具有消极影响还是积极影响？

　　7. 分析督导处理这件事情的各种可行性选择。你会选择哪种方式？

参考文献

Arocha，Z.（1993）. The Religious Right's march into public school governance. *School Administrator*，50（9），31-34.

Blumberg，A.（1985）. *The school superintendent：Living with conflict*. New York：Teachers College Press.

Callahan，R. E.（1962）. *Education and the cult of efficiency：A study of the social forces that have shaped the administration of public schools*. Chicago：University of Chicago Press.

Campbell，D. W.，& Greene，D.（1994）. Defining the leadership role of school boards in the 21st century. *Phi Delta Kappan*，75（5），391-395.

Campbell，R. F.，Cunningham，L. L.，Nystrand，R. O.，& Usdan，M. D.（1990）. *The organization and control of American schools*（6th ed.）. Columbus，

OH: Merrill.

Danzberger, J. P. (1994). Governing the nation's schools: The case for restructuring local school boards. *Phi Delta Kappan*, 75 (5), 367–373.

Danzberger, J. P. , Kirst, M. W. , & Usdan, M. D. (1992). *Governing public schools: New times new requirements*. Washington, DC: The Institute for Educational Leadership.

Danzberger, J. P. , & Usdan, M. D. (1994). Local education governance: Perspectives on problems and strategies for change. *Phi Delta Kappan*, 75 (5), 366.

Educational Vital Signs. (1994). A supplement to the *American School Board Journal*, 181 (12), Al–A31.

Elizabeth, J. (2003, November 30). School boards' worth in doubt. *Pittsburgh PostGazette*. Retrieved June 12, 2004, from http://www. post-gazette. com/localnews/20031130boardsmainloca 12p2. asp

Finn, C. E. (1997). Learning-free zones: Five reasons America's schools won't improve. *Policy Review*, 85. Retrieved June 15, 2004, from http://www. policyreview. org/ sept97/learning. html

Glass, T. E. (1992). *The 1992 study of the American school superintendency*. Arlington, VA: American Association of School Administrators.

Glass, T. E. (2001). *Superintendent leaders look at the superintendency, school boards, and reform*. Denver, CO: Education Commission of the States.

Glass, T. , Björk, L. , & Brunner, C. (2000). *The 2000 study of The American school superintendency*. Arlington, VA: American Association of School Administrators.

Godfrey, M. (1987). *Case study in change: Appointed to elected school board*. East Lansing, MI: National Center for Research on Teacher Learning. (ERIC Document Reproduction Service No. ED300926)

Goldhammer, K. (1983). Evolution in the profession. *Educational Administration Quarterly*, 19 (3), 249–272.

Greene, K. R. (1990). School board members' responsiveness to constituents. *Urban Education*, 24 (4), 363–375.

Harrington-Lueker, D. (1993). Reconsidering school boards. *American School Board Journal*, 180 (2), 30–36.

Hess, F. M. (2002). *Schools boards at the dawn of the 21st century: Conditions and challenges of district governance*. Washington, DC: National School Boards Association.

Iowa Association of School Boards (2004). *Traits of effective school board members*. Retrieved June 4, 2004, from http://www. ia-sb. org/boardbasics/traits. asp

Kowalski, T. J. (1995). *Keepers of the flame: Contemporary urban superintendents*. Thousand Oaks, CA: Corwin.

Kowalski, T. J. (2003). Superintendent shortage: The wrong problem and wrong solutions. *Journal of School Leadership*, 13, 288–303.

Kowalski, T. J. (2004). The ongoing war for the soul of school administration. In T. J. Lasley (Ed.), *Better leaders for America's schools: Perspectives on the manifesto* (pp. 92-114). Columbia, MO: University Council for Educational Administration.

Lashaway, L. (2002). *The superintendent in an age of accountability*. East Lansing, MI: National Center for Research on Teacher Learning. (ERIC Document Reproduction Service No. ED468515)

Ledell, M. A. (1993). Taking the steam off pressure groups. *School Administrator*, 50 (9), 31-34.

McCurdy, J. (1992). *Building better board-administrator relations*. Alexandria, VA: American Association of School Administrators.

Meier, D. (2003). The road to trust. *American School Board Journal*, 190 (9), 18-21.

Moe, T. M. (2001). A union by any other name. *Education Next*, 1 (3) 40-45.

Moe, T. M. (2003a). Reform blockers. *Education Next*, 3 (2), 56-61.

Moe, T. M. (2003b, October). *Teachers' unions and school board elections*. Paper presented at the School Board Politics Conference, Kennedy School of Government, Harvard University.

Needham, J. D. (1992). To pay or not to pay? *American School Board Journal*, 179 (3), 40-41.

Norton, M. S., Webb, L. D., Dlugosh, L. L., & Sybouts, W (1996). *The school superintendency: New responsibilities, new leaders*. Boston: Allyn & Bacon.

Pancrazio, S. B. (1994). State takeovers and other last resorts. In P. First & H. Walberg (Eds.), *School boards: Changing local control* (pp. 71-90). Berkeley, CA: McCutchan.

Russo, C. J. (1994). The legal status of school boards in the intergovernmental system. In P. First & H. Walberg (Eds.), *School boards: Changing local control* (pp. 3-20). Berkeley, CA: McCutchan.

Schlechty, P. C. (1992). Deciding the fate of local control. *American School Board Journal*, 178 (11), 27-29.

Todras, E. (1993). *The changing role of school boards*. East Lansing, MI: National Center for Research on Teacher Learning. (ERIC Document Reproduction Service No. ED357434)

Trotter, A., & Downey, G. W. (1989). Many superintendents privately contend school board "meddling" is more like it. *American School Board Journal*, 176 (6), 21-25.

Underwood, K. (1992). Power to the people. *American School Board Journal*, 179 (6), 42-43.

Vail, K. (2001). Teamwork at the top. *American School Board Journal*, 188 (11), 23-25.

Wirt, F. M., & Kirst, M. W. (2001). *The political dynamics of American* education (2nd ed.). Berkeley, CA: McCutchan.

Zeigler, L. H. , Jennings, M. K. , & Peak, W. G. (1974). *Governing American schools: Political interaction in local school districts*. North Scituate, MA: Duxbury.

Zlotkin, J. (1993). Rethinking the school board's role. *Educational Leadership*, 51 (3), 22-25.

督导与学校董事会的关系

　　在学校行政中有一个最令人不安的现实：选举能改变一切。许多私营公司的高层领导面临着类似的问题，虽然快速激进变化发生的可能性不会像在公共教育中的变化那么大，但更重要的是，督导与董事会成员之间关系的建立和维护不仅影响个人的生存，而且关系到组织绩效的形成（Björk & Keedy，2001；Petersen & Fusarelli，2001）。当督导和董事会成员之间发生摩擦时，我们首先就会得出这样的结论：派别已经不合时宜地形成了，这些派别有不同的信念，或者说它们有不同的政治目标。几位研究这个问题的专家（e.g.，Carter，2000；Dawson & Quinn，2000）已经得出这样的结论：目前的管理文化不仅能容忍角色模糊，而且这种文化事实上也促使了模糊角色的产生。在这种管理文化背景下，角色经常被颠倒——督导花费大量的时间制定政策而董事会成员则投入到管理中去。

　　在第5章我们已经谈到，重组学校董事会的前景很不乐观。所以，抱有志向的督导们需要做好在不和谐的环境中建立积极关系的准备。做这项工作在某种程度上就像冬天在新英格兰的户外花园里种番茄——在这个不适当的季节做这样的尝试是很愚蠢的。为了取得成功，种植者必须具有创造性，也必须在有合适温度、灯光、湿度的环境中种植（例如，温室环境）。同样，在消极因素盛行的环境中依赖偶然事件来发展积极关系的督导们作出了一个不好的选择，因为做这项工作要求具有想象力和付出艰辛的努力。但是，提到成功的实践，夏伊布尔斯、罗尔斯和德克（Shibles，Rallis，& Deck，2001）指出，最有效的督导是这样的人：他们为了建立一个有明确目的的团队而和董事会成员一起工作，并且他们依据共同的定义和标准在分析和解释数据的基础上作出决定，并把这个决定变成公共信息（p.180）。

　　在这一章，我们将探讨董事会和督导关系的本质，研究这些关系影响各个学校和学区的原因；同时讨论与这些关系有关的积极和消极行为因素，并且提供解决冲突的一般方法。

积极关系的重要性

在一个学区中，董事会与督导之间的关系是教育成功与否的最大影响因素。如果能经受得住权力斗争、误解和竞争，这些在所有组织中都能发现的不可避免的冲突，就不会影响人际关系，人际关系就会像婚姻一样稳固（Hanson，2003）。如果人际关系是消极的或不稳固的，那么督导和董事会成员就会把时间和精力浪费在互相指责上，而不是致力于满足学区的真正需要（Vail，2001）。在真正努力改变现状的学区中，不和谐关系特别有害，因为督导和董事会成员之间出现分歧会引起民众的怀疑。

领导层缺乏稳定性使督导和董事会之间的关系变得比以前更加重要。学校董事会和督导的更换使改革实施起来很困难，因为当学区的领导层发生变化时，需要五年或更长时间来进行的改革经常被废除或搁置（Kowalski，1995）。督导和学校董事会成员关系的恶化是导致领导层发生变化的主要原因（Weller，Brown，& Flynn，1991）。通过对这个问题的研究，卡特（Carter，2000）得出结论：当双方不愉快的情感没有恰当地表达时，或者产生敌意时，双方通常互相指责：

> 我曾经亲眼看到过首席执行官的角色和督导地位被我们习以为常的董事会的行为所破坏。学校管理充满了纷繁复杂的细节管理（micromanagement）、刻板的规章制度（rubber stamping）和一系列被传统束缚的惯例，并且这些惯例忽视了董事会制定重要公共政策的角色（public policy role）。（p. 6）

近年来，一些研究政策的学者（e.g.，Danzberger，Kirst，& Usdan，1992；Petersen & Fusarelli，2001）研究了不良关系对学校发展的影响。他们认为这种不良关系阻碍了学校发展。例如，政治斗争和督导的不稳定性削弱了合作愿景和长期规划等的重要功能；然而，并不是说它们弱化了董事会和行政的效能（Petersen & Fusarelli，2001）。

虽然有些著述通常会涉及董事会和督导的关系，但是一些研究（Blumberg，1985；Kowalski，1995）表明：督导倾向于把这些关系描述成个体联系，而不是董事会的整体联系。这种倾向是由以下三种因素造成的：第一，现在的学校董事会经常是派别化而非多元化的（Shibles et al.，2001），这种情形强化了政治行为，弱化了整体性，结果对于许多督导来说，在董事会上进行集体讨论是不现实的，因为董事会成员并没有共享一个单一的会议章程（Kowalski，1995）。第二，督导的名声和是否留任很大程度上依赖于他们影响关键政策决议的能力。第三，在多数情况下，督导作出的影响选举的努力是基于他们和个体的董事会成员之间一对一的关系（Blumberg，1985）。

督导和董事会成员的关系涵盖了大量的伦理、道德、职业和社会方面的问题。例如，督导在职业和道德方面有义务给董事会提出关于政策问题的建议；同时，董事成员在道德上也有义务听取。当然，董事会成员不能被迫地遵循督导提出的办事章程。因此，督导和董事会成员之间的正式和非正式交流成为政策制定中的基本步骤，而且有效的沟通和交流理所当然地成为建立积极关系的核心（Kowalski，2004）。彼得森和富萨罗利（Petersen & Fusarelli，2001）在对督导和董事会成员关系的研究中提出了三个变量：学区人口变化，学校改革要求，督导在筹备、社会化、经历经验方面的变化。这三个变量可能会使这些关系变得更为复杂。

在 20 世纪的很长一段时间里，督导和董事会的关系是由组织的权力结构形成的，因为这些结构经常决定了地区董事会的构成和正常议程。研究者假想，督导可能会用他们的领导角色来迎合董事会的期望，因而也就会迎合组织的权力机构的期望（Keedy & Björk，2002）。麦卡锡和拉姆齐（McCarty & Ramsey，1997）确定了四种权力结构的类型以及它们对董事会成员和督导行为可能的影响：

● 支配性结构（dominated structure）——由一些因财富和历史功绩而拥有很大权力的个体（精英）组成。这种结构通常产生一个支配性的董事会，它把督导视为安分守己的政府雇员；在这种环境中督导成了功能性的而不是专业性的领导。

● 派别性结构（factional structure）——权力分布于不同派别之间，这些派别在宗教、哲学、经济、社会和政治议程方面相互竞争，董事会成员只代表多数派的利益，因为他们是分散的，而督导为了生存更直接地从事政治行为。

● 多元化结构（pluralistic structure）——权力是分散的，但当问题出现时董事会中就会出现联合体。与各个派别不同，联合体关注的是问题，任务一旦完成，联合体就会解散。在这种结构的组织中，董事会倾向于以问题为中心，其成员以对手头问题的客观分析为基础形成意见，所以他们不像各个派别成员那样，受思想体系和长期计划的束缚。在这种情形下，督导发挥了提供信息和专业建议的工具性作用。

● 惰性结构（inert structure）——组织权力很少在公立学校中行使。在学校董事会的选举中没有表现出利益冲突，董事会成员只是例行公事地批准行政建议。在这种情形下的督导通常是组织中的主要决议制定者。

遗憾的是，督导发现把这些模式客观地应用到自己的实践中是困难的。例如，在最近由全美学校管理者联合会举办的全国性研究中，97%的督导认为他们的基本角色不是专业顾问（47.7%）就是主要政策制定者（49.5%），仅有 1.2%的督导说他们是工作人员，1.6%的督导说他们是政治策略家（Glass，Björk，& Brunner，2000）。很明显，这些结果更能表现出督导认为他们理所当然该成为的角色，而不是他们实际中认为的角色，因为成百上千的学校董事会依然存在支配性的或者派别性的权力结构。标准行为和实际行为之间的差异有助于我们理解存在于董事会和督导之间的摩擦的可能性。虽然绝大多数督导更倾向于把自己视为专业的决议制定者，但是很多人被迫接受自己是从属角色或政治角色。

积极关系的建立

督导和董事会成员之间的积极关系并不是想当然就能建立的，为了达到这种积极的目的我们需要问这样一个问题：怎样才能建立和维持积极的关系？在回答这个关键问题时要注意两个明显的重要因素：有思想性的计划和有效的人际关系技能（Norton，Webb，Dlugosh，& Sybouts，1996），还有一个因素是哲学的同一性。

计 划

积极关系的建立开始于工作进程中——也就是在基础建立时——并且时间上是持续的。在制定一个有效的计划之前，督导必须有远见，即知道要实现什么目标。

这种远见应该基于准确的自我判断和可实现的目标。首先，这种远见应该成为领导关系、管理行为、督导与董事会成员理想关系规范的标准。其次，应该详细地描述成熟的期望角色、交流方式和解决问题的行为，且经董事会讨论后才能正式采用。如果没有共同的成熟的期望，董事会成员和督导之间就会产生冲突（McCurdy，1992）。这种远见在经过论证之后，可能还需要修改。

一旦董事会和督导理想关系的愿景是成熟的、可接受的，督导就能够制定一个计划来实现它。这个计划应该包括一套方式和一个最终目标，这套方式包括程序上的督导和董事会成员之间相互对待的行为，其中最关键的因素包括以下几个：

● 诚信——工作开始时就可能发生误解，当误解发生时，建立积极良好的关系就变得更为困难了。督导和董事会成员经常发现，支持他们不认同的观点也是有益的。例如，当督导事实上很专制时，他们会为了使其意见获得董事会的批准而要求民主。不讲诚信通常在派别之间发生摩擦之后表现出来，这样诚信度就会降低，甚至破坏信誉。

● 相互交流——在许多学区，行政人员会为了接受官僚主义的交流模式而继续被社会化。这样，他们相信信息应该只能从一个方向传播出来——从上到下。督导通过与董事会交换信息而不是发布信息（一个涉及传播和收集信息的过程）（Kowalski，2004）来避免出现隔阂。

● 公平——当督导希望董事会成员表达善意时，他们必须同样表达善意。这意味着在其组织中要有公平、正义和关怀。当督导用不同的标准来对待董事会成员时，他们也会得到同样的对待。

● 合作——很多情况下，董事会成员和督导把他们之间的关系视为竞争性的，也就说，他们把这种关系视为一种权力斗争。然而，积极而有效的关系更多地表现为合作，各个派别需要关注的是它们怎样互相帮助，而不是争夺权力。

● 协助——董事会成员一般都会对试图帮助他们变得更有效率的督导作出积极回应，尤其是在微小的交际行为（subtle diplomatic manner）中，这种协助更易发生。但是对于很多董事会成员来说，公共事务是他们没有准备正式参加的任务。在参加过全国性研究的督导中，仅仅1/4的人（26%）说他们的董事会成员加入了由政府主办的定向性工作室（orientation workshops）。然而，比这多两倍的人（55%）说他们提供了这方面的协助（Glass et al.，2000）。

一旦确定了督导应有的积极行为，我们就会关注具体的结果。最普通的目标包括以下几个方面：

● 互相尊重——前面提到我们对督导角色的期望并没有达成一致，一些人期望督导拥有绝对权力，另一些人期望督导没有权力。考虑到董事会和督导的关系，这两种选择都是欠妥当的，因为互相尊重和民主是他们之间联系的基本要素。这意味着，各派别应互相尊重彼此的角色，避免权力旁移，制止独裁专制行为。另外，督导应该高度重视地方学校董事会，把它看作一个代表美国政府的组织（Shannon，1996）。

● 信任——如果没有信任，怀疑、误解、指责、不稳定和政治行为就会蔓延。毫无疑问，研究不断地发现督导和董事会成员把信任看作他们工作关系中最重要的因素（McCurdy，1992）。

● 有效性——由于督导和董事会成员的关系对学区项目和学生的成就有很大影响，所以他们之间的良好关系是非常重要的。恰当的关系虽然是可取的，但是无论是督导与董事会成员间，还是董事会成员内部，目前的关系都不够好，因为这些关系必须是有效的。所以督导应该自觉地努力加强他们和董事会的关系，以增强学区的有效性。

● 致力于不断改善——当行政人员评价教师时，他们采取的是程式化的和总结性的评价。对建立督导和董事会关系的计划的评价也应该是这样的，督导应该关注年度评价如何促进个人行为，如何促进董事会行为，如何增强他们之间的关系。

图 6—1 阐明了一个建立和维持积极关系的模型。

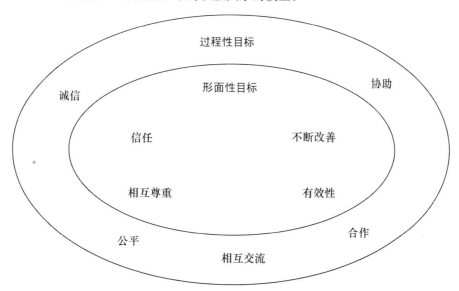

图 6—1 建立和维持积极关系的模型

人际关系

人际关系技能——也就是我们怎样与别人交往——涉及与他人交往的方式以及交往的能力（技巧）（Egan，1976）。由于缺少交流或者对待他人的方式不合适，督导最好的交往意图和知识的价值可能会降低。这就是高效的督导一直关注与他人的关系，特别是与督导之间关系的原因（Eadie & Houston，2003），他们相信有效的工作关系能改进个人和组织的行为。

很明显，交往是人际关系中最有意义的层面。在前面关于交往的讨论中（见第2章）我们提到，学校行政人员经常是为了交往的有效性而不是联系的建立而社会化。在20世纪的很长时间里，管理科学促进了经典交往模式的发展，在这种模式中，指令以指令链的方式向下传播，仅仅是从一个人到另一个人，或者从一个人到下级的很多人（Luthans，1981）。例如，早在20世纪60年代，瑟伊尔（Thayer，1961）确定了行政交往的四个功能：通告、指令或指导、评价以及影响。在这种标准化的环境中，管理者经常单凭他们控制和传播的信息的质量来确定交往的有效性（Clampitt，1991）。效仿社团管理者的督导们经常以这种客观的方式对待下级和董事会成员，因为他们确信他们的主要优势是控制信息（Achilles & Lintz，1983）。

在20世纪80年代初期，这种经典的交往模式很长时间都被管理者认为是理想的模式（Luthans，1981），但在目前的组织和公立学校系统中，它受到越来越多的批评。在一些学区中，人们的不满集中在该模式以下几个方面的低效性上：促进相互理解（Hoy & Miskel，1996），实施现代的改革策略（Kowalski，1998b），信息社会中的行政管理（Hanson，2003），致力于道德和伦理的实践（Sergiovanni，2001）。同时，经验表明，行政人员的交往风格与理解的有效性是相关的（Richmond，McCroskey，Davis，& Koontz，1980；Snavely & Walters，1983）。结果，这就鼓励行政人员努力追求管理的公平本质和交往的道德维度之间的和谐（Sergiovanni，2001），也鼓励他们与雇员、董事会成员一起利用关系交往实现这个目标（Kowalski，2004）。

关系交往与信息交换的方式和人们对信息交换的理解有关（Littlejohn，1992）。虽然人际交往被一些学者广泛地定义为单方面的象征性传播（Ehling，White，& Grunig，1992），但是，这个术语在这里被严格定义为人们的行为相互影响的双向的过程，这包括其组织、角色、等级和地位等全方面的行为都受到影响（Cappella，1987）。联系性交往（relational communication）是对称的，这意味着这个过程能给所有交往的人带来利益（Grunig，1989），还意味着交往的人要行为一致，最大限度地减少差异，其中包括那些在组织中相关的正当权力（legitimate）（职位权力）（Burgoon & Hale，1984）。同时，督导和董事会成员都避免一方是另一方的下级的情况。比较而言，补充性交往（complementary communication）能减少互相影响和信息共享的机会（McGregor，1967）。简言之，联系性交往是为了最大限度地减少交往者之间的不同，而补充性交往则不是这样，它是为了形成一方支配另一方的形势（Burgoon & Hale，1984）。

韦曼（Wiemann，1977）把交往能力定义为"交往者选择可行性交际行为的能力，以至于在条件准许的范围内保持同伴的面容和轮廓（the face and line）的时候，他可能成功地在接触中实现他自己的人际关系目标"（p.198）。这个定义用一种特别的行为格调来指示相关的能力和行为。为了能胜任工作，督导不但必须知道哪种行为是合适的，而且必须阐明展示行为的能力。然而，曼克罗斯基（McCroskey，1982）警告说，仅仅依据行为来判断能力是不够的，因为在追求人际目标时，有能力的督导并不总是成功，缺乏能力的督导也并不总是失败。因此，曼克罗斯基总结了跨三种知识纬度的交往能力：

● 认知纬度——要做有效的交往者，个人必须阐明和理解交往的基本领域（Larson，Backlund，Redmond，& Barbour，1978）。例如，督导应该有关于交往与组织文化关系方面的理性知识。

● 心理活动维度——要实施人际交往，督导必须阐明应用知识的能力和理解力（Wiemann，Takai，Ota，& Wiemann，1977）；他们必须发展具体的技能，例如，如果督导不能编译信息，不能使用正确的语法，不能有效地倾听，不能应用非语言交往的原则，不能在背景环境中交往，不能有效地利用图片和广播媒体来工作，不能建立信誉和信任，不能解决冲突，不能恰当地运用技巧，那么，他们就不能成为期望中的角色。

● 情感维度——要实施人际交往，督导必须拥有支持性的关于过程的态度和情感（McCroskey，1982）。同时，他们应该以建立人际关系的方式来交往，而不是以成为支配者或服从者的方式来交往。

曼克罗斯基的能力框架与斯皮茨伯格和卡佩奇（Spitzberg & Cupach，1984）在几年前提出的几乎完全相同。斯皮茨伯格和卡佩奇提出的这种范例的三种构成部分是知识（对恰当交往实践的认知）、技能（实践的能力）和动机（以恰当的、有效的方式交往的欲望）。这些模式为评价督导能力提供了相关的框架。事实上，它们构成了过去评价专业准备的标准。

哲学兼容性

董事会成员和督导关于管理和行政风格的基本价值观和理念并不经常表现出来，除非他们个人面临严重的问题。在这一点上，通过评价他们的观念可以知道他们是否存在相似的哲学意向（philosophical dispositions）。价值兼容性是良好关系的基础，下面就是一个例子：一对有不同宗教信仰和政治观点的夫妇必须努力克服哲学差异造成的关系紧张和争执，除非他们愿意尊重彼此的观念，并且有表示这种尊重的技能，否则他们的关系可能表现为一个连续的紧张循环和公开的敌意（overt hostilities）。

价值观不兼容的两个最普遍的原因是：不能交流个人的人生哲学和对事实的歪曲理解。在第一个原因中，督导和董事会成员避免讨论个人价值观和理念，因为进行讨论时他们会觉得不舒服，再者他们没有认识到价值观和理念的重要性。在第二个原因中，个体有意相互误导。例如，一个求职者为了被雇用可能表现出要求高度民主和便利（facilitative），然而这个人事实上很专制，所以，一个人真正的意图只能在与别人接触时通过公开的行为展示出来。

董事会成员和督导真正的行为是通过研究制定决策来揭示和分类的。例如，塔利瑞克（Tallerico，1989）发现董事会成员和督导在制定决策时表现出截然不同的行为。董事会成员的行为可分为：（1）拒绝从事行政事务管理活动，坚决遵循督导的领导；（2）培育广泛的信息资源，从事监督和管理活动；（3）培育广泛的信息资源，但是服从督导的权威。督导的行为可分为：（1）有高度的控制欲，倾向于说服董事会成员接受他们的想法；（2）有较少的控制欲，倾向于寻找广泛的信息以阻止和董事会成员的观点分歧。在形成正式关系之前，督导和董事会成员都应该考虑到他们的意图（也包括他们的行为）的一致性程度。例如，有高度控制欲的督导与培育信息资源并习惯性地介入行政领域的董事会成员可能合作得不好。

认识到哲学兼容性的重要性，卡茨（Katz，1993）为董事会成员和督导勾画了一幅蓝图。他认为学校董事会成员的行为是一个从"合作型董事会"（cooperate board style）到"家庭式董事会"（familial board style）的连续统一体。合作型董事会的特征是：依靠督导拥有的数据和提出的建议，有法律规定的程序和对标准的承诺；家庭式董事会的特点是：非程序化，交往非正式化，对组织极度忠诚。基于这个连续统一体，卡茨认为：当任务型的督导与合作型的董事会成员搭配时，或者当关系型的督导与家庭式的董事会成员搭配时，才会产生富有成效的关系。

哲学兼容性的问题在有派别的学校董事会中体现得特别明显。纽曼和布朗（Newman & Brown，1992）研究了存在意见分歧的董事会，他们发现督导通常与一些派别结盟，这些派别在批评像政策制定和管理权限这样的问题时与督导有共同的价值观和理念。然而，是政治而非思想体系引导了一些行政人员的行为。对于这些督导来说，与最有权威的派别结盟比与兼容性最好的派别结盟更明智。虽然这种策略在短期内有效，但是，督导与派别成员之间的哲学差异最终仍会显露出来（Kowalski，1995）。

学校董事会成员常见的管理问题

当个体工作有压力时，即使已经规划得最好的关系也会经历困难的时期。在这些非常时期，所有派别都会承担责任来维护他们的积极联系，但是督导的职业声望使他们最具有责任感。因此，行政人员需要知道最有可能产生哪些严重冲突，进而采取手段处理这些冲突（Kowalski，1995）。

涉及学校董事会成员的常见问题

从法律的角度来看，学校董事会的权力只能由整体的董事会来行使（Norton et al.，1996）。前面提到督导通常把与董事会的关系看作与董事会成员个体的而不是集体的关系，因此，他们通常会从社会政治的视角而不是法律的视角来描述自己（Blumberg，1985）。这些评价基于督导社会化过程中所形成的对伦理、道德、社会和政治标准的复杂综合体的期望，下面是督导对董事会成员的行为最普遍的几点批评：

● 追求单一问题——这个问题的特征是，董事会成员仅仅关注一个问题，他们对组织的需要表现出很少的兴趣，或者根本没有兴趣。董事会成员经常隶属于特殊利益团体，或者是寻求报复一个或者多个学区雇员（例如，寻求一个原则或者解雇教练）。

● 追求个人利益——这个问题的特征通常表现为以下两种情况：（1）把学校董事会的职位视为获取更高政治职位的垫脚石；（2）利用职务来增加自己的利益，比如，为家庭成员和朋友谋取工作。

● 抵制督导的专业地位——这个问题的特征是，董事会成员把督导看作被驯化的公共雇员，认为督导充其量是一个管理人员或者政客，从来没有把他们看作真正的专业领导者。

● 满足权力需要——这个问题的特征是，有些董事会成员想控制和支配他人。这些人故意制造冲突，宁愿成为派别林立的董事会中的一部分。这是因为当董事会作为一个整体来运行时，董事会成员不能够行使充分的权力来满足个人的需要。

● 不能保守秘密——这个问题的特征是，董事会成员透露关于人事问题、法律问题或者敏感问题的机密信息。这种过错经常发生在与人事问题有关的事件中，也可能发生在集体争论中。这样，就有可能产生法律和道德问题。

● 介入行政——这个问题在其他著作中最常被提及，它的特征是，董事会成员坚定、过分地介入到行政事务中来。当这种人不满意时，他们就会花费大量的时间对学校事务进行例行公事的检查，经常参观学校，还鼓励雇员和社区的居民与他联系。

督导们还抱怨，董事会成员没有准备好为学校董事会服务。然而，是否应为督导这个职位设立较高的教育水平要求仍然在讨论当中（Danzberger，1994），所以大多数州都简单地设立了年龄和户籍标准。

涉及督导的常见问题

大多数董事会成员既没有完成关于学校行政的课程学习，也没有行政人员的社会经历，所以他们对督导行为的认识是通过个人判断产生的。这导致他们头脑中的观念并不一定能与教育行政的专业知识相符合。例如，一个对督导的全国性调查发现：董事会成员不管是否愿意成为教育领导者或管理者，他们几乎都是各自为政的（Glass et al.，2000）。一些董事会成员在学校董事会获取一些经历以后就会改变他们的观念，但另一些成员则坚持他们基本的信念——督导的行为要恰如其分。虽然如此，坚持道德实践中职业标准的董事会成员还是一再抱怨。以下几条就是董事会成员最经常提出的他们对于督导比较关切的事情：

● 缺乏对董事会成员的尊重。这方面的特征是，督导相信他们的专业知识胜过公众的呼声。督导期望董事会成员不经审查就批准每一项提议，尤其不要问任何问题，所以督导经常表现出冷淡和高傲的态度。

● 缺乏正直感。这方面的特征是，督导并不值得信任。他们泄露应该保密的信息，其中包括和董事会成员的私人谈话。

● 从属关系而非合作关系。这方面的特征是，督导质询董事会的合法权力。他们把董事会看作一个政治实体而不是一个立法机构。这在某些方面与缺乏尊重相似，而不同点是关注立法而不是能力。

● 缺乏领导能力。这方面的特征是，督导不能在董事会需要做什么以及有争议的或困难的政策决策方面提供指导。因此一些人就怂恿作为减少个人政治风险工具的董事会独立行动。

● 缺乏管理。这是最普遍的问题，它的特征是督导或者没有能力，或者不愿意恰当地管理学区资源。他们或者不能在重要问题上给董事会提供建议（如财政赤字），或者不能处理问题出现后的事情（如纠正在学校建设中的危险情况）。

● 缺乏接触。这方面的特征是，督导和董事会成员难以接触。例如，他们不及时回电话或电子邮件，或者他们不能及时会面。更遗憾的是，一些董事会成员相信，督导的任何责任都没有立即回应董事会成员的质疑重要。

● 缺乏交流。这方面的特征是，督导控制了信息，并且有选择地发布这些信息资料，而且他们对与别人交换信息兴趣不大。

● 不能遵守伦理和道德标准。这方面的特征是，督导行为违反法律、组织规范或职业道德。

研究表明，这些方面的问题在各个区域是不同的。例如，在农村学校系统中，有诸如财务管理疏忽、贪污、缺乏交流、婚姻方面的不道德等个人缺点的督导一般会被解雇（see Chance & Capps，1992）。在城市学校系统中，督导通常由于政治原因被解雇，例如，督导没有平息批评家们对学校董事会进行基本改革和权力转移的

批评 (Kowalski, 1995)。

关系的监控

董事会成员与督导的关系如果没有合适的监控便可能会经常恶化。为了避免这个问题，督导和董事会都应该周期性地检查评价他们之间的关系。这样做既增加了及早发现问题的可能性，也鼓励外界介入来改进状况 (Castallo, Greco, & McGowan, 1992)。一个很好的监控形式是周期性的回避，这种回避能让各个派别关注没有日常问题介入的事件。一些学校董事会设立了关于督导关系的常设委员会以确保这个议题得到相应的关注 (Eadie, 2003)。

通过收集分析个体的认识、想法来评价这种关系通常是有帮助的。例如，董事会主席让董事会成员完成一个简单的关于督导行为的调查问卷，让督导提供关于董事会行为的反馈，这些答案就成为周期性讨论的起点。督导正式的年度评价不应该被非正式的交谈替代，相反，它应该被设计成为一种更为正式的过程。其实，这些讨论组成了周期性的"检查"(checkups)，这些检查能够阻止情形恶化直到年度评价开始 (Castallo et al., 1992)。

虽然正式的年度评价对处理积极的关系是至关重要的，但是督导和董事会评价的最终目的是为了增强学区的有效性 (Kowalski, 1998a)。学校董事会一般会对督导作出评价，而督导却很少评价学校董事会。因此，一般来说，要鼓励学校董事会进行自我评价，然后与督导共享评价结果。董事会的自我评价应该关注整个团体而不是某一个人的行为。另外，通过考察董事会和督导的工作关系，董事会的自我评价能够明确下列目的 (Kowalski, 1981)：

- 明确董事会作为政策制定者的目的；
- 确定工作中的优缺点；
- 评价过去的成功和失败；
- 向公众展示责任和义务；
- 提供避免滥用权力的机制；
- 提供设定目标的基本框架；
- 提高对行为评价过程的理解。

另外，董事会的自我评价有利于建立董事会的信度，也有利于正确区分行政和政策制定之间的关系 (Robinson & Bickers, 1990)。

即使很多评论员认为学校董事会在正常履行责任的过程中一直对督导进行评价，但是这种看法不一定是正确的。20世纪90年代，在每一个州都开展了两个研究 (see Simpson, 1994; Koryl, 1996)，这些研究揭示，大约1/4的督导并未由董事会来评价。但是近年来，无论是全国性的研究还是各州的研究都表明这一方面已有少许改善。在2000年的一个全国性研究中，有80%的督导说他们被正式评价过 (Glass et al., 2000)，有3个州也进行了此项研究，其中84%的督导也这样说 (Sharp, Malone, & Walter, 2003)。

解决冲突的策略

冲突的产生有两个条件：一是关于一个重要问题有两种或两种以上的观点；二是这些观点是相悖的 (Hanson, 2003)。在我们的社会中，一般的观点认为冲突具有破坏性，这导致行政人员通常不知道它的可建设性。具有建设性的冲突鼓励公开交流，这种交流有利于选定学区的官员，然后测试他们的价值观和理念，以至于能够找到需要改变的合理议程。在这种方式下，冲突就可以成为一种提高学校质量的可评价的催化剂。当然，当各派别认为他们的对手在追求以下一个或更多的目标时，冲突也可能变成敌视：（1）减少他们的资源；（2）削弱他们的权力；（3）破坏他们的名誉（Cheldelin & Lucas，2004）。当冲突变成恶意的时，敌视是最常见的了。也就是说，各派别都有自己独特的伤害对手的方式。在恶意冲突的情况下，参与者通常使用恶意的语言，用独断的方式代替询问问题，表现出顽固不化、意气用事的特点（Hanson，2003）。

督导面临的挑战并不是消除冲突，因为冲突在所有组织中（包括学区）是不可避免的。督导的任务或者是富有成效地处理冲突（例如，为了产生一个积极的后果），或者是通过有效的管理控制潜在的破坏。富有成效地处理冲突，首先要问这样的问题：为了学区的利益我应该怎样处理这种情况？例如，假设董事会和督导因是否要增加基础音乐课程的经费而存在分歧，而这种分歧会给各派别深层次地探索总体课程和寻找改进课程的办法提供机会。

有效的处理冲突的措施要求把冲突精确地诊断出来，然后选择合适的解决策略。斯波尔丁和奥哈拉（Spaulding & O'Hair，2004）确定了冲突的五种基本类型：哲学方面的（价值观不同）；资源方面的（稀有资源的竞争）；人际关系方面的（个性冲突）；领域方面的（权力和司法争论）；认识方面的（无效的假设）。一种策略解决一种类型的冲突，但不见得对其他类型的冲突起作用。例如，提供更多的资金能解决资源争夺问题但不能改善哲学方面或者人际关系方面的冲突。通过调停方式或者外部的帮助可能有助于解决人际关系方面和认识方面的冲突，但不可能解决哲学方面的冲突或者资源争夺问题。哈维和德罗赖特（Harvey & Drolet，1994）与斯波尔丁和奥哈拉（Spaulding & O'Hair，2004）在冲突类型的基础上提供了关于选择解决策略的更深层次的信息。

反　思

这一章研究了董事会和督导的关系这一重要问题，我们讨论了这些关系的重要性以及它们难以建立和维持的原因。虽然行政角色和董事会角色主要是法定的和职业的，但是执行者更倾向于关注他们之间关系的社会和政治因素。督导并不是和整体的董事会一起工作的，而是和个体的董事会成员一起工作的，从而督导和董事会的关系实际上成了督导和每个董事会成员之间的一系列关系。

我们从督导和董事会成员的视角讨论了损坏积极关系的一般问题，然后又给出了建立和维持积极关系的建议。讨论问题时涉及建构理想的关系、规划实现理想的策略，然后通过周期性的评价来进行监控；提出的建议很大程度上依赖冲突的处理。我们应该让不可避免的冲突产生积极的后果，或者巧妙地处理冲突，从而最大限度地降低消极影响。

结合本章内容，思考以下问题：

1. 督导为什么倾向于讨论与个体董事会成员的关系，而不是与董事会整体的关系？

2. 为什么督导与董事会的关系对学区很重要？

3. 董事会成员应该制定政策,督导应该执行政策。这种二元化的关系对积极关系的建立和维持是有利还是有害?

4. 在你所在的学区,督导对董事会成员提出了哪些不满?董事会成员对督导提出了哪些不满?

5. 怎样利用董事会与督导的关系来改进学区的状况?你能列举出一些你所在的学区发生的一些事例吗?

6. 为什么交往是建立积极关系的基本因素?

7. 建构一个理想关系的愿景的目的是什么?

8. 什么时候冲突最有可能是破坏性的?

9. 使用相同的策略来解决所有类型的冲突是个好主意吗?为什么?

10. 什么是哲学兼容性?为什么它在董事会与督导的关系中是一个重要的问题?

案例研习

乔治·柯林斯(George Collins)有 20 年的教育经历。在这 20 年里,他做了 7 年的教师、8 年的小学校长以及 5 年的教科主任。最近,他决定去做学区督导。考虑到他现在任职的地方没有这一职务的空缺,他在离他居住地方圆 100 英里开外的 6 个学区均申请了这一职位,其中有两个学区邀请他去面试。

他的第一次面试是在汉普顿第一联合学区,这是一个有着 1 000 多名学生的农村学区。在面试过程中,柯林斯被要求描述自己的领导风格和个人实力。他作出以下回答:

> 当我还是一名教师和校长时,我尊重那些让我参与重要事件的管理者。为此,我还努力试着注意其他的东西。我认为社区应该参与对学校有重要影响的决策的制定,董事会和管理者也有责任为市民创造参与制定这些决策的机会。我认为董事会和督导是合作者而不是对手,董事会的任务是支持方针政策;而督导的任务是把方针政策推荐介绍给董事会并且确保它们的执行。我尊重校长和教师,并把他们视为同等的专业人员。因此,我试着给他们自主权,但是我也坚决要求他们为他们的决定负责。如果他们没有按照我们的标准办事,我就会对他们进行干预。最后,我喜欢将部分权力下放,赞成地方分权。但在课程和教学上应该对校长和教师多加控制,这样可以使他们根据各自学生的实际需要进行具体的、个性化的工作。

董事会成员充分肯定了柯林斯的这些观点看法,并且董事会主席评论说:"柯林斯先生,我们同意你的理念,能够听到一个管理者告诉我们他的理念我们非常高兴。"柯林斯非常高兴,面试结束后,他认为他可能会得到这个职位。

在汉普顿第一联合学区面试后不到一周,柯林斯参加了罗杰斯市联合学区的面试,该学区大概有 1 800 名学生。这两个地方在面积范围方面基本相同,然而在其他方面却大不一样。汉普顿是一个以田园农场为基础的人口区,而罗杰斯市却是一个工业区,这里的家庭大都跟采矿工业有联系。

在罗杰斯市面试的过程中,柯林斯没有被要求陈述他的领导风格和教育理念,但是他主动提了一些。他对董事会说:"女士们、先生们,我认为你们需要知道我的情况以及我对于教育的理念。"然后他陈述了他几天前在汉普顿所说的观点和理念。但是，对于他的观点，罗杰斯市学区的董事会给他的回应却是不一样的。一个董事会成员评论道："对于事情应该以怎样的方式方法进行处理有许多设想，但事实上这样的督导是无法存在的，除非他们是优秀的管理者且处于管理层级的顶层。在这个地区，工作人员的许多问题我们都要去分担解决，我们是纳税人养活的。我们的前一个督导不懂得怎样处理与教师的合作问题，人们就开始认为他不愿意解决一些困难的问题。"

另一个董事会成员提出了她的意见："我们期望督导是公平而严格的，因为如果你不要求人们努力工作，他们就可能不会努力工作。我们这儿最大的问题是资金和设备：我们没有足够的资金，我们的教学楼急需修理。坦白地说，我认为我们对于你分权观念的实践经验没有兴趣。"

紧接着董事会主席说："柯林斯先生，我们不介意说出我们的理念。现在，我们并不能总是达成一致意见，但我们可以自由地表达我们的观点和看法。就我看来，督导和学校的董事会应该学着合作——在管理一个学区时，并没有什么'一见钟情'的事情。因此，我并不在乎我们存在分歧。如果我妻子和我在每件事上都要求达成一致意见，那么我们早就离婚了。我们所有的人都有梦想，但现实是我们必须合作，你和我们都没有掌握全部的答案；但是，我认为你应该知道，我们中的大多数人并不真正乐意去尝试很多新想法，我们优先考虑的是我们应该得到公众对学校系统的支持而不是去实践一些新的想法。"

柯林斯离开了罗杰斯市，他认为董事会对他没有兴趣，同样他对他们也不是特别感兴趣，但是他很自信他会得到汉普顿的督导职位。在罗杰斯市面试后的第四天，汉普顿董事会主席通知他董事会决定雇用另外一个人做他们的督导。当然，柯林斯很失望。几个小时后，他接到另外一个电话，是罗杰斯市董事会主席打来的。"柯林斯先生，我是佛瑞德·德罗威（Fred Drover），罗杰斯市学校董事会主席。今天上午，我们召开了一个特别会议，我们决定请你担任我们的督导。我们知道你应聘了汉普顿学区的督导职位并且对那个工作也非常感兴趣，但在我看来，我们给你提供了一个更好的机会，为了使你信服我所说的，我们第一年将给你提供 95 000 美元的年薪，签约三年，并且还有一个包括租用汽车在内的额外优惠包，我们给你的薪酬比先前的那个督导要多 9 000 美元。"

柯林斯非常吃惊："我确实没有料到我会得到罗杰斯市的这个工作，面试中的讨论给我的印象是有几个董事会成员不赞成我的观点。"

董事会主席回答道："嗯，那是你的理解。你确实不是其中两个董事会成员的第一选择，但是我和另外四个董事会成员非常愿意你做我们的督导。正如我在面试时所说的，人们对分歧考虑得太多，而对共识考虑得不足，由五位成员构成的大多数就决定了你能来罗杰斯市。"

柯林斯要求给他三天的时间考虑是否去任职，在这期间，他跟他的妻子商议了一番。他考虑到有两个董事会成员有可能不支持他，但是他又担心没有其他的督导职位给他了。他现在的年薪是 70 000 美元，罗杰斯市的薪酬是吸引他的首要因素。他的妻子告诉他，无论他作出什么决定她都会支持他。柯林斯决定接受这个职位，看自己可能得到多大的支持。他给董事会主席打了个电话，说："佛瑞德先生，我是乔治·柯林斯，我和我妻子商议了你们提供的这一职位，我对这一职位也非常感兴趣。然而我有两个请求：第一，我希望第一年的薪酬能增加到 98 000 美元；第二，我希望学区支付给我重新安家的经费。"

德罗威先生毫不犹豫地答应了他的两个请求。六周后，柯林斯成为了罗杰斯市的新督导。

在开始新工作的一个月里，柯林斯发现董事会对他担任督导职务的分歧反映了理念和政治思想的极大不同，这种不同把董事会分成各个派别。5：2 的投票在过去的 18 个月里是常态。有统治权的一派由德罗威先生领导，他期望柯林斯对他们忠心；另外两个董事会成员告诉柯林斯应该保持中立，不应该卷入董事会的争论之中。

第一次例行的学校董事会选举大约在柯林斯成为督导的一年后进行，德罗威这一派有两个董事会成员的任期已满，他们都寻求连任，德罗威派以外的两个董事会成员挑选了两个候选人与他们进行竞争。在罗杰斯市的每个人都知道选举可能会改变学校董事会权力的均衡。选举前的三周，当地报纸认可这两个候选人的举动使每个人都很吃惊。报纸发行以后，德罗威先生非常愤怒，随后他拜访了柯林斯。

"柯林斯，在我看来我们两个的位置都很危险。如果候选人当选了，我不再是董事会主席了，那就意味着你也有麻烦。你将会面对新的多数人，而且没有投票雇用你的那两个董事会成员之一将成为董事会主席。这些人想操纵这里，你的生活将会变得很痛苦。在这么短的时间里你给人们留下了很深刻的印象。教师联盟主席喜欢你并且老师们都支持现任者。我核实发现现任者支持你所推荐的每一个人。会见一下记者并证实董事会成员所做的重要工作，你觉得怎么样？我们已经没有其他出路了。我们可以互相帮助，你愿意这样做吗？"

案例讨论

1. 为了更多地了解关于罗杰斯市学校董事会的情况，柯林斯在接受职务之前做了什么？

2. 当柯林斯要求更高的薪酬以及支付他再安家的经费时，董事会主席立即同意了。你从董事会主席的这一行为中能够得出什么结论？

3. 当你知道 2/5 的董事会成员不赞成雇用你时，你会接受罗杰斯市的职位吗？为什么？

4. 如果你是柯林斯，对于罗杰斯市的这个工作，你在作出是否接受的决定之前会做什么？

5. 董事会主席期望柯林斯对他自己的这一派忠心，你认为这道德吗？为什么？

6. 督导应该卷入学校董事会的选举中吗？为什么？

7. 如果柯林斯就这两个现任者的事情同意跟记者见面，你认为他会被卷入选举这一事件中吗？还是他应该仅仅履行自己的责任——和公众交流？说明你的理由。

参考文献

Achilles, C. M., & Lintz, M. N. (1983, November). *Public confidence in public education: A growing concern in the 80s*. Paper presented at the Annual Meeting of the Mid-South Educational Research Association, Nashville, Tennessee.

Björk, L. G. , & Keedy, J. (2001). Politics and the superintendency in the U. S. A. : Restructuring in-service education. *Journal of In-service Education*, 27 (2), 275–302.

Blumberg, A. (1985). *The school superintendent: Living with conflict*. New York: Teachers College Press.

Burgoon, J. K. , & Hale, J. L. (1984). The fundamental topic of relational communication. *Communication Monographs*, 51, 193–214.

Cappella, J. N. (1987). Interpersonal communication: Definitions and fundamental questions. In C. R. Berger & S. H. Chaffee (Eds.), *Handbook of communication science* (pp. 184–238). Newbury Park, CA: Sage.

Carter, J. (2000). Toward coherent governance. *The School Administrator*, 57 (3), 6–10.

Castallo, R. T. , Greco, J. , & McGowan, T. (1992). Clear signals: Reviewing working relationships keeps board and superintendent on course. *American School Board Journal*, 179 (2), 32–34.

Chance, E. W. , & Capps, J. L. (1992). *Superintendent instability in small/rural schools: The school board perspective*. East Lansing, MI: National Center for Research on Teacher Learning. (ERIC Document Reproduction Service No. ED350121)

Cheldelin, S. I. , & Lucas, A. (2004). *Conflict resolution*. San Francisco: Jossey-Bass.

Clampitt, P. G. (1991). *Communicating for managerial effectiveness*. Newbury Park, CA: Sage.

Danzberger, J. P. (1994). Governing the nation's schools: The case for restructuring local school boards. *Phi Delta Kappan*, 75 (5), 367–373.

Danzberger, J. P. , Kirst, M. W. , & Usdan, M. D. (1992). *Governing public schools: New times new requirements*. Washington, DC: The Institute for Educational Leadership.

Dawson, L. J. , & Quinn, R. (2000). Clarifying board and superintendent roles. *The School Administrator*, 57 (3), 12–14, 16, 18.

Eadie, D. (2003). High-impact governing. *American School Board Journal*, 190 (7), 26–29.

Eadie, D. , & Houston, P. (2003). Ingredients for a board-savvy superintendent. *The School Administrator*, 60 (2), 56–57.

Educational Vital Signs. (1994). A supplement to the *American School Board Journal*, 181 (12), A1–A31.

Egan, G. (1976). *Interpersonal living*. Monterey, CA: Brooks/Cole Publishing.

Ehling, W. P. , White, J. , & Grunig, J. E. (1992). Public relations and marketing practice. In J. E. Grunig (Ed.), *Excellence in public relations and communication management* (pp. 357–393). Hillsdale, NJ: Lawrence Erlbaum Associates.

Glass, T. , Björk, L. , & Brunner, C. (2000). *The 2000 study of the American school superintendency*. Arlington, VA: American Association of School Administrators.

Glass, T. E. (1992). *The 1992 study of the American school superintendency*. Arlington, VA: American Association of School Administrators.

Glass, T. E. (2001). *Superintendent leaders look at the superintendency, school boards, and reform*. Denver, CO: Education Commission of the States.

Grunig, J. E. (1989). Symmetrical presuppositions as a framework for public relations theory. In C. H. Botan (Ed.), *Public relations theory* (pp. 17−44). Hillsdale, NJ: Lawrence Erlbaum Associates.

Hanson, E. M. (2003). *Educational administration and organizational behavior* (5th ed.). Boston: Allyn & Bacon.

Harvey, T. , & Drolet, B. (1994). *Building teams, building people*. Lancaster, PA: Technomic.

Hess, F. M. (2002). *Schools boards at the dawn of the 21st century: Conditions and challenges of district governance*. Washington, DC: National School Boards Association.

Hoy, W. K. , & Miskel, C. G. (1996). *Educational administration: Theory, research, and practice* (5th ed.). New York: McGraw-Hill.

Katz, M. (1993). Matching school board and superintendent styles. *School Administrator*, 50 (2), 16−17, 19−20, 22−23.

Keedy, J. L. , & Björk, L. G. (2002). Superintendents and local boards and the potential for community polarization: The call for use of political strategist skills. In B. Cooper & L. Fusarelli (Eds.), *The promises and perils facing today's school superintendent* (pp. 103−128). Lanham, MD: Scarecrow Education.

Koryl, M. (1996). *Formal evaluation of Indiana school superintendents: Practices and superintendent perceptions*. Unpublished doctoral dissertation, Ball State University.

Kowalski, T. J. (1981). Why your board needs self-evaluation. *American School Board Journal*, 168 (7), 21−22.

Kowalski, T. J. (1995). *Keepers of the flame: Contemporary urban superintendents*. Thousand Oaks, CA: Corwin.

Kowalski, T. J. (1998a). Evaluation: Critiquing the CEO. *American School Board Journal*, 185 (2), 43−45.

Kowalski, T. J. (1998b). The role of communication in providing leadership for schooll reform. *Mid-Western Educational Researcher*, 11 (1), 32−40.

Kowalski, T. J. (2004). School public relations: A new agenda. In T. J. Kowalski (Ed.), *Public relations in schools* (3rd ed. , pp. 3−29). Upper Saddle River, NJ: Merrill, Prentice Hall.

Larson, C. E. , Backlund, P. M. , Redmond, M. K. , & Barbour, A. (1978). *Assessing communicative competence*. Falls Church, VA: Speech Communication Association and ERIC.

Littlejohn, S. W. (1992). *Theories of human communication* (4th ed.). Belmont, CA: Wadsworth.

Luthans, F. (1981). *Organizational behavior* (3rd ed.). New York: McGraw-Hill.

McCarty, D. J. , & Ramsey, C. E. (1971). *The school managers: Power and conflict in American public education*. Westport, CT: Greenwood.

McCroskey, J. C. (1982). Communication competence and performance: A research and pedagogical perspective. *Communication Education*, 31 (1), 1−7.

McCurdy, J. (1992). *Building better board-administrator relations*. Alexandria, VA: American Association of School Administrators.

McGregor, D. (1967). *The professional manager*. New York: McGraw-Hill.

Newman, D. L. , & Brown, R. D. (1992). Patterns of school board decision making: Variations in behavior and perceptions. *Journal of Research and Development in Education*, 26 (1), 1−6.

Norton, M. S. , Webb, L. D. , Dlugosh, L. L. , & Sybouts, W. (1996). *The school superintendency: New responsibilities, new leaders*. Boston: Allyn & Bacon.

Petersen, G. , & Fusarelli, L. (2001, November). *Changing times, changing relationships: An exploration of the relationship between superintendents and boards of education*. Paper presented at the annual meeting of the University Council for Educational Administration, Cincinnati, OH.

Robinson, G. E. , & Bickers, P. M. (1990). *Evaluation of superintendents and school boards*. Arlington, VA: Educational Research Service.

Richmond, V. P. , McCroskey, J. C. , Davis, L. M. , & Koontz, K. A. (1980). Perceived power as a mediator of management communication style and employee satisfaction: A preliminary investigation. *Communication Quarterly*, 28 (41), 37−46.

Sergiovanni, T. J. (2001). *The principalship: A reflective practice perspective* (4th ed.). Boston: Allyn & Bacon.

Shannon, T. A. (1996). Lessons for leaders. *American School Board Journal*, 183 (6), 19−22.

Sharp, W. L. , Malone, B. G. , & Walter, J. K. (2003, October). *Superintendent and school board evaluation: A three-state study*. Paper presented at the Annual Meeting of the Mid-Western Educational Research Association, Columbus, Ohio.

Shibles, M. R. , Rallis, R. F. , & Deck, L. L. (2001). A new political balance between superintendent and board: Clarifying purpose and generating knowledge. In C. C. Brunner & L. G. Björk (Eds.), *The new superintendency* (pp. 169−181). New York: JAI.

Simpson, E. H. (1994). *Practices and procedures used in the evaluation of public school superintendents in South Carolina as perceived by superintendents and school board chairpersons*. Unpublished doctoral dissertation. University of South

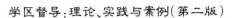
Carolina, Columbia.

Snavely, W. B. , & Walters, E. V. (1983). Differences in communication competence among administrative social styles. *Journal of Applied Communication Research*, 11 (2), 120−135.

Spaulding, A. , & O'Hair, M. J. (2004). Public relations in a communication context: Listening, nonverbal, and conflict-resolution skills. In T. J. Kowalski (Ed.), *Public relations in schools* (pp. 96−122). Upper Saddle River, NJ: Merrill, Prentice Hall.

Spitzberg, B. H. , & Cupach, W. R. (1984). *Interpersonal communication competence*. Beverly Hills, CA: Sage.

Tallerico, M. (1989). The dynamics of superintendent-school board relationships: A continuing challenge. *Urban Education*, 24 (2), 215−232.

Thayer, L. O. (1961). *Administrative communication*. Homewood, IL: Richard D. Irwin.

Vail, K. (2001). Teamwork at the top. *American School Board Journal*, 188 (11), 23−25.

Weller, L. D. , Brown, C. L. , & Flynn, K. J. (1991). Superintendent turnover and school board member defeat: A new perspective and interpretation. *Journal of Educational Administration*, 29 (2), 61−71.

Wiemann, J. M. (1977). Explication and test of a model of communication competence. *Human Communication Research*, 3, 195−213.

Wiemann, J. M. , Takai, J. , Ota, H. , & Wiemann, M. O. (1997). A relational model of communication competence. In B. Kovacic (Ed.), *Emerging theories of human communication* (pp. 25 − 44). Buffalo: State University of New York Press.

第7章

学区政策

本章要点 ▶▶▶

学区政策的本质

公共教育政策的目的

政策手册的编纂制作

政策开发的政治环境

学区政策中价值观的作用

政策手册编纂制作的职业资源

政策的执行

政策和法律规章

在第 5 章中我们谈到，学校董事会期望在州法律法规未涵盖领域制定政策，行政人员期望执行政策。这种权力的分离是很模糊的，因为政策有很多的含义，人们（包括董事会成员和督导）缺少对它的共同理解，并且难以自我定义（self-define）这个关键词。另外，政策制定和政策执行之间的区别变得模棱两可。例如，在政策制定过程中，督导通过为董事会成员提供建议和支持性的信息发挥其关键作用，而董事会成员则通过裁定基于政策的问题来支持行政。

在 20 世纪 80 年代中期，随着联邦和各州改革议程的设立，我们很少关注学区政策的重要性。然而自从那时，改革家们就已经开始关注学区政策怎样影响课程和教学策略（Bauman，1996），这主要是由于改革活动的场所从州转向学区及学校一级（Björk & Keedy，2002；Kowalski，2003）。

在这一章我们将探究政策的含义以及怎样开发、分析和评价政策，并特别关注学校董事会的责任及人们希望督导具备的领导能力。我们还将对政策手册与行政规章作出了区分。在这一章我们将把学区政策制定放到学校改革的背景之下进行考察，而且展示督导在政策制定中的关键作用。

政策的本质

给政策下定义对教育者来说是一项具有挑战性的工作，因为这个概念是宽泛的，而在很多不同的方面又是明确的。其结果是，在教科书中发现的定义大多是冗长、混乱、抽象的。简单地说，政策就是为学区人员树立理想并对他们加以限制，同时政策还要符合下列目标：

- 设立学区目标；
- 确定地区教育服务的对象；
- 确定学区的投资数量；
- 为学区的下级单位分配资源；
- 确定学区人员提供服务的方式（King，Swanson，& Sweetland，2003）。

学区政策要最大限度地被学区的工作人员和组织成员所熟悉，还要与学生的纪律、交通（乘校车）、课外活动、学校设备（例如，课外时间公众对教学资源的使用）以及税收相适应。

政策的定义

对政策的描述可能是正式的，也可能是非正式的。在正式的范畴内，法律（无论它们是否由州议会制定）、法规或者法律决议都是最高范例。例如，督导可能要提及这样一个法律条款：要求学区为家离学校 1 英里远的学生提供免费校车，并将其作为该州的政策。在非正式的范畴内，个人或者机构的普遍行为都可能被描述为政策（Anderson，1990）。例如，一位校长告诉一位教师，督导的政策规定，要面见督导需预约。学区董事会颁布的政策很大程度上区别于公共政策，它更直接地指"政府行为和决定这些行为的意图"（Cochran，Mayer，Carr，& Cayer，1986，p.2）。福勒（Fowler，2000）把公共政策定义为"在充满活力和价值的过程中处理公共事务的政治系统"（p.9）。就学区而言，政策制定的过程很大程度上注重提供怎样的服务、为谁提供服务以及提供服务的方式的限制因素。

学校董事会制定和执行政策的权力是由州立法机关赋予的。所有董事会的政策决议都必须遵守相关的宪法、法令、联邦和各州条例以及一般法律（Imber & Van Geel，1993）。学校董事会作出的政策决议要生成政策声明，即在官方会议上正式通过并且最终写入学区政策手册。政策声明只要开发适当，就能为行政人员和其他人提供"自由行动的指南，这个指南只是表达目的而不是规定行为"（Clemmer，1991，p.20）。

然而，对政策解释的多样化至少有以下四个原因：

第一，政策或者被描述为一般的行为过程，或者被描述为具体的决定。例如，一个人评价董事会关于小学生的行为和纪律的政策时可以说："董事会的纪律政策确实很严格"（总体判断）。而另一个人可以说："董事会的旷课政策很严格"（具体判断）。当政策被广泛谈论时，就会被看作一系列或多或少的相关活动（Anderson，1990）。

第二，当想做什么（政策陈述）与做了什么（政策执行）之间的区别被错误地解释时就会造成意义不明确（Anderson，1990）。设想董事会制定了这样一项政策：对于多次吸毒上瘾的人要勒令退学。由于督导和董事会成员都想到了情有可原的情况，董事会对自己制定的政策也考虑到了几种例外的可能。当问及学校董事会关于学生吸毒上瘾而惩罚他们的政策时，学校的一个负责人告诉学生家长："第二次违犯将导致自动退学。"这个行政官员提及官方形式的政策，即是以政策手册或者类似政策手册的形式出现的政策。然而，另一个负责人对此的回答却截然不同："董事会政策通常迫使学生又一次犯错。"这位负责人的回答是基于政策的应用或者政策的执行。政策执行就是"诠释方针，衡量被批准的特征，分配有差别的优势，应用行为理论，使思想以执行决定和职业实践的方式回到生活中"（Sergiovanni，Burlingame，Coombs，& Thurston，1992，p. 59）。

第三，政策和法规之间的差异混淆不清。假定董事会批准了下列政策："校长应该负责每年评价所有工作人员的行为表现。"接着一位大学校长给全体教职工发了一封便函，开头是这样写的："校长或者校长助理每学期至少要对教师正式观察两次。观察报告应该成为教师行为年度评价的一部分。"这位校长关于观察报告的陈述是政策还是法规呢？大多数教师，甚至一些校长可能会把这个报告视为政策，主要是因为他们不理解政策和法规之间的区别，或者是因为他们忽视了这种区别而把这两个术语用混了。虽然教科书把政策视为学校董事会的特权，把法规视为行政特权，但是这两种行为之间的界限还是非常模糊的（Sergiovanni et al. ，1992）。

第四，实际政策也经常产生混淆。一项政策在它成为法定政策之前，一定要变成实际的政策声明吗？无论从实践上还是从法律上来说，答案都是否定的。假定一个学区没有关于学生参加课外活动资格的政策声明，董事会就会坚定地批准督导的提议：不让在一学期有两门或更多门学科不及格的学生参加课外活动。如果这件事情遇到法律上的问题，法庭就会将这项提议裁判为董事会心照不宣地一致通过的行政决议，这样，董事会就建立了事实上的政策。所以，事实上的政策会造成这样的情况：有的法定政策不一定能在学区政策手册中找到。

良好政策的益处

合理开发学区政策能够给决议制定者提供指导，为受政策影响的人提供信息。这种指导在评价行政人员和其他工作人员是否遵守董事会政策的过程中具有法律意义。例如，一位督导由于不断地忽视董事会关于不准许组织团体使用学校资源的政策而被解雇。政策也是一种信息，这种信息启发人们对学区学校董事会的目标、价值观、信念、优势有新的认识，在这一方面，政策的价值是象征性的（Rebore，1984）。

克莱默（Clemmer，1991）解释说：有效的政策能"节约时间，明确目标，促进统一，分配责任"（p. 12）。相反，拙劣的政策则限制性过强，并会阻止教育专家作出恰当的判断。这种消极的潜在性在学校改革中是最明显的。例如，目前改组学校的努力基于这样一个信念：当变化是基于教师和行政人员确定的学生的真正需要，而不是基于州政策制定者所确定的一般变化的时候，才会有真正意义上的改进（Fullan，2001）。结果，督导和董事会成员就会面临这样一个困难的任务：如何使控制和自由相协调。如果政策控制太少，可能会导致地区间教育机会的不平等，甚至会导致混乱，这是由于各个学校的自由发展方向明显不同；反之，如果政策控制太多，就会阻挠学校的自由发展。

政策声明

一般来说，学校董事会有权在某些领域制定政策，但是政策不能违背宪法，必须与现有法律一致，符合州的法规。由董事会制定的政策决议受四个关键因素的影响：法律，政治和政治行为，价值观，组织和专业知识（见图 7—1）。

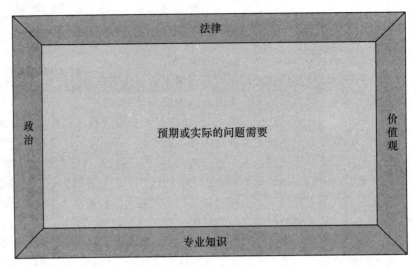

图 7—1　影响学区政策的因素

法律影响

虽然政策没有必要重新解释现有的法律,学校董事会也不能依据政策重新修订法律,但是法律在政策形成中却是基本的因素,特别是对于影响或潜在影响学生或职员的新法规来说更是这样。其中有说服力的例子包括涉及公民权利的法律、为残疾人制定的法律、关于就业机会平等的法律。即使这些法律相对清晰明确,但是对学区来说有必要编纂制作政策声明以确保适应法律。关于更宽泛的法律上的问题,像法庭裁决,也要设置政策限制因素。安德森(Anderson,1990)指出,“公共政策,至少在它积极的形式里面是基于法律的,也是有权威的”(p. 8)。教育中的政策不像为私人公司开发的政策,它具有权威性和强制性。

学校改革使政策制定的法律层面更明显了。在 20 世纪 80 年代的很长时间里,州的立法机关在制定改善学校质量方面的法律中发挥了重要的作用。自从那时起,由于州的法令和地区政策正面临挑战,法律活动的中心就转移到了法庭(Heise,1995)。所以在法庭章程规定下,法令和现存政策可能都需要修订。

政治影响

公共政策在其制定过程中经常受到政治行为的影响。例如,财政收入、权力、参与度、声誉方面的竞争等因素都会影响学校董事会的决议。制定这些重要的决议时,董事会成员能自由使用他们自己的标准,因此他们有可能忽略证据和督导的提议,而全部依赖于情感和政治条件(例如,屈服于公众舆论、组织介入的压力或者是有影响力的他人的判断)。

理论上,董事会成员扮演的角色是为整个组织利益独立服务的理事,这种角色促使他们考虑拥有较少权力的一般公民的需要,尊重和适当考虑少数人的意见。这种角色定位,作为公共精神的意向,是一种导致两种可辨别的利他主义的政治形式:一种是对他人和组织的情感依附(爱);另一种是对一系列原则的理性遵守(责任)(Mansbridge,1994)。随着组织的多样化和政治对学校董事会成员压力的增强，董事会成员作为代表而不是理事的倾向不断增强。例如，在城市学区，董事会通常是有派别的，而且反映主要的经济、伦理、社会、政治和哲学分歧（Björk & Keedy，2001；Kowalski，1995）。

政策开发的主要任务之一是客观而又准确地确定公众的最大利益。督导和董事会成员可以选择性地完成以下四项值得特别关注的任务：

1. 确定冲突紧张的区域。政策制定者要更好地理解分歧，获得竞争性的选举地位。

2. 确定共同的组织利益。政策制定者要能够建立形成政策的一般基础。

3. 确定利益竞争下的有效决策制定程序。政策制定者在制定政策时要具有包容性（Anderson，1990）。

4. 确定组织需要和利益。政策制定者要提出组织真正关切的事情（Glass，1997）。

这些行为限制了政治影响，这种影响通常会导致有利于特定组织利益而不是整个学区利益的政策颁布。

意识形态、制度、个人价值观

早在美国建立之初，政策制定就受到政治方面的影响，这种影响与人们所持有的影响公共教育的价值观紧密相关（Stout，Tallerico，& Scribner，1994）。价值观是基本而持续的理想信念（Razik & Swanson，2001）。从历史来看，教育政策是平等、效率、自由等观念之间持续地相互作用的结果（Guthrie & Reed，1991）。金等（King et al.，2003）确定了其他三种价值观：充分、友爱和经济发展。这三种价值观在过去几十年里受到越来越多的关注。虽然充分这个观念刚刚符合最小的标准（例如，多少教育是足够的），但是，在学校改革的背景下它已经是卓越的了（见图 7—2）。

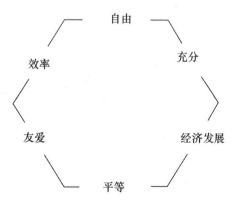

图 7—2　影响教育政策的理想价值观

同时，追求多元社会价值观不可避免地要产生与教育政策相关的紧张冲突。例如，有些州给地区很大的自由来决定税率和教育经费水平，但它们遇到了严重的地区间的公平问题（例如，富裕地区只付出了相当于贫穷地区 1/4 的努力来支持学校，但其经费支出比贫穷地区大得多）。尽管这种紧张冲突是固有的，但是公共法庭和州法庭都不愿意在教育政策中牺牲一种价值观来成就另一种价值观（King et al.，2003）。结果，主要的改革政策就是一个包含多种价值观的综合体。例如，在 20 世纪 60 年代，联邦针对教育的规划强调公平和效率，这样就构成了官僚政治的精英体制。而在 20 世纪 80 年代，改革是以追求卓越（充分）和效能为特点的，这样也构成了官僚政治的精英体制（Sergiovanni et al.，1992）。

同时，在追求多元社会价值观过程中表现出的紧张不仅在全国和州的范围内很明显，在地区中也依然存在。目前，许多督导和董事会成员正在尽力确定一种自由（给予学校、教师和家长自主性）和公平（确保学区有合理的平等教育机会）之间的适度平衡。虽然政策决议中的各种价值观在各州和各地区可能是一致的，但是其中的比例是不同的。例如，城市地区强调公正比自由重要，小的乡村地区则强调自由比公平重要。

组织价值观也可能影响政策，这种价值观是深入组织文化中的关于组织的一般本质观念。在公共教育中，这些价值观被视为专业利益和官僚利益的内在保护机制（Kogan，1975）。例如，教育者可能抵制某一政策，因为这些政策可能减少他们关于布置家庭作业的专业决断。如果学校董事会选择了专业主义的组织价值观，那么它就可能受到反对意见的影响。如果董事会选择了技术效能性和稳定的控制性（真正的官僚主义的特点），那么它就可能不受这种反对意见的影响。换句话说，思想的和组织的价值观都会影响政策决议。组织价值观的强大力量可以通过分散地方权力来协调。即使学校董事会的组织价值观可能倾向于有效性和同一性，但是如果董事会成员面临着具有不同价值观的强大组织，那么董事会在制定政策过程中可能并不情愿接受组织的结论（Kowalski，2003）。

个人价值观与个人的需要相关，它们也能形成教育政策（Anderson，1990）。一位董事会成员公开反对因使用学校的设施而向一些组织收取租费的提议。然而，在收到大量的费用之后，董事会成员认为反对收取这种费用是不正确的；甚至，董事会成员投票反对督导的建议，以此通过对使用者收取费用的政策，这仅仅是因为董事会成员不想被选民认为是优柔寡断的。批评家指出：董事会成员日益将他们的角色视为政治代表而不是真正的理事（Land，2002）。这种模式增加了个人价值观在社会多元价值观中的重要性。

对董事会成员制定政策的行为进行判断并不是一件简单的事，不能简单地说他们是利他主义的还是利己主义的。政策形成与思想、组织和个人价值观的复杂性有关，即使是在利己主义表现很明显的情况下，董事会成员仍视其行为为利他主义的，而督导常低估董事会成员视其行为为利他主义的程度（Mansbridge，1994）。在 20 世纪，研究公共教育改革的学者（Guthrie & Reed，1991）指出：在制定这些重要决议时（例如，清除种族隔离学校，在州学校基金项目中提供更多的平等机会），政策制定者是由思想价值观和利他主义所引导的。

专业影响

我们提出两种基本的影响政策决议的专业因素：由督导提供的教育和行政因素；由董事会的律师或者法律顾问提出的法律因素。督导在制定政策方面的建议应该反映对专业知识的精确分析，也应该反映对环境变数的精确分析（执行政策的条件）。由于我们应该考虑的最大问题是学生的健康和幸福，因此，督导的建议应该基于教育学、教育心理学和学校行政方面的最好的实践。在一些重要地区，督导应该给教育工作者发放许可证的理由是对理论的和基于实践的知识的需求。当然环境分析同样重要，在作出是否支持政策的决定前，我们要分析和解释一些变数，例如，学生的普遍需要、领导策略和类型、学区环境（包括文化环境）、人力和物质资源。当专业的教育者不能为政策制定提出建议时，政策制定者就会在很大程度上依据他们自己的复杂价值观来制定政策。20 世纪 80 年代和 90 年代初，由政治精英颁布的许多改革动议证明了这个结果（Katz，1993）。

制定政策的第二种专业影响是法律指导。一些研究（McKinney & Drake，1994）揭示出学校的律师与政策开发有很大关系。律师的建议可能与董事会制定政策的效力有关，也与法律阐释有关。律师通常通过两种方式提供建议：直接给董事会成员提建议，或者间接地通过督导提建议。后一种方式比较受欢迎，原因有二：第一，它有利于把督导的专业建议和律师的法律建议结合在一起；第二，它鼓励领导团队集体工作，而不鼓励督导和律师之间的竞争。需要督导批准的法律建议在与董事会商讨之前不能改变，如果督导不同意法律建议，他们应该表示反对意见，还要鼓励董事会寻求律师的解释，或者寻求另一种意见。这些意见通常由学校律师提出，甚至由董事会成员提出，最常见的是由督导提出（Painter，1998）。

研究显示，文学作品中提出的理想律师角色通常与督导提出的事实上的律师角色之间存在行为上的不一致（Haberl & Zirkel，2001）。督导和董事会律师之间的摩擦会导致严重的冲突和董事会成员的困惑。当督导相信律师试图影响他们专业之外的政策，或者律师和督导没有形成积极的关系时，这种消极的情形就很可能发生。宾夕法尼亚州的一项研究（Haberl & Zirkel，2001）指出：大部分学区没有对学校律师角色进行界定的正规政策；然而，正规政策的缺失并不能决定学校律师是否与督导有良好的工作关系。我们不能把这种发现理解成政策是不必要的，恰恰相反，它阐明了律师和督导之间关系的重要本质。因此，学校董事会应该使督导参与学校律师的聘用，他们期望学校律师成为领导团队的一部分，而不是独立于董事会之外的专家（Thune，1997）。

并不是所有的董事会成员都认为他们需要专家的建议，虽然专家在政策制定方面优于他们（McCurdy，1992）。一些董事会成员指出，制定政策是他们的权限，他们认为由专家参与政策制定的安排减少了他们代表民主的意向，这种担心也表明了专家和民主之间内在的紧张关系（Kowalski，2003）。理想地看，督导应该理解和接受他们必须在一定的政治背景中应用自己的专业知识（Wirt & Kirst，2001）。董事会成员应该理解和接受这样的事实：他们必须一直关注政策制定中的专业和政治因素。在健康的环境中，督导和董事会成员要互相信任，互相尊重彼此的角色和责任（McCurdy，1992）。当这种理想关系存在时，董事会成员会将专业引导、价值观和政治现实恰当地结合在一起。督导和董事会成员也会把学生的利益放在首位。

政策规划

所有学区中的政策开发都具有多样性。虽然有些督导严格遵循从评价需要到预测效果的详细程序，然而，其他的一些督导只有在需要时才制定临时的政策。同样，政策开发的程度在各学区中也是不均衡的，其中的一个原因可能与缺少同一性有关，如过去的实践活动、地区的范围大小、起诉的经历。然而，董事会成员总会提到一些确定的不利因素。通过一个关于董事会成员的全国性研究，我们发现存在以下不利因素：缺少时间，缺少员工，行政领导关系不良，害怕政策制定受限制，缺乏与工作有关的知识，缺乏领导或每届董事会成员缺乏连续性，缺乏顾问和信息（First，1992）。

政策声明决议关注开发新的政策，修订和废除已有政策，并对政策予以解释和执行。表7—1为每一个行动类型提供了相应的例子。如果在第三类别中一再发生问题，就表明政策需要改变。另外，形成和使用学区政策有五个步骤：提出/确定问题、规划政策、采纳政策、执行政策和评价政策（Portney，1986）。

表 7—1　　　　　　　　　　　政策动议的范例

行动类型	例子
新政策声明的开发	学区正面临着这样的问题：要求把学生安排在不断增加的班级中；过去的政策是由校长和教师单独制定的；潜在的诉讼导致督导提出的政策能确保执行的同一性
现存政策声明的修订	学区政策准许组织租用校车；保险审计产生了关于学区政策执行责任的问题；修订目前政策以适应保险问题
政策声明的废除	学区决定废除关于学生行为的政策，因为法庭裁决开始怀疑政策的法律地位
政策阐述和执行	学区有关于学生俱乐部的政策；新的督导对政策的解释与高级督导的解释不同；校长不同意新的督导的解释，要求学校董事会确定过去的或者当前的解释是否正确

提出问题

学区政策应该基于现存的和潜在的问题。理想上来看，问题应通过计划、有目的的活动（例如民意调查或需求评价研究）来确定。遗憾的是，一些督导不能预测问题，只是等待问题自己出现，比如在危机或紧急情况出现时才发现问题。确定问题在政策开发过程中可能是最困难、最复杂的步骤了，因为它揭示了督导在公共事务中发现了什么，怎样思考和讨论这些问题（Rochefort & Cobb，1994）。个人偏见、哲学倾向、情感和政治因素通常在确定问题本质和合法性中起着一些作用，但是从理想上来看，这些影响是客观存在的。假设一个学区的失学率是12％，一些督导认为这是无法接受的，但是其他督导认为这个统计是准确的，因为这个州的平均失学率是19％。

督导要准确而又客观地确定问题，因为他所采取的政策必然要接受政治评论。罗切福特和科布（Rochefort & Cobb，1994）指出，陈述问题要服务于四项功能：解释、描述、选择和说服。虽然它优于向董事会的大多数人申诉的方式，但是，当大多数人事实上是不准确的时候，通过政策声明提出的政策方案就会失败（Dery，1984）。假设一些督导能够解决中学考试成绩不高的问题，但是，很多不直接与学校联系的纳税人会把这个问题归结为学校纪律松散。虽然督导不同意这种看法，但是由于政治原因他们不愿意表达他们确信的想法——社会条件（如贫困和缺乏家长支持）是真正的问题。陈述问题以平息大多数人的抱怨会导致制定的政策加剧考试成绩下降。

增强督导确定问题的客观性的一种方式是让其他人加入到确定问题的过程中

来。参与者应该掌握制定决议的交流方法，也就是说，他们要陈述意见，还得准许他们测评自己的认知力和信念（St. John & Clemens，2004）有相互交叉的认知能够提供选择的机会。我们考虑一个督导试图少开除学生的学区。在该学区，教师可能促使督导提供一个可供选择的高等学校，而纳税人可能促使督导选择成本较低的方式，如建立学校的留级制度等。督导可以通过几种不同的方式提出问题，以至于能够更好地确定解决方案和每个人的支持程度（Cochran et al.，1986）。

问题一旦提出，督导就能够拟订一系列的解决方案，然后分析测试这些方案。库珀、富萨罗里和兰德尔（Cooper，Fusarell，& Randall，2004）确定了四种重要的政策实施方案：

- 标准维度。这种政策对于主要的学区居民来说应该是清晰且可接受的。今天在大多数学区，这种想法似乎是遥不可及的；政治倾向不同的学区督导经常寻求充足而不是完全的支持。
- 结构维度。提出的问题必须是可解决的，提出的政策应该提供最多的理性解决方案。
- 组织维度。如果有压力和支持上的战略平衡，就可能成功地实施提出的政策。压力是为了证明政策的需要，支持是政策实施的基础。
- 技术维度。学区要有必要的人力和物力资源以确保提出的政策成功实施。

采纳政策

一旦督导考虑到政策维度，他们就能草拟出政策声明，并且使用下面的标准来评价这种政策。

- 全面性——政策声明对于交流目的和基本原理具有充分的启发意义。
- 灵活性——政策声明允许复查和修正；它很容易被修改（Clemmer，1991）。
- 明晰性——政策声明能够很清晰地引导决议制定者，并且告知可能受影响的人；它在解释与执行过程中有很高的可靠性（Conran，1989）。
- 简洁性——政策声明包括基础的信息，同时具有说明性或者描述性。
- 稳定性——政策声明不会因人员的变化而削弱其有效性（Rebore，1984）。

一旦政策声明被学校董事会正式批准通过，督导必须告知所有相关公众。在一定程度上，人们是通过媒体（包括学校董事会会议）被告知的，然而，这种信息具有一般性、模糊性。因此，督导应该为所有感兴趣的派别和受到影响的派别提供交流的机会，以便明确政策声明的具体内容、政策目的和涉及政策实施的相关信息。

评价政策

评价是学区政策中最容易忽略的方面。多数情况下，学校董事会采用政策声明的形式制定政策，然后基本不做改变地将其搁置，除非出现了重大危机。应该在新政策被采用的一年之内对它们进行评价，在证明政策有效之后，依据政策的性质和它使用的频率，评价的频率可以减少到每两三年一次。评价应该关注政策声明的有效性和程序实施的有效性，这两个方面的评价过程都应该服务于形成性的和总结性的功能（见图 7—3）。政策声明的有效性关注的是政策的改进，它是由以下问题构成的：怎样改进政策声明的措辞？怎样改进程序的实施过程？程序实施的有效性关注的是作出与规定目标相关的判断，它是由以下问题构成的：政策声明是否达成目标？实施程序是否能确保政策声明被恰当地执行？

功能

	影响评估	效率评估
政策声明	目的：提高政策声明的水平	目的：判断政策声明的效率
政策实施	目的：增强政策实施效果	目的：判断政策实施效果

（左侧竖排：范围）

图 7—3　学区政策评价的维度

除非政策声明的目的是明确和有效的，否则督导就不能恰当地评价政策（Cooper et al.，2004）。政策经常由于现实的或潜在的问题而得到发展，因此，政策目标应该是消除、避免或者减少问题的影响。例如，学校董事会采取了一项政策，就是要求公共组织为使用学校的设施开会而付费。这个政策可能有几个不同的目标，例如补偿使用费，减少团体对学校设施的使用，或者增加地区税收。只有当真实目的明确时，准确而有效的评价才能成为可能。

有效的评价也要求把行政行为与报告分开。政策可能由于措辞的不恰当而不能达到目的，也可能由于实施的决定存在问题或者不连续而失效，甚至表达最好的政策声明的有效性也有可能被拙劣的行政程序破坏。因此，目的和过程需要单独检测。假设董事会为补偿增加的活动费用而收取设施使用费，政策声明要求督导每年汇报每个学校关于保险费用、保管费用和效用费用的清单。在政策执行第一年之后，学区的商业部经理核算出，使用费仅仅占了整个学区费用的约50%。只有督导与实施分离，督导才可能判断出政策声明是否效用不足，问题是否是由低估使用费而造成的（一个实施问题）。

政策管理

政策的有效性是由政策声明的质量（明确性、相关性和灵活性等）和政策实施的水平决定的。学区督导的责任是服从政策，在这种情况下，督导有两个基本的义务：开发和维护学区政策手册；制定遵守政策手册的法规和条例。

学区政策手册

董事会的政策应该集中编纂在一个册子上，我们通常称之为政策手册。为了达到制定政策手册目的我们通常使用以下两个编纂系统：戴维斯－布瑞克（Davis-Brickell）系统和全国学校董事会联盟的教育政策网络（Norton，Webb，Dlugosh，& Sybouts，1996）。编纂涉及收集、编序和索引，以使政策能够被选取和参考（Clemmer，1991）。格拉斯（Glass，1992）对理想的政策手册进行了描述，他写道："政策手册是一个充满生机的文件，它能够为学区的管理提供主要的引导，因此，它也是管理人员、董事会成员、教师和其他人员遵循的标准"（p.237）。

由于董事会政策服务于决议制定，所以每个学校员工都应该把政策手册作为参考，家长、学生和一般公众也应该了解这个文件。一般来说，学校员工可以通过学校图书馆、校长办公室和教员办公室了解政策手册；公民可以通过公共图书馆、学区政策办公室和社区中心了解它。为了确保手册的准确性，督导应该及时对它进行修订，因为政策是不断增加、废止和更改的。另外，督导还要对政策手册进行年度审查，以便确定手册内容是否完整、准确（Conran，1989）。开发和运用政策手册可能浪费工作时间，所以很多督导宁愿保留顾问一职来发挥这些功能。然而，对于怎样维护政策手册的实效性并没有统一的标准。例如，有些督导在政策手册做完之后就不再对其进行修订和更新，从而使这个文件失去了意义（Jones，1995）。

行政规章

政策和规章之间的区别在法律和定义上都是模糊的，从法律的角度看，规章经常用来描述由公共部门、党政机关或者办公署颁布的非宪法、非法令的规则（Imber & Van Geel，1993）。诺顿等人（Norton et al.，1996）把政策描述为立法性质的，具有目标指向性；他们把规章描述为行政性质的，关注怎样执行政策。在各个学区，规章制度通常是指与政策开发报告有关的行政指令，并不要求董事会正式批准通过，但是，有时学校董事会为确保规章制度的合法性也会对其进行正式的批准通过。例如，督导会例行公事地要求学校董事会在每学年伊始批准每个学校的学生手册。

董事会政策和行政规章能够轻易地被融合而不能分开，例如，督导可能在没有区分政策手册目标与官方董事会政策手册目标的情况下增加政策手册的规章制度。规章是政策的拓展和延伸，它们作为政策簿的一部分可以避免被误解，把它们放到政策手册中可能有很大的优越性。

决议制定者在规章和政策的表述方式上存在一定程度的自由。这是在设计或者批准相关报告时督导们应该承认的一个重要因素。在这种情况下，规章可能分为以下几种类别：

● 强制性规章确定一个需要采取行政行为的问题，但并不准许决议制定者任意行使权力。它们倾向于确保绝对的统一，强调遵循指定的行为，而不鼓励专业判断。零容忍政策和规章属于这种类型。例如，校长可能制定这样的规章制度：在学校教学楼里抽烟的学生，一旦被抓住，停课三天。

● 指向性规章确定一个需要采取行政行为的问题，准许决议制定者有一定限度的权力。它们促进统一但承认在具体情况下的变化，也考虑专业判断。例如，校长可能制定以下规章制度：在学校教学楼里抽烟的学生，一旦被抓住，通常情况下停课三天，但是在情有可原的情况下，可以减轻或者加重惩罚力度。当然，这种惩罚必须通过董事会的批准。

● 自由散漫性规章确定一个需要采取行政行为的问题，给予决议制定者足够的权力。目的是把重点放在情况的变化和决议制定者的专业判断上。例如，校长可能制定这样的规章制度：在学校教学楼里抽烟的学生，一旦被抓住，将会由校长根据适用的情况加以惩罚。

● 剥夺式规章确定一个需要采取行政行为的问题，给予决议制定者绝对的权力来处理这个问题。目的是准许管理者完全根据他们自己的决定和专业判断来辨别情况的变化。例如，校长可能制定这样的规章制度：董事会政策禁止在学校教学楼内的任何地方抽烟，校长可采取必要的行政手段（Clemmer，1991）。

公共教育中增加法律干预的趋势已经限制了管理者强加法规和规章的权限，这种趋势在学生纪律中体现得很明显。在 20 世纪 60 年代，督导和校长通常有相当大的权力来制定行为规范，并且执行这些规范；但是现在，管理人员的权力在很大程度上受到限制，他们只能实施有利于促进合法教育目标的规章制度（Imber，2002）。例如，《枪支自由法案》（Gun-Free）第 103～382 条要求地方学区对枪支采取零容忍政策，否则就会面临丧失《中小学教育法》中规定的相关权力的局面。在联邦法律颁布几个月后，各州颁布了补充法案：要求对持有枪支的学生最少处以休学一年的惩罚（Pipho，1998）。虽然管理者向公众介绍了规章制度的本质，但是他们很少解释制定规章制度的根本原因。当法律要求制定规章制度时，或者当规章制度适用于学生纪律时，原因解释是特别重要的（Shore，1998）。

展望未来

虽然人们继续接纳董事会最基本的功能——政策制定，但是人们很少关注学区政策对学生学习的影响（Land，2002），这也正是管理主体角色产生问题的一个原因。批评家们指责道，董事会在政治方面和非教育的事件中花费了太多的时间，也在很大程度上忽视了与教育问题有关的重要政策（Danzberger，Kirst，& Usdan，1992）。事实上，几个州的研究（Hange & Leary，1991；Van Alfen & Schmidt，1996—1997）已经表明，董事会仅仅用了正式会议的一小部分时间来处理政策问题。改革家们担心，如果不加强教育和课程政策的设定、实施和评价，学区和学校的改革效果将会被削弱。

改进学校董事会功能的一个办法就是把学校董事会变成教育政策董事会（Danzberger et al.，1992）。这种变化要求减少各州对教育政策的干预，使地方学区官员有更大的权力来决定教什么和怎样教。重组之后，教育政策董事会将会放弃其类似于司法和信托的责任，而集中于为教育项目指明目标和方向（Danzberger et al.，1992）。许多纳税人可能反对董事会在金融和管理的问题上不应该花费太多时间的建议，因为他们认为这样会使权力从董事会转向职业管理人员。然而，董事会应该在教育问题上花费更多的时间这种想法则较少有争议。全国学校董事会协会在 1992 年发布的一个报告中确定了董事会的四种功能：（1）对组织的未来教育项目进行展望；（2）建立协作性的组织结构和组织环境；（3）确保评价系统的正常运转以增强责任感；（4）担任最优秀孩子的拥护者（Fisher & Shannon，1992）。当这些功能作为正常的标准被广泛接受时，批评家们辩驳说：董事会成员选择花时间管理学区，却并没有将这些功能涵盖进去。

另一个办法是解散学校董事会。赞成这个观点的人（Chubb & Moe，1990；Whitson，1998）认为目前的管理系统是无效的，公立学校类似于永久的垄断部门。有人对解散学校董事会的建议提出了三种方案：第一种方案适用于学生家长的选择，它断言由州提供的保证应该在州政府的一般权限范围内独立行使权力。这个策略根植于这样的假设：市场压力可能迫使学校改善或者关闭。第二种方案与第一种完全相反，它准许更大的政府部门接管公共教育。例如，一个城市学校系统变成这个城市政府的一部分，由市长管辖。这个策略根植于这样的假设：政府服务部门的更大的联合将会是有益的。第三种方案与第二种方案相似，它建议加强公立学校与为学龄儿童提供服务的政府机构之间的联系。这个提议根植于这样的假设：学生能够得到更好的服务，行政费用能够在政府联合机构的控制下使用（Land，2002）。

目前的政治形势表明，改变学校董事会的角色和解散学校董事会都是不可能的，但是循序渐进的改变倒是可以做到。目前各州制定的规定董事会教育目标的制度和为实现这些目标而使各地方学区官员保持责任感的制度产生了三种明显的影响：第一，学校董事会（和督导）必须更关注课程和教学；第二，他们必须在重要功能方面（如预见和计划）更深入、广泛地参与到员工和组织成员中去；第三，他们必须更多地直接关注学区学生的真实需要。总之，这些所能展望到的前景使学校董事会在专业知识和督导经验方面更加独立（Kowalski，2001）。

反　思

在这一章，我们研究了政策的含义以及在学区标准上的政策开发、实施和评价。在学区官员为学校改革承担更大责任的政治环境中，政策任务会变得越来越重要。例如，人们越来越期望督导能够提供基于教育学知识的专业领导和有效的行政实践。

结合本章内容，思考以下问题：

1. 制定地方学区政策的目的有哪些？
2. 学区政策与州法律政策之间有什么关系？
3. 在地方学区中，思想价值观、组织价值观和个人价值观是怎样影响政策决议的？
4. 学校董事会政策手册和行政规章之间的基本差异是什么？
5. 什么是政策手册？
6. 什么是与政策有关的法规汇编？
7. 谁应该掌握学区政策手册？怎样才能提供学区政策手册？
8. 从法律的角度来看，实际的政策是什么？
9. 造成各个学区问题形成不一致的原因是什么？这些不同是怎样影响政策开发的？
10. 为了满足各个学校的真正需要，很多州已经把学校改革的重点转移到地方学区上来。这种趋势是怎样影响专业教育者——学区督导的？

案例研习

比尔·戴维斯（Bill Davis）在去年 7 月成为布法罗学区的督导，在此以前，他在另一个学区做了 12 年的中学校长。直到前任督导被解雇他才接受了这个有 1 350 名学生的乡村学区的督导职务。他在 47 岁时接受这个职务是想挑战一下自己。虽然布法罗区在过去 9 年里已经换过 3 位督导，但是戴维斯认为他能和董事会成员、管理人员有效地合作。接受采访时他会见了所有的董事会成员、管理人员，所以他认为自己是会受到支持的。

在任职之前，戴维斯和董事会成员从来没有讨论过董事会政策。戴维斯认为这个学区有政策手册，所以他打算一上任就对它作出评价。然而，他的想法是错误的，这个学区根本没有政策手册，他发现以前的督导和董事会成员把学校董事会的会议记录当作政策手册的官方记录。戴维斯认为这是不稳定的,所以他敦促董事会主席支持政策手册的制作。他解释说,政策手册能够提供以下基本服务:将董事会决议告知行政人员和员工;提供汇编时的参考文献,以方便人们更快捷地了解政策手册;提供政策评价的框架。

威廉斯先生(Mr. Williams)并没有否决督导的任何建议,这表明他觉得制作政策手册是一个好主意。在接下来的董事会会议上,戴维斯督导提议:学区在开发政策手册时应听取法律顾问的建议;学区的花费应大约保持在 9 000 美元。5 位董事会成员都对这个提议投了赞成票。

法律顾问检查了董事会过去 12 年的会议记录,然后约见了戴维斯督导,最后确定了几个没有颁布政策的地区,其中有的地区没有关于使用学校教学楼和校车的政策。法律顾问总共列出了 15 个地区存在政策漏洞,并且建议尽快在这些地区实施政策。

戴维斯督导将法律顾问的提议告知了威廉斯先生,并且表示他同意这些提议。然而,对于这个提议,董事会主席很吃惊:"你确定我们这些地区需要这些政策吗?在这些地区我们并没有任何问题,为什么我们要胡乱地修补呢?"督导回答道:"这些地区有潜在的问题,政策手册能够减少这些地区的危险。"威廉斯先生说他会和学校的律师马德琳·麦克杜格尔(Madeline McDougal)讨论这个问题。

麦克杜格尔女士阅读了顾问的提议,然后告诉董事会主席说,制定政策手册比使用法律更明智。很明显,董事会有制定这些地区政策的权力,但是她认为这样做是不必要的。她指出,在许多确定的领域,董事会要么从不采取什么行动,要么这些行动仅是建立在具体情况具体分析的基础上,例如校车租用金问题。这些要求逐个被审批,董事会会通过一些建议,也会否定一些建议。麦克杜格尔女士警告威廉斯先生,政策有可能影响董事会在这些问题上的判断力,甚至在一些问题上更为明显,例如,决定收取校车租用金的权力可能从董事会转移到督导手中。

威廉斯先生把律师的建议传达给戴维斯督导。督导指出,律师是在推测他的目标,即她正在思考督导为什么想要开发这些政策。为了应对这一情况,戴维斯表示,希望董事会推迟对顾问的提议作出决定直到他规划出 15 个地区的政策手册。威廉斯先生回答说:"为什么应该由你来制定政策手册?制定政策手册是董事会的责任。我们过去的两个督导曾抱怨董事会成员介入行政。但如果由你制定政策手册,为什么你要介入我们的领域?"

戴维斯回答道:"不,我没有介入你们的领域。我的责任是提出关于政策的所有建议,你有权力通过或者否决我的建议。"

威廉斯先生指出,这个问题需要在下一次董事会召开之前与全体董事会成员进行一次秘密讨论。威廉斯先生在总结了这种情形,特别是强调了麦克杜格尔女士的评价后又征求了其他董事会成员的建议,结果没有人热衷于这样做。然后,威廉斯先生对戴维斯说:"很明显我们没有必要遵照你的建议,但是如我们不这样做,又可能会产生消极的后果。第一,如果董事会拒绝你的建议,你肯定会不满意。第二,如果董事会遵循你的建议,公众会认为我们是人云亦云的人。我的建议是我们不应该确定一些不易改变的事情。"

"那我们现在应该怎么办?"戴维斯问道。

威廉斯先生立即回答道:"戴维斯先生,我们不需要这些新政策,即使我们需要，开发政策也是董事会的责任。大多数地区的顾问在教学方面并没有做什么事情。我知道，如果我们制定关于教学方面的政策，你的建议是重要的。但是，坦率地说，当制定关于学校教学楼和校车的政策时，董事会做的比你做的要好得多。我们希望你能够胜任，并且长时间地做我们的督导，因此不要因为走错了路而被解雇。"

有两位董事会成员指出，他们同意威廉斯先生的想法；剩下的两位董事会成员说，他们觉得督导应该制定如戴维斯所提出的政策决议。这四位董事会成员的看法也是有分歧的，分歧在于，他们是否应该遵循顾问的建议，是否在 15 个地区中采用政策手册。

案例讨论

1. 在评价督导提出的学校董事会在 15 个地区采用政策手册的建议时，你支持督导还是学校董事会主席？

2. 戴维斯督导应该为案例中讨论的可能导致的问题负何种程度的责任？

3. 威廉斯先生宣称，督导不应该介入政策制定。他是正确的吗？请说出你的理由。

4. 戴维斯督导在是否应该介入政策制定上作出了他的选择。如果你是他，你会选择哪一个？

5. 董事会成员在政策手册开发的问题上产生了分歧。这个问题的产生与督导的决议有何关系？

6. 如果一个学校董事会完全依据州的法律法规行事，哪些政策会被忽略？

7. 制定政策手册的目的是什么？

8. 谁应该了解政策手册？

参考文献

Anderson, J. E. (1990). *Public policymaking: An introduction*. Boston: Houghton Mifflin.

Bauman, P. C. (1996). *Governing education: Public sector reform or privatization*. Boston: Allyn & Bacon.

Björk, L. G., & Keedy, J. L. (2001). Politics and the superintendency in the U. S. A.: Restructuring in-service education. *Journal of In-service Education*, 27 (2), 275−302.

Björk, L. G., & Keedy, J. L. (2002). Decentralization and school council empowerment in Kentucky: Implications for community relations. *Journal of School Public Relations*, 23 (1), 30−44.

Chubb, J. E., & Moe, T. M. (1990). *Politics, markets, and America's schools*. Washington, DC: Brookings Institute.

Clemmer, E. F. (1991). *The school policy handbook*. Boston: Allyn & Bacon.

Cochran, C. E., Mayer, L. C., Carr, T. R., & Cayer, N. J. (1986). *American public policy* (2nd ed.). New York: St. Martin's Press.

Conran, P. C. (1989). *School superintendent's complete handbook*. Englewood

Cliffs NJ: Prentice Hall.

Cooper, B. S., Fusarelli, L. D., & Randall, E. V. (2004). *Better policies, better schools: Theories and applications*. Boston: Allyn & Bacon.

Danzberger, J. P., Kirst, M. W., & Usdan, M. D. (1992). *Governing public schools: New times new requirements*. Washington, DC: Institute for Educational Leadership.

Dery, D. (1984). *Problem definition in policy analysis*. Lawrence: University of Kansas Press.

First, P. F. (1992). *Educational policy for school administrators*. Boston: Allyn & Bacon.

Fisher, E. H., & Shannon, T. A. (1992). Some good ideas despite pernicious and unsubstantiated negativism. *Phi Delta Kappan*, 74 (3), 230-231.

Fowler, F. C. (2000). *Policy studies for educational leaders*. Upper Saddle River, NJ: Merrill, Prentice Hall.

Fullan, M. (2001). *The new meaning of educational change* (3rd ed.). New York: Teachers College Press.

Glass, T. E. (1992). The district policy manual. In P. First (Ed.), *Educational policy for school administrators* (pp. 234-238). Boston: Allyn & Bacon.

Glass, T. E. (1997). Using school district public opinion surveys to gauge and obtain public support. *School Community Journal*, 7 (1), 101-116.

Guthrie, J. W., & Reed, J. R. (1991). *Educational administration and policy: Effective leadership for American education* (2nd ed.). Boston: Allyn & Bacon.

Haberl, W. E., & Zirkel, P. A. (2001). The working relationship of the attorney with the superintendent and the school board in Pennsylvania: Recommended versus actual practice. *Catalyst for Change*, 30 (3), 20-27.

Hange, J. E., & Leary, P. A. (1991, November). *The leadership function of school boards: West Virginia data*. Paper presented at the Annual Meeting of the Southern Regional Council for Educational Administration, Auburn, Alabama.

Heise, M. (1995). The courts vs. educational standards. *Public Interest*, 120, 55-63.

Imber, M. (2002). Rules for rules. *The American School Board Journal*, 189 (9), 67-68.

Imber, M., & Van Geel, T. (1993). *Education law*. New York: McGraw-Hill.

Jones, R. (1995). Manual labor: Keeping school board policies current. *The American School Board Journal*, 182 (12), 21-24.

Katz, L. G. (1993). *Trends and issues in the dissemination of child development and early education knowledge*. East Lansing, MI: National Center for Research on Teacher Learning. (ERIC Document Reproduction Service No. ED360102)

King, R. A., Swanson, A. D., & Sweetland, S. R. (2003). *School finance: Achieving high standards with equity and efficiency* (3rd ed.). Boston: Allyn &

Bacon.

Kogan, M. (1975). *Educational policy-making*. Hamden, CT: Linnet Books.

Kowalski, T. J. (1995). *Keepers of the flame: Contemporary urban superintendents*. Thousand Oaks, CA: Corwin.

Kowalski, T. J. (2001). The future of local district governance: Implications for board members and superintendents. In C. Brunner & L. Björk (Eds.), *The new superintendency: Advances in research and theories of school management and educational policy*. Stamford, CT: JAI.

Kowalski, T. J. (2003). *Contemporary school administration: An introduction* (2nd ed.). Boston: Allyn & Bacon.

Land, D. (2002). Local school boards under review: Their role and effectiveness in relation to students' academic achievement. *Review of Educational Research*, 72 (2), 229−278.

Mansbridge, J. (1994). Public spirit in political systems. In H. Aaron, T. Mann, & T. Taylor (Eds.), *Values and public policy* (pp. 146−172). Washington, DC: Brookings Institute.

McCurdy, J. (1992). *Building better board-administrator relations*. Alexandria, VA: American Association of School Administrators.

McKinney, J. R., & Drake, T. L. (1994). The school attorney and local educational policymaking. *West's Education Law Reporter*, 93, 471−480.

Norton, M. S., Webb, L. D., Dlugosh, L. L., & Sybouts, W. (1996). *The school superintendency: New responsibilities, new leaders*. Boston: Allyn & Bacon.

Painter, S. R. (1998). School district employment practices regarding school attorneys. *Journal of Law & Education*, 27 (1), 73−87.

Pipho, C. (1998). Living with zero tolerance. *Phi Delta Kappan*, 79 (10), 725−726.

Pormey, K. E. (1986). *Approaching public policy analysis*. Englewood Cliffs, NJ: Prentice Hall.

Razik, T. A, & Swanson, A. D. (2001). *Fundamental concepts of educational leadership* (2nd ed.). Upper Saddle River, NJ: Merrill, Prentice Hall.

Rebore, R. W. (1984). *A handbook for school board members*. Englewood Cliffs, NJ: Prentice Hall.

Rochefort, D. A., & Cobb, R. W. (1994). Problem definition: An emerging perspective. In D. A. Rochefort & R. W Cobb (Eds.), *The politics of problem definition* (pp. 1−31). Lawrence: University Press of Kansas.

Sergiovanni, T., Burlingame, M., Coombs, F., & Thurston, P. (1992). *Educational governance and administration* (3rd ed.). Boston: Allyn & Bacon.

St. John, E., & Clemens, M. M. (2004). Public opinions and political contexts. In T. J. Kowalski (Ed.), *Public relations in schools* (3rd ed., pp. 47−67). Upper Saddle River, NJ: Merrill, Prentice Hall.

Shore, R. M. (1998). Personalizing the school environment. *Thrust for Educa-*

tional Leadership, 28 (1), 30-31.

Stout, R. T., Tallerico, M., & Scribner, J. P. (1994). Values: The "what?" of the politics of education. *Journal of Education Policy*, 9 (5-6), 5-20.

Thune, G. R. (1997). Was that a red flag? *The School Administrator*, 54 (11), 12-15.

Van Alfen, C., & Schmidt, S. M. (1996-1997). Leadership and rural school boards: Utah data. *Rural Educator*, 18 (2), 1-4.

Whitson, A. (1998). Are local boards obsolete? *Childhood Education*, 74, 172-173.

Wirt, F. M., & Kirst, M. W. (2001). *The political dynamics of American education* (2nd ed.). Berkeley, CA: McCutchan.

第 3 编

督导的领导职责与管理职责

第**8**章

学区领导

　　在 20 世纪的最后 20 年里，公众普遍关注公共教育的状况，于是政府全力以赴进行改革。国家委员会和特别工作组在一份报告中指出了学校教育的目的和现状，对学生在校表现情况寄予很高期望，同时对一些管理学校的传统做法表示质疑（Björk，2001）。政府对学习的关注以及公众越来越高的参与决策、政策制定的呼声，都提高了人们对督导重塑学校的领导能力的期望（Odden，1995）。过去大部分督导为了提高效率，会关注怎样获得组织管理方面的知识。但是，在 20 世纪80—90 年代，这些督导认识到了如何提升教学水平、建立多样性的管理模式和分配领导权这些知识的必要性。在一个民主社会中，获得对事物原因探究的知识是教育基本目标的重要组成部分，同时这些知识也能确保社会和组织制度上的公正。至于如何去达到这些目标，则需要在日常与人合作中具有政治上的敏锐性和人际关系上的一些技巧（Björk，Lindle，& Van Meter，1999）。鉴于学区管理领域的开放性，督导为了实现目标，不得不广泛获取一些关于学校和学区方面的理论知识和实践知识。本章主要探究以下几方面问题：（1）领导的角色期待；（2）领导功能；（3）教学领导；（4）关于领导的一些主要观点。

对领导的理解

　　人们对"领导"一词的定义多种多样，以至于对其角色认识与定位也没有得到统一。对于一些混淆"行政"和"管理"这两个术语的人来说，上述现象更给他们带来了一些问题。下面三个论题对恰当地理解"领导"一词颇具价值：一是领导与管理的区别；二是领导策略与风格的区别；三是领导行为的决定因素。

领导与管理

　　亚里士多德区分了做好事情所必需的知识与做出正确选择所必需的

141

差别。在很大程度上，前者是理性的和专业的，而后者则更加实际，在价值观和理念上根深蒂固。长期以来，学校行政职能部门非常关注专业知识，很大程度上是因为现实实践需要督导关注管理工作。许多专门人士一直认为管理和领导是同义词，直到20世纪70年代末，一些专家学者才开始区分这些职能角色的不同（Bass，1985；Bennis & Nanus，1985；Burns，1978；Rost，1991）。一系列的调查促使了模式的转型，从工业化的管理模式转换到了后工业化的领导模式。例如，南斯（Nanus，1989）写道："管理者是指正确地处理事情的人，而领导者是指做出正确事情的人"（p. 27）。伯恩斯（Burns）在1978年的一部具有深远意义的著作中关注了交互观和转换行为，促进了人们对行政的更精确理解（Gronn，2000）。依据伯恩斯的观点，持交互观的管理者认为人们主要是被自我利益所驱使，因此他们在奖励或惩罚的驱使下做自己被要求做的事。雅克（Jaques，1989）把交互式行政描述为管理。相比之下，转换式管理则关注在达成共同目标的过程中人们之间的协作（Bass，1985）。人们普遍把这种行为与领导联系起来（Kowalski，2003）。

罗斯特（Rost，1991）同样把管理和领导视作不同的职能。管理被描述为一种"存在于经理和下属之间的权力关系，经理和下属共同协作，为的是生产和销售特定的产品和服务"（p. 145）。主管人员跟雇员之间的关系是不对等的，主管人员掌管着发放薪酬的权力，还能用胁迫的方法惩罚作出不守规矩行为的工人。换句话说，这种关系"对于命令方来说主要是自上而下的，而对于回应方来说则是自下而上的"（Rost，1991，p. 147）。管理存在于专制或民主的组织中。管理也是组织存在的理由之一（如提高组织效率的需要、协作活动的需要和达到目标的需要）。相比之下，罗斯特（Rost，1991）把领导定义为"在追求共同目标的领导者和追随者之间存在的一种具有影响力的关系"（p. 162）。这种转换式观点的提出是基于管理者和雇员之间的对等关系，也就是说，双方都能自由沟通，并从交互作用中受益（Kowalski，2003）。

本尼斯和南斯（Bennis & Nanus，1985）认为转换式行为"从道义上来说是有意义且崇高的"（p. 218），强调了在管理者的实践中吸收道义标准的重要性。有崇高理想的领导试图通过"在追求高层次目标的过程中激发更高的理想和价值观来影响他人，例如自由、公正、平等、和平和人道主义"（Yukl，1989，p. 210）。这些理想和价值观给予别人充分的自主权去改进工作，通过反馈来提高他们的专业技能，转变他们的社会观念、所有权观念和忠诚观念（Bennis，1984；Burns，1978）。领导转型可能发生在个人层面上（例如两个人之间的交换），也可能发生在组织层面上（例如文化的变迁）（Yukl，2002）。在学区层面上，持转型观的管理者会在一个学校或一个区域内"通过重视凝聚组织的理想以及奉行关于职责的规范而建立一个专业性的团体"（Power，1993，p. 159）。

总之，管理的功能主要是关注如何去处理事情，领导则主要关注选择做什么。行政是一个含义宽泛的词，它包含以上两者（Kowalski，2003）。在当代实践中，对于督导来说，管理和领导都是必不可少的。尽管这样，在社会变迁的环境中领导还是占有重要地位，在学校改革中也是必不可少的。

领导策略与风格

督导的领导策略与风格受到多重因素的影响，包括角色期望、个人需求和工作背景。正如在第 2 章中所提到的，督导具有五种不同的角色特征。尽管在学区内，每个角色特征的重要性依社会潮流和条件的不同而变化（Sergiovanni，Burlingame，Coombs，& Thurston，1992），但它们都与实践密切相关（Brunner，Grogan，& Björk，2002；Callahan，1966；Kowalski，in press）。除了组织角色之外，督导的行为还受到个人性格的影响。格策尔斯和格布阿（Getzels & Guba，1957）指出，决定上述行为的因素是与社会学和心理学相关的。总之，行为通常被描述为组织期望和个人性格交互作用的产物。

领导策略指的是组织业已形成的长期的综合的社会化的领导行为（Bassett，1970）——组织文化和管理方式通过此正式的或非正式的过程传输给每个新成员（Etzioni，1969；Van Maanen & Schein，1979）。在学校改革的背景下，策略与社会化过程的关系变得很令人信服，这是因为它有助于我们理解为什么督导和大学校长常常不愿意成为变革者。从历史角度而言，公立学校比较稳定（Spring，1990），因为大多数管理者都力避失败。也就是说，当他们避免了冲突的发生并阻止了组织问题的扩大化时，他们会受到奖赏。即使当此策略与个人信念相冲突时，多数从业人员也会"象征性地接受他们的职责角色。因此他们变得依赖于组织，进而导致了他们在组织面前无能为力"（Bassett，1970，p. 223）。很显然，领导策略是一个嵌入式且经文化传输的行为模式，它持续很长时间而且很难改变。

而领导风格指的是督导的动机体系，它决定了督导如何与下属互动（Bass & Stogdill，1990；Bassett，1970；Hoy & Miskel，2005）。通常，人们认为领导风格的变化伴随着从专制转变为民主及以任务为本转变为以人为本的过程。从本质上来说，风格是个人哲学、专业知识、经验和多变的形势之间相互作用的产物。对于现代的督导来说，有效的风格选择往往取决于对最适宜环境的行为的选择（Leithwood，1995）。

充分认识变换管理行为的困难性的前提是辨别领导策略和领导风格的差异。领导策略可能深深嵌入到文化之中，由组织强加实施，而领导风格在很大程度上涉及个人信念问题。正如人们所期望的那样，组织策略和个人风格的一致性常常使管理者受益，因为这两个可变因素之间的冲突减少了，而不恰当的策略常常阻碍组织的必要发展。

领导行为的决定因素

在被广泛认可和利用的人际关系模式中，对管理行为作出解释的是麦格雷戈（McGregor，1960）的 X 理论和 Y 理论。这些模式假设督导对人们的看法决定了他对待下属的方式。X 理论包括三个具有悲观倾向的假设：（1）人们普遍厌恶工作并且设法避开它；（2）因为雇员对工作抱着消极态度，如果他们想要达到组织目标，就必须由人督促和指挥；（3）由于雇员缺乏个人责任心，所以他们必须由组织加以领导（McGregor，1990a）。X 理论通常和传统的管理行为联系在一起。Y 理论由三个与上述完全不同的假设构成：（1）工作条件影响雇员的奉献程度、责任心和生产效率；（2）在积极的氛围中，雇员常常会全心全意投入到组织的共同目标中，朝着目标而尽心尽力地工作；（3）雇员有能力去解决所遇到的问题，但是在多数组织中这种潜能既没有被认识，也没有被激发利用（McGregor，1990b）。麦格雷戈强调了领导对雇员的这种潜意识假设进行质疑的重要性，同时还强调了这种假设对彼此关系和组织的生产效率所产生的效应。从本质上讲，麦格雷戈的理论帮助我们了解了对人类本性的看法是如何影响学校管理者行为的。

管理行为同样受到对任务和人员的看法的影响。在这个领域中具有深远意义的成果是由俄亥俄州立大学的亨普希尔（Hemphill）和孔斯（Coons）于1950年提出的。他们发现了两种行为倾向：动机结构和顾虑。前者与雇员的生产效率和组织的有效性相联系，当一个学区的任务没有得以明确限定时，它可以对集体产生很大影响。而后者涉及的因素包括构建信任、尊重和友谊，还包括关心雇员的幸福。哈尔平（Halpin，1967）发现办事效率高的督导在动机结构的调整和顾虑的消除这两方面都做得很好，而办事效率低的督导则不然。尽管可能每个领导都会很自然地更注重任务而不是人，但是，办事效率高的管理者会尽可能地兼顾两者（Hoy & Miskel，2005）。

在20世纪80年代，随着学校改革的复杂性加大以及国内开始关注领导的有效性，情境管理和偶发事件管理越来越引人注目。四个不同但又相关联的可变因素尤为重要，它们是环境、品质、行为和绩效。行为由个人品质和技能的综合体决定，绩效由特定环境下所采取的品质和技能决定（Hoy & Miskel，2005）。总之，人们认为变化的环境需要多样的领导风格，而不是像以前认为的那样只有一种最好的领导风格。这个观点从某个角度解释了为什么一些督导在一些环境下非常成功而在其他环境下则不然。

教学领导

20世纪80年代后期，大规模的系统化改革把人们的关注点转移到了学区。在这种背景下，公众认为督导的教学领导对学区教育改革的发起十分重要。但是许多教育人员认为督导的这种作用是一个不能实现的理想，因为他们根本就没有见过领导进教室。当然这基于督导和校长的教学领导职责是一致的这一前提。而实际上，情况并非如此。

学者们发现当督导参与专业问题的解决，充当转型领导者，使用自己的管理权限自由支持学习和教学时，他们可以间接改进教学（Björk，1993；Bridges，1982；Cuban，1984；Fullan，1991；Hord，1993；Petersen & Barnett，in press）。尽管地区规模可能影响督导教学业务方面的领导方式，但一些常规事务还是存在明文规定（Murphy & Hallinger，1986）：

● 人员招聘和选拔。聘任工作高效的教师和校长都是颇具重要意义（例如，提高学校的地位）和象征意义的（例如，向所有股东传达学习和教学的重要性）（Brown & Hunter，1986）。

● 对校长的监督和评估。督导通过绩效评估体制及与此体制相关的持续监管来影响校长的重要抉择。

● 设置清晰的课程与教学目标。督导在构想和计划中担负主要的职责，所以他们通过各种措施来巩固业已建立的目标。

● 拟订教学财务计划。督导常常决定着财政资源的分配，因此他们有权决定优先考虑教学方面的经费需求（Gamoran & Dreeben，1986；Murphy & Hallinger，1986）。

当督导创造一个强调学习和教学重要性的环境时，他们担当的是教学领导角色

（Björk & Gurley，2003），起转型领导者作用（Pajak & Glickman，1989），促进其自身实现高质量的、以研究为依托的、水平指向的专业发展（Daresh，1991）。总之，督导的教学领导者角色被视为一种积极主动的管理方式，这种角色关注如何促进校长与教师的实践活动。

美国教育管理者协会（AASA）关于督导的最新研究（Glass，Björk，& Brunner，2000）发现，教学领导被学校董事会视作督导的一个主要的职责。更准确地说，学校董事会预料督导人员将会评估学习者的绩效，考虑多种教学方式，为满足学生需要而支持新的教育方案，处理不断变化的课程问题。

督导在多大程度上选择做教学领导者取决于一些可变因素，如毕业学校和工作环境（Goodlad，1990）。涵盖学区组织的专业网络承认现行标准，也允许新型规范性领导风格流行。这些社会力量促进了与社会要求一致的教学项目及规则的专业化发展，例如学校（Bacharach & Mundell，1993）、类似学校的机构和地区组织（Ogawa，1992）以及管理的基本法则（Hoy & Miskel，2005），结果造成了为在教学组织、教学方式方面取得不断改变而提供领导的局面。这对于多数经验丰富的督导人员来说并不是他们想要的。

公众的不满和改革对传统的关于政府和领导的假设提出了挑战（Björk，1996），这使得成千上万的学区督导不得不改变自己的行为。以控制、权力和权威为中心的传统观念，现在正在被以民主和协作为中心的新观念所代替（Brunner et al.，2002；Elmore，1999；Neuman & Simmons，2000）。已经有人讨论过改进教学与重塑管理者行为之间的关系。埃尔莫尔（Elmore，1999）认为在知识密集型的单位，在像教学和学习这样的活动中，复杂的任务是不大可能完成的，除非领导责任广泛地融合于组织角色中。

20 世纪 80 年代早期已经公布的教育改革报告关注课程设置和课堂教学。但是到 20 世纪 80 年代中期，重点已经转移到了教师的专业素质及校长在支持学校转型和促使学生进步中的角色等方面（Barth，1990；Schletchty，1990）。教育委员会的多数报告都指出为了完成持久的体制改革，校长和教师不得不直接参与转型进程以促使学生学习进步（Hallinger，Bickman，& Davis，1996）。在 20 世纪 80—90 年代，人们不仅支持改革以提高学生成绩，而且呼吁以学校为基础进行管理，建立以学校为基础的决策委员会（Fullan，1991），提升以教师为本的领导理念。这种民主型领导需要教育工作者以不同的视角"考量工作的宗旨以及达到目的所需要的知识和技能"（Elmore，2000，p.35）。

对高效能学校的研究成果（Lezotte，1994）表明了那些习惯于和他人合作的管理者往往会在改善学校环境、学习、教学和家庭教育等方面取得成功。因此，让那些不直接参与学校管理和决策的人分享权力对学校改革是有益的（Jenni & Maurriel，1990）。

领导功能

在本书中反复出现的主题是在督导实践中应关注大规模的系统改革和机构的壮大。与前人花费时间维持现状不同的是，如今的从业者面临着如何去改组学校以满足学生的需求的挑战，同时还要确保每个学生的学习，调和由不断加剧的社会和政治上的多样性而产生的矛盾。在这些方面，构想、规划、能力建设、促变和代表都很重要。如图8—1所示。

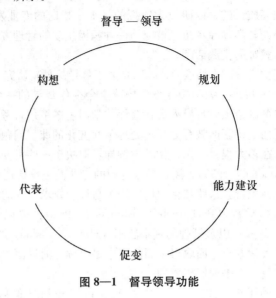

图8—1　督导领导功能

构　想

就观念角度而言，认为督导应该单方决定一个学区前途的这种看法是有失偏颇的，而且与现行的关于组织发展的看法不一致。学区构想既不是个人行为，也不是短期尝试。构想之所以重要在于它为长期行为提供了规范（一个象征意义的报告，帮助参与人员找到行动的方向）（Conger，1989），同时也提供了一种社会影响力，它还可形成对于达到目标必不可少的共同许诺（Björk，1995）。从本质上说，构想代表了一切可能性。共同的构想在学校改革方面发挥着关键性功能，它不是虚无缥缈的幻想（Kowalski，1995）。

就理想而言，学区构想代表了关于办学宗旨的共同价值观和理念，以及未来发展方向的共识。从理想角度来说，以书面文件正式形成的构想报告——一页或两页的描述，勾画了学区未来想要达到的目标（Winter，1995）。为了达到效果，这份报告不仅应该对大多数管理者、教师、学生和家长来说是符合实际的、可信的和有吸引力的，还应该声明未来是怎样一个超越现行条件的进步（Bennis & Nanus，1985）。通常，构想反映一种组织文化，代表了关于教学、学习、公民权利、民主制度和生活的共同价值观和理念。构想作为一种变革策略的基础，当它广泛整合许多人的观点，反映个人和社会的需求，与现行的教育理念融合，与领导者的个人构想兼容时，将取得更佳效果。

坎宁安和格雷森（Cunningham & Gresso，1993）指出构想非常重要，因为它是规划的基础（远景规划），"远景模式使参与人员关注他们想要创建的理想学校。它反对传统模式对改正存在于学校体系中的问题的关注"（p.75）。从本质上说，一个学区的构想是远景规划的基础。一个普遍认同的构想不仅常常影响社区文化，还让人们在潜意识里更认同为达成目标而开展的活动（Tice，1980）。对于雇员来说，构想已经在本质上成为日常行动指南。

可以说，进行远景构想是一个生产过程，它有利于探索学区未来，有利于加强和拓展组织构建美好未来的能力（Senge，1990）。有远见的领导需要在群体和协作背景下采取新措施。督导应该与他人讨论构想，而不是把决定和构想强加于别人。更直接地，"督导和其他管理者的主要任务是创造共有构想"（Lilly，1992，p.5）。

规　划

规划基本上是使学区从现行的状态转到意欲达到的状态的机制，也就是说，它是达到构想的一个过程。应将经过分析的社区数据资料与逐渐形成的社会条件整合在一起，以便做出有根据的资源分配决定（Cunningham & Gresso，1993）。规划方面的共识，正如构想方面的共识一样有助于在变化的过程中建立一种成就感（Fullan，2004）。遗憾的是，要在风云变幻的各种背景下达成共识比较困难。基于此认识，弗兰（2004）建议督导在形成组织文化背景下的构想和规划之前应该去访问参观学校、会见社团组织、研究问题以收集相关信息。

规划涉及相互融合但又有所区别的两个方面——过程和技巧。过程详述了一系列的步骤（例如，组织意图完成的任务）；但是，技巧显示了在每一阶段所运用的方法（例如，达到目标的方法）（Nutt，1985）。瑟吉奥万尼（1991）把计划描述为目标的设置和蓝图、策略的构建。规划的两个基本特点可以以多种方式表述，这也是会存在多种多样的规划方式的原因之一。纳特（Nutt，1985）描述了一个持续不断的五步规划循环圈：（1）合成（现状和远景的结合）；（2）分化概念（把众多需求分为细微成分，选择最合适的方式）；（3）细化（说明、应对偶发事件）；（4）评估（说明花费、益处、潜在的隐患和偶发事件）；（5）实施（决定策略和实施技术）。

规划往往具有长远性和策略性。两种特性通常都与延续两年或更多时间的过程相关。因此，一些观察家认为这些术语是可以互换的。然而麦丘恩（McCune，1986）把长远规划定义为一种更具限制性的过程即主要关注资源管理（例如，不参与社团）。相比之下，战略规划具有更广泛的含义。它体现于军事应用中（Stone，1987），包含了制度上的机会评估和环境变化对组织产生的潜在影响。环境监测（如持续监测环境）、广泛参与和构想都是战略规划的明显特征（Justis，Judd，& Stephens，1985；Verstegen & Wagoner，1989）。以督导为例，如果要进行战略规划，需要识别、分析环境的变化（在学区的组织范围之外），评估学区优势和劣势，拟订和实施操作性计划，激励员工向工作目标努力。这样精心策划的变革如果是上升的，而且有可操作性目标作指导，那么就很有可能得到支持（Winter，1995）。

规划方式也可分为整合型与非整合型。非整合型规划是由有限的专家在孤立的状态下进行构想的一个过程。因为有太多关于信息和技术如何改变教育过程的不确定性，这种方式增加了造成缺憾的风险。相反，整合型规划需要广泛的参与。它广泛征求社会各界的观点（Schmidt & Finnigan，1992），从而导致计划发挥功能的区域和环境都可能会影响规划结果。因此，整合型规划需要掌握以下几方面的信息：（1）学区的哲学体系、视野和使命；（2）学区的群体组织；（3）财政上合法的限制；（4）专业知识和技能；（5）学区的需求和价值观；（6）学习者的需求和价值观；（7）社会的需求和价值观。但是，由于决定的形成受情感和政治影响（计划中的人性因素），不管规划设计有多么巧妙，实际效果总会出现一些误差（Banghart & Trull，1973）。整合型规划更适合学区，因为：

● 组织和社会都参与到这个过程中。

● 真实需求与社区的价值观一致。

● 冲突是规划中避免不了的，恰当的管理可以降低矛盾冲突。

● 参与者可以接触到学区方面的知识，有利于提高他们的目标意识和决策能力。

● 参与过程使参与者产生一种成就感，而这具有积极的政治影响。

这些益处是值得注意的，因为变革能否成功往往取决于那些最受影响的人的支持与协作（James，1995）。将脱离普通民众而制定的目标强加给公众的做法已经不再受欢迎了。

同样，规划方式也可分为线性的和非线性的。线性模式是指定的，给规划者提供一个有序列的路径。隐含的假设就是每项任务都建立在前一任务之上。计划的参与人员都集中精力去做好每一步，使得整个过程更加简单而有效。尽管比较简单，但线性方式仍可能在多个方面产生问题。整个进程可能会搁置在一个特定的阶段，导致了相当长时间的耽搁以及系统的失败，甚至还可能导致计划终止。此外，如果要求每个小组单独完成一个步骤，那么共享信息将会受限制。这通常会发生在强调部门管辖权和专业技能具有官僚主义特点的组织。例如，课程助理督导和校长可能被分配做教学目标方面的工作，负责商务的助理督导和他的助手可能被分配做预算方面的工作。

而在非线性模式里，由于大部分步骤同时执行，该模式往往会比线性路径更灵活。非线性规划的拥护者认为机构的特殊性和社会背景的独特性应该决定着规划的基点。他们认为具有重大影响的调整应该是改革过程中不可或缺的部分（Murk & Galbraith，1986）。因为非线性模式的路径要少一些条理性，他们通常更需要一些便利条件和管理。

能力建设

高效的督导关注校长、教师和家长能力的建设以提高学生学习成绩。费尔斯通（Firestone，1989）把能力解释为"学区拥有知识、技能、人员以及其他实施决定所必需的资源的程度"（p.157）。杜克（Duke，2004）发现三个与建构组织应变能力相关的常规要素，包括：（1）具有积极意义的组织结构；（2）愿意接纳变革的文化；（3）支持能力建设的充足资源。众多倡议者（e.g.，Berliner & Biddle，1995；Björk，1993；Duke，2004；Hopkins，2001；Short & Greer，1997；Short & Rinehart，1992）发现以下条件是构建能力的基础：

● 改变管理和决策结构，使分散的转型领导形式制度化；

● 使专业活动与分散的领导和业务改进保持一致，从而提高教师和校长成功实施变革方案的能力；

● 招聘和挑选新教师、校长和关键部门的行政人员，使他们对未来教育的看法与地区目标保持一致；

● 提供充足资源支持变革的策划方案；

● 重视和利用数据改善学习和教学；

● 构建团队能力。

这些因素可以推动集体活动，有利于培育可能发生变革的学区文化。此外，比约克（1993）和费尔斯通（1989）提出学区督导应在组织中行使战略职能，进行有效管理，以维持教育改革。

成功的变革需要一种学区文化，在此文化中教师和校长重视学习，投入时间和精力用于改进所有孩子的学习状况。在缺乏专业行政人员参与发展、实施、调整课程和教学策略的情况下，督导不太可能促进学校进步（Barth，1991）。尽管对口管理和以学校为基准的决策体系提供了广泛参与的平台，但这些并不能确保取得高效成果。因此，督导必须跟踪调查实施状况以确保这些新的体系能够达到意欲达到的效果（Björk，1993）。

提高工作效率的方式还包括员工培训。因为缺少了有计划的干预，在复杂的教育过程以及教育改革的挑战中，如果没有必要的培训，员工很难获得必要的知识和技能（Duke，2004）。近些年来，专业发展对于强调学时和学分的短期行为的做法有所改变。现行的模式以研究、持续发展、绩效为基础（Björk，Kowalski，& Browne-Ferrigno，in press）。乔伊斯和肖沃斯（Joyce & Showers，1983）发现，不同的专业发展格局对学习者产生不同的效果。当在"理论——论证——实践——反馈"专业发展格局中增加监管时，就会出现从专业发展到实践的最高层次的转变。很遗憾，大多数专业发展规划往往关注概念以及一些论证，极少关注实践、回馈或指导（Gottsman，2000）。

基本而言，学校的进步以及解决组织上的问题都依赖于学区雇员的贡献、创造力和才智（Astuto & Clark，1992）。在这方面，如果督导在人力资本方面做出明智投入，就会促进组织和学校的发展。也就是说，他们需要招收、雇用、支持全心全意投入专业发展的新教师。这样的决定有助于营造一种学习和创新的文化氛围（Smylie & Hart，1999；Sykes，1999）。有关雇用职员和支持他们实践的资源分配决定一旦被采用，都是同样适宜的（Duke，2004）。

因为学区依赖当地社区的政治和财政支持，督导必须评估、培养社区文化以确保支持教育新方案（Duke，2004；Hoyle，Björk，Collier，& Glass，2005）。督导与家长、市民、利益团体、商业领导者以及其他当地政府工作人员之间的互动增强了市民对学区教育的了解，为他们广泛参与决策创造了条件（Kowalski，2004；Odden & Odden，1994）。通过吸引市民参与教育事业，学区可以获得很多益处，包括：（1）财政支持增加（政治资本）（Valenzuela & Dornbush，1994）；（2）市民之间积极的倾向和相互影响增加（社会资本）（Smylie & Hart，1999）；（c）市民文化知识的增加和技能的提升（人力资本）（Bourdieu，1986；Coleman，1990）。

促　变

作为学区转型领导，督导最重要的职能是促使组织变化，包括改变决策过程和管理结构（Murphy & Louis，1999）。在这方面，促变领导与日益增加的教师参与和投入民主决策过程紧密联系。由督导和校长推广的促变办法——包括建立信任关系、民主决策、授权、创新和承担风险——都是教师在发起和持续变革方面产生效能感的重要因素（Rollow & Bryk，1995）。督导以及关键性助理人员在保障实施进程不受干预中起着重要作用（McCarthy & Still，1993）。高效率的督导依靠的是共识而不是胁迫的手段，他们是通过起促进作用而非命令和严密控制来领导的（Murphy，1995）。

作为学校发展的促进者，督导的首要任务是在管理者和教师中培养持续的认同感（Cunningham & Gresso，1993）。这种认同感可以通过促进他们的专业成长，构建互信、互帮的氛围来建立（Razik & Swanson，2001）。

此外，人们期望督导能够：（1）判断参与人员的资质、知识和技能；（2）鼓励创造性思考；（3）提供表达和解决相关问题必不可少的信息；（4）获取必要的资源；（5）示范操作流程（Cunningham & Cordeiro，2000）。

代　表

显然，督导是学区领导，这种职责既有正式领域的也有非正式领域的（Blumberg，1985）。也就是说，当督导行使公职或非公职时，他们都象征性地代表了一个地区。因此，当他们在商场购物或在当地餐厅就餐时，他们的外表和行为同样具有象征性意义。在多数学区里，督导生活在鱼缸似的环境中。学校董事会希望他们能维护学区形象，希望他们的言行举止能与学区业已形成的处世哲学协调一致（Kowalski，1995）。

理想领导

至今仍有研究涉及督导的领导策略和风格方面的东西。在过去至少30年的时间里，人们鼓励督导变得民主、有道德以及转型。整体而言，这些期望在教学领导和组织发展方面提供了规范标准。

民主领导

作为社区管辖权的表现，日益增长的公众参与需求重新点燃了人们对督导成为民主、有道德的领导的期望（Beck & Foster，1999）。伯恩斯（Burns，1978）指出，民主领导基于以下三种观念：

1. 领导和组织成员之间的关系受为达到共同目标付出的努力程度的约束。
2. 领导认识到是组织成员赋予他们权力，而组织成员也可以撤回这种权力。
3. 领导在道义上有责任履行与组织成员的契约。

此外，民主领导也重视民众对学校的合法要求（Björk & Gurley，2005）。与在其他多数专业中影响从业者的条件不同的是，督导必须在政治许可的情况下应用他们的专业知识（Kowalski，2003）。也就是说，督导面临着相互冲突的期望，一个是他们的实践应以专业知识为指导，另一个是他们的实践应以人民的意愿为指导（Wirt & Kirst，2001）。

道德与伦理领导

道德领导是由管理者通过使用权力不断进行检查和选择来实现的（Greenfield，1991）。支持此观念的督导都承诺代表所有市民，包括家长、其他纳税人和学生。同样值得注意的是，他们试图满足所有学生的需求，抵制参与违背此基本承诺的政治活动的诱惑（Sergiovanni，1994）。他们遵守专业伦理道德准则和由他们所服务的社区制定的伦理标准。

伦理概念在合法的环境中能普遍被意识到，但是管理准则的意义远比此广泛。

在涉及所有类型的组织管理者方面，布兰查德和皮尔（Blanchard & Peale，1988）向领导者提供了一个简单的三项道德自检标准：

1. 它合法吗？
2. 它均衡吗？
3. 它会让我产生怎样的感觉？（p. 27）

在学校管理中，道德准则已经超出了法律，包括这样一些问题，如偏见、歧视、裙带关系、泄露机密、对工作职责的承诺和出于自我利益目的而参与政治活动（Howlett，1991；Kimbrough & Nunnery，1988）。斯塔雷特（Starratt，1995）提出了实践中关于道德的三个基本主题：批评方面的道德伦理，公平方面的道德伦理，关爱方面的道德伦理。第一个主题阐述了诸如层次、特权和权力这样的问题（例如，谁掌管公立学校？谁确定公立教育的未来？）。第二个主题阐述了诸如民主参与和平等获得项目和资源这样的问题（例如，稀缺资源如何分配？如何做出批判性的决定？）。第三个主题阐述了一些关注人际关系的问题，如合作、共同的承诺和友谊（从督导、其他管理者和教师的人际关系中能够要求什么？）。学校管理关注了前两个主题，而忽视了第三个主题（Starratt，2003）。道德领导需要关注学校是什么，它们在做什么，如何决策，以及这些决策的性质。瑟吉奥万尼（1992）把此过程称为目标定位。目标定位让学区成员设定能被所有人支持的目标和策略。

转型领导

如本章前文所述，转型领导强调通过与他人合作而达到的道德伦理上的有意义的行为（Bennis & Nanus，1985），以实现组织的前进目标（Rost，1991）。转型领导的主题是授权给他人，以带来有意义的变化（Bennis & Nanus，1985；Burns，1978；Leithwood，Begley，& Cousins，1994）。因而它涉及改革是整体的组织行为这样一种理念，并激励学校人员以及相关人员以实现目标（Ogawa & Bossert，1995）。

转型领导需要构建能力和承诺。利思伍德（Leithwood，1994）描述了下列有关此概念的操作性成分：

- 构建学区和学校共同愿景；
- 创设学校和学区目标；
- 创建一种有利于智力发展的环境；
- 培育一种积极的、学习指向的文化氛围；
- 提供支持发展个性的平台；
- 构建以实践和学习为中心的组织价值观；
- 创建可信的支持共同决策的组织机构；
- 建立、细化对学生和成人学习的高期望值。

研究（e. g.，Bogler，2001）证明，转型管理者可以通过影响教师对专业和责任的理解来直接或间接地影响他们的工作满意度。当校长和教师把学校进步视为一个共同的责任时，他们更倾向于参与构想和计划，并热心执行计划，为学校改革构想新方案。

反　思

本章考察了学区范围内的督导的领导角色。对学校复兴的追求更强调构想、规划、协作、联合作业以及转型领导等功能。这些新的领导方式直接关注如何提高督导的工作效率。

当你思考本章内容时，请回答下列问题：

1. 构想和规划之间的区别是什么？

2. 学校董事会通常寻求有远见的督导，这是否意味新任督导应该把自己的构想强加给学区？为什么？

3. 整合型和非整合型规划的优缺点各是什么？

4. 线性和非线性规划的优缺点各是什么？

5. 领导策略和领导风格之间的区别是什么？

6. 什么是民主领导？基于你的观察，是否多数督导都信奉这个观念？

7. 通过商讨作出管理决策的督导可能被误认为懦弱，也就是说，误解者会认为他们不愿意单独作出决策。你是否要为商讨决策作辩护？为什么？

8. 你对作为教学领导的督导的印象是什么？这种印象是否与你对教学校长的印象一样？

9. 假定你准备向面试督导候选人的学校董事会提出建议，你将提什么样的建议以让学校董事会关注候选人的领导风格？

10. 什么是道德领导？什么因素阻碍督导举止文明？

11. 转型管理者在对雇员的理解方面有什么不同？

案例研习

雷蒙德·贝尔内勒（Raymond Bernelli）博士准备离开城镇参加 Oak Meadow 学区董事会的第二次面试。如果他被选为学区下一任督导，他的任期将持续 19 年。作为主要的行政官员，他可以在管理人员、教师和社区的热情支持下在 3 个不同区域实施新的项目计划。他被称为富有成就、有远见且敢于变革的领导。

Oak Meadow 学区位于美国中西部某大城市的郊区。下列人口统计学数字对这一学区作了描述：

- 招生的总人数是 22 386。
- 家庭的平均年收入在所在州中最高。
- 教师的平均月薪在所在州中位列第二位。
- 每个学生每年的平均花费在所在州中位列第二位。
- 学区 83% 的高中毕业生接受了四年的高等教育。
- 学区的种族构成包括 5% 的非裔美国人和 3% 的西班牙裔美国人。

当雅各布·埃德曼（Jacob Eddelman）博士在担任 13 年的督导后提出退休时，对这一职位的咨询使得 Oak Meadow 学区董事会应接不暇。他们雇用了雷塔·莫瑞斯（Rita Morales）博士这样一位全国著名的研究顾问协助他们寻找一位新的督导。董事会和莫瑞斯博士一起看了 125 份申请表。他们面试了六位初试胜出的人员，经筛选剩下两个，并将对剩下的候选人进行第二轮面试。

由七位成员组成的董事会反映了社区的构成状况。三位是业务主管，一位是外科医生，一位是律师，一位是退休教师，一位是退休电力工程师。董事会主席罗纳德·巴林（Ronald Barrin）是经纪人公司副主席和资历较深的董事会成员，已经连续任职 17 年。

在第一次面试期间，贝尔内勒博士被问及关于他的职业和教育理念的一系列问题。他告诉董事会成员自己将在三个区域中实施特殊的项目。董事会成员都被打动了，对他的个人外表、交流技巧和自信做出了肯定的评价。尽管他只是两位决赛候选人之一，但学校董事会将他列为主要候选人。

第二次面试在邻近督导办公室的学区会议室中进行。七位董事会成员都出席了，但是董事会顾问莫瑞斯博士缺席。在 15 分钟的非正式讨论之后，董事会主席问了一个具有挑战性的问题。

"贝尔内勒博士，我们都对你在先前面试中的表现印象深刻。尽管我们学区不寻求彻底改革，但是我们中的大多数人希望有所变革以防止停滞。坦白地说，我们很想聘请你。你很有想法，很显然你不惧怕追求变革。自从上次会见后你有好几周的时间对我们学区和学校体制进行反思。如果你成为督导，你会追求什么变革？"

贝尔内勒博士毫不犹豫地回答道："我不知道。"

房间内一阵寂静。扫视董事会成员一番后，巴林先生再次发言：

"可能我没把这个问题说得很清楚，我再说一次。"

但在他重述之前，贝尔内勒博士说道："我明白你的问题，请允许我解释一下我的回答。为了回答更完美些，我需要知道更多关于你们学区的信息。"

一位其他董事会成员问道："难道没有所有学区都应该追求的特定学校变革吗？难道没有无论对社区还是对学区都是有利的管理和教育新方案吗？"

"也许吧，"贝尔内勒博士答道，"但是有效的变革需要独创性。这是一个值得信赖的学区，毫无疑问会聘请许多优秀的教师。我相信变革应该通过区域参与人员的集体力量来实现。你们的校长和教师了解学生和社区。直到我有机会去跟他们沟通交流和能够学习学区普遍流行的文化时，我的建议才能确定。"

一位董事会成员问道："做这些事情将花费多长时间？"

"那将取决于沟通的程度，但是考虑到组织的规模，我估计最少得两年。"

董事会主席接着说道："我们退休的督导埃德曼博士也由于办事合理有效而获得声誉。他不是一个独裁的人，但是从另一个方面说，他从未逃避过作出困难的决定。长久以来他有许多反对者，但是有什么关系呢？大多数校长和教师都支持他，所有的校长和教师都佩服他的勇气。他常常要求别人付出，但他公开声明重要的决策都由他承担责任。"

贝尔内勒博士答道："我已经同埃德曼博士见过面了，知道其他督导都敬重他。很明显在这个学区他已经非常成功了。但请牢记昨天未必同明天一样，过去必需的在以后可能无效，在过去奏效的领导风格可能在以后就没有作用了。对于我来说，明确表达变革日程是非常容易的，但如果我那样做，我将在自己的管理理念方面误导你们。如果我有幸成为你们的下一任督导，我将勤奋工作开创一种新的环境，在此环境中社区和所有区域雇员都共同协作以确保一流的学校体制。"

案例讨论

1. 从以下几方面评价贝尔内勒博士的改革理念：（1）专业视角；（2）管理视角；（3）转型领导的视角。

2. 董事会成员很可能对于贝尔内勒博士的解释以不同方式作出回应，为什么？

3. 你认为贝尔内勒博士在陈述关于追求变革的观点上有错吗？为什么？

4. 督导是否能做到既果断又善于协作？

5. 为什么一些评论员认为协作和商讨决策是管理者的缺点？

6. 许多董事会成员被迫作出改变。鉴于这个事实，你是否同意贝尔内勒博士追求变革的方式？为什么？

7. 你是否愿意成为贝尔内勒博士的助理督导？为什么？

8. 你是否认为董事会成员的职业会影响他们选择督导的倾向？请举例说明你的回答。

9. 贝尔内勒博士是否应该为取代埃德曼博士的位置而担心？如果是这样，他应有什么样的忧虑？

参考文献

Astuto, T., & Clark, D. (1992). Challenging the limits of school restructuring and reform. In A. Lieberman (Ed.), *The changing contexts of teaching: Ninety-first yearbook of the National Society for the Study of Education* (NSSE) (pp. 90-109). Chicago: University of Chicago Press.

Bacharach, S., & Mundell, B. (1993). Organizational politics in schools: Micro, macro and the logics of action. *Educational Administration Quarterly*, 29 (4), 423-452.

Barth, R. (1990). A personal vision of a good school. *Phi Delta Kappan*, 71 (8), 512-616.

Barth, R. (1991). Restructuring schools: Some questions for teachers and principals. *Phi Delta Kappan*, 73 (2), 123-128.

Bass, B. M. (1985). *Leadership and performance beyond expectations*. New York: Free Press.

Bass, B., & Stogdill, R. (1990). *Bass & Stogdill's handbook of leadership*. New York: Simon & Schuster.

Bassett, G. A. (1970). Leadership style and strategy. In L. Netzer, G. Eye, A. Graef, R. Drey, & J. Overman (Eds.), *Interdisciplinary foundations of supervision* (pp. 221-231). Boston: Allyn & Bacon.

Banghart, F. W., & Trull, A. (1973). *Educational planning*. New York: Macmillan.

Beck, L., & Foster, W. (1999). Administration and community: Considering the challenges, exploring the possibilities. In J. Murphy & K. S. Louis (Eds.), *Handbook of research on educational administration* (2nd ed., pp. 337-356). San Francisco: Jossey-Bass.

Bennis, W. G. (1984). The four competencies of leadership. *Training and Development Journal*, 38 (8), 14-19.

Bennis, W. G. , & Nanus, B. (1985). *Leaders: The strategies for taking charge*. New York: Harper & Row.

Berliner, D. , & Biddle, B. (1995). *The manufactured crisis: Myths, fraud, and the attacki on America's public schools*. Reading, MA: Addison-Wesley.

Björk, L. (1993). Effective schools effective superintendents: The emerging instructional leadership role. *Journal of School Leadership*, 3 (3), 246-259.

Björk, L. (1995). Substance and symbolism in the education commission reports. In R. Ginsberg & D. Plank (Eds.), *Commissions, reports, reforms and educational policy* (pp. 133-149). New York: Praeger.

Björk, L. (1996). The revisionists' critique of the education reform reports. *Journal of School Leadership*, 7 (1), 290-315.

Björk, L. (2001). Preparing the next generation of superintendents: Integrating formal and experiential knowledge. In C. C. Brunner & L. Björk (Eds.), *The new superintendency: Advances in research theories of school management and educational policy* (pp. 19-54). Greenwich, CT: JAI.

Björk, L. , & Gurley, D. K. (2003). Superintendents as transformative leaders: Schools as learning communities and communities of learners. *Journal of Thought*, 38 (4), 37-78.

Björk, L. , & Gurley, D. K. (2005). Superintendent as educational statesman and political strategist. In L. Björk & T. J. Kowalski (Eds.), *The contemporary superintendent: Preparation, practice and development*. Thousand Oaks, CA: Corwin Press.

Björk, L. , Kowalski, T. J. , & Browne-Ferrigno, T. (in press). Learning theory and research: A framework for changing superintendent preparation and development. In L. Björk & T. J. Kowalski (Eds.), *The contemporary superintendent: Preparation, practice and development*. Thousand Oaks, CA: Corwin Press.

Björk, L. , Lindle, J. C. , & Van Meter, E. (1999). A summing up. *Educational Administration Quarterly*, 35 (4), 657-663.

Blanchard, K. , & Peale, N. V. (1988). *The power of ethical management*. New York: William Morrow.

Blumberg, A. (1985). *The school superintendent: Living with conflict*. New York: Teachers College.

Boger, R. (2001). The influence of leadership style on teacher job satisfaction. *Educational Administration Quarterly*, 37, 662-683.

Bourdieu, P. (1986). The forms of capital. In J. Richardson (Ed.), *Handbook of theory and research for sociology education* (pp. 141-258). New York: Greenwood.

Bridges, E. (1982). Research on the school administrator: The state of the art, 1967-1980. *Educational Administrator Quarterly*, 18 (3), 12-33.

Brown, F. , & Hunter, R. (1986, April). *A model of instructional leadership for schools*. Paper presented at the Annual Meeting of the American Educational Research Association, San Francisco, CA.

Brunner, C., Grogan, M., & Björk, L. (2002). Shifts in the discourse defining the superintendency: Historical and current foundations of the position. In J. Murphy (Ed.), *The educational leadership challenge: Redefining leadership for the 21st century: Ninety-ninth Yearbook of the National Society for the Study of Education* (*NSSE*) (pp. 211-238). Chicago: University of Chicago Press.

Burns, J. M. (1978). *Leadership*. New York: Harper Torchbooks.

Callahan, R. E. (1966). *The superintendent of schools: A historical analysis*. East Lansing, MI: National Center for Research on Teacher Learning. (ERIC Document Reproduction Service No. ED0104410)

Coleman, J. (1990). *Foundations of social theory*. Cambridge, MA: Harvard University Press.

Conger, J. A. (1989). *The charismatic leader. Behind the mystique of exceptional leadership*. San Francisco: Jossey-Bass.

Cuban, L. (1984). Transforming the frog into a prince: Effective schools research and practice at the district level. *Harvard Educational Review*, 54 (2), 129-151.

Cunningham, W., & Cordeiro, P. (2000). *Educational administration: A problembased approach*. Boston: Allyn & Bacon.

Cunningham, W., & Gresso, D. (1993). *Cultural leadership: The culture of excellence in education*. Boston: Allyn & Bacon.

Daresh, J. C. (1991). Instructional leadership as a proactive administrative process. *Theory into Practice*, 30 (2), 109-112.

Duke, D. (2004). *The challenges of education*. Boston: Pearson Education.

Elmore, R. (1999, September). *Leadership of large-scale improvement in American education*. Paper prepared for the Albert Shanker Institute.

Elmore, R. (2000). *Building a new structure for school leadership*. Washington, DC: The Albert Shanker Institute.

Etzioni, A. (1969). *The semi-professions and their organizations: Teachers, nurses, social workers*. London: Free Press.

Firestone, W. (1989). Using reform: Conceptualizing district initiative. *Educational Evaluation and Policy Analysis*, 11 (2), 151-164.

Fullan, M. (1991). *The meaning of educational change*. New York: Teachers College Press.

Fullan, M. (2004). *Leadership and sustainability*. Thousand Oaks, CA: Corwin Press.

Gamoran, A., & Dreeben, R. (1986). Coupling and control in educational organizations. *Administrative Science Quarterly*, 31 (4), 612-632.

Getzels, J. W., & Guba, E. G. (1957). Social behavior and the administrative process. *School Review*, 65, 423-441.

Glass, T. , Björk, L. B. , & Brunner, C. C. (2000). *The 2000 study of the American superintendency: A look at the superintendent of education in the new millennium.* Arlington, VA: American Association of School Administrators.

Goodlad, J. I. (1990). *Teachers for our nation's schools.* San Francisco: Jossey-Bass.

Gottsman, B. (2000). *Peer coaching for effectiveness* (2nd ed.). Lanham, MD: Scarecrow Press.

Greenfield, T. B. (1991). Foreword. In C. Hodgkinson (Ed.), *Educational leadership: The moral art* (pp. 3-9). Albany: State University of New York.

Gronn, P. (2000). Distributed properties: A new architecture for leadership. *Educational Management & Administration*, 28 (3), 317-338.

Hallinger, P. , Bickman, L. , & Davis, K. (1996). School context, principal leadership and student achievement. *Elementary School Journal*, 96 (5), 527-550.

Halpin, A. (1967). Change and organizational climate. *Journal of Educational Administration*, 5, 5-25.

Hemphill, J. , & Coons, A. (1950). *Leader behavior description questionnaire.* Columbus: Ohio State University Press.

Hopkins, D. (2001). *Improvement for real.* London: Routledge/Falmer.

Hord, S. (1993). Smoke, mirrors or reality: Another instructional leadership. In D. Carter, T. Glass, & S. Hord (Eds.), *Selecting, preparing and developing the school district superintendent* (pp. 1-19). Washington, DC: Falmer Press.

Howlett, P. (1991). How you can stay on the straight and narrow. *Executive Educator*, 13 (2), 19-21, 35.

Hoy, W. , & Miskel, C. (2005). *Educational administration: Theory, research and practice* (7th ed.). New York: McGraw-Hill.

Hoyle, J. , Björk, L. , Collier, V. , & Glass, T. (2005). *The superintendent as CEO: Standards-based performance.* Thousand Oaks, CA: Corwin.

James, J. (1995). Negotiating the Grand Canyon of change. *The School Administrator*, 52 (1), 22-29.

Jaques, E. (1989). *Requisite organization: The CEO's guide to creative structure and leadership.* Arlington, VA: Cason Hall.

Jenni, R. , & Maurriel, J. (1990, April). *An examination of the factors affecting stakeholders' assessment of school decentralization.* Paper presented at the annual meeting of the American Educational Research Association, Boston.

Joyce, B. R. , & Showers, B. (1983). *Power in staff development through research on training.* Alexandria, VA: Association for Curriculum and Staff Development.

Justis, R. T. , Judd, R. J. , & Stephens, D. B. (1985). *Strategic management and policy.* Englewood Cliffs, NJ: Prentice Hall.

Kimbrough, R. B. , & Nunnery, M. Y. (1988). *Educational administration: An introduction.* New York: Macmillan.

Kowalski，T. J. (1995). *Keepers of the flame: Contemporary urban superintendents*. Thousand Oaks，CA: Corwin Press.

Kowalski，T. J. (2003). *Contemporary school administration: An introduction*. Boston: Allyn & Bacon.

Kowalski，T. J. (2004). School public relations: A new agenda. In T. J. Kowalski (Ed.)，*Public relations in schools* (3rd ed.，pp. 3-29). Upper Saddle River，NJ: Merrill，Prentice Hall.

Kowalski，T. J. (in press). Evolution of the school district superintendent position. In L. Björk，& T. J. Kowalski (Eds.)，*School district superintendents: Role expectations: Professional preparation，and development*. Thousand Oaks，CA: Corwin Press.

Leithwood，K. (1994). Leadership for school restructuring. *Educational Administration Quarterly*，30 (4)，498-518.

Leithwood，K. (1995). Cognitive perspectives on school leadership. *Journal of School Leadership*，5 (2)，15-35.

Leithwood，K.，Begley，P.，& Cousins，B. (1994). The nature，causes and consequences of principals' practices: An agenda for the future. *Journal of Educational Administration*，28 (4)，5-31.

Lilly，E. R. (1992). *Superintendent leadership and districtwide vision*. East Lansing，MI: National Center for Research on Teacher Learning. (ERIC Document Reproduction Service No. ED343222)

Lezotte，L. (1994). The nexus of instructional leadership and effective schools. *School Administrator*，51 (6)，20-23.

McCarthy，J.，& Still，S. (1993). Hollibrook Accelerated Elementary School. In J. Murphy & P. Hallinger (Eds.)，*Restructuring schooling: Learning from on-going efforts* (pp. 63-83). Newbury Park，CA: Corwin.

McCune，S. D. (1986). *Guide to strategic planning for educators*. Alexandria，VA: Association for Supervision and Curriculum Development.

McGregor，D. (1960). *The human side of enterprise*. New York: McGraw-Hill.

McGregor，D. (1990a). Theory X: The integration of individual and organizational goals. In J. Hall (Ed.)，*Models of management: The structure of competence* (2nd ed.，pp. 11-18). Woodlands，TX: Woodstead.

McGregor，D. (1990b). Theory Y: The integration of individual and organizational goals. In J. Hall (Ed.)，*Models of management: The structure of competence* (2nd ed.，pp. 19-27). Woodlands，TX: Woodstead.

Murk，P. J.，& Galbraith，M. W. (1986). Planning successful continuing education programs: A systems approach model. *Lifelong Learning*，9 (5)，21-23.

Murphy，J. (1995). Restructuring in Kentucky: The changing role of the superintendent and district office. In K. Leithwood (Ed.)，*Effective school district leadership: Transforming politics into education* (pp. 117-133). Albany: State University of New York.

Murphy, J. , & HaUinger, P. (1986). The superintendent as instructional leader: Findings from effective school districts. *Journal of Educational Administration*, 24 (2), 213-236.

Murphy, J. , & Louis, K. (Eds.). (1999). *Handbook of research on educational administration* (2nd ed.). San Francsico: Jossey-Bass.

Nanus, B. (1989). *The leader's edge*. Chicago: Contemporary Books.

Neuman, M. , & Simmons, W. (2000). Leadership for student learning. *Phi Delta Kappan*, 82 (1), 9-12.

Nutt, P. C. (1985). The study planning processes. In W. G. Bennis, K. D. Benne, & R. Chin (Eds.), *The planning of change* (4th ed. , pp. 198-215). New York: Holt, Rinehart & Winston.

Odden, A. R. (1995). *Educational leadership for America's schools*. New York: McGraw-Hill.

Odden, A. , & Odden, E. (1994, April). *Applying the high involvement framework to local management of schools in Victoria , Australia*. Paper presented at the annual meeting of the American Educational Research Association, New Orleans.

Ogawa, R. (1992). Institutional theory and examining leadership in school. *International Journal of Educational Management*, 6 (3), 14-21.

Ogawa, R. , & Bossert, S. (1995). Leadership as an organizational property. *Educational Administration Quarterly*, 31 (2), 224-243.

Pajak, E. F. , & Glickman, C. D. (1989). Dimensions of school district improvement. *Educational Leadership*, 46 (8), 61-64.

Petersen, G. , & Barnett, B. (in press). The superintendent as instructional leader: Current practice, future conceptualizations and implications for preparation. In L. Björk & T. J. Kowalski (Eds.), *School district superintendents: Role expectations, professional preparation and development*. Thousand Oaks, CA: Corwin Press.

Power, F. C. (1993). Just schools and moral atmosphere. In K. Strike & P. Ternasky (Eds.), *Ethics for professionals in education* (pp. 148-161). New York: Teachers College Press.

Razik, T. A. , & Swanson, A. D. (2001). *Fundamental concepts of educational leadership* (2nd ed.). Upper Saddle River, NJ: Merrill, Prentice Hall.

Rollow, S. , & Bryk, A. (1995). Politics as a lever for organizational change. In S. Eston, D. Kerbow, & P. Sebring, *Democratic participation and organizational change: The Chicago experience* (pp. 43-92). Boulder, CO: Westview.

Rost, J. C. (1991). *Leadership for the twenty-first century*. Westport, CT: Praeger.

Schlechty, P. (1990). *Schools for the 21st century*. San Francisco: Jossey-Bass.

Schmidt, W. , & Finnigan, J. (1992). *The race without a finish line:*

America's quest for total quality. San Francisco: Jossey-Bass.

Senge, P. (1990). *The fifth discipline: Mastering the five practices of the learning organization*. New York: Doubleday.

Sergiovanni, T. J. (1991). *The principalship: A reflective practice perspective* (2nd ed.). Boston: Allyn & Bacon.

Sergiovanni, T. J. (1992). *Moral leadership: Getting to the heart of school improvement*. San Francisco: Jossey-Bass.

Sergiovanni, T. J. (1994). *Building community in schools*. San Francisco: Jossey-Bass.

Sergiovanni, T. J., Burlingame, M., Coombs, F. S., & Thurston, P. W. (1992). *Educational governance and administration* (3rd ed.). Boston: Allyn & Bacon.

Short, P., & Greer, J. (1997). *Leadership in empowered schools: Themes from innovarive efforts*. Upper Saddle River, NJ: Merrill, Prentice Hall.

Short, P., & Rinehart, J. (1992). School participant empowerment scale: Assessment of the level of participant empowerment in the school. *Educational and Psychological Measurement*, 54 (2), 951−960.

Smyhe, M., & Hart, A. (1999). School leadership for teacher learning and change: Human and social capital development. In J. Murphy & K. S. Louis (Eds.), *Handbook of research on educational administration* (2nd ed., pp. 421−441). San Francisco: Jossey-Bass.

Spring, J. (1990). *The American school 1642−1990: Varieties of historical interpretation of the foundations and development of American education* (2nd ed.). New York: Longman.

Starratt, R. J. (1995). *Leaders with vision: The quest for school renewal*. Thousand Oaks, CA: Corwin Press.

Starratt, R. J. (2003). *Centering educational administration: Cultivating meaning, community, responsibility*. Mahwah, NJ: Lawrence Erlbaum Associates.

Stone, S. C. (1987). *Strategic planning for independent schools*. Boston: National Association of Independent Schools.

Sykes, G. (1999). The "new professionalism" in education: An appraisal. In J. Murphy & K. S. Louis (Eds.), *Handbook of research on educational administration* (2nd ed., pp. 227−249). San Francisco: Jossey-Bass.

Tice, L. (1980). *New age thinking for achieving your potential*. Seattle, WA: The Pacific Institute.

Van Maanen, J., & Schein, E. (1979). Toward a theory of organizational socialization. *Research in Organizational Behavior*, 1, 209−264.

Valenzuela, A., & Dornbush, S. (1994). Familism and social capital in the academic achievement of Mexican origin and Anglo high school adolescents. *Social Science Quarterly*, 75, 18−36.

Verstegen, D. A., & Wagoner, J. L. (1989). Strategic planning for policy development: An evolving model. *Planning and Changing*, 20 (1), 33−49.

Winter, P. A. (1995). Vision in school planning: A tool for crafting a creative future. *School Business Affairs*, 61 (6), 46−50.

Wirt, F., & Kirst, M. (2001). *The political dynamics of American education*. Berkeley, CA: McCutchan.

Yukl, G. A. (1989). *Leadership in organizations* (2nd ed.). Englewood Cliffs, NJ: Prentice Hall.

Yukl, G. A. (2002). *Leadership in organizations* (5th ed.). Upper Saddle River, NJ: Prentice Hall.

第**9**章

物质资源管理

　　督导经常受到批评，因为他们花费太多时间关注行政管理工作，而花在管理教学活动上的时间很少。持续上升的批评指责值得引起注意，因为批评指责可以促使当地学区督导形成有效的教育见解，同时为实践该教育见解而规划相应的教育改革日程。然而，批评者通常忽视了这一问题：管理为什么是行政工作中的一个主要部分？

　　作为督导的一项基本任务，管理是在美国工业革命期间出现的。正如在第二章中所讨论的角色概念那样，由于不断追求科技效益，重新配置商业主管是件棘手的事情（Brunner，Grogan，& Björk，2002）。几十年后，努力使管理成为督导唯一或者主要任务的倾向受到了批评，特别是来自进步的先知的哲学家的批评，例如基尔帕屈克和康茨（William Heard Kilpatrick & George Sylvester Counts）。这些批评者从科学的管理视角把督导全神贯注于行政管理工作看作商业价值观广泛渗透到公共教育领域的一种现象（Van Til，1971）。他们批评和改变社会的关注点，将人们的注意力转移到了作为民主机构的学校和作为行政领导者的督导上。然而，在20世纪60—70年代，公众对有责任、有价值以及有效管理的要求导致重新强调管理的效率（Tyack & Cuban，1995）。

　　在过去的20年中，人们常常在贬低督导作为组织的管理者这一角色的同时还低估这一角色的重要作用，这对于实际工作是非常不利的。例如，许多职业人士，尤其是从事高等教育工作的人员，现在更倾向于称这一专业为教育领导而非学校管理或教育管理。虽然"领导"一词已变得更有行政意味，但从文字上将领导这一标签贴于管理上，事实上对于实际的督导工作是一种误导，这样只会起反作用。真正的情况是：行政不论是在商业方面还是在教育方面都必然同时承担领导和管理的双重任务（Kowalski，2003）。管理和领导尽管有区别，但相互间并不排斥；事实上它们之间是相互依赖的关系（Adamchik，2004）。但令人失望的是，在文献中还没有给这两个核心概念做出统一的定义，这导致了两种经常性错误的产生：一是一些职业人士认为领导和管理是同义的（Yukl，1989）；二是在现代文献中，经常将行政、领导以及管理的概念误用，其主要原因是这些作者没有给行政、领导以及管理下定义或所下的定义欠妥（Shields & Newton，1994）。斯塔雷特（1990）对学校行政人员做了恰当的特征描述，他认为学校行政人员就像演员一样同时扮演着管理者和领导者的角色。作为管理者，督导制定并执行规则，掌控物质资源和人力资源，力求客观和理性，同时追求效率。作为领导者，督导集中精力于价值观、目标以及学校的改进上。很明显，虽然领导是达成教学主要目标的必要组成部分，但是对于有效的教育，管理同样非常重要。

和一些观察者相反，高效的督导重视并关心其管理职责。他们认为他们必须扮演几种不同的角色以便随着环境的改变而在这几种不同角色间转换。本章和下一章将集中关注管理职责。这一论题可分为两个部分，即本章中将讨论的物质资源管理和下一章中将讨论的人力资源管理。当你阅读这些章节时，请记住，与过去相比，督导角色中领导职责的增加并不会减少有效管理的必要性（Sergiovanni，Burlingame，Coombs，& Thurston，1992）。

财务管理

大多数督导所扮演的管理角色，其最鲜明的体现便是对财务运行的清晰洞察。这主要基于两个原因：第一，财务收入的基本部分仍然来自地方税收，这促使市民密切关注财务运行状况；第二，州政府严密地审查预算决策和财政运行状况，如果发现管理不足（如通过州查账），将通过媒体公之于众（King，Swanson，& Sweetland，2003）。在公众眼中，学校董事会和督导的首要职责或基本职责就是财务管理。然而，许多刚参加工作的督导认为自己为财务管理所做的准备微不足道（McAdams，1995）。要了解为管理巨大财政资源所需做的准备，应联系与职业准备和职业许可有关的知识。但由于国家缺乏培养督导的课程以及各州职业许可要求的不一致性，一些成为督导的从业者实际上并没有在教育经济学或商务管理中进修正规管理课程；另一些人也只是修完了大概的课程，而这些课程并非建立在实践的基础上。

由于这种从业前后的不一致，财政管理的任务就更为复杂。在相对小的学区（即不到1 500名学生的学区），我们几乎找不到具有专业背景的学科督导从事财务方面的工作，但是由于这些学区持续存在，所以其督导常常被迫担任财务部门管理者这一职务。相比之下，在一些较大的学区，督导常常有专业背景，典型的是学区越大，从事财务部门管理者职务的专业人士越多。一些州（比如俄亥俄州）也要求当地学校董事会聘请全职的财物主管，同时将财务状况报告给董事会而非督导（有争议的组织概念以这种观念为基础，即认为较大学区应把教学管理和财政管理看作相互排斥的任务去执行）。由于在较大学区和州减少了督导财政运行的控制，所以一些观察者误认为督导没必要懂得财务管理。上述结论是缺乏远见的：其一，上述状况与成千上万的从业者并无关系；其二，所有的督导都意识到他们能履行管理职责但不能完全承担责任。

公众教育中的财务管理是一项复杂的工作。它需要履行许多职责，而每一项职责又需要不同的信息和技术。除此之外，州与州之间履行这些职责的要求也是不一致的，比如在伊利诺伊和印第安纳这两个邻州之间，对于审计的要求基本上是不同的。因此，督导不仅必须准备好履行一系列财政职责，而且必须准备好在所在州允许的法律框架下应用其信息和技术知识。表9—1列出了主要的财政管理职责。在较小的学区，督导为其中的一些职责付出了大量的心血。

表9—1   **财务管理职责**

职责	说明
财务规划	适合于长期的收入规划和支出规划，尤其应将这些规划纳入综合战略规划中
预算	每年制定的项目应包括：详细的需求；预计项目所需的经费；项目带来的回报
会计	核算学区财务状况的一个进程，通常由州法律条款授权，具有两种服务性，即提供可行性措施和公共信息
债务管理	必要的债务限度估计、债务的构成、支付债务职责以及其他的与学区债务有关的事情
审计	由州法律授权的这种审计过程作为一种手段决定了学区的财务状况，同时决定了交易是否按现存法律规则执行；审计可以是外部的也可以是内部的，但通常都要求有外部审计这种形式
采购	这是一种为学区运转而获得必要设备和物资的不间断的过程，这种过程包括专门具体的阶段，如准备竞标、支出分析以及为董事会采取措施提供建议
清单管理	掌控并存储设备和物资以备将来某一天使用
物资分发	按要求将设备和物资分发到具体使用地点
风险管理	这涉及拟订管理条例和保护条例，以保护学区及学区财产，具体的事务包括：拟订条例，获得竞标，选择保险公司以及实施管理
薪酬和工资管理	该职责包括记录保有和分发给员工的支票，也包括管理额外津贴（如保险、退休金）

规划和预算

预算应该包括三项规划：教育规划、收入规划和支出规划（Hack, Candoli, & Ray, 1995）。支出预算的决策应该依据学生的需求与合理精确的收入估计。因此，与收入规划和支出规划相比，支出预算首先应制定出教育规划。而制定教育规划应基于以下几方面：确认需求、确定目的、组织目标以及描述为实现这些目标所定的活动项目（Burrup, Brimley, & Garfield, 1996）。一旦制定出教育规划，那么该教育规划与收入规划就应该是相互影响的；收入规划文件包括预算收入和现金平衡。如果的确发现教育规划和收入规划不一致，那督导在制定并通过支出规划时就有以下三种选择：

1. 督导可以忽略已规划的项目和可用资源的不一致性去制定并通过支出规划。虽然这种选择明显欠妥，但是就像事实证明的那样，每年学区都会通过财政赤字预算。督导在选择制定这样的预算前，应该了解相关州法律条文并明白过度消耗财政资源的结果。例如，在印第安纳州，拖欠部分可以由州财政税收控制委员会直接控制其运转——这种措施要求所有的地方学区财政决策都由州批准通过。

2. 督导可以选择缩减教育规划来确保财政能够全部得到支付。如果没有其他切实可行的方法来增加收入的话，那么这种选择也许是必要的。

3. 如果可能的话，督导可以选择增加收入这种办法。通常这是一项困难的决策，因为这常常要求增加税收。即使董事会能批准，这也需要通过全民税收投票，经过公共讨论才能作出决定。比如，不满的纳税人也许不同意在教育规划中列出所有的服务项目和提供所有的物资。

在项目的必要支出和收入之间达到平衡后，才能制定支出规划，同时这三项规划也才能融入学区预算中。如果合理制定，每年的预算都会提供这样几项内容：资源规划、教育目标、与其他学区交流事项、合法公费开支事项、收支决策机制以及财务执行评估指南（Hartman，1988）。

尽管事实上教育规划应该是预算的核心，但制定学区财务规划时往往没有考虑到这一点。如果督导不能够提供基础性项目，他就会作出机械预算——这种预算文件也许遵从州法律但基本上与服务于学生真正的需求无关（Hack et al.，1995）。此外，许多学区排斥而非接受预算这一职能，由督导及其助手拟订的文件由董事会通过，但由校长、教师及其他人员拟订的文件却被另作处理。这导致一种高度集中管理支配的预算（Hack et al.，1995）。这种高度集权的预算方式在一些强调教师专业化、决策民主化的学区已经造成了不便。

会计和审计

预算为制定管理决策提供了规划，而会计和审计可以提高财务运转的效率和效益。会计系统保护公共基金免受因管理者的粗心大意、不恰当的支出、失窃、挪用（款项）或者渎职等而造成的损失。会计系统也应提供以下三种服务：（1）使财务支出和教育目标互动；（2）满足地方和州机构提出的要求；（3）为学区拥护者提供可靠的数据（Hack et al.，1995）。除此之外，对于董事会成员和管理者来讲，这种会计程序是一种辅助性决策工具。比如，在预算过程中，会计程序中的信息对于预算控制是有用的，也就是说，区域管理者可以依据预算中特定的参数做出决策。

一般来讲，督导的职责是确保和监督会计程序的正确操作与执行。这包括以下几点：

- 保证操作程序与法律授权和州法规相一致；
- 为那些准备好履行职责的工作者分配任务；
- 确保记录的正确性；
- 确保记录不受损坏和危害；
- 让雇员之间相互检查对方的工作情况；
- 确保所有有关的雇员都有财产保证契约；
- 使现金收据恰当地上交；
- 确保财务交易记录与核对正确无误；
- 确保两个或两个以上个体一起承担支付资金的责任；
- 确保将财会统计的结果以恰当的方式告知纳税人（Drake & Roe，1994）。

从本质上讲，对会计系统进行恰当的控制有两个主要目的：一是形成恰当记录财务交易的机制；二是提供足够的保护措施以防误用公共基金。

审计是会计程序的扩展部分，它可以核实财务交易的精确性和完整性，因为财务交易的精确性及完整性与审计中的大概预算和具体账目有关（Hack et al.，1995）。一般审计包括由学区管理员进行的内部核实以及由非区域雇用的其他人进行的外部核实。外部核实可进一步分为两类：由专业的审查员进行的核实（例如，由州委任的审查员）和由独立的第三方进行的核实（例如，由独立的财会公司所进行的审计，但法律上并没有要求）。内部核实常常给督导、董事会或较大的社区提供信息，由于并不经常被授权，所以那些执行核实审计的人有较大程度的自由决定进程和核查重点。外部核实，尤其是由州法律授权的核实，更具有组织性。年终时，外部核实常包括以下几方面：

- 研究董事会相关会议记录，查看财务交易是否合理；
- 核实所有类型的收入数据；
- 通过考核申请表、订购单、收据以及取消的支票来核实支出数据；
- 检查分类账目和总账；
- 检查银行结算单、账目以及投资的一致性；
- 检查附属文件（如契约、清单说明、信托、偿债基金）（Burrup et al.，1996）。

许多州的审计也包括对学区财务交易和州法律规则一致性程度的具体详细的判断。

在过去的几十年中，这种趋势要求审计核实越来越严格、越来越频繁。许多州对可信赖的财务交易的高度要求已经导致制定"阳光型"的法律，这些法律要求公共部门的管理员更详细、频繁、公开地去报告财政数据。在许多学区，分散化和做预期决策的趋势也逐渐有利于强调财政报告的重要性（Hack et al.，1995）。虽然审计的目的是发现一系列存在的和潜在的错误，但事实上仅仅有一小部分审计发现了问题。审计潜在问题的另一目的是通过证实良好的实践状况、良好的效率以及对法律规则的遵守来建立公众的信心（Burrup et al.，1996）。

债务管理

像家庭一样，学区也会发生周期性的债务，这些债务可能是短期的，也可能是长期的。短期债务（通常是一年或不到一年的债务）通常包括由于现金流动问题而出现财务危机所进行的贷款（如延期纳税），在市政市场上（也即由政府代理机构引发的债务）这些债务款项占全部债务的1/4。长期债务通常与主要的发展项目有关（如兴建学校建筑、整修以及扩大校园占地面积），或者与为购买设备所进行的大笔的支出有关（如购买校车和计算机）。

与债务管理有关的管理职责总是复杂的，这种复杂性主要体现在预计税收的影响、确定有利的债务结构、确保贷款安全以及出售债券等方面。里博里（Rebore & Rebore，1993）指出，由于联邦和州税收条款规则限制套利（发行人发出的债券不断地以较高利率获取收益的过程）和市政债券的销售，所以债务管理变得更加复杂。

风险管理

风险管理即管理者作出决策以减少学区财政损失的过程。它是一种"全局观察的过程，即在保护学区和纳税人公共财产时形成最好决策以减小潜在的风险的过程"（Thompson，Wood，& Honeyman，1994，p.479）。一个学区内的潜在风险的范围是相当广泛的。可能潜存的损失包括因学生事故而引发的诉讼及自然灾害等一系列事项（比如由火灾或龙卷风引起的建筑损坏或倒塌）。如今，风险管理除了包括购买保险和提出索赔外，也包括制定预防措施等。这种扩展既是风险保险溢价的结果，也是保险执行者所期望的结果，他们期望购买保险者采取积极主动的措施以减少损失。

根据哈克等人（Hack et al., 1995）的观点，督导可以采取四种有意义的方式来控制风险。首先，如果存在风险，他们可以尽量避免或减小风险，例如，他们能够移除或替换危险的场地设备。第二，他们应该建议采取保护性政策和策略，例如，他们可以制定并执行学校风险安全计划。第三，他们可以采取措施减少不可避免的财政损失所带来的影响，例如，他们能够优化保险防护结构从而提供更完整的保护措施。第四，他们可以将全部或部分风险转移给其他团体，例如，他们要求使用学校建筑设备或校车的社区团队自己采取保险防护措施。

尽管许多学区将风险管理委托给个人而不是督导，但专家们一致认为督导的参与仍是必要的，因为如此多的风险预防领域需要跨区域协调（Burrup et al., 1996）。以下督导可以做出的可能性贡献的例子值得思考：

● 确认风险是制定有效措施的关键的第一步。督导可以委任其他人开展关于委员会会议的综合研究，这类委员会的成员中包括学校社区所有组成部分的代表。其研究结果可以为每年的保险做精确的评估。

● 除非将风险管理委托给有能力的个体并且给予足够的预算，否则风险管理项目将无法良性运行，这些决定通常需要督导参与。

● 防护措施可以采取辅助项目的方式进行。例如，督导可以设计一项优良的项目来减小雇员健康保险索赔。

● 防护效果也可以由保护学区免受风险的有效政策来提高。例如，督导可以建议修订关于夜间和周末使用学校建筑设备的政策。

● 开展风险管理项目依靠双向有效的沟通来实现，即学区和社区之间的沟通以及各学校和中心管理处之间的沟通。督导往往可以促进和维护有效的沟通。

采购和清单管理

学区购买物资和设备是一项不间断运行的财务事项。由于需要使用公共基金来购买这些物资，所以就由联邦和州法律条款以及地方区域政策来制约该管理事务，这些由其授权而统一进行的控制体现在以下领域：

● 竞标。许多州要求学区购买超出一定数量的物品时，要通过保密性竞标来购买，而且法律条款也可能要求接受"最低的和最好的竞标"。

● 需求和订购单。通常学区要求雇员填写政府批准的申请表并按订购单中所列的项目去购买设备和物资。

● 提出索赔及赔款。学区与卖主之间的财务交易通常要求管理者遵照已制定的程序并采取合理的方式进行；这些程序与索赔方式通常是由法律政策明确规定的。

这种采购政策会导致学区利益和公共事务管理者个人利益间的冲突。当存在产生利益冲突的苗头时，督导就有责任去调查这件事并通知董事会，从而制定出满足各方利益要求的决策；当真的产生利益冲突时，督导必须采取措施去合法地解决这件事。现在许多州制定了法律法规要求所有的公共雇员和董事会成员公布可能存在的冲突。例如，一个人既是银行中保管学校基金的雇员同时又是董事会成员，这样的人就必须透露真实情况。然而令人遗憾的是，找到冲突产生的原因是件复杂的事,不同州的法院对这种冲突制定了不同的规则(Hack et al., 1995)。因而,督导应该请律师去弄清他们所在州的现存法律条款的本质,从而解决利益冲突这一问题。

清单管理是管理工作中既与其他工作相关又独立的部分。学区仓库存储备用供应物和设备主要基于两个原因:第一,节省开支;第二,方便使用。前者,通常指批量购买(如复印机墨盒和打印纸),批量购买总是比单个购买省钱;后者指尽可能快地提供所需物资,这样能提高教育活动项目效率和质量。在小型学区,关于库存量的决策也许要受到可用空间大小、可靠性以及卖主邮递速度三方面因素的影响。中间型学区则可能通过合作购买和协作库存减少小型学区所面临的劣势。

当制定清单管理决策时,督导应明确下列问题:

● 需要多大的库存空间?

● 如何将库存中的供应物和设备分发出去?

● 预计库存花费有哪些(包括公用事业、保险、人事)?分发花销有哪些(包括设备、人事、保险以及燃料)?这些花费与大宗采购预算支出相比如何?

● 如何进行清单控制和安全控制?

● 如果有的话,学校或学区应长期存储什么样的供应物和设备?

● 库存中应有的供应物和设备的最大量和最小量分别为多少?

显然,经济效益是清单管理和库存控制的主要目标。在这方面,公共事务管理员或学区雇员往往没有遵照这种有效方法进行管理。例如,在这个领域中的有效管理能阻止不必要的购买(如重复购买)、减少偷盗(如为高价资料提供高安全领域)、减少支出分析的困难(如对购买决策的研究)以及提高对广泛使用的资料的评价。然而,经济效益不应该是唯一的标准;及时更新设备或在教师需要时提供所需物品应该更重要。

即使督导管理采购(除了在很小的学区,督导一般是采购代理),督导也应保证效益和效率。这可通过许多方式来实现,包括:强调合理的需求和客观的决策,坚持与卖主讨价还价,要对运行过程进行分析以及对活动项目进行评估。最重要的是,督导必须确保教育方面的服务项目没有因为其他影响而减少。清单管理的成功真正体现为较好地满足学区雇员和学生的需求。因此,督导在这一过程中应该尽力参与到以校为本的人员管理中,这包括让校长和教师对设备和材料投入资金提出建议,让他们参与到产品展示中去,让他们在使用产品后作出评价,并对分发系统的效率也作出评价。

薪酬和工资管理

虽然如今管理者用现代技术进行财务管理,但薪酬发放和小额优惠项目管理仍然是一项复杂而又需具有高度责任感的工作。通常,学区有大量薪酬和小额优惠项目分配给符合条件的雇员。例如,有专业背景的员工按每年制定的薪酬合同来计算工资(一段时期付给员工一定数量的钱);其他员工通常按月或日来计算工资(Rebore & Rebore, 1993)。除此之外,这种项目和员工所获得的报酬常随着每年政策的修订和政府法律条款的改变而改变,或者随集体协商修订合同而改变。

薪酬和工资管理不可避免地与学区人员所作的贡献有关。有关薪酬发放和小额优惠项目构成的政策以及从业实践证实了这一点。人事利益决策常常会产生很多结果；这些决策会影响雇员的道德，会产生政治倾向（如使纳税人支持集体协商争议的问题）或导致法律问题（如在减薪时犯的错误）。一般，薪酬和工资的构成受多种因素影响，这包括该组织团体的价值观、州和联邦的法律条款、现存的学校与团体协会的合同、地理区域的雇用条件（即普遍的工资水平、失业率）以及所在州中其他学区的普遍做法。

设施管理

学校建筑设施的修建需一定数量的公共基金投入，同时这些设施的改进和维修也是管理者不可推卸的责任。其中最基本的责任之一是提供足够的设施（Hoyle，1999；Witcher，1994）。自 1980 年以来，这项任务引起格外的关注，其原因如下：

● 20 世纪 80 年代后期的一项全国性研究（Lewis，1989）表明，全美国范围内至少 25％的学校建筑设施条件差，提供的学习环境不佳。到 20 世纪 90 年代中期，其更新研究表明这个百分比已上升到约 33％（General Accounting Office，1996）。

● 许多学区不稳定的招生制度已对它们造成了多种影响。如佛罗里达州和佐治亚州，学区入学人数的持续增长，要求其督导不断地参与到学校的建设中。其他州，如南达科他州和北达科他州，由于不同的原因，督导也全身心地关注学校设施。入学人数的减少加剧了学校的稳定性和封闭性的压力——这导致学校不得不决定如何处理不需使用的设施。

● 将所需技术引入教学对督导而言是一种挑战，因为他们不得不想出将计算机技术融合到尚未与计算机相适配的空间中的方法。由于技术问题，新建筑的设计和现有建筑的修复翻新都较复杂（Kowalski，2002）。

● 40 多个州的法庭已对学校财务的公平问题提出了争议。虽然诉讼的主要关注点是基金的运转，但基金规划使用也已成为诉讼的一部分（Thompson et al.，1994）。一些州继续要求用地方自有的税收去支付所有的或部分的学校建设费用，这些州在受理诉讼时特别易受到驳斥（Kowalski & Schmie Lau，2001）。

● 在许多学区，大众不断要求提高服务质量以及提高责任感和办事效率。本质上讲，公众希望管理者投入较少的资源而作出更多贡献。这种窘境扩展到学校建筑设施方面。与此同时，运行成本（如公用事业支出、保险）也正在增加，纳税人正期盼能够充分利用学校建筑设施，充分发挥其对于社区的功用。

● 学校改革对学校发展进程和规划的项目也起着促进作用。具体包括：延长在校时间（包括强制性的暑期学校），修订影响课程登记和校舍使用的课程（如必要的修订方案、减少对选修课的强调），以及扩大服务范围（如个体测验、社团工作）。因此，为学校设施制定计划是为改善学校所作的整体努力的组成部分（Smith，2003）。

总之，上述事项已使得学校设施管理成为督导工作生活中较为常见的一项事务。

规　划

由于资金的投入会对政策和经济产生影响，所以人们要求督导进行大范围的规划并且得到社区基本的支持。为此，督导需要：（1）制定长期规划；（2）为规划获取支持力量;(3)制定具体的设施计划(Castaldi,1994)。许多督导认识到高度依靠地方税收进行设施建设和维护的政治性,所以他们在设施计划中大量提及市民。虽然这种做法通常会让涉及这一计划的市民有一种自主感和自豪感,但由于不同个体所持的价值观不同,所以规划中往往会产生矛盾。

规划制定的参与者常常成了雄辩者,他们帮助学校领导者为建设项目争取更多的社区支持。市民的卷入也使得评估真正的需求更精确,并且与这些需求的相关选择也更一致(Kowalski,2002)。虽然参与会加剧冲突,但参与的优势胜过其劣势。由于通过广泛的社区参与而达成一致,督导会把冲突和不一致作为一种机会来为规划成果建立必要的政策支持(Erwood & Frum,1996)。督导和学校董事会经常会独自制定规划,然后发现他们的目标并不能得到大多数纳税人的支持。

设施管理中常犯的错误是孤立地处理某个项目。系统理论表明这样做是不可靠的,因为学区的组成部分不是孤立的而是相互联系的。例如,重建某所中学内的建筑设施会间接影响这个学区内的其他建筑。为什么呢?因为中学里的规划项目涉及了经济和政策资本。如果学区内的其他建筑需要改建或新建,那么督导获得别人对进行这些项目的支持的能力可能会由于受中学里规划项目的影响而减小。总之,如果要做好,那么设施规划和管理也许会比表面上看起来更复杂。对于单个项目的决策应该用系统的视角来观察——区域规划方法即根据社区和教育的共同需求来制定设施规划(Smith,2003)。只有当长期的学区设施规划合适时,督导才真正做好了对相关的项目作出决策的准备(Kowalski,2002)。图9—1表明学区设施核心规划应根据真实的需求来制定框架,而学校规划只是核心规划的扩展或组成部分。

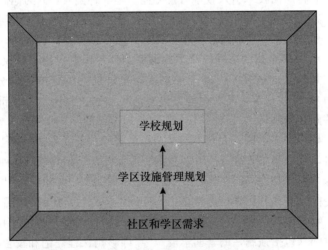

图9—1　学区设施管理规划与学校规划的关系

督导最重要的决策之一是选择由谁担任项目规划组的成员(Bell,2003)。除非管理者对设施规划有了一个大概的了解,否则管理者必须努力去确认所需专业援助的范围(McClure,2002)。新建、改建或扩建学校需要包括建筑师、项目经理、建筑承包人、教育计划顾问、财政顾问以及合同律师等在内的多方人员的帮助。督导在作关于必要服务项目的范围以及选择由谁来提供服务的决定时,应该以学校设施规划的专业知识(Kowalski,2002)和教育项目及教育目标中物资环境的作用(Ryland,2003)为依据。除此之外,督导面临的同样重要的问题是人员问题。在大的学区中，由于助理工作人员具有一定的专业背景，督导只需承担有限的工作，一些学区中甚至有自己的内部建筑师。然而，在大多数学区中，督导必须亲自管理设施项目，这就需要他们调整自己的工作事项和时间。

设施项目的审核

许多州要求对设施项目进行公众审核。一些州采取仲裁的形式进行审核，另一些州则采取上交申请表格的形式进行审核。这种要求与长期而稳定地将全部或部分地方税收作为学校建设费用的实际情况有关。当督导让公众对建筑项目进行投票时往往会出现三种情况：（1）一些市民认为按财产征税是不公平的，因此，当建议增加税收时他们就会提出自己的要求；（2）一些纳税人认为学校建筑设施对学生的学习并不重要，因此他们坚持认为稀缺资源不应用到建筑设施方面；（3）一些投票人反对任何形式的税收，因为他们认为他们已经交了超额的税（Kowalski，2002）。鉴于这些情感因素，学校管理员常常觉得很难为设施的基金项目获得足够的赞同票。总之，规划及公共关系与设施管理有紧密关系。

维 修

除规划和支持建设项目外，督导对设施维修也承担责任。这项职责包括许多管理活动，例如：

- 对维修和售后服务提供一份有组织的安排计划；
- 确保维修员和管理员从事过相关的工作；
- 确保维修员和管理员受到适当的监督并对他们的工作作出客观的评价；
- 评估整个维修项目对教育活动的意义；
- 确保维修部门有恰当的政策、规则和操作程序；
- 提高安全意识使学校设施维修良好；
- 对区域维修项目的集中管理与分散管理要保持有效的平衡性。

最近的危机情形表明：即使在较大学区，督导也应在维修方面承担上述几方面的责任，以便为设施提供充足、高效、灵活、合适的维修，为学生提供健康而安全的学习环境。

在过去的三十多年中，设施维修状况已基本改变。在很大程度上，技术已经带来了更复杂的机械化、电气化和通信化系统。除此之外，现代学校通过计算机和其他声像综合一体的技术给学生和教师员工提供数据信息。例如，远程学习目前在全美得到广泛应用。这些先进的技术对维修部门员工的要求产生了深远的影响。如果建筑设施不是很复杂，督导就可以——并且他们也常常——选择一位有成功经验的维修工人担任类似于建筑项目主管这样的职务。例如，在20世纪80年代早期，美国超过67%的建筑项目主管没有大学学位（Abramson，1981）。尽管在许多州这样的职务不要求具有大学学位，但是由于责任的范围与整个运作的复杂性，越来越多的督导已开始雇用那些在管理和工程项目方面拥有大学学位的人员（Kowalski，2002）。

学生交通

在小城镇和农村，作为管理者的督导形象通常比在其他社区的督导形象更引人注目，因为在这些区域，地方学区通常承担周边地区范围内最大的交通服务项目。但是即使在那些较小的学区，许多纳税人也会忽视或低估使运作既快速又高效的管理。学生交通管理的两个主要问题是：如何组织交通服务？如何为这项服务投入资本？

组织选择

督导必须决定如何组织较大规模的交通运输项目。督导有两种选择：直接监管这个项目或将其委任给另一个管理者。为交通运输项目负责的人称作交通运输主管，在前一种选择中，他要向督导汇报情况。较小的学区往往都采取这种组织形式。在后一种选择中，交通运输主管要向督导任命的监管人员（通常也被称作助理督导或副督导）汇报情况。在所有学区都有这种标准的组织形式。

在较大的学区，交通运输主管通常需要既具有管理能力又具有技术技能。从管理角度上讲，主管必须具有管理人事、预算、制定工作日程表等方面的知识和经验；从技术角度上讲，主管需要懂得诸如汽车维修、路线、汽车安全以及燃料效率这样的问题。

资金投入选择

关于服务项目资金投入量的决策与资金支出决策有关。这种决策有点类似于家庭对住房投入量的决策。一个家庭可能买房子，也可能租房子或租公寓，每种选择都各有利弊，这取决于家庭环境（比如，地理位置、资产和债务以及家庭的长期计划）。同样地，督导为学生交通而选择校车的途径有以下两种：自己购买或承包（见表9—2）。

在美国，学区都采用自己购买校车的方式。虽然刚开始投入比较大，但许多专家认为这是最好的选择。原因有二：其一，从经济方面讲，自己购车在长远来看花的费用并不贵；其二，学校自己拥有校车便于控制管理。这样看来，决定自己拥有校车还是聘用私人合作者就与决定买新车还是租车很类似。租车是否是一种较好的选择依赖于买主的经济实力、所需车的数量、维修车的能力以及买方打算使用时间的长短。

表9—2　　　　　　　　　　　　运行交通运输项目的选择方式

选择	说明
学区自己购车并维修	学区购买自己需要的全部校车，并组队维修；只有出现主要的机械问题时才会以签合同的方式向外求得服务
学区自己购车但请人维修	学区购买自己需要的全部校车但和维修公司签维修合同
部分购买部分请人维修	学区购买部分校车，剩余路线和公司签合同由其提供服务，一般合同双方各自维修自己的校车
依据路线签合同	学区预先制定校车路线并为竞标做宣传，学区没有车辆成本支出，竞标方自己购买并维修校车
全部向外租借	学区与提供全部交通运输服务的公司签订合同，学区没有车辆成本支出，也不需为每日的运作负管理的责任

撇开效率问题，许多督导更倾向于学区自己拥有校车。因为这样他们可以在必要时作出调整并在质与量方面对这个项目的雇员进行管理。相对而言，赞成与私人合作或资源外借的人（Hunter，1995；Lieberman，1986）指出，采取与私人合作或资源外借的方法能减少管理责任和相关劳动问题：学区管理者没必要去管理交通人员、维修校车和制定路线日程表等。然而，怀疑者争论道：与私人合作的话，这些合作者对学生和家长的需求不敏感，而且他们常常完全只关注底线（即利润）；在地方学区中资源外借可能会产生政策问题，尤其是在造成现有职员被裁时（Saks，1995）。

纵观历史，许多农村学区选择与私人合作的方式来给学生提供交通运输服务，而这种合作是建立在预先决策好的路线基础上的。这种选择是为了让有着弹性工作日程的常住此地的农民能够增加他们的收入。虽然这种合作方式节省了资金支出（合作方拥有并维修校车），但是从长远来讲这样的花销是较大的，尤其是当租车竞争不激烈或不存在时。如果不存在租车竞争，督导就只能按照合作者的要求支付资金而没有其他选择，这样其实并没有节省资金。从向外租车过渡到自己购车，在财政上是困难的，因为几乎没有哪一个学区拥有一次性购买大量校车的必需资金（Daneman，1998；Fickes，1998）。

对运行学生交通运输项目选择状况的比较研究（Page & Davis，1994）表明，自己购车比例与租车的比例不是恒定不变的，每个学区必须根据自己学区环境中的变量来衡量这两种选择。下面是关于决定如何运行交通运输项目的一些最有说服力的观点：

- 法定条款——所有的选择都是法律允许的吗？法律对与该选择相关的其他选择的支持程度如何？
- 州的资助——与其他方法相比，目前州基金方案更支持某种方式吗？
- 政策——有政策性条款限制选择吗？
- 过去的做法——在涉及选择方面，目前的做法和过去的做法存在多大潜在性政策问题？
- 债务费用——关于民事侵权行为的责任有什么区别？
- 全部费用—— 所作的选择的启动费用和运作费用有多高？
- 项目范围——该项目把学生送到学校和接回家的车辆使用范围如何？选择在多大范围内影响着项目？
- 维修——在不同的选择下提供的维修如何？维修费用会变化吗？
- 控制——每种选择在多大程度上减少了督导对学生交通的控制管理？学区愿意放弃多大程度的控制？
- 政策的可接受性——某些选择引起政策问题了吗？
- 汽车的更换——多长时间更换汽车？这种选择与长期重置成本相比如何？

周全的考虑

由于联邦和州的法律保护残疾人的权利，使得管理交通运输系统的责任更加复杂。应该给有特殊需要的学生提供正常学生所享有的同样的交通运输服务，即使不能满足常规交通运输服务也应给这些学生提供服务（Bright，2003）。1997 年《残疾人教育法案》（IDEA）要求，为这些有特殊需要的学生提供的交通运输服务包括：

- 把他们送到学校并把他们接回家；
- 带他们参观学校内及周围的建筑设施；
- 把学生从家里接到校车上；
- 如果放学后学生不能回家就把学生送到其照看者那里。

这些服务的直接费用（如按英里计数的费用、出租车费）和间接费用（如运费、停车费）必须由学区承担（Bluth & Hochberg，1994）。除了正常的孩子需要上学外，许多残疾学生也要接受教育，由于一些残疾学生不能享受学校常规的校车接送服务，所以应提供特殊的住宿条件和服务条件。

令人失望的是，太多的纳税人在评估交通运输服务项目时提出了许多不恰当的标准。最明显的是，他们把效率和经济而不是安全和便利看作主要的标准（Zeitlin，1989）。总之，督导需要提醒董事会、雇员以及普通大众：有效的学生交通运输服务应具备安全性、充分性（对真正的所需所想进行反馈）以及高效性。

饮食服务

管理饮食服务项目包括一些特殊的任务，例如建立运行结构，决定提供服务的范围，建立一种恰当的运送服务模式等。对于督导而言，基本的挑战是：平衡营养，满足消费者需求，以及服务效率高——由于州不断变化的标准和消费者需求多样化使这项任务更具难度。纵观历史，督导依靠州指令和职业顾问去制定相关的营养决策，同时督导还依靠校长，建议他们要根据顾客要求来提供服务。在效率方面，许多督导都对食品服务项目持淡漠的态度。如果项目没有出现一系列的亏空，他们就可以不管这件事。这种处理方法是缺乏远见的，应该考虑长期运作所需的费用，如购买大型设备。

管理维度

对饮食服务项目的正确管理需要进行足够的监督以确保生产率、控制成本、进行成本效益分析以及为获得必要的改进而进行资源再投入（Boehrer，1993）。监督这一事项值得重视，因为许多学校的一线管理都是由未经过正规管理培训的人员（如厨师长）所执行（Anderson & Durant，1991）。总之，督导应该在购物、列清单账目、记录、评估以及财会等方面委任一些具有基本技能的管理者。

与饮食服务项目管理相关的具体事项远比人们想象的要复杂，下面这些例子可以证明此事实：

- 除少数学区外，其他学区都给学生提供午餐；越来越多的学区也为学生提供早餐，这些费用由联邦政府补贴；在2000年，71 000多所学校参与了联邦资助的学校所进行的提供早餐的活动项目（Coles，2000）。
- 随着家长和学生对学校饭菜不满的程度日益加大，这一问题逐渐成为主要的关注点，同时也出现了多种选择。要求提供特别菜肴（如蔬菜）的学生人数继续增加（Jones，1996）。总之，现在许多学校除了提供传统的午餐菜肴外，还提供沙拉和多种可供选择的菜肴。
- 与饮食服务有关的潜在诉讼一直在上升。事实表明，华盛顿州的一个小型农村学区被判赔付给 11 个家庭近 5 000 000 美元，原因是这 11 个家庭的小孩在吃了小学自助餐厅的未煮熟的肉之后生了病（Cook，2003）。

● 也可以考虑假日开放服务。社区团体、俱乐部甚至商务会议都可能在学校举行，会议结束后很多人会到学校食堂就餐（Kowalski，2002）。

组织和运作方式的选择

虽然已在关于学生交通运输方面讨论过外借资源这一观念，但这一观念也与饮食服务相关。大公司已进入学校饮食服务市场并处于一种高度竞争的状态，它们给督导提供诱人的条件。尽管如此，许多学区对学校与饮食公司签订合同仍然存在政治性抵制，这主要基于两个原因：首先，大多数自助餐厅的雇员都是社区居民；多数情况下，学校餐厅的服务员都是附近的居民，因此，他们对任何危及他们岗位的改变都会产生抵制情绪。其次，许多家长觉得在饮食服务项目中雇用当地居民更放心。

尽管降低控制和政治性的抵制成为关注的焦点，但是与饮食服务公司签订合同仍然是有益的。例如，可以减少工会问题，减少必要的直接管理（如大量购买设备和原材料）。签订合同的重要性不断提高的另一个原因与管理本身有关。许多督导认为与公司签订合同可以使校长更自由、更直接地关注课程——鉴于逐渐复杂的联邦和州法规，这是一种引人注目的事实（Van Wagner，1995）。在 20 世纪 80 年代晚期，与饮食服务公司签订合同的趋势依稀可见；1989—1993 年，将近 300 个学区不再实行"国家学校午餐计划"（National School Lunch Program，一项联邦资助的项目），不仅因为快餐供应商正进入这一市场，还因为内部管理逐渐复杂（Van Wagner，1995）。尽管这种现象日益凸显，但许多督导仍排斥与饮食服务公司合作。美国统计局所做的研究表明这种排斥也许是正确的，该研究发现 2/3 的公司没有完全依据联邦的要求，许多公司在监管和评估标准等关键领域做得还不够（许多学校的午餐合作合同都与其初衷不一致）。

不接受饮食服务公司提供服务的学区，其有关组织结构的决策比较重要，通常由督导来做这样的决策。组织的一个维度是合适的控制，学区的饮食服务项目是集权管理（在学区中央权威的管辖下）还是分权管理（在每个学区校长的管辖下）；另一维度是关于服务的食品准备。在 20 世纪 60—70 年代，曾有一段时间许多学校新建建筑设备以满足日益扩大的招生需求，区域管理员常常选择参与"卫星食品"项目——在中心场所准备饭菜然后分发到各学校——主要目的是通过减少每所学校的食堂需求来减少资金支出，同时通过雇用较少的雇员来减少经费支出。"卫星食品"项目倡导人士认为这种做法有利于生产较好的产品（通过较少但专业的员工来实现质量管理）以及形成产品质量的标准（在每所学校提供的产品质量都一致）（Van Egmond-Pannell，1983）。尽管有这些好处，但许多学区仍然是一个组织性的机构，在这种机构中每所学校各自准备食品并提供饮食服务。

监督职责

虽然督导最终也得为管理饮食服务而负责，但他们几乎都不直接监督这项服务的具体工作，即使在小型学区也如此。倾向于集权管理的学区，其主管不仅有专业的饮食服务知识，而且有专业的管理知识（比如，有管理知识的营养师）。饮食服务项目的主管是否向督导作汇报依据学区大小而定。当有一个或一个以上助理督导时，项目主管就更可能由某一个助理督导领导。

在分权管理这种项目的学区，校长一般承担管理职责（尤其是在财务方面），并任命厨师长去监管饮食储备和服务。因为许多学校内的雇员缺乏经验，同时不合理的做法可能导致费用增高，所以，校长常常必须为雇员提供方向和进行员工培训。这种管理方式逐渐引起了反对者的批评，他们认为校长花了太多时间来管理饮食服务项目，这种做法是以牺牲更为重要且需具备专业领导能力才可以做好的事务（如课程开发、设计教学纲要、教师评估）为代价的。

反　　思

本章探讨了学区督导承担的主要管理职责，所讨论的职责包括财务、设施、学生交通以及饮食服务。

结合本章内容，思考下列问题：

1. 哪些因素导致对督导管理角色持消极观点？
2. 财务管理发挥了哪些基本功能？
3. 大型学区的督导和小型学区的督导所承担的财务管理角色相同吗？为什么？
4. 对于多数督导而言，哪些因素导致设施管理成为一项较复杂而又耗时的任务？
5. 督导所遇到的许多关于设施管理的问题都具政治性吗？为什么？
6. 资源外借指什么？对于交通运输服务和饮食服务而言，资源外借的优缺点各是什么？
7. "卫星食品"项目指什么？这种做法的目的是什么？
8. 交通运输服务及饮食服务在决定资源外借时所考虑的因素有哪些？

案例研习

过去的 7 年里，多尔顿镇学区的入学人数已经增加了约 20％。到目前为止，12 岁以下的学生约为 1 750 人。这种增长对学区督导约翰·赞姆（John Zeemer）提出了许多挑战。他做了 12 年的中学校长后成为督导，在成为督导的 5 年前，他预料学区入学人数仍将稳定。然而，那时他没有意识到大量的电子产品公司正计划在学区附近兴建工厂。在建设工厂的计划宣布后不久，两个当地的建筑商就获得批准在多尔顿镇建立分部。建筑商认为几乎一半的工厂职员将更倾向于住在多尔顿镇，因为那里税收较低。

过去的 3 年里，多尔顿镇学区的入学人数以每年约 1％的速度增加，近年来所进行的入学人数研究项目显示至少未来 5 年学区入学人数将以每年约 2％的速度增加，督导约翰·赞姆很快意识到会有一系列设施问题出现。学区的 4 所学校（两所小学、一所中学、一所高中）现在正以 105％（高中）和 120％（其中一所小学）的容量运作。如果预计的入学人数准确，那一系列的过度拥挤问题将会发生。因此，约翰·赞姆督导向一些入学人数也在不断增长的学区督导寻求建议。此外，他也与董事会进行了一系列的讨论。

约翰·赞姆督导亲自和董事会成员讨论后得出结论，即解决学区设施问题最好的办法是再建立一所小学。学区组织规划也将随之改变。新建的这所小学将招收 K—6 年级学生而非 K—5，鉴于 6 年级学生回到小学就读，中学入学人数将减少 1/3，高中将继续招收 9～12 年级的学生。这种改变将减少小学和中学里严重的拥挤问题。预计这个项目的费用为 1 400 000 美元。纳税人对此反应各异，而董事会赞成约翰·赞姆督导的建议。这个项目仅以很小的投票差额获得通过：52％的支持票和 48％的反对票。

自 45 年前建镇以来，多尔顿镇在每个乡镇学校仅有一个专业的管理者，即现在的督导。三个非专业的雇员也在学区办公室工作：一个财产保管员或图书保管员，一个秘书，一个接待员。一旦项目启动，约翰·赞姆督导将不得不花大量的时间与建筑师以及校长一起工作。结果，他渐渐地依赖于他的三个员工以及四个学校的校长去承担他的常规职责。例如，一位小学校长帮助管理交通运输项目。由于更多的工作委派给中心办公室的这三个员工，他们逐渐不满起来。其中两人暗示说除非再聘请一个人否则他们将辞职。

约翰·赞姆督导开始意识到即使完成建筑项目，工作量也将永远不会回到以前的程度。学区将不得不再开设一所学校，但那又增加了交通运输服务需求，同时还需要有更多的教师和管理者。他决定聘请一个助理督导。在因建筑项目而导致税收增加这一后果后，他提出了他的这个想法，然而，这是一个政治上的不稳定的决定。

案例讨论

1. 规模像多尔顿镇这样的学区，对于规划和建设一所新的小学，督导将承担什么任务？

2. 约翰·赞姆督导将更多的职责委派给四个校长和中心办公室里三个员工的行为合适吗？

3. 约翰·赞姆督导和其他一些督导商讨，然后亲自和董事会讨论制定计划以解决入学人数增加带来的问题，你会采用这种方法吗？为什么？

4. 督导认为他真正需要的是一名督导助理，你同意吗？为什么？

5. 新建学校的提议以极小的投票差额通过。因建设新学校导致了税收增加这一后果，督导担心董事会不同意增加助理督导。你同意吗？为什么？

参考文献

Abramson, P. (1981). The superintendent of buildings and grounds: His job, his status, his pay. *American School and University*, 54 (2), 66–71.

Adamchik, W. (2004). *Leadership vs. management*. Retrieved August 13, 2004, from http://www.beafirestarter.com/id24.html

Anderson, K. M., & Durant, O. (1991). Training managers of classified personnel. *Journal of Staff Development*, 12 (1), 56–59.

Bell, D. L. (2003). A team approach to building a new school. *School Administrator*, 60 (4), 32.

Bluth, L. F., & Hochberg, S. N. (1994). Transporting students with disabilities: Rules, regs and their application. *School Business Affairs*, 60 (4), 12–17.

Boehrer, J. M. (1993). Managing to meet the bottom line. *School Business Affairs*, 59 (11), 3-8.

Bright, K. L. (2003). Resource utilization. In R. Weaver, M. Landers, T. Stephens, & E. Joseph (Eds.), *Administering special education programs: A practical guide for school leaders* (pp. 129-150). Westport, CT: Praeger.

Brunner, C. C., Grogan, M., & Björk, L. G. (2002). Shifts in the discourse defining the superintendency: Historical and current foundations of the position. In J. Murphy (Ed.), *The educational leadership challenge: Redefining leadership for the 21st century* (pp. 211-238). Chicago: University of Chicago Press.

Burrup, P. E., Brimley, V., & Garfield, R. R. (1996). *Financing education in a climate of change* (6th ed.). Boston: Allyn & Bacon.

Castaldi, B. (1994). *Educational facilities: Planning, modernization, and management* (4th ed.). Boston: Allyn & Bacon.

Coles, A. D. (2000, November 22). Federal breakfast program feeds record numbers. *Education Week*, 20 (12), 6.

Cook, G. (2003). Food safety questions continue in wake of ruling. *The American School Board Journal*, 190 (11), 10-12.

Daneman, K. (1998). Ins and outs of privatization. *American School & University*, 71 (1), 16, 18.

Drake, T. L., & Roe, W. H. (1994). *School business management: Supporting instructional effectiveness*. Boston: Allyn & Bacon.

Erwood, D., & Frum, R. D. (1996). Forming a united front. *American School & University*, 68 (8), 84-86.

Fickes, M. (1998). Making the buses run. *School Planning and Management*, 37 (5), 39-42.

General Accounting Office (1996). *School facilities: America's schools report differing conditions*. Report to congressional requesters. East Lansing, MI: National Center for Research on Teacher Learning. (ERIC Document Reproduction Service No. ED397508)

Hack, W., Candoli, I., & Ray, J. (1995). *School business administration: A planning, approach* (5th ed.). Boston: Allyn & Bacon.

Haman, W. T. (1988). *School district budgeting*. Englewood Cliffs, NJ: Prentice Hall.

Hoyle, J. (1999). The triumphant superintendent. *School Administrator*, 56 (6), 6-9.

Hunter, R. C. (1995). Private procurement in the public sector and in education. *Education and Urban Society*, 27, 136-153.

Individuals with Disabilities Education Act. (1997). Retrieved August 10, 2004 from http://www. ed. gov/offices/OSERS/Policy/IDEA/index. html

Jones, R. (1996). Salad daze. *The American School Board Journal*, 183 (2), 20-22.

King, R. A., Swanson, A. D., & Sweetland, S. R. (2003). *School finance: Achieving high standards with equity and efficiency* (3rd ed.). Boston: Allyn & Bacon.

Kowalski, T. J. (2002). *Planning and managing school facilities* (2nd ed.). Westport, CT: Bergin & Garvey.

Kowalski, T. J. (2003). *Contemporary school administration: An introduction* (2nd ed.). Boston: Allyn & Bacon.

Kowalski, T. J., & Schmielau, R. E. (2001). Potential for states to provide equality in funding school construction. *Equity and Excellence in Education*, 34 (2), 54−41.

Lewis, A. (1989). *Wolves at the schoolhouse door: An investigation of the condition of public school buildings.* Washington, DC: Education Writers Association.

Lieberman, M. (1986). *Beyond public education.* New York: Praeger.

Many school lunch contracts go sour, says government report. (1997). *American Teacher*, 81 (2), 12.

McAdams, P. (1995). Everything you always wanted to know about the superintendency, but were afraid to ask. *NASSP Bulletin*, 79 (570), 86−90.

McClure, R. (2002). Choosing your team. *American School & University*, 75 (3), 370−372.

Page, P. R., & Davis, L. D. (1994). Leave the driving to us. *The American School Board Journal*, 181 (11), 43−45.

Rebore, W. T., & Rebore, R. W. (1993). *Introduction to financial and business administration in public education.* Boston: Allyn & Bacon.

Ryland, J. (2003). Fads, fancies and fantasies: An educator's perspective on current educational facility issues. *School Planning & Management*, 42 (6), 16−24.

Saks, J. B. (1995). Exercising your options. *American School Board Journal*, 182 (10), 38−40.

Sergiovanni, T., Burlingame, M., Coombs, F., & Thurston, P. (1992). *Educational governance and administration* (3rd ed.). Boston: Allyn & Bacon.

Shields, C., & Newton, E. (1994). Empowered leadership: Realizing the good news. *Journal of School Leadership*, 4 (2), 171−196.

Smith, S. J. (2003). Design: The visionary master plan. *American School & University*, 75 (12), 142−145.

Starratt, R. J. (1990). *The drama of schooling, the schooling of drama.* Bristol, PA: Falmer Press.

Thompson, D. C., Wood, R. C., & Honeyman, D. S. (1994). *Fiscal leadership for schools: Concepts and practices.* New York: Longman.

Tyack, D., & Cuban, L. (1995). *Tinkering toward utopia: A century of public school reform.* Cambridge, MA: Harvard University Press.

Van Egmond-Pannell, D. (1983). Satelliting school lunch production. *School Business Affairs*, 49 (11), 20, 42−43.

Van Til, W. (1971). Prologue: Is progressive education obsolete? In W. Van Til (Ed.), *Curriculum: Quest for relevance* (pp. 9-17). Boston: Houghton Mifflin.

Van Wagner, L. R. (1995). Fed up. *The American School Board Journal*, 182 (5), 39-41.

Witcher, A. E. (1994). Expanding school facilities: The superintendent holds the key. *The Clearing House*, 68 (5), 35-36.

Yukl, G. A. (1989). *Leadership in organizations* (2nd ed.). Upper Saddle River, NJ: Merrill, Prentice Hall.

Zeitlin, L. S. (1989). Pupil transportation and fiscal responsibility. *School Business Affairs*, 55 (4), 35-39.

第**10**章

人力资源管理

本章要点 ▶▶▶

工会合作

特殊教育

法律服务

学生服务

人力资源管理

督导不仅要为物质资源管理负责，还要为学区人力资源管理负责。为人力资源管理设置参数标准是一项困难的任务，这是因为除学校和学区与大多数工业组织明显不同外，学校与学校之间以及学区与学区之间也各不相同。学区和学校的两个主要特征是学校中人群的密集性以及人的教和学的过程特性（Harris & Monk，1992）。除此之外，学区的多数雇员是职业的从业人员，也就是说，他们是被许可了的从业者，他们有一定程度的独立性和权威性，当然，他们仍需要继续学习。

本章除尽力列出督导管理学区职员的一系列的任务外，还将突出强调督导需要全力关注的五项职能：人力资源管理、与工会合作、特殊教育、学生服务以及法律服务。很明显，第一项职能（以前称人事管理）最关键也最复杂。

人事管理

一般来说，人力资源管理包括管理组织中个体和群体的劳动力、体能以及为学区提供服务的智能（Rebore，2001）。可以通过三个术语来阐释这一职能：人力资源管理（HRM）、人力资源开发（HRD）和人力资源行政管理（HRA）。人力资源管理与后两者相比，其含义范围要窄一些，一般涉及组织中的以下职能，如确定员工的需求量、员工招聘、员工选拔以及对以前"人事管理"组织背景进行了解。人力资源开发的职能范围较广，包括职业培训、教职员训练、员工健康计划项目以及行为的形成性评价等活动。人力资源行政管理一般和人力资源开发是同义的，但通常用于教育领域。韦伯和诺顿（Webb & Norton，2003）把人力资源行政管理定义为：

> 人力资源行政管理是一系列过程，在这些过程中制定并执行计划，其目的是建立有效的人力资源体系，同时形成一种组织氛围，以实现教育目标。(p. 4)

本章采用了这种更加全面的视角。

人力资源的范围

相比较而言，即使较小的学区也是一个大组织。例如，仅有1 500名学生的学校体系也许就有100多名员工——在大多数小商务机构中很难有如此多的员工。虽然公众已经意识到督导不得不处理人事管理事务，但他们并没有清楚地意识到，管理质量是人力资源开发和部署的关键性因素（Lipiec，2001），同时公众对学区管理质量影响教育活动的认识也不够（Seyfarth，2002）。员工的选拔、就职以及培训等可能影响教师的知识和动力；工作环境、薪酬以及不能令人满意的政策可能影响教师的积极性；对从业人员的评价可能提醒员工学区对他们的期望（Seyfarth，2002）。

学区人力资源管理包括许多明显不同的职能，下面是人力资源管理职能中比较重要的部分：

- 规划——正式地为将来所需员工的素质和数量做准备；
- 人员招募——鼓励那些符合素质要求的人员在区域内应聘工作岗位；
- 人员选拔——进行笔试、面试，对申请材料进行评价，以及进行其他相关的选拔程序；
- 熟悉环境 —— 帮助新员工适应学区环境；
- 明确岗位职责——明确规定各岗位的职责；
- 行为评价——确保制定并运行员工绩效评价体系和综合性评价体系；
- 员工培训——为职业的从业人员提供必要的成长经验以确保他们能将理论、研究和实践整合起来；
- 薪酬项目——管理薪酬和津贴；
- 健康项目——为预防员工体力、心理或情感问题而提供相关的服务；
- 员工关系——确保学区管理员和员工间积极而合法的关系。

虽然督导应承担所有的管理职能，但学区的大小决定了督导直接参与到其中的职能种类和深度。其中有三项目标总是通过学校系统而体现出来："为达到学区的目标而雇用、培训发展以及激励从业人员；帮助员工个体达到最高的业绩水平；最大限度地培养在职人员的能力"（Rebore，2001，p.11）。

随着学区的扩大，人力资源行政管理更复杂、更有必要。工作人员的角色更专业化，员工依据聘用的职位（如职业性的或非职业性的）和委任的任务（如管理或教学）被划分为不同的类别。其他两个因素也使人力资源行政管理更有必要。首先，像其他组织的管理者（如医院管理者）雇用基本的职业从业人员一样，学校管理者应给员工提供必要的培训项目以保持员工开展高水平的工作（Harris & Monk，1992）。驱使管理者这样做主要有两个原因：其一，知识不断更新以及技能提高的相应需求。例如，在20世纪80年代，计算机技术应用到学校教学中给教师造成了压力，使得教师不得不改变他们的教学活动。然而，许多教师（以及管理者）是电脑盲。结果，督导不得不为雇员提供相关的培训以确保学校处于教学革新的前沿。其二，联邦和州法律对聘用方式和员工待遇的规定对人事管理产生了影响（Webb & Norton，2003）。平等就业机会、性骚扰以及年龄歧视等问题对于督导而言已成了无可辩驳的问题。有意思的是，这些法律促使许多督导使人事管理集权化以努力对潜在的违法行为进行更严格的控制（Tyack & Hansot，1982）。

总的来说，随着学区的不断增大，为员工提供培训的需求也不断增加，同时联合制定的新劳动法使得人事管理更困难更复杂。有的人认为员工的每项活动都与人力资源行政管理有关，有的人则不这样认为，但对于下面四种活动人们都认为与督导有关：

1. 选聘事项——包括招募工作、选拔工作以及确定工作地点等事务；
2. 人力资源开发——从制定计划、就职、员工培训到员工补助项目；
3. 聘用管理——包括行为评价、记录保存以及薪酬管理；
4. 员工关系——包括劳资谈判、表示不满以及诉讼。

表 10—1 列出了具体的人事管理项目。

表 10—1   **人事管理项目一览表**

类型	具体职能	举例
选聘事项	需求评估 招募 审查申请资料 选拔 签订合同 评估结果	确定必要的职位类型和数量 提供空缺职位并确保申请 审查书面材料并进行面试 为作出雇用决定而制定程序 签订雇用合同 评估聘用的有效性
人力资源开发	就职 员工培训 行为评价 协助项目	为学校及其工作者提供熟悉环境的服务并采取调整性措施 规划并提供讲习班、研讨会、专业假日 进行形成性和终结性评价并进行实际监督 为员工提供特殊的帮助项目（如身体健康项目）
聘用管理	保存档案 薪酬 小额优惠项目 法律问题 环境控制 解聘雇员	保存人事档案 为财务部门发放薪酬提供必要的信息 管理保险、假日和其他类型的雇员优惠项目 和律师一起解决影响员工或学区的法律问题 确保为员工提供健康安全的工作环境同时为残疾员工提供食宿 对退休、解雇、减小权力以及解聘等作出决定
员工关系	员工精神状态 劳资谈判 投诉管理	提供社交活动，如野餐、团体短期旅行以及旅游活动 与员工工会协商劳动合同 处理正式的和非正式的员工投诉

组织维度

在人事管理中，督导的实际管理范围包括对直接负责人力资源行政管理的行政管理员进行间接监控以及直接监督人力资源行政管理的执行情况。然而，督导参与度的变化并未对所有学区常见的一些重要原则有所影响。

● 在组织项目时，应考虑所有雇员；人事管理职责并非只属于人事部门员工。

● 因为人事管理如此广泛，所以该职责通常由中心办公室和设施管理员来共同承担责任。确定哪些运行项目应集中管理，哪些应分散管理，是项目成功的关键。

● 因为由许多管理者共同承担责任，所以督导应同承担职责的人就具体的角色交流观点并达成一致。

● 应依据知识、技能以及经验来设计管理职责（Castetter，1992）。

除此之外，所有的督导为以下四项具体的人事管理任务承担主要责任：制定政策、执行政策、集中管理人事项目以及改善人事项目（Castetter，1992）。为了确保大型学区中适当的责任水平，督导应该和被委任了各种人事管理任务的人保持双向交流。这种双向交流在指出问题、需求以及提出组织改进的建议方面，具有积极作用。

在人力资源行政管理中，三个因素影响着督导所扮演的角色。第一个因素是学区规模。很明显，在非常大的学区，督导不可能直接参与管理；在非常小的学区，督导可能没有足够的财务资源去聘用员工管理这项事务。第二个因素是个人价值观。管理者常常趋向于以任务为导向或以人为导向（Kowalski，2003）。那些更关注诸如雇员的满意度和精神状态的人更易把人力资源行政管理放在优先地位——这种决定可能使督导更直接地参与人力资源管理。最后一个因素是学区的权力分配状况。在一个高度集权的学区，督导或者督导任命的人管理人力资源比较好；在一个高度分权的学区，人力资源行政管理的大多权力和责任被下放给校长。体系权力越集中，督导越可能扮演直接的管理角色。

学区分权管理，即以各学校为基础的学区管理引发了许多新问题，这些问题涉及诸如员工聘用、员工培训、行为评价领域方面的政策，以及项目控制、项目改进等（Sergiovanni，2001）。应该给学校校长和董事会多大的自主权去选拔新员工？如果分权导致过程或结果与政府法律或学区政策不一致，将引发多大的法律风险？鉴于这样的法律担忧，完全分权的人事管理（即完全把责任委托给校长）不太可能实现。幸运的是，技术已使得综合采用集权管理和分权管理变得更可行、更高效、更有效。

与工会的管理关系

大约在 20 世纪 60 年代公共教育中劳资谈判获得稳定地位时，许多督导都未准备好去参与这种进程，同时也不愿意参与其中（Campbell，Cunningham，Nystrand，& Usdan，1990）。显然，和教师工会谈判是最令人担忧的。以前，管理者和教师都是国家教育协会（NEA）及其分支机构的成员。事实上，在 20 世纪前半叶，督导是国家教育协会最显要的成员，那时他们掌控着组织的许多权力（Callahan，1964）。教师工会不仅改变了督导和教师间的关系，而且影响了管理者间的关系。例如，校长一方面尽力和督导及董事会保持积极的关系，另一方面还和教职员工保持良好的关系（Kowalski，2003）。许多校长尽力避免被看作"管理者"或者"劳动者"。他们尝试保持中立的做法常常引发许多冲突，如董事会和督导开始要求校长完全忠诚。

劳资谈判

劳资谈判的发展速度很快。到 20 世纪 80 年代，85％的州要求或允许学校董事会参与与员工工会的劳资谈判（Lunenburg & Ornstein，1996）。州法律的普及比较困难，因为有多种多样的法律，例如，劳资谈判法执行的结果只是成立了员工组织。到 20 世纪 90 年代中期，22 个州已与执行相关法律的责任人建立了公共员工关系委员会，同时为第三组织提供调停、查找事实以及进行公断等服务（Rebore，2001）。

20 世纪 70 年代中后期到 80 年代早期，督导与工会商讨相关事务成了耗时的事情。在一些学区，有 6 个或 7 个独立的工会和学校董事会协商谈判，即使是简单地管理这些事务（如处理不公平事件）也需要耗费督导大量的时间和精力。

20 世纪 80 年代后期到 90 年代，政策制定者和学者开始怀疑工会主义对学校改革的影响。关于劳资谈判产生的影响有不同的观点。例如，工会反对人认为劳资谈判导致权力更集中，同时也使管理者和教师关系不和。相反，工会支持者认为劳资谈判迫使董事会和督导减少官僚做法而更加关注学校中真正存在的问题（Shedd & Bacharach，1991）。尽管观点各异，但许多旁观者认为传统的劳资谈判具有负面影响。总之，近来提出了两种选择：合作性的谈判和协商性的谈判。虽然传统的劳资谈判几乎总是将教师和管理者置于敌对的关系中，但设置这些想法的目的是建立信任和共享决策结果。合作性的谈判关注并寻找影响学校的真正问题；协商性的谈判通过减少情感因素和走极端的影响从而力争更加理性（Misso，1995）。它们的目的是形成"双赢"，也就是说，进行的谈判的目的是要为双方提供胜利果实。

然而，谈判的新理念仍未根除处理工会问题的忧虑。一些劳动关系专家警示学校管理者合作性的方法常导致人们在谈判过程中变得昏头而无法客观地去评价结果。他们进一步指出，合作性谈判取得成功的地方都很富裕，这些富裕的学区有大量的可用资源可以缓解工会领导间的关系（Harrington-Lueker，1990）。因为为稀缺资源而竞争是行政性行为的中心问题，所以财富和合作之间的关系是不稳定的。

对于教师工会形成的原因，有人认为是出于无助的情感（Lieberman，1986），也有人认为是出于员工合理地寻求自治（Newman，1990）。虽然教育者把他们自己看作专业人士，但他们中的大多数人在官僚组织中工作，连最基本的职业方面的法律权力都遭到否定（Kowalski，2004）。因此，关于工会和合作性谈判，许多教师和管理者仍然持矛盾的观点，近几年来，由于在管理上寻求给予教师更大的自主权和使其享有更多的权力（如地方委员会），所以角色矛盾更加激烈。然而，授予教师权力和传统的工会主义协调，主要是因为参与制定关键决策的教师实际上会成为学校领导。至少现在为学校改进而进行的努力产生了伴生性的问题，这些问题涉及教育者在美国社会的地位和角色。由于缺少一些重要的变化，许多督导必须继续面对两项看起来矛盾的任务：一是对工会事务采取传统的管理方式；二是把教师看作同事以建立他们的自信和对督导的信任。

督导在谈判中的角色

无论哪种方式的谈判，督导必须弄清一个基本的问题："我应该直接地参与到工会合同的谈判中么？"全国范围内有许多督导，尤其是那些小型学区的督导，以董事会主要协商者或董事会成员身份参与谈判（Glass，Björk，& Brunner，2000）。许多督导之所以这样做是由于董事会不愿去聘请一个主要协商人员。他们不愿雇用顾问去处理谈判事务主要有政治和经济两方面的原因。从政治方面讲，他们不想让"外来者"代表他们坐到谈判桌前，他们想让工会明白督导是站在董事会这边的。

从经济方面讲，他们不想对雇用一个职业的协商人员所需的费用进行讨论（Sharp，1989）。不管督导坐在谈判桌前的原因是什么，他们都得面对这种明显的事实，即他们已参与到这一活动中去，而这会反映在公众对他们的评价中（Norton，Webb，Dlugosh，& Sybouts，1996）。

督导要取得成功需要在谈判过程中获得学校董事会和工会两方面的信任，所以他们参加谈判的可能性在不断上升（Attea，1993）。然而，一些批评者（Ficklen，1985；Pennella & Philips，1987）认为，不论在哪种情况下让督导坐在谈判桌前都非明智之举，因为这样做会减损其更重要的领导和管理责任，同时还可能引起督导和工会管理者间的人事冲突。因为每个学区都是唯一的，每个学校都有各自独特的实践历程、工会关系、价值观、所需所求、思想文化、环境以及资源，所以督导直接参与到劳资谈判中不会被普遍接受。因此，有抱负的督导应该首先决定他们是否愿意以及是否有能力参与劳资谈判，然后判断雇主在这方面的潜在期望。

特殊教育管理

督导花在特殊教育上的时间在过去几十年中急剧增长。残疾人权益保障法要求学区提供范围广泛的服务项目和食宿安排，甚至要考虑处于学前阶段的学生的需求。这些要求是建立在联邦和州法律条款基础上的，由此产生的争端必须通过具体的管理程序或者法院来裁决。

法律要求

纵观历史，虽然法律要求公立学校服务于残疾学生，但这些服务的范围和属性在 20 世纪 70 年代基本上扩展了，这主要基于三条联邦法律：1973 年的《康复法案》；公法 93—380；公法 94—142（Lunenburg & Ornstein，1996）。公法 94—142 是针对所有残疾人的教育法案，要求州采取政策以确保公立学校给学生提供他们所期望的免费、恰当的教育，包括提供教学所需的教室、体育教育、家庭教育以及特殊学院的教育（基本医疗设施、医院）。《康复法案》的第 504 条于 1974 年修订，该条款规定学校不能由于学生残疾而排斥学生参与活动项目，因为这样做会造成歧视。法律条款还将学生的权利扩展到学校建筑评价等领域。1990 年残疾人法案的修订将公法 94—142 命名为"残疾人教育法"。这项立法用"残疾"来代替"先天不足"，从而正式改变了基本的用语（LaMorte，1996）。特殊教育法讨论最多的是"最低限制性环境"这一概念（原本称作入主流，但近来更多地称作涵盖）。法律规定残疾儿童可以最大程度地和正常儿童一起接受教育，同时也规定只有当残疾的类型和严重性使其不能在常规班接受教育时——如学生教育项目（IEP）中所述，才可以将有特殊需求的学生从常规班中转出。在特殊教育领域的相关诉讼中，法庭明显保护学生及其家长的权利（Williams & MacMillan，2003），尤其是在对"最低限制性环境"的执行方面，它们相当一致（Berger，1995）。

对督导的要求

遵照保护残疾学生权益的各种法律以及法庭决策是督导需重点关注的问题。例如，相关服务的要求非常直接地影响了督导的管理工作。在这样的条款下，学区要在诸如交通、各种培训、纠正性或者支持性的服务领域里提供特殊的服务，如治疗（演讲、语言、就职、体能、心理）、娱乐、诊断、评价性医疗服务以及咨询服务等（Campbell et al. ，1990）。只有以诊断和评价为目的的医疗服务除外（Russo & Osborne，2003）。然而，对于非常有经验的督导而言，这样的区分通常既不明显也难以理解。总之，相关的服务常常必须依据具体案例进行评估，督导必须在法律专家和教育专家处进行咨询。

在特殊教育领域中，以下四项特殊职责形成了督导的管理角色：

1. 团队建设——如果学区管理者不支持该项目，特殊教育法律精神和条文就不可能得以执行。校长由于自身的特殊地位可以直接了解学生的相关情况（Weaver & Landers，2003）。通过表露对法律的态度和倾向，督导通常对校长的处理方式具有决定性影响。消极抵制的态度不仅是非职业和缺乏道德的，而且不会有结果。残疾学生由于这种消极的态度在潜移默化中受害，因为他们没有享受到所要求的服务，同时学区由于诉讼的增加也存在潜在的危害。

2. 对潜在矛盾和实际矛盾的评判——督导介入特殊教育的争议中，可能是由于学区员工咨询，可能是由于正当程序，也可能是由于诉讼。这会造成督导在特殊教育上花更多的时间。

3. 政策建议——督导在对特殊教育提出政策性建议方面起着重要的促进作用，同时在制定规则方面也起着重要的作用，而制定这些规则的目的是确保恰当地执行政策。

4. 组织决策——督导所作的最重要的决定之一是学区如何满足其特殊教育的义务责任。对于较大学区而言，这种进程是这样开始的：决定是学区单独提供服务还是和一个或一个以上其他学区联合提供服务。在这项事务上一旦作出决策，督导就必须确定相关员工及其管理责任。例如，该学区应雇用多少从业人员以及由谁来监督这些员工。

因为学区对进行特殊教育有多种选择，所以督导必须知道有关特殊教育的相关法律及其执行情况，以便他们能提出合适的政策和组织建议。如果他们不了解这些情况，则所做的决定便容易只考虑到政治和经济因素。如一个农村学区的督导认为董事会应从当地特殊教育合作中撤出的理由仅仅是因为督导与项目合作处主任不能一起有效工作。如果没有正确的评估结果，督导会使涉及学生的教育项目受损，增加学区基本费用，使区域更易遭受诉讼。

许多实践管理者并未完全执行他们必须施行的做法。比如，田纳西州一项关于督导的研究（Hooper，Pankake，& Schroth，1999）发现，许多督导对教学的有效性持有矛盾心理。另外，新督导不是没有准备好处理特殊教育中法律、教育方面的问题，就是低估了他们应在这一项目中投入的时间（DiPaola & Walther-Thomas，2003）。结果，他们常常无法抵抗家长的抱怨、听证以及诉讼——这种经历导致他们对特殊教育法律持消极态度。需接受特殊教育的孩子的家长（或他们的支持者）和管理者之间最常见的争端主要集中在以下方面：IEP 的发展；IEP 相关项目的阐释；家长对项目决策的不满；特殊教育学校或学院中学生的地位；等等。表 10—2 是关于特殊教育中督导管理角色的一些重要事务的指南。

表 10—2   关于特殊教育的关键事务

责任	关键事务举例
项目组织	关于提供的服务有哪些选择？在联合服务合作中成员的利弊各是什么？什么因素可能会改变组织结构？如果学区成为联合服务合作中的一部分，那学区在联合服务完整性管理中处于什么位置？
监督服务	如何监督项目？督导必须或应该对项目进行多大程度的监督？
人事管理	学区将直接雇用多少人员？特殊教育合作处将雇用多少人员？雇用领域会引起哪些法律问题？
评判事务	在争端中督导扮演什么角色？对于评判残疾学生问题应制定什么政策？

特殊教育合作处

为了提供合法需求的综合性服务，许多学区联合起来成立了一种组织，这种组织一般称作特殊教育合作处。在 20 世纪 70 年代这种综合性服务很普遍，这是因为：首先，多数学区无法承担联邦和州法律要求的低事故项目。例如，一些小型学区无法为残疾学生提供特殊项目。第二，许多小型学区不能解决本学区内特殊教育主管的雇用问题，而这样的主管是必不可少的，因为法律条款和州政策需要管理者的见解。第三，在新法律重新定义残疾的组成要素之后，享有特殊教育项目权利的学生数量急剧增加。因此督导必须扩大现有项目或者创建新的项目。总体上讲，这些条件使联合服务事业的成员在职业方面和经济方面都很谨慎。

学生服务管理

督导通常容易忽视的一个管理领域是学生服务领域。纵观历史，许多督导对这项服务都不太在意，主要是因为他们没有意识到要很好地建立督导服务和学生学习之间的关系（Wentling & Piland，1982）。然而，社会和经济的发展要求督导增加辅助性服务的数量并提高服务的质量。例如，学校改革已经引起新的期望，这些期望是关于学校应如何强调精神健康和心理忧虑的；目前，预防性项目更受关注，这些项目重新确立了学生服务的目标和焦点（Adelman & Taylor，2000）。

构成要素

一般地，学生服务包括有关招生（如招生、注册、分班）和辅助性学生服务项目（如帮助学生发展能力、培养兴趣、提供所需）的管理与监督任务（Knezevich，1984）。在小型学区，与这些事务相关的责任分配于可利用的人员间，可以将大部分责任委托给校长及其助理。在较大学区，这些职位比较集中，并且被置于助理督导和主任的管辖范围内。

直至今天也没有形成普遍认同的学生服务界限。一些学区将特殊教育和学生服务联合起来，但这种做法并不常见。学生服务管理最基本的构成要素如下：

● 考勤服务：这涵盖入学和上学的事务，包括居住管理、年龄证明、依照州法律和区域政策记录考勤、保持考勤记录以及归档考勤报告。

● 经济欠佳学生的服务：在大的学校体系中，诸如 Title Ⅰ 和 Head Start 这样的联邦资助项目常常覆盖学生服务。责任包括培训、管理以及对相关项目的评估。

● 指导和咨询服务：随着学区中咨询服务的扩大，中心办公室更加注意提供协作和支持。通常的服务包括标准测验项目，用于帮助组建各级顾问和教师队伍，提供一系列针对严重问题以及职业资源和知识咨询的服务。

● 学生行为管理：虽然学生纪律行为事务大多由各学校处理，但中心通常管理牵涉这个事务的某些方面，包括：参与审讯和听证会，处理属于学生行为的法律事件，进行政策分析和评估，为管理者、教师、家长及学生开评议会以及对员工进行培训。

● 学生健康服务：主要目标是评估并诊断健康问题，应依据与健康测验（如视力测验）、健康项目以及预防措施相关的州法律和区域政策开展服务。

● 社会工作：由于社会的和经济的问题不断增加，许多学区在涉及那些超越了学校范围的学生需求的服务提供上会雇用社会工作人员。家庭矛盾、虐待儿童以及社区问题是主要的关注点。

● 标准测验项目：这项服务似乎是增长最快的一项服务。其原因是，在过去的20多年中州要求扩展测验项目。这种测验的组成要素和单独测验不同，单独测验处于特殊教育项目管理范围内。

组　织

学生服务需求的显著增加主要是由于社会环境的不断变化造成的。例如，住在美国贫困地区的学生人数在不断增加，但这种贫困对学生学习行为明显存在负面影响（Glass，2004）；目前公众不断地意识到社会的、身体的、心理的、经济的以及情感的问题会阻碍学生的学业（Dryfoos，2002）。许多学区还未对这些环境条件作出适当的回应，因此这成为组织额外的压力（Kowalski，2003）。如果对学生服务的责任过于分散且没有计划，则督导利用机会（如潜在的联邦授权）对出现的需求（如处理有关绑匪暴力调停项目的需求）作出回应及提供适当的监督都将极度困难。缺少监督几乎总是会导致协调不当问题。

对于处理学生服务问题，在规模不足以去为这一项目形成各个单独部门的学区督导可能会面临更大的挑战。在这种情况下，督导需要承担许多直接管理的责任。比如，他们必须决定提供什么样的服务，由谁来提供服务，由谁来监督服务以及这些服务如何得到资金支持等。

学区法律方面的管理

学校管理中潜在的法律问题是学区日常雇用律师或保留律师服务的原因。这些职业的律师为一些事务提供咨询服务。这些事务包括关于财产的获得和责任的诉讼，同时这些职业的律师在法律程序中可以代表当事人。总之，督导和学校律师间的人际关系是极其重要的。遗憾的是，许多从业者进入了督导这一行业，却并不了解学校律师的作用和责任。学校律师的管理包括三个方面：律师选择和评估；薪酬；理想角色和实际角色。

律师选择和评估

像公共组织的所有决策一样，关于学校律师的决策并不总是理性和客观的。在一些决策中，董事会成员更强调行政而非职业主义，例如，他们更关注于保留当地户籍的律师而非一位有经验的学校法律从业者。在督导不能为学校董事会提供职业指导时，董事会最可能作出这种缺乏远见的选择。督导提供给董事会的职业指导应包括对学区潜在的法律风险、关于这些风险律师应承担的责任、学校律师应具有的素质、如何寻找具备这些素质的人的客观分析。

全国学校董事会协会于 1997 年对学校选择律师提出了一些建议。其中一条建议是，在寻找律师前应先对其角色作出定义。律师角色可以依据州法律、学区过去的实践以及目前董事会成员的期望而作基本的改变。督导应建议董事会回答下列问题：律师必须参加例行的董事会会议吗？期望律师去处理常规的诉讼吗？律师与学区全体工作人员以及董事会成员是什么关系？律师应如何接近督导和董事会？在明确了期望的角色后，就需要制定选择的标准和相关的重要要求。在这个阶段，督导应提出另外一系列问题，这些问题需要董事会成员和督导集中去解答：学校律师必须是学区的居民吗？应该更偏向于学区居民吗？律师必须具有处理学校法律事务的经验吗？在角色和选择标准制定后，督导应对选择过程提出建议。最显著的是应提出下列问题：在选择过程中董事会和督导将分别扮演什么角色？其他成员应该参与到选择过程中吗？在一些学区，督导有权去选择律师；在另外一些学区，由董事会直接作决定。如果学校律师和董事会及督导的关系都很重要的话，那么这两种方法都不明智。最有效的方式是督导和学校董事会共同作出决定（National School Boards Association，1997）。

律师薪酬

决定如何支付律师薪酬是督导管理法律事务的另一项重要任务。各州采用的办法有所不同。盖格和坎蒂尔曼（Geiger & Cantelme，2002）列出了如下选择：

● 按小时计费——律师呈交一项法案，要依据一致赞成的计时报酬来支付（如每小时 100 美元）。

● 具有年最高限额的小时计费——律师呈交一项法案，要依据一致赞成的计时报酬来支付，并规定每年的最高限度，如果超过最高限度，对其提供的多余服务部分则不支付额外的费用（如每年最高 45 000 美元）。

● 聘约定金及按小时收费——作为聘约者，律师会收到一笔固定收入，之后按实际提供服务的小时数获得额外报酬，一般计时部分的报酬比固定部分低（如聘约者的固定收入为 20 000 美元，而每小时收入为 50 美元）。

● 预付费用、小时费用以及可报销费用——作为聘约者，律师会收到一笔固定收入，之后按实际提供服务的小时数获得额外报酬，并且可以报销部分开支（如聘约者的固定收入为 15 000 美元，每小时收入为 40 美元，并且可以报销部分开支）。

● 年度合同——律师同意履行合同中规定的职责并获得固定的年收入（如每年 35 000 美元）。

较大学区使用的另一种方案是聘请全职律师。

一般来讲，聘请学校律师的最佳决策方案是不存在的，因为不同地方学区的环境条件不一样。例如，一些学区面临的风险更多，也更可能牵涉到诉讼中。然而，仅仅以基本启动费用来支付律师报酬的决策并不是最佳方案，因为还没有估量出潜在的矛盾和管理费用。例如，运用具有年最高限额的小时计费方式似乎比较谨慎，因为学区不得不为实际提供的服务而支付报酬。然而，事实上律师和学校管理者也许不同意采用该方式而且学区财务管理者也将不得不花很多时间去审查要求和薪酬。如果督导打算采用除年合约以外的任何其他方式，他都应该在提出具体的建议之前去进行一次全面的费用分析。

律师的理想角色和实际角色

在分析了关于学校律师的相关研究文献之后，哈伯勒和奇克尔（Haber & Zirkel，2001）认为有效部署的常规标准是：

● 政策陈述——董事会政策应该规定学校律师的角色和要求，以便评估学校律师的行为表现。

● 行为表现——学校律师应该参加董事会会议；他们应经常和督导联系（每周至少两次）；同时他们应在法令、规则、程序以及政策方面给督导和董事会提出建议。

● 运行程序——学校律师代表了学校董事会而非只代表督导；督导和董事会主席共同给律师做指导；律师和学校董事会成员间的交流应通过督导进行。

正如这些标准所示，督导和律师间的关系实际上是督导、律师和学校董事会三者间的融合。董事会和督导都不能单独决定、控制或评价律师。也许督导和律师间潜在的最大冲突在于学区政策。自二战以来，在制定教育政策方面立法委员会已经扮演了积极的角色（Kirp & Jensen，1985；Tyack，James，& Benavot，1987），同时这种趋势已影响了地方学区制定策略的方式。司法激进主义模糊了政策制定和地方法律分析的分界线。更精确地讲，一些学校律师的倾向是成为学区的激进派法官，也就是说，他们把自己的角色定位为董事会的政策建立一种精神，而非对政策建议和现存政策提供法律见解。当律师认为其自身的角色是政策制定者而非法律分析人员和建议者时，他们就会把个人价值观和偏见强加在那些他们只有很少或根本就没有专业知识和技能的事件上（如课程、学生纪律）。过去的实践表明，许多律师并没有清楚地了解别人对他们的角色期望，结果他们自己为自己定义了角色（McKinney & Drake，1995）。

反　思

督导的管理职责扩展到了组织的人力资源。经过一段时间后，这些任务更加宽泛，更耗时，更复杂。本章介绍了人力资源管理、与工会合作、特殊教育、学生服务以及法律服务等常见的管理职能。结合本章内容，回答下列问题：

1. 学区的人力资源管理通常包括哪些事务？

2. 在人力资源管理组织方式上，大型学区和小型学区有什么不同？

3. 在你所在的学区，哪种员工组织成为了工会？督导和这些工会之间的关系处于什么状态？

4. 传统谈判和劳资谈判之间的区别是什么？

5. 为什么特殊教育成为督导的一项更具挑战性的管理责任？

6. 哪些因素导致许多督导对遵从特殊教育法律形成了消极的态度？

7. 督导在学生服务中具有哪些职责？这些职责要求更多的管理还是更少的管理？

8. 学区支付学校律师薪酬的方式有哪些? 你的学区选用哪种方式?

9. 对于督导而言,在没有董事会成员参与的情况下去选择学校律师明智吗? 为什么?

10. 在制定政策时,学校律师应扮演何种角色?

案例研习

兰奇县(Range County)是某西部州的 37 个学区中的一个。虽然占地面积大,但该学区仅有不到 5 000 名学生;但该学区的总人口在不断增加而且学生入学人数每年上升约 1%。去年资深督导约翰·奥利(John Oley)退休了,学校董事会选择克莱尔·蒙哥马利博士(Dr. Clair Montgomery)接替他的位置。蒙哥马利博士曾是密苏里州圣路易斯市学区的助理督导。

有一次在办公室中,蒙哥马利博士开始直面学区最严峻的挑战——充足的资金。她的前任奥利先生曾指责州财政体系的状况,声称相对于学校人数的增加,州的支持力度不够。在退休前,奥利先生曾两次尝试通过公民投票为新中学获得资金,这样可缓解新中学教室拥挤的状况。由于投票没有通过,这两次努力都失败了。虽然蒙哥马利同意奥利关于州财政的看法,但她认为奥利忽视了其他问题,这些问题促使学区投票者反对增加税收的建议。其中的一个问题就是关于学校律师的。

威尔伯·贝斯科姆(Wilbur Bascom)在兰奇县当了 23 年的学校律师,他协助过 5 个督导。蒙哥马利博士在审查了有关他的聘用条件时,标记出如下事实:

● 他以年薪为 55 000 美元的合同被聘用。

● 要求他参加学校董事会的所有会议。

● 如果他代表学区参加诉讼,那他将会按小时获得额外收入。

● 在前几学年中,他的收入总共为 108 000 美元;额外的收入来自三起诉讼,分别是开除学生、校车事故、在足球活动中有学生受伤。

● 除了这些收入外,他将获得 40 000 多美元的补助,几乎一半的补助是由于其参加专业会议,包括代替督导和学校董事会成员参与的国家会议。

蒙哥马利博士对上面的数据感到惊讶。她以前任职的学区,学校律师每年获得的合同规定的收入仅为 22 000 美元,而且学区学生数约是本学区的 6 倍。

蒙哥马利博士和学校董事会主席埃米尔·普利斯科特(Emil Prescott)会面讨论了学校律师的雇用问题。在对她提出的问题感到惊讶后,普利斯科特辩解说:"威尔伯是这里的一位名人。他帮助过我们许多次。我们付给他的薪酬只有你的一半——而且他是一名律师。"

接着,督导提出关于补助的问题。普利斯科特先生的回答表明贝斯科姆先生的职位更像一个董事会成员而非学校律师。他总是参加许多需由董事会成员参加的会议,同时他总是参与董事会的所有政策事务。了解了这些并不能使新督导感到欣慰。会面最后以董事会主席的建议而告终。他建议督导不必为节省开支而修改学校律师雇用合同。

在会见了普利斯科特先生之后,蒙哥马利博士静静地坐在办公室里盯着窗户。她已见过贝斯科姆先生几次了,她与学校董事见面时他总是在场,包括她聘前的面试阶段。贝斯科姆先生是个很有魅力的人,有着很强的政治影响力。近来他曾邀请蒙哥马利博士和她的丈夫去他的牧场共进晚餐。最简单的选择是忽视这件事,但这样做令她感到烦恼。学区有如此多的需求，而她相信律师的薪酬和他所担任的那种传统的角色都是不合适的。

案例讨论

1. 如果你是兰奇县的新督导，你会关注学校律师的薪酬吗？为什么？

2. 评价学校律师所扮演的角色，他参与所有政策事务是不是令你感到烦恼？为什么？

3. 如果新督导决定和学校律师讨论这件事，那对于她而言有何利弊？

4. 如果新督导决定建议学校董事会重新制定学校律师合同，那对于她而言有何利弊？

5. 新督导对这件事将会作出哪种选择？

6. 新督导在工作的最初几个月中应该处理这种类型的问题吗？为什么？

参考文献

Adelman, H. S. , & Taylor, L. (2000). Shaping the future of mental health in schools. *Psychology in the Schools*, 37 (1), 49-60.

Artea, W. (1993). From conventional to strategic bargaining: One superintendent's experience. *School Administrator*, 50 (10), 16-19.

Berger, S. (1995). Inclusion: A legal mandate, an educational dream. *Updating School Board Policies*, 26 (4), 1-4.

Callahan, R. E. (1964). *The superintendent of schools: An historical analysis*. Final report of project S-212. Washington, DC: U. S. Office of Education, Department of Health, Education, and Welfare.

Campbell, R. F. , Cunningham, L. L. , Nystrand, R. O. , & Usdan, M. D. (1990). *The organization and control of American schools* (6th ed.). Columbus, OH: Merrill.

Castetter, W. B. (1992). *The personnel function in educational administration* (5th ed.). New York: Macmillan.

DiPaola, M. F. , & Walther-Thomas, C. (2003). *Principals and special education: The critical role of school leaders*. Gainesville, FL: Center on Personnel Studies in Special Education.

Dryfoos, J. (2002). Full-service community schools: Creating new institutions. *Phi Delta Kappan*, 83 (5), 393-399.

Ficklen, E. (1985). Whoa there! By stationing the superintendent at the bargaining table, you could be gunning for trouble. *The American School Board Journal*, 172 (5), 32-33.

Geiger, P. E. , & Cantelme, D. (2002). Choosing and paying for legal services: There is a way to get and pay for what you need and can afford! *School Business Affairs*, 68 (10), 22-24.

Glass, T. (2004). Changes in society and schools. In T. J. Kowalski (Ed.), *Public relations in schools* (3rd ed. , pp. 30-46). Upper Saddle River, NJ: Merrill,

Prentice Hall.

Glass, T., Björk, L., & Brunner, C. (2000). *The 2000 study of the American school superintendency*. Arlington, VA: American Association of School Administrators.

Haberl, W. E., & Zirkel, P. A. (2001). The working relationship of the attorney with the superintendent and the school board in Pennsylvania: Recommended versus actual practice. *Catalyst for Change*, 30 (3), 20-27.

Harrington-Lueker, D. (1990). Some labor relations specialists urge caution. *The American School Board Journal*, 177 (7), 29.

Harris, B. M., & Monk, B. J. (1992). *Personnel administration in education* (3rd ed.). Boston: Allyn & Bacon.

Hooper, H. H., Pankake, A., & Schroth, G. (1999). Inclusion in rural school districts: Where is the superintendent? *Rural Special Education Quarterly*, 18 (1), 23-27.

Kirp, D., & Jensen, D. (1985). *School days, rule days: The legislation and regulation of education*. Philadelphia: Falmer.

Knezevich, S. J. (1984). *Administration of public education: A sourcebook for the leadership and management of educational institutions* (4th ed.). New York: Harper & Row.

Kowalski, T. J. (2003). *Contemporary school administration: An introduction* (2nd ed.). Boston: Allyn & Bacon.

Kowalski, T. J. (2004). The ongoing war for, the soul of school administration. In T. J. Lasley (Ed.), *Better leaders for America's schools: Perspectives on the manifesto* (pp. 92-114). Columbia, MO: University Council for Educational Administration.

LaMorte, M. W. (1996). *School law: Cases and concepts* (5th ed.). Boston: Allyn & Bacon.

Lipiec, J. (2001). Human resources management perspective at the turn of the century. *Public Personnel Management*, 30 (2), 137-146.

Lieberman, M. (1986). *Beyond public education*. New York: Praeger.

Lunenburg, F. C., & Ornstein, A. C. (1996). *Educational administration: Concepts and practices* (2nd ed.). Belmont, CA: Wadsworth.

Misso, J. D. (1995). Consensus bargaining: A step toward rational thinking. *School Business Affairs*, 61 (12), 26-28.

McKinney, J. R., & Drake, T. L. (1995). The school attorney and local educational policy making. *West Education Law Quarterly*, 4 (1), 74-83.

National School Boards Association (1997). *Selecting and working with a school attorney: A guide for school boards*. Alexandria, VA: Author.

Newman, J. W. (1990). *America's teachers*. New York: Longman.

Norton, M. S., Webb, L. D., Dlugosh, L. L., & Sybouts, W. (1996). *The school superintendency: New responsibilities, new leadership*. Boston: Allyn & Bacon.

Pennella, M. , & Philips, S. (1987). Help your board negotiate: Stay off the bargaining team. *Executive Educator*, 9 (4), 28−29.

Rebore, R. W . (2001). *A human relations approach to the practice of educational leadership* (6th ed.). Boston: Allyn & Bacon.

Russo, C. J. , & Osborne, A. G. (2003). Legal issues in special education. In H. R. Weaver, M. F. Landers, & E. A. Joseph (Eds.), *Administering special education: A practical guide for school leaders* (pp. 25−48). New York: Praeger.

Sergiovanni, T. J. (2001). *The principalship: A reflective practice perspective* (4th ed.). Boston: Allyn & Bacon.

Seyfarth, J. T. (2002). *Human resources management for effective schools* (3rd ed.). Boston: Allyn & Bacon.

Sharp, W. (1989). *The role of the superintendent and school board in collective bargaining.* Paper presented at the annual meeting of the Midwestern Education Research Association, Chicago.

Shedd, J. B. , & Bacharach, S. B. (1991). *Tangled hierarchies: Teachers as professionals and the management of schools.* San Francisco: Jossey-Bass.

Tyack, D. , & Hansot, E. (1982). *Managers of virtue: Public school leadership in America, 1820−1980.* New York: Basic Books.

Tyack, D. , James, T. , & Benavot, A. (1987). *Law and the shaping of public education 1785−1954.* Madison: University of Wisconsin Press.

Weaver, H. R. , & Landers, M. F. (2003). what attitudes do building administrators need to have toward special education. In H. R. Weaver, M. F. Landers, & E. A. Joseph (Eds.), *Administering special education: A practical guide for school leaders* (pp. 11−24). New York: Praeger.

Webb, L. D. , & Norton, M. S. (2003). *Human resources administration: Personnel issues and needs in education* (4th ed.). Upper Saddle River, NJ: Merrill, Prentice Hall.

Wentling, T. L. , & Piland, W. E. (1982). *Assessing student services. Local leader guide* V (2nd ed.). Springfield: Illinois State Board of Education.

Williams, M. , & Macmillan, R. B. (2003). Litigation in special education between 1996−1998: The quest for equality. *Education & Law Journal*, 12 (3), 293−317.

第**11**章

社区领导

　　就专业和政治角度而言，督导的领导角色总是超出学区的组织界限。这很大程度上是因为督导一般被视为公共资源，其个人行为经常受到公众的关注（Blumberg，1985；Kowalski，1995）。尽管这种看法坚持认为公众把督导视为公共资源这一事实提高了公众对督导的社区领导的期望值，但全国性调查研究（Glass，Björk & Brunner，2000）显示，督导花在办公室外和本学区学校外的时间大量增加。趋势之一是督导在其位置上所从事的工作与其职责范围有很大不同。

　　本章主要关注督导社区领导的三个方面：第一，学区和社区之间的关系。督导如何通过影响社区组织氛围和塑造期望行为（Ledell，1996）这两种方式来使该学区工作人员与不同的选民进行沟通，以及督导在这方面具有哪些至关重要的作用。第二，学区合作关系。自20世纪80年代以来，受经济和政治两方面因素的影响，社区合作关系的数量倍增（Kowalski，2003a）。第三，个人参与问题。督导作为公共资源，公众期望其在社区生活中扮演积极活跃的角色，如服务于各种民间社团组织、出席公众聚会以及频繁地作公开演讲等（Lober，1993）。

学区和社区的关系

　　历史上，各州通过颁布法律政策对公众教育实施控制。学校董事会和督导担任管理者的角色，他们需要确保政府的授权得以实施（Kirst，1994）。自20世纪80年代末以来，政策制定权向地方倾斜，这很大程度上是由于改革提案是以学生的真正需要为基础——此需要在整个学区范围内是显而易见且易变的，否则需要改革的观念不会产生。结果，学区和学校成为了远景规划的首要目标，而学校行政人员则被期望成为学校变革的代理人。这种改革策略已产生了看似矛盾的期望，即学校行政人员同时维护并改进整个社会（Reyes，Wagstaff，& Fusarelli，1999）。

　　督导作为改革者，人们迫切期望他们承担以下三项责任：

1. 告知公众关于本学区的改革议程的目的、进程和预期结果；
2. 说服公众支持学区的改革议程；
3. 确保学区的价值观和宗旨与更大的社区的价值观和理念保持一致（Cohen，1987）。

正如本书前面讨论的几个观点，在美国转变为信息社会后，督导作为沟通者的角色需要重新定义。人们希望学校行政人员能以诚实的、开放的、一致的、公正的态度同学校董事会成员、教职员工以及整个社区成员进行双向交流（Kowalski，2004a）。这种交流方式有助于增加信任、信心和信誉，促进社会和谐（Seitel，1992），有利于学校改革的成功。

公共教育的目的与社区

学区和社区公众间各种各样的关系基于以下两个事实：

● 尽管有相当多的虚夸的言语陈述着与事实相反的情况，公立学校仍然是美国社会最民主的机构之一（Amundson，1996）。

● 同有些人所认为的事实相反，当地学校董事会是既有实权又十分重要的部门。其行动会影响学区政策的制定和社区支持，进而影响到该地区的生产力发展（Danzberger & Usdan，1994；Kirst，1994）。

总体来说，这两个事实构成了一个政治现实：在本地区，重大决策出台几乎总是受压力团体和社区精英间竞争的影响，竞争的目的是促使各自的需要和需求得以满足（Tesconi，1984）。结果，以社区价值观和自我利益为主的政治演说成为确定学区追求改革的范围和改革提案性质的一个关键因素（Kowalski，2003b）。

公共教育的历史表明，整个 20 世纪都在试图进行教育改革。其循环周期呈现出这样的特点：公众对教育改革的不满和对教育改变的需求都不是初现的。美国人一向不赞成在某种程度上超出了公立学校范围的特定目的（Spring，1994），这也是公立学校改革很难在一个州内取得一致结果的原因。然而，过去的改革通常呈现出不能持久、高度集中和强制胁迫的特点。在总结过去的失败时，库班（Cuban，1988）认为，这种自上而下的方式会促使人们用简单的方法来解决价值观的内涵相互矛盾的复杂问题。忽略这些价值观，改革措施通常不能改变公共教育的文化观（Sarason，1996），并且，一旦要求改革的压力减弱，教育家们又会回归到其标准做法（Fullan，2001）。观察到这个倾向后，克拉克和阿斯图托（Clark & Astuto，1994）写道，"没人能为我们改革我们的学校。如果美国教育要进行真正的改革，必须开展一场民众运动"（p.520）在当时看来是适当的、有意义的革新，要求教育家们承诺先在他们中间然后在整个社区公开讨论教育的目的（Sarason，1996）。

教育政策一直是，并将继续由几种普遍的价值观引导，最常见是自由、平等、充分、效率、友爱和经济发展（King，Swanson，& Sweetland，2003）。自由和平等的对立——其道德价值观源自自然权利学说——对学校的改革政策来说尤其重要。当有关权利的自由行动不受过度限制时，平等是指享有合理平等的社会、政治和经济权利这一状态（King et al.，2003）。同时这些价值观对法律和政策的影响依然显而易见。例如，法庭对学校财务诉讼的判决经常表现出它决心在自由和平等的原则之间维持一种平衡（Burrup，Brimley，& Garfield，1996）。亚历山大和萨蒙（Alexander & Salmon，1995）就这一点注释如下：

平等和经济自由是最终交织在一起且高度相互依存的。在立法机关和法院中强调爱心、保护和平等，用以平衡个人自由和以自由为背景形成的政治哲学观之间的关系，这种做法是存在争议的并且要接受民意的检验。(p. 134)

学校财务诉讼为公共教育提供了一个由不同价值观导致自由与平等间矛盾的典型例子。在连续 30 多年的诉讼后，几乎每个州的自由与平等间的适当平衡的竞争仍在继续（Whitney & Crampton, 1995）。

自由和平等之间的矛盾也是学校改革争端的核心。基于自由的择校观和教育券政策就是很好的例子。评论家（e. g., Hawley, 1995; Miner, 1998）认为，这些观点容易导致经济、宗教和种族分离问题，因此对公平有消极影响。对此持相反的意见的人（e. g., Caire, 2002; Finn, 1986; Walthers, 1995）则认为，认可家庭价值观和哲学观的学生在学校里会做得更好。社区文化在确定这些改革的政治可接受性时扮演着举足轻重的角色，因而其能接受的范围也需考虑。就现实层面而言，当前的改革时代让我们注意到四个具有竞争性的目标：

1. 促进学生的智力成长；
2. 为社会的利益塑造良好公民；
3. 培养未来社会的劳动力；
4. 培养终身学习的能力（Armstrong, Henson, & Savage, 1989）。

虽然，就地方而言，各地在寻求改革策略的过程中所呈现出的专业性、政治性都很强，但大多数学区间的差异越来越大。结果，地方教育改革呈现的问题很多，也颇具争议性，但是程度上比国家或州低。学区和学校改革增加了准确识别和理性讨论价值观分歧的可能性，从而有助于对改善学校的举措达成共识。

保持社区公众的知情权

除了要对公共教育目的进行广泛讨论并概括总结外，督导的社区领导职责还包括告知社区公众即将实施的政策及其预期效果。要做到这一点，督导必须回答以下两个问题：

- 为什么公众应该获得该信息？积极参加学校活动的学生家长、政府官员、企业管理人员和学校董事会成员都是回答这个问题的很好资源。
- 什么样的信息需要传达给这些公众？要回答这个问题，督导需要了解公众对所要调查的概念的理解程度，从价值观和政治角度出发接受这些概念的程度，以及对这些概念的资源分配程度（Connor & Lake, 1994）。

国家教育行政财政政策综合管理局（National Institute on Educational Governance, Finance, Policymaking, and Management, 1997）为公众传播政策信息提供了以下建议：

- 信息应该及时发布；
- 信息应该言简意赅、清楚明了，短摘要比长篇报告好；
- 信息提供的形式要适合特定的观众，例如有声磁带更适合繁忙的人；
- 信息报道应该客观、准确和公正。

遗憾的是，学区官员们总是不善于思考，不善于安排，不善于执行，也不善于从组织外部的视角来评估服务（Topor, 1992）。许多督导被继续安置在内部会议组

（如与本区其他管理人员、董事会成员开会共事），因而，他们花在社区互动上的时间少于他们的企业同僚。持续性的双向交流要求运用适当的价值观和适当的策略去改变传统的行为方式。

　　由于学校的运行通过税收来支持，大多数公民都希望能对教育方面的决策产生影响。而且，在民主社会中，公民享有政治权利，当发现自己被排除在重要决定之外时，他们会为此大声疾呼。如果个人的声音遭到漠视，他们会形成联盟来扩大影响力（West，1985）。最值得注意的是，被剥夺权利的公民是持反对改变意见的个体和团体散布错误信息的主要目标（Ledell & Arnsparger，1993）。尽管学校行政人员通常能够意识到这些潜在问题，但是联盟的参与者还是被排除在教育改革之外（Patterson，1993）。

获取和维持社区支持

　　学校改革专家菲利普·施莱蒂（Phillip Schlechty）指出，重建学校的努力给督导影响参与者的决策带来了希望（Brandt，1993）。然而，并不是所有的参与者对此预期都持积极乐观的态度，尤其是那些把游说当成是劝说和耍花招的人。事实上，游说是一个相对复杂的概念，应该从最低和最高层次对它加以理解：

　　　　在它的最低层次，游说可能被认定为是鼓吹和故意扭曲或欺骗，即隐瞒坏的方面而把其说成是好消息，用语言而不是行动进行宣传。在它的最高层次，类似于用最可接受的方式进行教育，目的是为了鼓励人们从自身最大利益出发去行动，熟练地组织信息以满足需求。（West，1985，p. 28）

　　施莱蒂和其他学者所提供的游说方式属最高层次：他们构想能产生让督导的道德和伦理标准保持一致的影响。在很多情况下，影响公众的努力仅涉及告诉公众政治难题的事实真相（Amundson，1996）。

　　督导通常需要直接帮助以获取必要的社区支持，这些帮助部分来自学区的其他员工和学校董事会成员，但更多的来自社区舆论领袖。后者"经常作为争议性问题的关键信息源，并且从非正式意义上提出有争议的议题进行讨论、辩论和采取行动"（Ledell & Arnsparger，1993，p. 9）。舆论领袖通常让自己无人不知、无人不晓。他们参加与学校有关的会议，表现出对教育的兴趣。他们也是受人尊敬的良好组织者，消息灵通且能提出相关的问题（Ledell & Arnsparger，1993）。

　　总之，督导作为社区领导参与学校改革的过程被称为战略营销。在公共教育领域，战略营销包括计划、实施和控制方案，其目的是使学校官员和学区目标人口之间的价值观和理念得以自愿交换（Kotler & Fox，1985）。它包括获得准确信息（需求和价值观），开发相关的方案，以及获得公众对方案的支持。每项职责都要求督导扮演社区领导的角色。

学区合作

　　学区合作的发展历程与公众不支持教育的历程并行。通常，合作是两个或多个机构为达到共同目标而联合在一起。这种关系可能通过正式合同达成，它涵盖一个公司从为一所小学提供计算机到为一所大学提供计算机，以及学区合作开设一所职业技能培训学校。相关文献资料将这种合作的潜在优势描述为:能力建构和变革支持(Crow, 1998),倾向于关注真正的需要(Guthrie, 1996),减少传统公共教育被条块分割的传递系统(Crowson & Boyd, 1993),为教育者提供服务支持(Wang, Haertel, & Walberg, 1995)。

合作协议被视为学校改革的一个有效方式,其数量在 20 世纪 80 年代中期快速增长。1983 年全美只有 17% 的学校有这样的合作协议,但截至 1989 年这一比例已增加至 40%(Marenda, 1989)。1990 年,美国教育部估计学校和企业合作项目的数量已超过 140 000 个(Rigden, 1991)。经济、政治、人口和理念等因素是合作增长的主要原因,表 11—1 对这些因素作出了解释。

表 11—1　　　　　　　　　促进学区合作增长的相关因素

因素	含义
人口	美国变成一个更加多元化的社会,贫困学生的数量增加;这些情况使公众对公立学校的服务需求增加;合作可能为其中一些服务提供支持
经济	许多公立学区同时面对服务需求的增长和资源的减少两方面的问题,因此合作项目经常被当作一种克服资源匮乏的方式
社会变化	教育失败的结果从个人转向了社会;在信息化和经济全球化时代,几乎没有工作能提供给未接受足够教育的学生
政治	要获得纳税人对改革方案的支持越来越困难;公众对公共教育质量的怀疑,对税收增加的抵制,以及有孩子在公立学校就读的纳税人比例的下降,都可以归结于是由于资源不足造成的
理念	许多督导认为只有学校同公众间存在象征性关系时,真正的教育改革才会更有可能实现

教育合作的内涵

通常用四个术语来描述学区和其他机构之间的关系。依据投入和法律责任的不同,这些术语经常被不当使用。如果准确定义,这四个术语不是同义词而是有等级区别的,如图 11—1 所示。

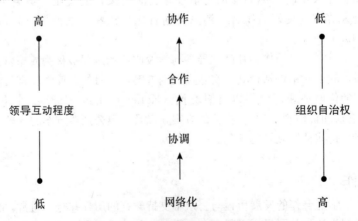

图 11—1　学区和其他机构的联系程度

● **网络化**是合作关系中最基本的类型，可以是正式，也可以是非正式的。网络化的唯一目的是便于交流（如分享信息和数据）。网络化合作的成员是独立参与者，这意味着他们能保留完整的组织自治权（Harris，1993）。

● **协调**要在参与者之间签订一份正式协议，目的是当参与者不能共同执行时，协调组织职能。例如，为避免彼此间的直接竞争，地区大学和社区学院同意协调他们的成人教育分类。两个组织牺牲一点自治权，继续作为平行教育的提供者，维持协议仅与协调功能相关（Loughran，1982）。

● **合作**要求参与者放弃一定的自治权，合作方同意共同服务，通常一方要担任领导角色。例如，学区间联合开展特殊教育和职业教育可归入此类。其中一个学区在法律上作为指定的地方教育机构负责此事务，其他成员区同意支持其运转（从财政上和政策服从立场出发）。

● **协作**要求参与者服从共同目标，然后在实现目标的过程中牺牲一定的自治权。相应地，行政人员要经常与合作方联系。根据书面协议，协作安排几乎都是正式的。如学区和大学联合开办一所实验高中。

虽然以上每一个概念都可称为合作，但在自治权、沟通的频率和与行政人员的联系方面存在很大的不同。

最广泛公开的公立学校合作涉及企业的参与。这些合作的焦点已延伸到教师培训项目、实地考察和专门活动，捐赠（供应物、设备），学生工作，教师暑期工作，提供贷款，以及知名人士的演讲（American Association of School Administrators，1988）。全国企业联盟（National Alliance of Business，1987）把学区和学校间的潜在合作关系分为六个等级：

● 第一级——政策。这些联盟通过影响州甚至国家立法来形成新政策或修改现有政策。

● 第二级——系统的教育改善。开展团体合作，找出需要改革的地方并通过长时期内共同努力寻求在这些方面的改进。

● 第三级——协助管理。企业合作方从广义的管理领域给学校行政人员提供管理支持和专门的企业知识。

● 第四级——培训和提高。企业合作方为受教育者提供机会，使其更新技能并了解劳动力市场、工业/商业经营活动、工作场所需求和职业机会等。

● 第五级——课堂活动。企业志愿者担任客座教师并让全体学生参观企业驻地。

● 第六级——专门服务。包括提供一些短期项目、开展具体的学生活动、分配资源用以协助满足学校的具体需要或解决具体问题。

对于督导而言，要确定商业主管是否以教育事业发展为其所追求的动机可能比较困难。怀斯（Wise，1981）指出，过去商业主管在考虑同地方学校的合作时往往要问两个基本的问题：我们的企业应如何改进公立学校？公立学校应如何更加直接地应对企业的需要？

学区也与其他教育机构如一些学区、学院和大学建立正式关系。与高等教育的合作可分成以下四类：

1. 项目协助——如为中学生设置高级实习课程。

2. 为教育工作者提供项目和服务——如为教师和学校行政人员提供在职

培训。

3. 设置课程和评估项目——如进行项目评估，协助设计评估体系。

4. 共享教育资源——如咨询顾问、共享技术（Pitsch，1991）。

其他学区合作关系是以社区为基础的，如家长协会、义工团体、地方政府、教会和其他服务的提供者（如私立医院或精神健康诊所）。在一些情况下，以社区为基础的合作涉及多个机构，如教会、医院和那些与学区合作给陷入困境的学生提供援助的精神健康机构，以及为社区提供娱乐项目的组织。

合作可以按照参与者的目的和意图进行分类。在这种情况下，其目的是改进现有方案、提供新方案或者对一个或更多的方案进行改革（Kowalski，2003a）。前面两个目的涉及扩大现有运行机制；第三个目的要求改变现状。与改革有关的合作关系表明了共同的看法，即如果不重建学区的组织、课程或传播系统，学校的改善最终将无法实现（见图11—2）。

按意图划分
- 改进方案（如为学生的计算机提供额外的软件）
- 新方案（如为计算机的运用增加新课程）
- 学校改革（如改变数学课程）

按可能的合作者划分
- 商业或工业
- 社区—政府机构或团体
- 其他教育机构
- 家长或家长参与的团体
- 私人基金会

按类型划分
- 接收一所学校（无相应的协议要求合作方为学校提供资源）
- 单向的项目开展（合作方为设定的方案提供资源）
- 有限的双向交流（提供给学校的资源要多于学校提供的资源）
- 全面的双向交流（资源交换相等或大致相当）

图11—2　学区合作关系的种类

合作的关键性决定

有据可证，很多教育合作（尤其是那些始于20世纪80年代并针对学校改革的合作）最终都难以达到预期目标。在这期间，对全美最大地区的133所学校的研究表明，在和地方企业合作的450个项目里仅有8个项目真正促进了教学改革（Miron & Wimpelberg，1989）。1993年后，许多商业精英认为教育与国家的繁荣昌盛之间存在因果关系（Wynne，1986），也正是这一论断促成他们进入学校改革领域。但遗憾的是，要么因为合作项目本身缺乏可行性，要么因为项目的构想拙劣，大多数已开展或鼓励开展的合作项目最终都失败了。此外，合作项目所需的物资和人力资源提供的不恰当也是其失败的原因之一。

为避免合作的隐患，督导应在合作项目实施以前考虑一些基本问题。表11—2列出了影响这些问题及其答案的因素。以下所列的问题有可能是最重要的。

表 11—2　　　　　　　　　　　学区合作相关问题

因素	可能性	理想状态
组织文化的相容性	不相容——相容	相容的文化
潜在风险	低——高	高风险*
需要关注的点	组织——个人	均衡关注
既得利益	单方面——相互	相互利益
交流	单向——双向	持续双向
目标	严格——弹性	有足够弹性**
组织耦合	松——紧	足够紧密***
关系持续	短期——长期	长期保持关系
资源投入	数量少——数量可观	相当可观****

* 对高风险的方案来讲，合作方之间的经历是相当重要的。
** 目标应该有足够的弹性以应对变化了的情况。
*** 充分地耦合以增强合作和冲突管理。
**** 投入充足的资源以确保目标的达成。

● 合作关系要达到什么程度，学区和潜在的合作伙伴才能有共同的文化？除非文化相当匹配，否则过度的冲突可能导致目标无法实现（MacDowell，1989）。

● 合作关系所涉及的风险程度如何？因为合作关系可能产生消极的结果，建议督导在开始一个项目时要以其先前的成功经验为基础，这样才有可能取得成功（Page，1987）。

● 合作关系要达到什么程度才能侧重于组织和个人两者的需要？个人常常抵制需要更多的参与工作时间且没有机会考虑个人利益的项目。

● 能否让参与双方或各方都受益？当只有一个合作方受益时，合作时间往往也不长（Page，1987）。

● 目标是否具有足够的灵活性？僵化的长远目标会阻止对难以预料的问题或结果的周期性调整（MacDowell，1989）。

● 在什么情况下合作方必须牺牲自主权？每个合作伙伴应该提前知道组织的自治权是否会减少。

● 合作伙伴能否在同一时间内提出期望？在公共教育问题上作出最大改变是需要时间和耐心的，但是很多合作伙伴希望快速得到结果。

● 每个合作伙伴需要在人力和物力资源方面作出什么样的贡献？许多企业由于人员不足、经费不足，造成冲突并最终导致合作失败。督导常常会假定在没有增加预算的情况下能整合更多的项目。

失败和成功的原因

毫无疑问，学区合作失败是由很多原因造成的，而下列问题是最为普遍的：

● **势力保护**指的是组织或部门的负责人保护他们的合法职权。这种形式的矛盾常出现在职权和责任界限分明、有官僚主义倾向的组织内（Hoy & Miskel，2005）。组织内的价值观念和实践往往会影响合作伙伴关系。以学区和社区学院同意联合提供成人教育为例,随着项目的开展,有关时间安排和教师分配的纠纷也不断增加,最终导致这两个组织的官员都指责对方不合作。

● **规划不足**产生的歧义往往会削弱原本良好意图所产生的效果。这个问题通常是由督导的轻率冲动所导致的。他们在对最终结果及如何获得这种结果的方式考虑甚少的情况下,就急于开始合作(Gardner,1990)。例如,一名督导希望有正面的报道,在从未曾对企业相关背景进行研究和讨论的情况下,就立即接受与一家电脑公司建立合作伙伴关系的提议。合作关系建立后,督导才发现该公司打算让教师实地测试软件——因为没有额外的补偿,教师联盟对此提出抗议。

● **资源不足**是一个反复出现的问题,因为督导往往把精力完全集中在潜在的收益上而忽视了必要的投资。一个典型的例子是学区和当地的一个糖果公司之间的合作项目。两个组织建立共同的目标,即为高中一年级和二年级的学生提供暑期工作机会。学区因能为学生提供相关的工作经历而受益,公司则因拥有训练有素的季节工而受益。学生必须接受四周的课后培训,学会如何操作一定的设备才算合格。当督导发现需要给高中生提供必要的培训时,该项目很快就破产了。同时由于缺少足够的空间、设备和进行培训的人员,督导不得不取消对这项工程的投入。

● **无法解决的冲突**几乎总是与合作方不愿意解决不可避免的紧张关系有关。在学区和当地心理健康机构之间进行的药物咨询项目便经历了这样的问题。当问题变得明显时(合作组织间的人员在合适的治疗上不能达成一致意见时),矛盾出现了。学校和心理健康机构的人员宁愿围绕问题纠缠不休,也不愿解决彼此间的分歧。最后,双方得出结论:无法合作。

● **不切实际的时间限定**也能破坏合作关系。这一个问题最常见的形式是校企合作中企业主管总希望见到立竿见影的结果。举例来说,一位银行总经理同意每年提供 25 000 美元资助小学数学教师的培训计划。一年之后,由于测验分数没有增加,他责备校方经费使用不当并停止资助。

已证实某些条件有助于合作关系的成功,而且它们的影响通常是相互依存的(Kowalski,2003a)。呈现的条件越多,累积的影响也就越大。

● **合作伙伴的认同**至关重要,尤其是对企业和那些依赖公正信誉的代理机构而言。因此督导要探索新途径,以确保有关公共教育的良好报道有助于合作伙伴关系的发展。

● **员工的支持**往往决定着项目是否能达到预期的目标。在学区和学校,校长和教师常常要承担与合作有关的许多工作。如果他们不支持该项目,即使计划周密,通常也能想出办法来破坏它。

● **定期的进度报告**让合作伙伴和学区员工可以随时知道项目的进展情况。信息不畅会带来冷漠、谣言甚至破坏性的行动。一年三四份报告是最小的量。

● **共同利益**可以避免单边关系。虽然很多存在争议的项目也能使学校得到捐赠,但互惠互利的项目更有益于合作关系的持久和繁荣。有效合作的关键是建立互惠互利的合作关系——这样合作伙伴都能够证明他们向对方作出的承诺(Wise,1981)。

● **充足的资源**是必不可少的。当资源的数量和质量都与该项目的目标一致时,成功地建立合作关系的机会便会明显增加。

● **决策者的支持和参与**能定期适应不可预见的问题或新出现的需求。

● **任务与目标综述**提供了愿景与方向。当合作伙伴知道哪里是他们的方向时，他们能够更好地处理不可避免的紧张关系和冲突。

● **规模和复杂性**随着时间的增加而增长。像所有的关系一样，合作关系需要时间来稳固。成功的企业通常始于简单的项目，一旦参与者有信心，便会立即扩大范围和增加复杂性。

● **信任**按理说是成功合作关系中最关键的本质属性。没有它，合作可能会维持在网络或协调的级别——继而由于不信任而滋生冲突。

要建立伙伴关系，合作方应知道该做什么以及该按照什么样的程序进行。有了这些信息，督导才能够真正规划、发展并提供合作项目。布拉德肖（Bradshaw，2000）把这个过程分为设定问题、设定方向和建立合作三个阶段。

督导们应知道的两个告诫是商业化和有关学生结果的证据。在过去的 10～15 年内，很多合作关系已经商业化，并引发了重大的伦理问题。与媒体公司签订的合同是在学校播放新闻和商业广告，与软饮料公司签订的合同则是给予它们独家销售权。在这两个例子里，前者学区通常可享受免费的技术设备，而后者学区则可以获得固定的金额、分享利润或两者兼而有之。面对资源不足，20 世纪 90 年代学校官员们在就此类协议进行谈判时变得更顺从（Lewis，1998）。这些反复的合作关系偏离了公立学校应更紧密地与自己的社区合作的精神。类似的合同一旦付诸实施，督导们可能会感到非常难以控制那些想要影响学区项目的公司管理人员（Lickteig，2003）。

对合作关系的批评往往侧重于与学生学习有关的项目价值。面对这样的挑战，督导们可能会觉得很难提供令人信服的积极有效的证据。因为要把结果分离出来而直接归功于合作是非常困难的。同时，要确定对学生学习的结果的作用也是特别困难的（Cobb & Quaglia，1994）。前面已讨论过的这些潜在的问题和可能的隐患都不应该成为劝阻督导去争取合作协议的理由。即便如此，它们都是督导在考虑合作时应该谨慎的有效理由。

个人社区参与

正如前几章所讨论的，督导必须同时具备专业领导者和有影响力的从政者的素质（Björk & Keedy，2001；Brunner，Grogan，& Björk，2002；Kowalski，1995）。此外，他们被要求必须持有从业许可证，然而却被否认面对着相关职业的基本困扰；相反的是，他们往往被视为政治任命的官员（Kowalski，2004b）。布隆伯格（Blumberg，1985）主张督导的工作具有下列三个特征：

1. 督导引导机构参与那些有着美国传统价值观的项目。

2. 督导把自己的职业误认为是所谓的专家，然而他们的专长是在学校董事会、社区和专业工作人员中发展支持他们的选民。

3. 在多数学区，有人认为他们自己所具备的专业知识等于或超过了督导掌握的知识。

与其他职业的从业人员不同的是，督导们面临的挑战是在高度的政治背景下运用他们的知识（Björk & Keedy，2001；Kowalski，1995）。

获得公众的认同和支持是督导（更重要的是，在他们所在的学区）应该担任社区领导这一角色的重要原因（Carnes，1995；Goble，1993）。他们成为服务社的会员，为市、县议会服务，带着多个目的公开出席公众聚会。最值得注意的是，这些活动增强了督导理解当时社会需要、社会情绪、社会状况的能力。信息对于督导形成一定的视野和获得公众的支持至关重要。督导的社区参与还推动了双向沟通交流，因为这是一个双方都可以发出和接收信息的平台（Kowalski，2004a）。随之，这也会给督导带来一些好处，因为许多社区舆论领导往往是单独的个人，而他们不会自然地与公共教育相联系。就政治上而言，当督导在社区大环境里与这些人接触并交流时，他们也就从中受益了（Alsbury，2003）。

现代学区的多样性的公众（multiple publics），可以根据人口统计学的变量，如财富、教育、种族、宗教、年龄和政治等区别开来。除非能正确识别他们然后与之接触，否则督导们不能有效地与所有的这些群体进行沟通交流（Thiemann & Ruscoe，1985）。城市学区能提供广泛的社区交往的例子，因为这些学区的学校董事会成员往往认为自己代表不同的选区。如果督导无法定期和广泛地同学校董事会成员交流，那么他和董事会成员的个人关系可能会受到损害，而董事会成员据此会认定他们的选民资格被忽视了（Kowalski，1995）。随着农村人口分布的多样性，农村学区的督导也必须和各类公众接触。此外，督导们同各类公众的接触可以服务于以下多种目的：

- 能够从更好的角度看待社区需求和展望；
- 能够同广大公民建立起彼此认同的工作关系；
- 能够实现双向沟通；
- 能够为改革新方案获取物质和政治支持。

督导社区参与的必要性表明这样一个事实：督导是学区看得见的领导。在这种情况下，督导所从事的不少工作是象征性的。他们决定学校应如何在社区展现自己的形象、需要和成就（Sergiovanni，Burlingame，Goombs，& Thurston，1992）。因此，进入社区的权力机构和同有影响力的个人保持良好的关系往往决定督导是否可以为学区的新方案获取必要的政治支持。

自20世纪80年代以来，对学校改革的探索提升了督导社区领导的重要性。事实上，督导的任何提议，无论意图如何好，总会遭到一部分人的反对。在大多数情况下，督导无法轻易辨别出反对是否源自这些人对政治或哲学信念的误解或仅仅是由于不愿意扩大资源。除了查明反对的原因，督导"有义务保护学校免受特殊利益团体的操纵，这些团体企图告知公众错误的消息或者提前给出一个狭窄的议事日程"（Ledell & Arnsparger，1993，p.35）。问题识别和区域保护对于督导要脱离和参与到政治环境中都是不大可能的。莱戴尔和阿恩斯帕戈（Ledell & Arnsparger）提出下列建议以利于督导们加强社区参与：（1）定期广泛地与社会各阶层的董事会举行会议；（2）与改革反对者面对面地会谈；（3）继续关注大多数市民的需要和期望；（4）让社区成员参观学校。此外，督导需要识别和进入非正式的沟通交流网络，它往往是公众舆论的渠道（Kowalski，2003b）。

督导从事政治活动显然不是没有风险的。比如批评家可能会指责督导花太多的时间在办公室和学校以外的地方，而忽视了基本问题。同社区领导人的交往也可能引发涉及伦理和法律的问题。当参与者无法将个人利益和社区的利益区分开时，问题就出现了。在试图获得权力阶层的支持时容易出现妥协局面，这将考验经验丰富的管理者的正直感、诚实度和专业性。然而，关注环境，告知公众，获取必要的经济和政治支持都非常重要，所以不能把现代督导限制在办公室里。数千名督导已清楚地证明要兼顾专业性和政治性是可能的。这需要管理者把社区的利益置于个人利益之上，诚实和坦率地沟通，同时也要避免背叛社区信任的违法和不道德的妥协行为。

反　　思

本章研究了督导的社区领导角色。其职责范围包括学区和社区的关系、学区合作关系，以及个人社区参与。

结合本章内容，思考下列问题：

1. 什么样的因素使学区和社区的关系变得日益重要？
2. 这一章包含有关学区内的多样性的公众的内容。"多样性的公众"指的是什么？为什么这个词与督导有关？
3. 自 1980 年以来，教育合作的数量快速增加，它所涉及的合作范围是什么？
4. 对于公共教育和合作方而言，学区合作的优势是什么？
5. 在合作关系中，督导应承担什么样的领导责任？
6. 什么样的问题可能与建立和维持有效的合作关系有关？
7. 为什么对于督导来说亲自参与以社区为基础的活动非常重要？
8. 督导以何种方式参与社区活动才算是领导行为？
9. 督导应该是专业的和政治的领导者。你会怎样扮演这一双重角色？为什么？
10. 督导参与社区政治精英的政治活动存在什么样的隐患？

案例研习

布瑞特城（Bright City），东南州立大学的所在地，是一个有着 13 000 多名居民的社区。该学区 6 个注册中心登记在册的学生有 2 600 名。多年来，学区和大学共同致力于地区的师范教育，并形成了良好的合作关系。两个主要的例子是课堂观摩、参与，以及学生教学。乔治·卡特瑞特（George Cartright），布瑞特城学区的督导，东南州立大学的毕业生，六年来一直是该大学毕业生委员会的成员。

两年前，在桑德拉·沃尔克（Sandra Walker）博士被任命为东南州立大学的校长后，学区和大学的关系开始发生变化。沃尔克校长曾是一名小学教师和另外一所大学的教育系主任，她想和布瑞特城学区建立一种更全面、更正式的关系。东南州立大学的教育系主任伊丽莎白·奥赖恩（Elizabeth O'Ryan）博士最开始不愿意改变现状，她认为当时双方的关系是良好且彼此受益的。然而，沃尔克校长不想把学校仅作为一个教学实验基地。她希望两个机构能形成真正的合作关系（完全的协作），能运作两所或三所学校。她展示给奥赖恩主任的模式是基于教师专业发展学校的理念。

由于曾担任过教育系的主任，沃尔克校长确信教育系的学生在传统的课堂观摩、参与和学生教学的过程中既能接触到好的教学模式也能接触到不好的教学模式。她向奥赖恩博士解释说，通常而言，由于处于该地区的统治之下，大学不能及时纠正现有的问题，因此有的学生在学校能有好的经历，而有的学生则不能。她主张同教师专业发展学校合作，两个机构共享权力和职员，使教学人员能决定学生想要的教学模式。她认为如果东南州立大学的学生要避免社会化带来的消极教学实践，在职权上的改变是根本之举。

在对这个议题进行三次讨论之后，奥赖恩主任认为即使没有她的支持，沃尔克校长也会依此方向前行。因此她决定支持沃尔克校长的想法。沃尔克校长按此提议起草了计划书，后拿给系主任看并要求她同卡特瑞特督导协商。"无论他支持与否，我都会照此计划进行下去。"她告诉系主任，"否则，我宁愿他和他的同事把这视为学校的教育倡议。"

几天后奥赖恩主任会见了卡特瑞特先生，她阐释了该想法，并表明沃尔克校长对此很热衷，不准备半途而废。然后，她概括说明了该协议的基本构思。提议需要两所学校参与，一所小学和一所中学。两所学校均要有由校长、两名教师和三名东南州立大学教授组成的顾问团。顾问团的功能更多地类似于以地点为基础管理的学校咨询顾问。此外，大学会配备无须地区支付薪水的一名全职人员和两名兼职人员到每一所学校去。在联合协议期间，全学区的所有专业人员都分配到这两所学校可以减少东南州立大学研究生课程50%的培训费用。这两个组织还签署了为期三年的正式协议，随着项目成熟有望续签。

卡特瑞特督导对此的回答很谨慎："这件事我必须和学校董事会商议，不过我也看到了其中的巨大机会。正如你所知，并非每个人都会认为和大学合作是个好主意。"

奥赖恩主任答复道："东南州立大学有丰富的资源，我们应该与之合作以确保社区学校能提供最适合的教育计划。我认为这是个双赢的项目，很难想象为什么还有人反对它。"

尽管奥赖恩说了她的看法，卡特瑞特先生还是不确信这种合作关系能普遍推广。在奥赖恩走后，卡特瑞特会见了助理督导彼得·琼斯（Peter Jones），和他商讨该提议并获知其看法。

"我看可能的好处和可能出现的问题是，"助理督导告诉他，"要是该委员会的成员不能友好相处呢？要是在关键问题上影响了选票呢？按照设想，应该是我们中的三人反对他们中的三人。我不知道教师协会对此将会作出何种反应。但如果不与他们合作可能会造成一些重大的政治问题。"

两人决定私下把该想法呈现给学校董事会，以观其反应。然而，他们害怕部分董事会成员会对这份正式的协议持反对意见。他们的恐惧来源于以下几种情况：

- 从教师的关注点出发，两名董事会成员最近抱怨该学区有太多的大学生。
- 一般来讲，董事会成员对教授持有疑义。最近几封由教授写的并刊登在报纸上的信加剧了这种怀疑。这些信批评学校行政人员和学校董事会用消极的方法约束学生的纪律。
- 在上一次的选举中，教授们反对两名董事会成员当选。
- 仅有一名董事会成员芭芭拉·怀特（Barbara White）——一名宿舍食品服务指导员——受聘于该大学。她曾是一名消极的董事会成员，对其他董事会成员的批评从不作任何回复。

在召开公开会议之前，关于与两所教师专业发展学校建立合作关系的提议分别呈交给董事会的所有成员。卡特瑞特督导对此解释说，这项提议的细节被装在董事会成员的资料包内，在下次会议上将对这个问题进行讨论。在会议期间提及此议程时，怀特女士立即作出了一项赞成建立合作关系的提议。布赖恩·德鲍（Brian Debow）——是一位农民，也是一名董事会成员——此前关注大学参与学区事务的程度。他认为仅以讨论为目的就把这个议案提上日程不符合规定。他要求董事会主席裁决此议案不合常规。怀特女士对此反驳说，在一个对公立学校很感兴趣的大学新校长带领下，合作关系是追求新理念的一个机会。董事会主席要卡特瑞特先生对提议作出评价。这名督导表示虽然这个理念很好，但他理解一些董事会成员对此可能会担心的原因。董事会主席接着问，如果这是督导的意向，董事会是只讨论该想法还是就此事进行表决。他回答道，大学官员对此希望尽可能快地作出决定，但他又补充说，他不想扼杀讨论。董事会主席摇了摇头，接着说："好吧，我们继续。我觉得这项议案符合规定。有没有更好的议案呢？"

短暂的沉默之后，德鲍先生表示赞成该议案，并说他做这些仅是为了议案的开展。随后董事会主席邀请与会者进行更深入的讨论。怀特女士说，董事会主席几天前曾打电话给她，并促成她支持这样的想法。无论是督导还是助理督导对此都没有任何补充意见。随后，董事会进行投票表决，四票反对一票赞成，此议案未能通过。

第二天，当地报纸对督导和学校董事会进行了严厉指责。报纸的头条即《学校官员拒绝沃尔克校长的提议》。该报描写督导举棋不定，并指责其中四名董事会成员甚至从来没有认真地倾听该想法。来自家长和教师的评论证实督导从未与他们讨论过此事，就将提议递交给了学校董事会。该报道将矛头指向了董事会的反对意见。编者鼓励该学区的居民对董事会的决定表达他们的愤怒。此举被编辑形容为"非统一的、短视的和毁灭性的"。在感受到了来自公众舆论的压力之后，这四名董事会成员分别打电话给督导，指责其应为这场政治闹剧负责。

案例讨论

1. 大学校长和系主任该为本案例所呈现的问题负责吗？为什么？
2. 督导的领导风格中给你印象最深的是什么？本案例中指的是哪一方面？
3. 如果你是督导，你会对奥赖恩主任的最初提议作出什么样的反应？
4. 在学校董事会会议上，督导的行为是负责任的和专业的吗？为什么？
5. 督导有责任对早期关于与大学的合作批评负责吗（如关于一个地区安置了太多学生和出现了太多批评纪律政策的信件）？为什么？
6. 在什么方式下，两所大学的行政管理人员和两地区的行政管理人员背离了蕴涵在良好合作关系下的原则？
7. 学校董事会成员指责督导制造"政治闹剧"是正确的吗？为什么？
8. 在这一点上，为挽回由董事会拒绝合作提议所造成的损失，应该做点什么？

参考文献

Alexander, K., & Salmon, R. G. (1995). *Public school finance*. Boston: Allyn & Bacon.

American Association of School Administrators (1988). *Challenges for school leaders*. Arlington, VA: Author.

Alsbury, T. (2003). Stop talking and do something: The changing role of superintendent involvement in school-community relations. *Journal of School Public Relations*, 24 (1), 44–52.

Amundson, K. (1996). *Telling the truth about America's public schools*. Arlington, VA: American Association of School Administrators.

Armstrong, D. G., Henson, K. T., & Savage, T. V. (1997). *Teaching today: An introduction to education* (5th ed.). Upper Saddle River, NJ: Merrill/Prentice Hall.

Björk, L. G., & Keedy, J. (2001). Politics and the superintendency in the U. S. A.: Restructuring in-service education. *Journal of In-service Education*, 27 (2), 275–302.

Blumberg, A. (1985). *The school superintendent: Living with conflict*. New York: Teachers College Press.

Bradshaw, L. K. (2000). The changing role of principals in school partnerships. *NASSP Bulletin*, 84 (616), 86–96.

Brandt, R. (1993). On restructuring roles and relationships: A conversation with Phil Schlechty. *Educational Leadership*, 51 (2), 8–11.

Brunner, C. C., Grogan, M., & Björk, L. (2002). Shifts in the discourse defining the superintendency: Historical and current foundations of the position. In J. Murphy (Ed.), *The educational leadership challenge: Redefining leadership for the 21st century* (pp. 211–238). Chicago: The University of Chicago Press.

Burrup, P. E., Brimley, V., & Garfield, R. R. (1996). *Financing education in a climate of change* (6th ed.). Boston: Allyn & Bacon.

Caire, K. M. (2002). The truth about vouchers. *Educational Leadership*, 59 (7), 38–42.

Clark, D. L., & Astuto, T. A. (1994). Redirecting reform: Challenges to popular assumptions about teachers and students. *Phi Delta Kappan*, 75 (7), 512–520.

Carnes, W. J. (1995). Unleashing the kraken: The perils of ignoring community values. *Educational Leadership*, 53 (3), 84–86.

Cobb, C., & Quaglia, R. J. (1994). *Moving beyond school-business partnerships and creating relationships*. East Lansing, MI: National Center for Research on Teacher Learning. (ERIC Document Reproduction Service No. ED374545)

Cohen, P. M. (1987). *The public relations primer: Thinking and writing in context*. Upper Saddle River, NJ: Prentice Hall.

Connor, P. E., & Lake, L. K. (1994). *Managing organizational change* (2nd ed.). Westport, CT: Praeger.

Crow, G. M. (1998). Implications for leadership in collaborative schools. In D. G. Pouder (Ed.), *Restructuring schools for collaboration: Exploring issues for research and practice* (pp. 135–154). Albany: State University of New York Press.

Crowson, R. L., & Boyd, W. L. (1993). Coordinated services for children: Designing arks for storms and seas unknown. *American Journal of Education*, 101,

140-177.

Cuban, L. (1988). Why do some reforms persist? *Educational Administration Quarterly*, 24 (3), 329-335.

Danzberger, J. P. , & Usdan, M. D. (1994). Local education governance: Perspectives on problems and strategies for change. *Phi Delta Kappan*, 75, 366-401.

Finn, C. E. (1986). Educational choice: Theory, practice, and research. *Equity and Choice*, 2 (3), 43-52.

Fullan, M. (2001). *Leading in a culture of change*. San Francisco: Jossey-Bass.

Gardner, A. L. (1990). *School partnerships: A handbook for school and community leaders*. East Lansing, MI: National Center for Research on Teacher Learning. (ERIC Document Reproduction Service No. ED331899)

Glass, T. , Björk, L. , & Brunner, C. (2000). *The 2000 study of the American school superintendency*. Arlington, VA: American Association of School Administrators.

Goble, N. (1993). School-community relations: New for the '90s. *The Education Digest*, 59 (12), 45-48.

Guthrie, L. F. (1996). *How to coordinate services for students and families*. Alexandria, VA: Association for Supervision and Curriculum Development.

Harris, T. E. (1993). *Applied organizational communication: Perspectives, principles, and pragmatics*. Hillsdale, NJ: Lawrence Erlbaum.

Hawley, W. D. (1995). The false premises and false promises of the movement to privatize public education. *Teachers College Record*, 96, 735-742.

Hoy, W. K. , & Miskel, C. G. (2005). *Educational administration: Theory, research, and practice* (7th ed.). Boston: Allyn and Bacon.

King, R. A. , Swanson, A. D. , & Sweetland, S. R. (2003). *School finance: Achieving high standards with equity and efficiency* (3rd ed.). Boston: Allyn & Bacon.

Kirst, M. W. (1994). A changing context means school board reform. *Phi Delta Kappan*, 75, 378-81.

Kotler, P. , & Fox, K. (1985). *Strategic marketing for educational institutions*. Upper Saddle River, NJ: Prentice Hall.

Kowalski, T. J. (1995). *Keepers of the flame: Contemporary urban superintendents*. Thousand Oaks, CA: Corwin.

Kowalski, T. J. (2003a). *Contemporary school administration* (2nd ed.). Boston: Allyn & Bacon.

Kowalski, T. J. (2003b, April). *The superintendent as communicator*. Paper presented at the annual meeting of the American Educational Research Association, Chicago.

Kowalski, T. J. (2004a). School public relations: A new agenda. In T. J. Kowalski (Ed.), *Public relations in schools* (3rd ed., pp. 3-29). Upper Saddle River, NJ: Merrill, Prentice Hall.

Kowalski, T. J. (2004b). The ongoing war for the soul of school administration. In T. J. Lasley (Ed.), *Better leaders for America's schools: Perspectives on the Manifesto* (pp. 92-114). Columbia, MO: University Council for Educational Administration.

Ledell, M. A. (1996). Common ground: a way of life, not a checkoff item. *School Administrator*, 53 (11), 8-11.

Ledell, M., & Arnsparger, A. (1993). *How to deal with community criticism of school change*. Alexandria, VA: Association for Supervision and Curriculum Development.

Lewis, P. (1998). Corporate sponsors help with financing. *Denver Business Journal*, 50 (12), 6-7.

Lickteig, M. K. (2003). Brand-name schools: The deceptive lure of corporate-school partnerships. *The Educational Forum*, 68 (1), 44-51.

Lober, I. M. (1993). *Promoting your school: A public relations handbook*. Lancaster, PA: Technomic.

Loughran, E. L. (1982). Networking, coordination, cooperation, and collaboration. *Community Education Journal*, 9 (4), 28-30.

MacDowell, M. A. (1989). Partnerships: Getting a return on the investment. *Educational Leadership*, 47 (2), 8-11.

Marenda, D. W. (1989). Partners in education: An old tradition renamed. *Educational Leadership*, 47 (2), 4-7.

Miner, B. (1998). Why I don't vouch for vouchers. *Educational Leadership*, 56 (2), 40-42.

Miron, L. F., & Wimpelberg, R. K. (1989). School-business partnerships and the reform of education. *Administrator's Notebook*, 33 (9), 1-4.

National Alliance of Business (1987). *The fourth R: Workforce readiness*. Washington, DC: Author.

National Institute on Educational Governance, Finance, Policymaking, and Management (1997). *Meeting the information needs of educational policymakers*. *Washington*, DC: U. S. Government Printing Office.

Page, E. G. (1987). Partnerships: Making a difference over time? *Journal of Career Development*, 13 (3), 43-49.

Patterson, H. (1993). Don't exclude the stakeholders. *School Administrator*, 50 (2), 13-14.

Pitsch, M. (1991, September 11). School-college links seen as fundamental to education reform. *Education Week*, 11 (2), 1, 12-13.

Reyes, P., Wagstaff, L., & Fusarelli, L. (1999). Delta forces: The changing fabric of American society and education. In J. Murphy & K. S. Louis (Eds.), *The handbook of research on educational administration* (2nd ed., pp. 183-201).

San Francisco: Jossey-Bass.

Rigden, D. W. (1991). *Business-school partnerships: A path to effective restructuring* (2nd ed.). New York: Council for Aid to Education.

Sarason, S. B. (1996). Revisiting "the culture of the school and the problem of change. " New York: Teachers College Press.

Seitel, F. P. (1992). *The practice of public relations* (5th ed.). New York: Macmillan.

Sergiovanni, T. J. , Burlingame, M. , Coombs, F. S. , & Thurston, P. W. (1992). *Educational governance and administration* (3rd ed.). Boston: Allyn & Bacon.

Spring, J. (1994). *The American school: 1642−1990* (3rd ed.). New York: Longman.

Tesconi, C. A. (1984). Additive reform and the retreat from purpose. *Educational Studies*, 15 (1), 1−10.

Thiemann, F. C. , & Ruscoe, G. C. (1985). Garnering stakeholders' support for educational excellence. *NASSP Bulletin*, 69 (477), 41−44.

Topor, R. (1992). *No more navel gazing*. Mountain View, CA: Topor & Associates.

Walthers, K. (1995). Saying yes to vouchers: Perception, choice, and the educational response. *NASSP Bulletin*, 79 (572), 52−61.

Wang, M. C. , Haertel, G. D. , & Walberg, H. J. (1995). The effectiveness of collaborative school-linked services. In L. C. Rigsby, M. C. Reynolds, & M. C. Wang (Eds.), *School-community connections: Exploring issues for research and practice* (pp. 283−310). San Francisco: Jossey-Bass.

West, P. T. (1985). *Educational public relations*. Beverly Hills, CA: Sage.

Whitney, T. N. , & Crampton, F. E. (1995). State school finance litigation: A summary and analysis. *State Legislative Report*, 20, 1−16.

Wise, R. I. (1981). Schools, businesses, and educational needs: From cooperation to collaboration. *Education and Urban Society*, 14 (1), 67−82.

Wynne, G. E. (1986). School-business partnerships: A shortcut to effectiveness. *NASSP Bulletin*, 70 (491), 94−98.

第 4 编

当代挑战与个人视角

第**12**章

当代挑战

本章要点 ▶▶▶

　　政治强化行为

　　财政支持不足

　　确立使命与勾画蓝图

　　组织文化的变化

　　缺乏优秀督导

　　女性及有色人种代表不足

　　担任任何组织的首席执行官都是一件令人头痛的差事，作为督导也不例外。社会的、政治的、经济的和法律的问题弥散在整个校园，当它们出现时，督导就要去解决它们。在反思督导应承担的处理这些问题所导致的冲突的职责时，库班（Cuban，1985）适时地注意到冲突已经成为了问题的症结所在。

　　督导认同并感知到的困难，就是个人与环境变化的相互影响（Blumberg，1985；Kowalski，1995）。人格、健康和承受压力的能力等个性特征影响督导对他们自身工作的理解（Hoy & Miskel，2005）。同时，这种理解还受到地方社会风气、当地的社会特性和可利用资源等因素的制约。所以，各个学区出现的问题是不一样的。督导面临的一个重要挑战在于如何与教师联合会建立联系，而另一个重要挑战则在于如何使用税费的问题。

　　督导面临的挑战可以分为社会的、制度的和专业的三类。本章不打算对这些内容进行详细的阐述，而是从每类挑战中选出两个具有普遍性的案例以证明外部环境对实践的影响。一般而言，督导在实践中大都关注制度层面的挑战，而较少关注到社会与专业方面的挑战。

社会挑战

　　督导面临的社会挑战包含诸如贫穷、暴力、家庭结构等方面的问题，这些问题在之前的章节中已经作了讨论和分析，这里不再赘述。我们将深入讨论两个影响深远的社会问题：政治强化行为和财政支持不足的问题。前者是由于特殊利益集团为了获得其利益而造成的有关人口和理念的冲突（Wirt & Kirst，2001），后者是由经济现状和公共教育中的公平与效率现状共同造成的（King，Swanson，& Sweetland，2003）。

政治强化行为

尽管很多人把教育看作一项神圣的事业（Blumberg，1985），但它是建立在政治冲突基础之上的（Kowalski，1999）。不可否认，政治对民主传统来说是必不可少的。如同其他的公立机构一样，学校也受到各利益集团竞争的影响。这些利益集团依靠有利于它们的政策来获取利益（Rowan & Miskel，1999）。因此，督导的实践从未完全脱离过政治活动（Wirt & Kirst，2001）。同时，由于社区内部的种族差异性越来越大，重大冲突和剧烈政治行动也在不断升级。因此，督导不得不处理经常发生的各种冲突（Carter & Cunningham，1997）。

学者和从业者都一致认为督导需要具备敏锐的政治嗅觉和一定的技能来与社区和相关的管理机构进行有效合作。今天，学区的改革对督导这方面的要求越来越高。20世纪80年代，督导和其他教育者只是被看作国家和州教育政策的实施人员（St. John & Clements，2004），而当前的改革现状为督导设定了新的行为规范标准（Kowalski，2001）。准确地说，督导要促使一种言论的形成，这种言论可以鼓励学区中的各类成员表达并检验他们自身的教育观与教育信念（St. John & Clements，2004）。在政治多元化的环境中，这种对学校改革观点的无忌讳交流是十分必要的。

达令-哈姆德（Darling-Hammond，1988）注意到不同的教学观会导致不同的政策改革倾向。有的认为学校需要改进规则，有的认为学校需要更好的教学政策。而后一种观点往往有助于学校重建。今天，改革者的价值观是各不相同的。一方主张质量和效率的统一，他们提倡在不对学校提供额外资源的情况下，仅仅通过强迫学校竞争使学校得到整体的提高（Chubb & Moe，1990；Finn，1991）。另一方则主张质量与公平的统一，他们相信教育资源越多越有助于实现学生教育机会的平等（Darling-Hammond，2000）。可以看出，人口变化加剧了学校改革理念的分歧（St. John & Clements，2004）。当前，在很多学区中，多元化的发展使教育政治呈现出另一种局面：改革理念的分化在地方上变得越加公开且争议越来越大。而在地方出现问题时，政治职位甚至变得愈加无组织了（Wirt & Kirst，2001）。

分析家预测美国的人口将从2000年的2.81亿增长到2050年的3.94亿，并且少数族裔人口的增加将占到这种增长的90%（U. S. Census Bureau，1999）。鉴于这种人口增长模式，有色人种学生在公立学校入学的比例将会持续增长。与之对应的是，贫困儿童的比例也会增长（Glass，2004）。《不让一个孩子掉队法案》强调只有重新设计校舍和改进教学方法才能适应学生人数增加所带来的挑战。该法还分别强调了制定该政策时的政治支持与实施该政策时的经济支持的重要性，它无疑是历史上在教育资金供应不足方面具有重大历史意义的教育法案（Björk，Kowalski，& Young，in press）。由于资源的不足导致争论更加激烈（Hanson，2003；Wirt & Kirst，2001），这也就在一定程度上解释了为什么在那些由多种族人口组成的大城市学区政治活动最激烈，在资金不足的学区最严重（Kowalski，1995）。在一项全国性调查中，我们可以看到90%的大学区（比如，拥有25 000名或者更多学生的学区）的督导宣称特殊利益集团已经开始尝试影响学区政策和运作，这个数字占到所有学区的57%（Glass，Björk，& Brunner，2000）。在不同人口组成的学区中，多样性的公众——通常存在文化的、经济的以及哲学观的不同——试着通过政治压力保护他们各自的利益。导致争论的例子在课程方面最为明显，例如，多元文化教育、双语教育以及性教育讨论很激烈。最近，一些教学理论也引发了激烈的争论（Opfer，2003）。

尽管源自教育政策的政治冲突已不是什么新鲜事件，但它的副作用现在已经直接地影响着督导（Kowalski，2001）。如前所述，目前的政策环境已经和 20 世纪 80 年代有了很大的不同，那时督导主要把精力集中在实施改革而不是拓展改革上。由于采取的是直接自治，大多数州制定了宽松的指导方针，允许地方学区在决定如何达到这些目标时有自己的回旋余地，并且让地方学区的官员们对其效果负责（Weiler，1990）。这一策略表面促使督导集中精力考虑如何落实政策（传统的管理角色）和需要改进些什么（现代的领导角色）。但这种更宽松、更冒险的任务需要行政管理者发动工作人员和公众参与到蓝图描绘和计划制定中来，使督导更加直接地受不同价值观、信仰和偏见的影响（Kowalski，2001）。

财政支持不足

最近，一项关于学区督导的研究（Glass et al.，2000，pp. 68，66）指出，97％的督导将财政作为影响学校办学质量的一个重要因素。这种观点被一些董事会成员所认同，35％的成员表示财政因素是他们面临的最严重问题。临时观察员则认为，财政资源对学校事务而言并不重要，但是对那些负责财政预算拟订、通过和落实的人而言，财政资源至关重要。

一些研究（Crampton & Whitney，1996；Thompson，1990）已经表明，50 个州一致强调公立学校需要有统一的财政法律政策。由于公共教育由州负责，并且相关的法律政策也是由州宪法规定的，所以特别需要有统一的政策和法规。然而，一些价值观（比如，平等、自由和效率等）影响了筹款规则和税收分配。这些价值观在第 7 章中已经详细地阐述过，表 12—1 列出了每一种价值观所对应的财政政策考虑。

表 12—1   从价值观的角度来看学校财政政策

价值观	财政政策的考虑
充分	许多学区缺乏足够的资源来提供必要的服务和实施最好的实践。因此，督导将缺乏财政资源看作最主要的问题（Glass et al.，2000）
效率	政策制定者表达了不同的公立学校财政条件的两种观点：一种认为不增加资金，教学质量不可能有大幅度的提高；另一种认为仅仅通过强迫公立学校之间竞争以及与私立学校竞争，就可以提高教学质量（Brimley & Garfiled，2005）
自由	公众仍然广泛地支持地方控制公共教育。建立在减弱社区控制和增加州政府控制基础上的假设常常会阻止将学校筹款的重担转移到地方税收（主要是按价计税的财产税）的努力。然而，学区居民支持公共教育的能力（例如，可纳税的财富）和意愿（例如，纳税的努力）在各州各不相同（King et al.，2003）
平等	学区对税收的依赖导致了几乎每个州的地方学区之间的教育消费的比重不同。40 多个州通过诉讼强迫州法律修改筹款政策以达到更高水平的平等。然而，法院还是坚持认为一定程度的不平等是必要的，并且对保持自由也是可以接受的（Kowalski & Schmielau，2001）

尽管对资源充足的考虑最多，但自由和平等之间的紧张关系对督导而言也是一

个重要的挑战（King et al.，2003）。一方面，公众希望行政管理人员能通过联邦和州干预来保护自由。另一方面，法律规定和职业道德要求督导保证学生平等的教育机会。鉴于督导所面临的两难境地，为了维护自由，民众期望督导能够确保学区居民有权控制税率和税收的使用；为了维护平等，公众期望督导能够采取措施以确保州承担在学区之间进行平等教育集资的任务。在许多州，贫困学区里代表学生的诉讼领域已经实施区分性的督导政策，区分为贫困学区和富裕学区。如果督导在保护地方纳税人的政治利益和保护所有学生的权利之间出现了偏差，自由和平等之间的张力也会导致督导的内部心理冲突。

虽然很难看出是哲学、政治还是经济事务导致了筹款的不足，但是筹款不足的后果是显而易见的。资源的稀缺要求督导作出不受民众欢迎的决定，比如关闭学校、减少课外活动和课程计划、增加班级的规模、减少学区的劳动力（包括解聘教师和管理人员）以及减少必要的仪器设备和材料。即使公众能够避免这些令人不满意的决定，他们也不能无视来源于特别利益集团的持续冲突（Wirt & Kirst，2001）。

尽管州要求改变筹款方式（King et al.，2003），但是资金总量以及资金分配等问题仍然存在。许多督导，特别是那些受雇于贫困学区的督导，面临着一个"不平的运动场"的行政管理两难境地。也就是说，公众期望他们使贫困学区能符合，至少是接近更富裕和更少问题的学区的状况。比如，当贫困学区所提议的税率比周围学区的税率高时，投票者能理解性地抵制税收增加。因此，贫困学区的督导必须花更多时间说服公众，同时还要为增加必要的税收而获取政治支持。学区财富也影响着督导工作的有效性，比如，贫困学区的纳税人常常认为批评是必要的，但是他们并没有去分析深层次的原因。除了批评学校筹款不足外，公众更容易批评督导未能成功获取资源。

弥补财政支持不足的努力也隐含着风险。下面是督导争取资金的办法：

● **地方教育基金会**——这是一些以社区为基础建立起来的非营利性的第三方组织，它们的主要收入来源是私人赠与、商业赞助和其他基金。地方教育基金会的主要任务是拟订改革计划和实施改革。按照艾奥瓦学校董事会协会（2004）的说法，艾奥瓦州将近一半的学区已经成立了这样的组织。从全国来看，估计有 2 500～3 000 所地方教育基金会推动了将近全国 15％的学区的发展。督导常常直接与这些基金会联系，甚至还是其董事会成员。

● **争取商品、服务和资金**——督导已经接触到的捐赠事务。一般而言，这些捐赠和一些合作计划有紧密联系，并且集中在一些特殊的项目上。

● **企业活动**——包括一些诸如建筑房屋或空间出租之类的活动（Addonizio，2000）。比如，许多学区已经开始向那些在晚间和假期使用学校的人收取费用，并将收入记入社区群体账户（Kowalski，2002）。最有争议的尝试之一就是和那些专门争取学校代理权的公司签订合同。越来越多的学区和一些软饮料公司签订协议，学区授予它们独家销售和独家广告的权利。

公众并未一致认同以上的筹款方式。与一些企业的合作意向，比如和饮料公司签订合作已经引起了广泛的批评。

总之，财政支持的不足增加了督导的压力。新的学校改革事业常常没有资金或者只有部分资金支持，使得改革的效果并不明显。

组织挑战

督导遇到的一些问题本质上属于组织方面的问题，其中很重要的两个方面就是公共机构的使命和蓝图。使命指学区的人才培养目标；蓝图指在使命完成时学区所展现的形象。这两个说法常常被混淆或者趋于表面化理解。而且今天这种对其错误理解的风险增加了，因为这两种说法反映了社区多数人的意见，而往往这两个说法对学区改进计划而言是基础性的。

确立使命与勾画蓝图

过去，公共学区的使命被看作理所当然的，而蓝图则被忽略了。学区人才培养目标是指通过流行的制度化的文化规范、价值观、信仰以及态度的学习来培养一定数量的有文化的公民，它是贯穿于 19—20 世纪公立学校事业的永恒的主题。在这方面国家信奉以下反映学校与社会关系的三个哲学原则：

● **传承**——知识和文化（规范、价值观和理念）的保持与传播，以及传统的代代相传。

● **调整**——根据人口、社会、经济和政治产生的变化适当地调整教学和课程。

● **重建**——学校被看作社会变革的代理人并且被期望能预测并抢先将学校定位到更好地为社会服务的位置（Johnson，Collins，Dupuis，& Johnson，1988）。

在美国公共教育的形成时期，传承的角色决定了人们如何看待教育。当社会和社区中的个体的需要改变时，调整和重建的角色变得越来越重要（Kowalski，2003a）。尽管各个角色在特定的历史时期具有一定的重要性，但是在美国社会，所有的角色与学校的固有功能是高度相关的。传承的概念（社会的保存、持续和稳定）和重建的概念（抢先作出变化）有着本质冲突。换句话说，公众希望学校既能确保社会稳定又能实施变革。因此，教师、校长和督导往往会感到不管他们做什么，他们都不会被认可。

有关培养目标的理念争论已经解决，于是现代督导被赋予了两个任务：一个是确立学区使命，另一个是勾画蓝图。使命表述的是整个学区的教育目的。在学区发展到一定程度之后，使命应当体现出学区存在的理由。这是因为州将使命转加到了公立学校上面，许多督导低估了适合某个学区的使命的作用（Coleman & Brockmeier，1997）。学区使命有多种作用，包括告知公众和教师、形成统一的奋斗目标、提供目标的参考框架以及作出重要决定（如资源分配的决定）。尽管学区使命反映了学区的一般使命，但学校董事会和督导必须拓展这些使命以反映地方社区所承当的任务。有效的学区使命具有三个方面的特征：（1）对宗旨的详细阐述；（2）区分不同学区的特征；（3）反映学区共同价值观。除此以外，学区使命需要制定得详细、清楚且简明，能被广泛接受，并且定期进行修改。这个过程必须是完整的并且是动态的。最后两个要求解释了为什么它对督导而言是一项挑战。

在目前所有的学校改革领域，蓝图和计划策略得到了广泛关注（Scoolis，1998）。蓝图主要指在使命完成时学区所展现的形象（Kowalski，2003a）。专家建议学区蓝图应该是集体性的（比如，所有学区公众的一致观点）以及是通过协商形成的（Tomal，1997）。许多州现在都需要督导为学校改革制定具有前瞻性的且有策略的计划。

　　勾画学区蓝图所面临的挑战在于需要对学区的需求进行评定和评价。前者毫无疑问要简单一些，只需要确定和预测社区的需要；而后者要困难一些，因为它需要理解和预先知道需求及其不足，也就是说，它既是理性的也是感性的。这项任务的挑战性可以在择校和职业学校方面的争论中得到验证。许多教育者和学生家长都认为常规教育体系不能成功地为学生提供教育选择，但他们却在关于选择学校的性质和目的方面出现了分歧（Gregory，2001；Raywid，1994）。与之类似的是，需求评定通常都证实职业教育是合法的，但它的不稳定性往往会影响这些计划的批准进程和课程性质（Lewis，2000）。

　　在许多例子中，人们混淆了使命和蓝图（Rozycki，2004）。比如，使命在呈现时使用的是将来时态，并被阐释为蓝图。此外，学生家长和教师往往看不到使命和蓝图的内在联系，于是人们便认为改革是不可能的（Fullan，2001）。使命和蓝图都是在一定的社区和组织文化下形成的，这也就证实了制定使命和规划蓝图是何等艰难。督导需要分辨出不同的观念，确立准确有效的使命和蓝图，从而有效地推进学校的各项改革。

组织文化的变化

　　始于 20 世纪 70 年代晚期的学校改革运动经历了几个阶段（Finn，1991），即感知问题阶段、改变策略阶段以及解决问题阶段（Kowalski，1998，2003a）。在 20 世纪 80—90 年代，人们忽视了督导在学校改革中的作用（Berg Barnett，1998），这主要是因为改革事业集中在课程要素、教学方法和教学标准等方面（Kowalski，2003a）。今天，公众期望督导在领导与控制改革的过程中担当各种角色（Carter & Cunningham，1997；Norton，Webb，Dlugosh，& Sybouts，1996）。当学校董事会集中关注改革目标和策略时（Glass，2001），督导必须决定何时进行引导、何时实施管理、何时推动策略和何时进行妥协（Kowalski，2001）。更具挑战的是，当督导面对政治事务、儿童教育、公众觉醒、不文明行为和公众参与需求等问题时，他们必须作出决策（Berg & Barnett，1998）。

　　将改革的重心转移到地方学校和当地社会往往会增强社区和制度文化的重要性。基于这一事实，分析家们（Bauman，1996；Sarason，1996）认为除非削弱阻碍改革的强势文化，否则学校体系难以改进。例如，许多学校的教育人员仍然认为独立工作会使他们的效率更高（Gideon，2002），他们还认为如果社区不进行干预，学校的效率会更高（Blase & Anderson，1995）。这些观念在学校文化中占据了主导地位——这些核心价值观使教师知道如何完成他们的工作（Schein，1996；Trimble，1996），如何推动和接受改革（Duke，2004；Leithwood，Jantzi，& Fernandez，1994）。沙因（1992）认为改革文化已经被学习型文化所取代，这种学习型文化"建立在这种假设上，即有效的信息交流对良好的组织起着核心作用，因此必须建立人人参与的多渠道交流沟通体系"（p.370）。

　　不幸的是，虽然许多督导已经对改革需求作出了反应但没有尽到一个改革者所应尽的责任。由于缺少一个理想的学区未来蓝图，改革的方法和目标往往没有连接在一起（Haberman，1994）。萨拉森（1996）推断督导没有进行必要改革是因为他们不仅不理解组织文化也不理解改革组织文化所必须经历的过程。由于缺乏这些知识，出于方便，他们尝试复制其他学区的改革（Kowalski，2003a）。弗兰（1999）认识到这种做法是错误的，因为督导忽视了环境因素、学区的改革能力因素以及组织文化因素。

改革组织文化是困难的，因为改革者往往很难识别出潜在的基本假想（Firestone & Louis，1999）。大多数教师和校长可能认为部分学生的存在注定会导致失败，但是他们从来不说出这一看法。学区文化不仅塑造了学生的学习观，也影响了其所作决定的规范性、解决问题的态度（比如，研究的价值）以及（教育者之间以及教育者与其他人员之间）的关系（Joyce & Murphy，1990）。为了改变消极的观念（比如，和专业基础知识不协调以及和学校改革意图相反的看法），督导必须揭示隐含的价值观，讨论这些隐含的价值观，并揭示为什么它们会产生反作用（Fullan，2001）。它要求督导必须值得信赖，同时要求督导和公众之间必须相互信赖。

有关改革的常规事务强化了学校改革和组织文化之间的关系。起初，反对新思想和程序的教师掩饰他们的感情并且虚与委蛇。一旦认识到改革的压力减退了，他们就会恢复以往的实践标准，这种逆转也就解释了为什么与学校改革有关的人员的发展往往不成功；如果隐含的价值观没有改变，他们就采用原来的教学和管理方法（Fullan，1999）。

文化变革是一项艰难的挑战，主要基于以下几个原因：第一，涉及其他价值观和观念的开放而真诚的讨论容易产生冲突。尽管现在组织理论家认为冲突“是不可避免的，通常也是合法的”（Owens，2001，p. 308），但教师们往往仍规避冲突（Conforti，1976）。第二，文化变革需要一个过程。专家们（e. g.，Fullan，2001；Schein，1992）认为这个过程至少需要几年的时间才能完成。第三，督导职位的不稳定性经常使督导不愿意进行文化变革。因为他们不知道自己在督导这一职位上还能坐多久，许多督导就采用更加单一的方式进行改革（比如，重塑学校、实施新的数学课程或者重组行政人员）（Kowalski，1995）。

专业挑战

与督导有关的一些困难根源于教育的专业性。我们发现在招聘有能力的督导方面还存在数量和质量的相关问题。从质量的角度来看，专业准备和资格认定都是非常关键的。质量不仅体现在督导的能力方面，而且反映了督导代表社会和专业的程度。但是督导平常很少注意到他们的专业挑战，因为他们工作的结果不会影响到他们的实践。实际上，关于督导的招聘、专业准备和资格认证的决定常常可以直接影响后面的实践。

缺乏优秀督导

20 世纪 90 年代以来，公众普遍认为学区严重缺乏优秀督导。这一观点主要基于两个重要的事实：一是申请者的减少；二是这一职位不稳定性的增加。由督导（e. g.，Cooper，Fusarelli，& Carella，2000；Cunningham & Burdick，1999）、研究顾问（e. g.，Glass，2001b；O'Connell，2000；Rohn，2001）、州督导和协会指导者（e. g.，Glass，2001a）以及学校董事会成员（e. g.，Cox & Malone，2001；Rohn，2001）共同实施的调查研究表明申请人在减少。诸如此类的研究结果绝大部分是基于被调查者的意见，而不是根据实际下降的原始数据作出的。但是越来越少的人申请该岗位并不表明这方面的专业人员严重缺乏（Kowalski，2003b）。从历史的角度来看，经过资格认定的督导数量超过了所提供的这一职位的数量，这一事实导致在20世纪后半叶督导数量的过剩。比如，在20世纪70年代后期的一项研究（McCarthy，Kuh，& Zent，1981）表明，除了特殊教育管理者和联邦计划管理者之外，其他方面的督导人员都出现了过剩的现象。近来由研究顾问指导的一项国家级研究（Glass，2001b）表明平均约30个人在争取一个督导职位。这项研究得出结论："申请者的数量不会像媒体报道的那么少"（p.9）。

之所以有人误认为专业督导短缺，是因为董事会对督导申请者的素质不满意。这种现象往往出现在那些既需要高水平督导又不愿意提高工资或改善工作条件以吸引到他们所期望的人才的学区。在这种情况下，董事会常常宣称因专业督导不足从而迫使他们选择"不符合理想要求的人"（Veneri，1999，p.15）。之所以有人认为人才紧缺是因为大多数学区以政治标准——而不是经济标准——决定督导的年薪。也就是说，学校董事会常常基于社区标准而不是市场现实来考虑督导的最高年薪（Speer，1996）。当督导把自己和在私人企业中工作的朋友作比较时，他们往往发现自己很穷（Cunningham & Sperry，2001）。尽管申请者减少确实不利于董事会成员在制定管理人员年薪方面保持他们长久的政治优势，但是他们仍然未能证明督导紧缺。

认为督导职位越来越不稳定的观点并不客观科学。督导这一职位任期的平均实际时间比以往几个年代都要稳定，从1971年的6年（Knezevich，1971）到1982年的5.6年（Cunningham & Hentges，1982），再到1992年的6.4年（Glass et al.，1992）和2000年的6.7年（Glass et al.，2000），并且其退休年龄比以往都要高些（Cooper et al.，2000）。虽然一些学区很难招聘到优秀的督导，但在其他学区则不然。不仅是在公共教育领域，在所有组织和专业中，社区的性质、聘请单位的性质、资源和管理都是影响申请人数和任期的重要变量（Kowalski，2003b）。

督导的供求关系与学校行政管理的公共政策是紧密相关的。有两个例子可以说明。第一个例子是州退休金政策和学校行政不合理。几个州已经制定了允许督导提前退休的法律，督导可以提前退休，在领取了全额退休金后还可以重返督导这一岗位（甚至可以在原来的学区任督导）。这一法律便成为教育者和他们所在州的组织提出的缺乏优秀督导的借口（Kowalski & Sweetland，2002，in press）。使用退休基金来影响督导的供求关系有其局限性。在俄亥俄州，退休行政人员和教师的返聘已经使专业和政治之间产生了矛盾。从专业的角度来看，来自州退休基金的消极后果（比如，除非修订目前的政策否则健康保险基金在州退休系统中将被耗竭）阻碍教育者成为行政人员（比如，因为督导退休后被再次聘用使得高度吸引人的空缺职位减少了）。从政治的角度来看，问题在于返聘（比如，许多学区在返聘时已经和教师联盟进行了谈判）会减少纳税人对教育体系的支持（比如，当纳税人被告知被返聘的督导的总收入时，他们的反应经常是消极的）（Kowalski & Sweetland，2002）。

第二个例子是解除对学校行政管制的尝试。比如，最近一项关于优化美国学校领导的宣言（Broad Foundation & Thomas B. Fordham Institute，2003）倡导减少督导资格认证，或者认证至少应该是自愿的。倡导者认为有很多的军方退休人员和公司人员愿意成为督导，如果他们无须完成专业准备和通过资格认证考试。闸门一旦对这些人开放了，就可以很容易地解决督导紧缺的问题。对有经验的管理者而言，以上这些想法都是荒谬的。那些需要督导具备专业准备和资格认定的 41 个州中，有 22 个州（54%）允许使用弃权或者紧急资格证书，15 个州（37%）允许或者同意通过其他途径获得资格证书（比如，非大学的学习）（Feistritzer，2003）。

无论是现任督导还是有志于从事督导这一职业的人都需要在未来专业中找到自己的位置，它与个人兴趣（比如，造成紧缺这一谬误的长期存在的个人原因）和政治压力（比如，与那些寻求解除公共教育管制的政治领袖达成一致）都有关。

督导未来的发展有三种趋势，分别是：放松专业限制，任何有大学学历且没有犯罪记录的人都有资格获得督导这个关键职位；要求督导能够经受得起攻击并保持自身的完整性；需要督导改变自身的专业地位，对阻碍专业发展和实践效率的法律批评作出反应（Kowalski，2004）。

在第 2 章，我们已经通过讨论督导的五种角色特征分析了督导的实践。关于督导未来的专业准备和资格认证政策决定应该通过确凿的数据，而不仅仅是情感或者纯粹的政治言论来形成。表 12—2 归纳了对于这些角色所要求的知识和技能。尽管两个类型的标准（全美学校管理者联合会制定的标准以及由州际学校领导资格认定联合会制定的标准）已经包括了这些知识、技能和实践所需要的部署（见表 12—3），但这些标准没有使反专业主义者气馁于他们解除学校管理管制的改革运动（Kowalski，2004）。

表 12—2　　　　　　　　　　与督导角色概念化有关的知识和技能

角色	相关的知识和技能
教师—学者型	教育学；教育心理学；课程；教学管理；人员发展；教育理念
组织管理者型	法律；人事管理；财政/预算；设施开发/维护；劳资谈判/合同保持；公共关系
民主政治家型	社会关系；集体决定的制定；政治学；管理
应用社会科学家型	定性研究与定量研究；行为科学；实施与评价
交流沟通者型	口头交流；书面交流；倾听；公开演讲；媒体关系
多面手型*	动机；组织理论；组织变革和发展；领导理论；民族的/道德的管理；技术及其应用；多样性/多元文化主义；人际关系

*这一项包括几乎与其他角色相关的所有知识和技能。

表 12—3　　全美学校管理者联合会和州际学校领导资格认证联合会制定的标准

角色和相关的知识/技能	全美学校管理者联合会标准	州际学校领导资格认证标准
教师—学者型		
教育学	6	2
教育心理学	6	2
课程	5	2
教学管理	6	2, 5

续前表

角色和相关的知识/技能	全美学校管理者联合会标准	州际学校领导资格认证标准
人员发展	6，7	2
教育理念/历史	2	5
组织管理者型		
法律	2，4，7	3，6
人事管理	7	3
财政/预算	4	3
设施开发/维护	4	3
劳资谈判/合同保持	4，7	3，5
公共关系	3，4	3，6
民主政治家型		
社会关系	3	1，4，6
集体决定的制定	1，2	1，4
政治学	1，2，8	1，6
管理	2	6
应用社会科学家型		
定性研究与定量研究	4，5	1
行为科学	1，8	4，6
实施与评价	5，6	2
交流沟通者型		
口头交流	3	1，4，6
书面交流	3	1，4，6
媒体关系	3，8	6
倾听	3	1，6
公开演讲	3	1，6
多面手型*		
动机	5，6，7	2
组织理论	1，2，7	1，2，5
组织变革和发展	1	1，4，6
领导理论	1	1，2，5
民族的/道德的管理	8	5
技术及其应用	3，4，6	2，3
多样性/多元文化主义	1，3，8	1，2，4
人际关系	1，2	1，4，6

＊这一项包括几乎与其他角色相关的所有知识和技能。

督导代表性不足

尽管经过了一个多世纪美国民众才争取到了民主社会的平等，并且解放了全社会的妇女和有色人种，但是白人在公共和私人组织中仍然继续占有绝大多数的领导职位。实际上，督导在美国是由男性主导的职业（Glass et al.，2000）。自从 1900 年以来，8.9％的学区督导是女性，到了 1930 年上升到 11％。之后比例持续上升直到 1950 年又下降到 9％，到了 1971 年直线下降到 1.3％，1980 年跌到历史最低点 1.2％（Blount，1998）。1992 年，女性督导的比例上升到 6.6％，2000 年攀升到 13.2％——1900 年以来的最高点。女性督导在有 3 000～24 999 名学生的郊区/城市学区作出了重要贡献，这些学区的代表名额增长了将近 2 倍，从 1992 年的 5％到 2000 年的 14.1％。更值得关注的是，68％的女性督导是在学生人数少于 2 999 人的学区工作，并且 71％的女性督导是第一次担任督导职务（Glass et al.，2000）。

就教育职业人数统计而言，女性督导的人数统计出现了混乱。比如，教师中有 65％是女性，校长中有 43％是女性（Shakeshaft，1999），主要的办公室人员有 57％是女性，助理督导有 33％是女性（Hodgkinson & Montenegro，1999，pp.113-115），而督导中女性所占的比例则少于 15％。尽管从 1990 年以来女性在所有的学校管理层都取得了进步，但是她们在高校管理层和作为督导任职都是受到限制的（Hodgkinson & Montenegro，1999）。

女性和男性督导的事业道路是不同的。女性多数是小学教师、学区教学协调者、助理督导和高校教师，与之形成对比的是，男性更多的是高校校长（男性占 51％，女性占 18.5％）（Brunner，2000）。遗憾的是，主要的公职人员职位没有向女性开放，从而使她们无法得到获取财政、管理和社会关系经验的机会，而这些经验被 80％的督导视为通向成功的必备要素（Glass et al.，2000）。研究表明（Anderson，2000；Kowalski & Stouder，1999），家庭支持和积极的自我形象被那些已成为督导的女性视为关键性因素。

尽管关于种族和少数族裔代表问题的信息趋向集中在非裔美国人，但有关学校管理的拉丁美洲的研究（Ortiz，1998；Quilantan，2002）和国家研究提升了人们对多样性的理解。从 1930—1950 年非裔美国人督导的早期历史报道中可以看到他们的代表范围在扩大，并且主要集中在南方的那些主要人口为非裔美国人的州（Collier，1987）。全美学校管理者联合会的报道《学校管理中的女性和少数族裔代表》（*Women and Racial Minority Representation in School Administration*）反映了那些有着不同的种族背景的人们聚居的趋势（Montenegro，1993）。

尽管担任督导的有色人种仍然相对较少，但是从 1980 年开始就一直在增加。比如 1980 年，有色人种任这一职位的占 2.1％（Cunningham & Hentges，1982）；到了 1992 年增至 3.9％，在超过 50 000 名学生的城市学区里占到将近所有督导人数的一半（46％）（Glass，1992）。美国最近一项研究中关于少数族裔群体的分析数据显示，只有 5％的督导是有色人种，2.2％是非裔美国人，1.4％是拉丁裔美国人，0.8％是美国土著人，0.2％是亚裔美国人，0.5％是其他族裔。有色人种督导主要集中在大型（城市）或者小城镇（农村）学区（Glass et al.，2000）。

尽管在 1990—1999 年间各种族和少数族裔督导的比例上升了 31％（Glass et al.，2000），但许多督导担心这个比例或许已经到了顶峰，如果参加职业准备的人数下降了,这个比例也会随之下降(Björk, 1996)。如果有更多的少数族裔教师、校长和主要的办公室人员,就可能增加少数族裔的督导数量(Hodgkinson & Montenegro, 1999)。代表数量的增加也受到了其他专业竞争的影响,在 20 世纪 80 年代期间,更多有利的职业之门已经向女性和有色人种开放(Glass et al., 2000;Björk, Keedy, & Gurley, 2003)。

在学校管理中,有色人种的成长途径是十分独特的。尽管将近 80% 的白人督导从校长助理或者督导助理开始他们的事业,但是只有 65% 的有色人种有过相同的经历;他们更多的是从主要官员的层次开始他们的事业的。比如,22% 的少数族裔督导从作为指导者和协调者开始他们的行政事业,与之形成对比的是只有 13.3% 的白人是这样的(Glass et al., 2000;Björk et al., 2003)。

代表性不足问题与其他的专业事务纠结在一起,比如专业准备改革和资格认证(Kowalski & Brunner, 2005)。更加准确地说,放松限制已经被吹捧为增加少数族裔代表的一种做法。督导可以在提升女性和有色人种竞争力方面施加有效的影响;成为督导的女性常常指出同僚的支持是一个关键性因素(Keller, 1999)。当督导作为指导者和发起者为增加女性和有色人种的行政管理职位而努力时,他们就提供了上述的一些支持。对大多数白人督导和男性督导而言,代表性问题似乎并不重要,但是实际上,这种挑战将带来的后果比专业问题产生的后果更严重。鉴于男性和女性督导在政治倾向、职业发展途径以及发展障碍等方面的看法都不同,这一点尤为重要(Glass et al., 2000)。

反　　思

本章选择性地分析了当代督导面临的一些挑战,并讨论社会、组织和专业因素如何影响督导的未来发展。当你思考行政管理事务时,考虑一下你在面对这些事务或者其他事务时的立场。此外,你可以问自己是否愿意在解决这些问题时扮演积极的角色。

结合本章内容,思考以下问题:

1. 什么因素导致在公共教育中强化政治行为?
2. 对督导而言,为什么强化政治行为是一项挑战?
3. 自由和平等的冲突价值观是如何影响公共教育中的资金不足问题的?
4. 由于资金不足以及因政治和专业产生的矛盾对督导产生了什么挑战?
5. 学区的使命和蓝图有什么不同之处?
6. 学区文化是什么?
7. 为什么文化变革对学校改革很重要?它为什么难以完成?
8. 谣传督导数量紧缺有助于从业者发挥其政治优势,为什么说他们受到了这一说法的挑战?
9. 你同意退休督导返聘政策以及对行政人员的资格认证放松限制的尝试与从业人员紧缺的谣言紧密相关这一说法吗?为什么?
10. 从 20 世纪 70 年代开始,女性督导的比例有了显著增加,但为什么仍有许多人宣称女性在督导这一职位上代表性不足呢?
11. 从专业的角度来看,为什么所有的督导都应该关注有色人种的代表性不足问题?

案例研习

雷切尔·沃森（Rachel Watson）博士两年前成为华盛顿赫茨学区（Washington Heights School District，WHSD）的督导。她是一位有经验的教育人士，当过16年的教师并且担任了8年的小学校长。她是从附近的一个学区调到华盛顿来的，所以她非常清楚自己将会遇到什么问题。学区处于大都市边缘的小社区。在二战后得到较快发展，这个社区一些小家庭的成员大多是一家提供廉价住房的钢铁厂的员工。在过去20年里，这个小郊区的人口减少了15%，居民的收入下降了13%。

从学区建立以来，督导就一直面临着源于财产税的财务问题。这个建造了该地区50%以上住房的钢铁厂处于城市学区的边缘并且并没有为华盛顿赫茨学区直接提供税收。此外，这里也只有少量的商业支付财产税；大概税收预算的90%来源于居民的财产——许多家庭的住所都是超过50年的老房子。

学生需求的增加导致了沃森博士所在学区的财务困难进一步加剧。将近75%的学生可以享受免费的午餐；15%～20%的学生被划分为有特别需要的学生；该学区的辍学率在这个州排第五；去年毕业生中只有11%的人考入更高一级的学校；这个学区43%的学生的分数低于去年全州的能力要求标准。

学区的5幢学校建筑年久失修，而支持设施改进的公民投票在过去的9年里失败了5次。上次公民投票之后，由当地牧师担任领导的政治行动小组发动了一场运动，要求将华盛顿赫茨学区并入临近城市的学校系统。这个小组的领导认为学区合并有助于提高学生的成绩，也有助于解决设施问题。1970年以来，城市学校的入学人数减少了30%，几个条件较好的学校，校舍也是空空如也。直到学校董事会和督导宣布计划进行学区合并时，合并的热情才得到了足够的关注。

管理学区合并的州法律要求：(1) 学校董事会同意合并；(2) 将学校董事会成员分配到其他学区的计划得到州教育董事会的同意；(3) 在受到影响的学区里的所有人事变动计划都得到州教育董事会的同意。学区合并提议将华盛顿赫茨学区分割成几个部分，包括华盛顿赫茨学区的雇员和学校董事会。教师联盟同意合并，主要是因为设想其成员将会受益于州系统比他们目前高7%左右的年薪计划。学区的12个行政管理人员反对合并，他们害怕自己的地位降低或者重新回到教室教书。在5个董事会成员中，2个支持合并，2个反对合并，还有一个没有作出决定。这个没有作出决定的董事会成员恰巧是沃森博士最热情的支持者，她已经告诉其他董事会成员直到督导递交了正式建议她才会在合并事项方面表态。

当合并的争论热情日益高涨之时，两个董事会小团体都在给督导施压以使之站到自己这一边，他们也想让她去说服剩下的董事会成员。沃森博士已经告诉董事会成员她会对合并提议进行研究，当她完成研究时会提交一份建议。她阐述了许多需要核查和评估的问题，认为至少需要6个月的时间来完成她的建议信。已经决定如何投票的四位董事会成员难以接受她的时间期限，而学校律师告诉他们在得到两个学校董事会和州的官方同意之后才能真正合并，实际上实施合并还需要12～16个月的时间。于是，他们纷纷要求督导在45天内拟定好建议信，这一要求以4:1的投票得以通过。

案例讨论

1. 如果你是沃森博士，在拟订合并建议信时你会考虑哪些因素？
2. 什么可以作为督导反对合并提议的依据？
3. 什么可以作为督导支持合并提议的依据？
4. 沃森博士面临什么样的资金不足问题？
5. 州政府能采取行动避免华盛顿赫茨学区的财务问题吗？如果可以，应该采取哪些行动？
6. 能够对此问题作出决定的是公民投票，也就是说是学区的投票者而不是学校董事会作出该决定。这样做好吗？为什么？
7. 两个董事会小团体都希望沃森博士能够说服没有作决定的董事会成员，督导应该去说服吗？如果应该的话，最好在什么条件下进行？

参考文献

Addonizio, M. F. (2000). Private funds for public schools. *Clearing House*, 74 (2), 70-74.

Anderson, D. M. (2000). Strategies used by women superintendents in overcoming occupational barriers. *Planning and Changing*, 31 (1/2), 21-34.

Bauman, P. C. (1996). *Governing education: Public sector reform or privatization*. Boston: Allyn and Bacon.

Berg, J. H., & Barnett, B. G. (1998, April). *The school district superintendent: Attention must be paid*. Paper presented at the annual meeting of the American Educational Research Association, San Diego, CA.

Björk, L. G. (1996). Educational reform in changing contexts of families and communities: Leading school-interagency collaboration. In K. Lane & M. Richardson (Eds.), *The school safety handbook: Taking action for student and staff protection* (pp. 253-275). Lancaster, PA: Technomic.

Björk, L., Keedy, J., & Gurley, D. K. (2003). Career paths of superintendents: Results from the study of the American superintendency. *Journal of School Leadership*, 13 (4), 406-442.

Björk, L., Kowalski, T., & Young, M. (in press). National education reform reports: Implications for professional preparation and development. In L. Björk & T. Kowalski (Eds.), *The contemporary superintendent: Preparation, practice and development*. Thousand Oaks, CA: Corwin.

Blase, J., & Anderson, G. (1995). *The micropolitics of educational leadership: From control to empowerment*. New York: Teachers College Press.

Blount, J. M. (1998). *Destined to rule the schools: Women and the superintendency, 1873-1995*. Albany: State University of New York Press.

Blumberg, A. (1985). *The school superintendent: Living with conflict*. New York: Teachers College Press.

Brimley, V., & Garfield, R. R. (2005). *Financing education in a climate of* change (9th ed.). Boston: Allyn and Bacon.

Broad Foundation & Thomas B. Fordham Institute (2003). *Better leaders for America's schools: A manifesto.* Los Angeles: Authors.

Brunner, C. C. (2000). Female superintendents. In T. E. Glass, L. Björk, & C. C. Brunner (Eds.), *The study of the American school superintendency 2000: A look at the superintendent of education in the new millennium* (pp. 77 – 125). Arlington, VA: American Association of School Administrators.

Carter, G. R. , & Cunningham, W. G. (1997), *The American superintendent: Leading in an age of pressure.* San Francisco: Jossey-Bass.

Chubb, J. E. , & Moe, T. (1990). *Politics, markets and America's schools.* Washington, DC: The Brookings Institute.

Coleman, D. G. , & Brockmeier, J. (1997). A mission possible: Relevant mission state-ments. *School Administrator*, 54 (5), 36–37.

Collier, V. (1987). *Identification of skills perceived by Texas superintendents as necessary for successful job performance.* Unpublished doctoral dissertation, University of Texas, Austin.

Conforti, J. M. (1976). The socialization of teachers: A case study. *Theory Into Practice*, 15 (5), 352–359.

Cooper, B. S. , Fusarelli, L. D. , & Carella, V. A. (2000). *Career crisis in the superintendency? The results of a national survey.* Arlington VA: American Association of School Administrators.

Cox, E. P. , & Malone, B. G. (2001). Making the right choice. *American School Board Journal*, 188 (7), 40–41.

Crampton, F. , & Whitney, T. (1996). *The search for equity in school funding.* NCSL Education Partners Project. Denver, CO: National Conference of State Legislatures.

Cuban, L. (1985). Conflict and leadership in the superintendency. *Phi Delta Kappan*, 67 (1), 28–30.

Cunningham, L. L. , & Hentges, J. T. (1982). *The American School Superintendency.* Arlington, VA: American Association of School Administration.

Cunningham, W. G. , & Burdick, G. R. (1999). Empty offices. *American School Board Journal*, 186 (12), 25–26, 27–30.

Cunningham, W. G. , & Sperry, J. B. (2001). Where's the beef in administrator pay? *School Administrator*, 58 (2), 32–36.

Darling-Hammond, L. (1988). The futures of teaching. *Educational Leadership*, 16 (3), 4–10.

Duke, D. (2004). *The challenge of educational change.* Boston: Allyn & Bacon.

Feistritzer, E. (2003). *Certification of public-school administrators.* Washington, DC: The National Center for Education Information.

Finn, C. E. (1991). *We must take charge.* New York: The Free Press.

Firestone, W. A. , & Louis, K. S. (1999). Schools as cultures. In J. Murphy &

K. S. Louis (Eds.), *Handbook of research on educational administration* (2nd ed., pp. 297-322). San Francisco: Jossey-Bass.

Fullan, M. (1999). *Change forces: The sequel*. Philadelphia: Falmer.

Fullan, M. (2001). *Leading in a culture of change*. San Francisco: Jossey-Bass.

Gideon, B. H. (2002). Structuring schools for teacher collaboration. *Education Digest*, 68 (2), 30-34.

Glass, T. E. (1992). *The study of the American school superintendency: America's education leaders in a time of reform.* Arlington, VA: American Association of School Administrators.

Glass, T. E. (2001). *Superintendent leaders look at the superintendency, school boards and reform.* Denver, CO: Education Commission of the States.

Glass, T. E. (2001a). *State education leaders view the superintendent applicant crisis.* Denver, CO: Education Commission of the States.

Glass, T. E. (2001b). *The superintendent crisis: A review by search consultants.* Denver, CO: Education Commission of the States.

Glass, T. E. (2004). Changes in schools and society. In T. J. Kowalski (Ed.), *Public relations in schools* (2nd ed., pp. 30-46). Upper Saddle River, NJ: Merrill, Prentice Hall.

Glass, T. E., Björk, L., & Brunner, C. C. (2000). *The study of the American superintendency 2000: A look at the superintendent of education in the new millennium.* Arlington, VA: American Association of School Administrators.

Gregory, T. (2001). Fear of success? Ten ways alternative schools pull their punches. *Phi Delta Kappan*, 82 (8), 577-581.

Haberman, M. (1994). The top 10 fantasies of school reformers. *Phi Delta Kappan*, 75 (9), 689-692.

Hanson, E. M. (2003). *Educational administration and organizational behavior* (5th ed.). Boston: Allyn and Bacon.

Hodgkinson, H. L. (1991). Reform versus reality. *Phi Delta Kappan*, 73 (1), 8-16.

Hodgkinson, H., & Montenegro, X. (1999). *The U. S. school superintendent: The invisible CEO.* Washington, DC: Institute for Educational Leadership.

Hoy, W. K., & Miskel, C. G. (2005). *Educational administration: Theory, research, and practice* (7th ed.). New York: McGraw-Hill.

Iowa School Boards Association (2004). *School foundations on the rise*. Retrieved on September 27, 2004 at http://www.ia-sb.org/finance/foundations.asp

Johnson, J. A., Collins, H. W., Dupuis, V. L., & Johnson, J. H. (1988). *Introduction to the foundations of American education* (7th ed.). Boston: Allyn & Bacon.

Joyce, B., & Murphy, C. (1990). Epilogue: The curious complexities of cultural change. In B. Joyce (Ed.), *Changing school culture through staff develop-*

ment (pp. 243–250). Alexandria, VA: Association for Supervision and Curriculum Development.

Keller, B. (1999, November 10). Women superintendents credit support from colleagues. *Education Week*, 19 (11) 25.

King, R. A., Swanson, A. D., & Sweetland, S. R. (2003). *School finance: Achieving high standards with equity and efficiency* (3rd ed.). Boston: Allyn & Bacon.

Knezevich, S. J. (1971). *The American school superintendent: An AASA research study*. Arlington, VA: American Association of School Administrators.

Kowalski, T. J. (1995). *Keepers of the flame: Contemporary urban superintendents*. Thousand Oaks, CA: Corwin.

Kowalski, T. J. (1998). The role of communication in providing leadership for school reform. *Mid-Western Educational Researcher*, 11 (1), 32–40.

Kowalski, T. (1999). *The school superintendency: Theory, practice, and cases*. Upper Saddle River, NJ: Merrill-Prentice Hall.

Kowalski, T. J. (2001). The future of local school governance: Implications for board members and superintendents. In C. Brunner & L. Björk (Eds.), *The new superintendency* (pp. 183–201). Oxford, UK: JAI, Elsevier Science.

Kowalski, T. J. (2002). *Planning and managing school facilities* (2nd ed.). Westport, CT: Bergin & Garvey.

Kowalski, T. J. (2003a). *Contemporary school administration: An introduction*. Boston: Allyn & Bacon.

Kowalski, T. J. (2003b). Superintendent shortage: The wrong problem and wrong solutions. *Journal of School Leadership*, 13, 288–303.

Kowalski, T. J. (2004). The ongoing war for the soul of school administration. In T. J. Lasley (Ed.), *Better leaders for America's schools: Perspectives on the manifesto* (pp. 92–114). Columbia, MO: University Council for Educational Administration.

Kowalski, T. J., & Brunner, C. C. (2005). The school superintendent: Roles, challenges, and issues. In F. English (Ed.), *The Sage handbook of educational leadership* (pp. 142–167). Thousand Oaks, CA: Sage.

Kowalski, T. J., & Schmielau, R. E. (2001). Potential for states to provide equality in funding school construction. *Equity and Excellence in Education*, 34 (2), 54–61.

Kowalski, T. J., & Stouder, J. G. (1999). Female experiences related to becoming a superintendent. *Contemporary Education*, 70 (4), 32–40.

Kowalski, T. J., & Sweetland, S. R. (2002). Unrestricted reemployment of retired administrators: Effective policy or cause for concern? In G. Perreault (Ed.), *The changing world of school administration* (pp. 312–324). Lanham, MD: Scarecrow Education.

Kowalski, T. J., & Sweetland, S. R. (in press). Retire-rehire policy in state pension programs for school administrators. *Planning and Changing*.

Leithwood, K., Jantzi, D., & Fernandez, A. (1994). Transformational leadership and teachers' commitment to change. In J. Murphy & K. S. Louis (Eds.), *Reshaping the principalship* (pp. 77-98). Thousand Oaks, CA: Corwin.

Lewis, M. V. (2000). Vocational education and the dilemma of education. *Journal of Vocational Education Research*, 25 (4), 575-584.

McCarthy, M., Kuh, G., & Zent, A. (1981). *Investigation of supply and demand of school administrators in six states between 1975-76 and 1979-80*. East Lansing, MI: National Center for Research on Teacher Learning. (ERIC Document Reproduction Service No. ED014280)

Montenegro, X. (1993). *Women and racial minority representation in school administration*. Arlington, VA: American Association of School Administrators.

Norton, M. S., Webb, L. D., Dlugosh, L. L., & Sybouts, W. (1996). *The school superintendency: New responsibilities, new leadership*. Boston: Allyn and Bacon.

O'Connell, R. W. (2000). *A longitudinal study of applicants for the superintendency*. East Lansing, MI: National Center for Research on Teacher Learning. (ERIC Document Reproduction Service No. ED452590)

Opfer, V. D. (2003, November). *Personalization of interest groups and the resulting policy nonsense: The Cobb County school board's evolution debate*. Paper presented at the annual meeting of the University Council for Educational Administration, Pittsburgh.

Ortiz, F. I. (1998, April). *Who controls succession in the superintendency? A minority perspective*. Paper presented at the Annual meeting of the American Educational Research Association: San Diego.

Owens, R. G. (2001). *Organizational behavior in education* (6th ed.). Boston: Allyn and Bacon.

Quilantan, M. C. (2002). *Mexican-American women: Unique superintendents in Texas*. Unpublished doctoral dissertation, University of Texas-Pan American.

Raywid, M. (1994). Alternative schools: The state of the art. *Educational Leadership*, 52 (1), 26-31.

Rohn, C. (2001, August). *Superintendent shortage: Perception or reality?* Paper presented at the annual meeting of the National Council of Professors of Educational Administration, Houston.

Rowan, B., & Miskel, C. G. (1999). Institutional theory and the study of educational organizations. In J. Murphy & K. S. Louis (Eds.), *Handbook of research on educational administration* (2nd ed., pp. 359-384). San Francisco: Jossey-Bass.

Rozycki, E. G. (2004). Mission and vision in education. *Educational Horizons*, 82 (2), 94-98.

Sarason, S. B. (1996). *Revisiting the culture of the school and the problem of* change. New York: Teachers College Press.

Schein, E. H. (1992). *Organizational culture and leadership* (2nd ed.). San Francisco: Jossey-Bass.

Schein, E. H. (1996). Culture: The missing concept in organization studies. *Administrative Science Quarterly*, 41 (2), 229-240.

Scoolis, J. (1998). What is vision and how do you get one? *Thrust for Educational Leadership*, 28 (2), 20-21.

Shakeshaft, C. (1999). The struggle to create a more gender-inclusive profession. In J. Murphy & K. S. Louis (Eds.) *Handbook of research on educational administration*. Englewood Cliffs, NJ: Prentice-Hall.

St. John, E., & Clemens, M. M. (2004). Public opinions and political contexts. In T. J. Kowalski (Ed.), *Public relations in schools* (3rd ed., pp. 47-67). Upper Saddle River, NJ: Merrill, Prentice Hall.

Speer, T. L. (1996). The color of money. *Executive Educator*, 18 (7), 17-20.

Tomal, D. R. (1997). Collaborative process intervention: An alternative approach for school improvement. *American Secondary Education*, 26, 17-20.

Thompson, D. C. (1990). *Methods of financing educational facilities in the United States*. Report to Special Committee on School Finance, Kansas Statehouse. East Lansing, MI: National Center for Research on Teacher Learning. (ERIC Document Reproduction Service No. ED327916)

Trimble, K. (1996). Building a learning community. *Equity and Excellence in Education*, 29 (1), 37-40.

U. S. Census Bureau (1999). *Dynamic diversity: Projected changes in U. S. race and ethnic composition*. Washington, DC: Author.

Veneri, C. M. (1999, March). Can occupational labor shortages be identified using available data? *Monthly Labor Review*, 15-21.

Weiler, H. N. (1990). Comparative perspectives on educational decentralization: An exercise in contradiction? *Educational Evaluation and Policy Analysis*, 12 (4), 433-448.

Wirt, F. M., & Kirst, M. W. (2001). *The political dynamics of American education* (2nd ed.). Berkely, CA: McCutchan.

第13章

个人实践管理

大约在 20 年前，克劳森（Crowson，1987）指出："督导的工作是一种处在矛盾和异常状态下的活动，坦白地说，这对于那些想在这种捉摸不定的工作中寻求一种学理意识的人来说几乎是不可能的"（pp. 49—50）。从那时起，对督导开展的研究获得了巨大的发展。即使这样，督导的工作对大多数人来说仍然是一个有争议的话题，部分原因是督导活动受诸如学区的规模、资金和政治等多种因素的影响。

本章简要地介绍了督导的日常工作，并对督导在实践中应该承担的任务进行了简要的回顾。为了更好地理解督导的工作，我们对其工作从以下四个方面进行分析：时间要求、工作性质、共有的激励和沮丧、未来的需求，其中工作性质的改变是在压力和人事变动的背景下阐述的。

督导的日常工作

虽然多数教育工作者对督导与校长及其他管理人员的工作之间的区别能够理解，但是对于它们在数量与质量等方面的差异还比较模糊。显而易见的是，督导的日常活动在 20 世纪后半叶有了巨大的改变（Blumberg，1985；Kowalski，1995）。与其他的管理人员不同，他们把大部分的时间放在了办公地点及学校之外以便与校外人员进行交流。结果，当督导置身校外工作时（如学区和学校之外），多数的学校工作人员并不清楚督导在做什么，这就使得督导的日常工作经常陷入被推测、猜想和误解之中。

时间要求

　　要想了解督导工作的性质，对于督导工作的时间要求作出探讨是首要的。不同的督导在一项日常督导工作中需要花费的时间往往是不相同的，可能是由于学区的不同所致，也可能是由于督导自身的情况所致。然而，通常来说，大多数督导需要在一周内花 65 个小时或更多的时间用于他们的工作，包括参加诸如宴会、体育活动和社区会议等——这些活动多数时候是在晚上或者周末举行。对于较大学区督导的研究指出，他们的周平均工作时间一般都在 75 个小时左右（Kowalski，1995）。一位资深的督导指出："每天工作 12 个小时是正常的，通常我们还被要求在学校董事教育会议上全身心投入，实际上我们几乎把一整天的时间都用在了工作上。"（Domenech，1996，p. 41）。当然也有一些督导在工作中会投入相对较少的时间，但是少有督导能够在一周之内投入工作的时间少于 60 个小时。

　　督导一般都需要在每周内用 2～3 个晚上参加与工作相关的活动。在大的学区里，督导甚至需要与学校董事会每周会晤 2～3 次，并且在周末还要安排其他的会议以及一些特殊的活动。在正常工作之外的活动如此之多的压力下，督导通常需要细心地规划时间以平衡个人及家庭活动的时间。因此，把时间管理作为研究第一年从事工作的督导的主要话题也就不足为奇了（Pavan，1995）。即使是经验丰富的督导也经常为他们的工作时间而犯难。当被要求描述一下他们典型的工作时间时，一个有代表性的城市学区的督导与我们分享了他的日常时间安排：

　　　　上午

　　　　5:00 至 5:15　　　到达办公室，喝一杯咖啡然后阅读早报

　　　　5:15 至 5:45　　　检查前一天的电子邮件，进行回复

　　　　5:45 至 6:45　　　完成一个早餐会议演讲稿的写作

　　　　7:15 至 9:00　　　参加早餐会议并发表演讲

　　　　9:00 至 9:30　　　开车穿过城区去参加学校董事会会议

　　　　9:45 至 10:30　　参加学校董事会会议

　　　　10:30 至 10:45　返回办公室

　　　　10:45 至 12:00　会见副校长

　　　　下午

　　　　12:00 至 1:45　　会见几个个别的职员，回复 12 个电话留言

　　　　1:45 至 2:00　　　开车去教师联合会

　　　　2:00 至 4:15　　　会见教师联合会的几个管理者（令人不愉快的会见）

　　　　4:15 至 4:30　　　同两个与我一起参加会议的人对会议作出第二阶段的
　　　　　　　　　　　　分析

　　　　4:30 至 4:45　　　开车返回办公室

　　　　4:45 至 6:15　　　回复 15 个电话留言，会见几个职员

　　　　6:15　　　　　　　离开办公室回家

　　　　晚上

　　　　6:30 至 7:30　　　喝一杯饮料然后与妻子共进晚餐

　　　　7:30 至 8:30　　　准备第二天给管理者和其他督导所作的演讲稿

| 8：30 至 9：30 | 回复几个电话留言，阅读报纸，看电视新闻 |
| 10：15 | 睡觉 |

对于那些在较小的学区工作的督导而言，他们的时间安排与此相当，甚至比这些活动还要多，因为他们通常没有可以代表他们参加各种学区体育活动、特别的学校活动以及晚间或周末会议的人员。

虽然督导的工作有受限性的特点，但是督导却有着其他学区专业教育工作者所不具有的主动性——督导通常在决定他们的日常活动安排中有很大的自主性。他们需要对自己的时间管理决定负责，在这一方面，督导与校长和教师相比，更像是一个专业人员。并不是所有的督导都认为他们具有这样的自主性，有些督导声称，缺少了对于他们工作时间的外在限制对他们会有负面影响。在这样的情况下，他们通常会通过更迅速、更努力的工作从而对自己提出不切实际的时间要求，最终使他们陷入错误、疲倦甚至疾病之中。还有一些督导认为自主作出选择和自主决定时间安排是一件令人不愉快的事情，他们宁愿工作在一个受限制的环境中。他们认为，由于在工作中需要自主作出决定并承担风险，这就带来了工作中不可避免的不愉快。

工作要求

对于管理者工作的描写，通常可以从两个角度加以分析：社会背景和角色期望。前者主要是关注管理者与别人交往的程度，这种描述通常考察的是督导在实践中参与会议以及与家长、雇员、董事会成员等交流的情况（Frase & Hetzel，1990；Walton，1973）。后者重点关注的是督导职位的职责和义务等（Kowalski，2003），第 2 章中对于五个主要角色概念化的讨论是很好的例证。

从社会视角看，督导的工作具有高度的代表性特征（Sergiovanni, Burlingame, Coombs, & Thurston，1999），因为督导活动比起其他的个体活动来说，更能与学校所在的学区形成一致性的关系。因此，督导的活动，无论是内部的还是外在的，通常都被连续不断地作出评价。无论是对一个服务俱乐部作演讲，还是在法庭会议中作出证词，抑或是在与家长的交流中，督导都正式地并具有象征意义地代表着学区的观点和思想（Sergiovanni, et al.，1999）。在 20 世纪 70 年代后期研究了工作行为之后，莫里斯（Morris，1979）将学校管理行为看成是一种发生在高度言语化环境中的行为，并指出学校机构对于言语信息的使用与其他机构有不同之处。从那时起，对于督导活动的期望就逐渐强化了督导作为有效交流者的角色，由此我们能对为什么言语和非言语行为在督导活动中同样重要有一个更深的了解（Kowalski & Keedy，2004）。例如，当需要寻求改变的时候，资助者和雇员通常会敏锐地观察督导的活动，并且他们通常会用外在的行为，而不是口头上的承诺给督导以更多的信心（Slater，1994）。

督导是怎样认识他们工作的性质的呢？一项对于城市督导工作的描写把督导活动描绘成繁忙、费心、令人激动、交往频繁、地位高、报酬丰厚等（Kowalski，1995）。从全美范围来讲，大概有 33% 的督导认为他们的工作地位实际上是在不断提高，而有不到 20% 的督导认为是在下降（Glass, Björk, & Brunner，2000）。这些认识上的不同，通常可能是由于每个人不同的经历，而不是由于督导工作自身的性质所致。

督导通常会通过识别董事会对督导工作的期望来描述自己的工作。在这一方面，督导通常被期望扮演管理者和教学领导者两个主要的角色，只有 3％的督导认为他们主要的角色是充当教育改革领导者（Glass et al.，2000）。在以后的几年中，如果当前的学校改革策略还将持续的话，这一数据可能会有所变动。

尽管一直在强调督导的领导职能，但是有数据显示管理职能仍然是督导实践中的一个关键部分。尤其是在小型学区里，由于承担管理工作相关人员的缺乏，则更是如此。这种情况带来的结果是，对于督导职务的领导角色的期望并没有取代或消减对于其管理职能的期望，反而增加了对于督导职务的整体期望（Kowalski & Brunner，2005）。

回报与困境

什么是督导在工作中最重要的回报和困境呢？虽然在这一点上，不同的督导往往会给出不同的答案，但是有一些因素却是大家一致赞同的。在回顾督导工作生活的时候，一位资深的督导这样写道：

> 多数人在探讨公众生活时都会说生活充满了沮丧，即使是下面的所有人也是这样——公众生活的每一个人、所有的职员、教育董事会的每一个成员、每一对父母、所有城镇的官员、所有的学生以及其他所有的与学校教育事业有着专业联系的人员和群体，尽管他们通常都是睿智的、有洞察力的、开放的、富有同情心的、容忍大度的、富有激情的、灵活的、动力十足的以及具有你认为应该具有的品质的人。（Cattanach，1996，p. 337）

这位督导的评述向我们说明，即使是那些胜任能力极强的督导，在高层次的督导实践中也会遇到类似的困境。然而在这里，对于工作的不满意感通常还是被人们整体地夸大化了。实际上，人们对于工作的满意度相当高。例如，在一次全国性调查中，当被要求回答在工作中自我实现的程度时，只有 6％的督导说"没有"或"很少"（Glass et al.，2000）。更值得注意的是，调查结果显示在各类学校管理者中，督导对于工作的满意度更高（Boothe，Bradley，& Flick，1994）。

督导活动固有的内在品质——服务与帮助他人——能够部分地解释督导工作的满足感。当督导被问到他们的工作应该是什么样子的时候，他们通常认为督导工作应该在开发新的项目和使他人更加具有效能感方面作出努力（Wallace，1992）。一项关于加拿大督导的研究指出，督导的工作满足感通常是与以下几点联系在一起的：（1）督导工作自身；（2）督导行为的积极反馈；（3）问题解决；（4）看到一项计划被成功地执行（Holdaway & Genge，1995）。督导工作的成效与一般教师的不同，它往往能在一个相对较短的时间内显而易见。例如，一项新的计划的实行和一个新学校的建立都能够给督导带来一种成就感。另外，督导通常还会声称他们在帮助学生、教师、校长的过程中，在给学区带来实际影响的过程中，体验到了个人的满足感，尽管这些通常并没有被记录在案（Hart & Ogawa，1987）。

有些督导还会把督导职务自身所拥有的合法性权威和期望作为督导工作的激励因素（Kowalski，1995）。在督导活动中，他们可以通过更换代理人的方式来创造新的想法和机会，以此来影响学校所在学区的蓝图。在对督导工作作出评论时，一位督导指出，他进入督导领域的一个原因就是为了检验他的假设——他能够成为一个

真正的教学领导者 (Wallace，1992)。一项对于有抱负心的管理者的研究指出，督导选择督导职业的首要动机之一就是为了让他们的组织管理和控制的能力得到检验 (Daresh & Playko，1992)。在学校改革的背景下，督导在课程与教学方面的领导与管理职能的发挥是学校取得成功的关键因素之一 (Björk，1993；Bredeson，1996；Petersen & Barnett，2003)。

外在的激励对于许多督导而言同样具有影响力。例如，由于多数学区的督导的工资处于一个较高的水平，因此在媒体曝光之后总是显得名声不好。如，督导与其他具有较高职位的管理者的工资待遇方面差异是相当惊人的，有的差异能够达到35 000 美元或者更多。另外，与学区的其他雇员相比，督导通常还能享受到更多诱人的福利政策。

个性特征及与工作有关的一些因素同样会对督导的工作满意度产生影响。例如，一个督导可能天生是一个悲观主义者，或者由于他不愿意在一个小的农村地区工作，也会使督导对于工作产生厌倦感。一项对于城市督导的研究指出，下面几个因素容易导致督导产生工作厌倦感：

- 缺少财政支持；
- 工作职位的政治性因素；
- 不切实际的工作负荷；
- 对于快节奏工作的无能为力；
- 冷漠的学生和职员；
- 学校董事会对于督导工作的干预；
- 精英主义和种族主义 (Kowalski，1995)。

上述因素中的两个——财政支持和政治性因素的影响——几乎在所有类型学区的督导工作中都会反复出现并对督导工作产生影响。

关于财政支持方面，通常可以从支持的充足性和平等性两个角度加以分析。也就是说，有些督导会由于缺少充足的财政支持而感到工作难以展开，而另一些督导则可能会由于财政资源在各学区间分配的不均而对督导工作感到沮丧。后一个方面的因素通常可以在不发达地区控诉国家在学校教育方面的金融分配系统不公的法律行为中窥见一斑 (King，Swanson，& Sweetland，2003)。大概每十年，全美学校管理者联合会就会在全国范围内对督导的工作展开一次调查。在最近的一次调查中 (Glass et al.，2000)，36％的参与调查的督导认为财政性问题是地方学区所面临的最为重要的问题。20 世纪 90 年代中期在加拿大的一项研究也得出了相似的结论，在这项研究中，不充足的资金支持被认为是影响督导工作因素中最为重要的问题，资金分配的不平等被认为是督导关注的第二大主要问题 (Webber，1995)。

政治方面的问题对于学校管理者来说是一个比较棘手的问题，然而，在不同的学区，政治问题的性质及其产生的背景往往存在着巨大的差异。例如，在大型学区里，通常为了配合地方政府之间为争夺仅有的资源而产生的公开对抗，市长就需要控制督导和学校董事会的行为 (Kowalski，1995)。与地方政治领袖之间的冲突通常会使学校管理者处于不利的地位，他们经常为此感到难以开展工作且效率低下。这些现象的发生并非只是在大城市里才有，几乎在所有的城市和学区中，学校管理者都会遇到类似的政治性阻碍，而这些阻碍通常表现在两个方面：外在因素——如地方教育机构政策的不支持；内在因素——如学区教育管理成员间的派别主义

（Shelton，Beach，& Chissom，1989）。教育的专业化与政治的民主化之间的内在紧张和冲突通常会促使教育管理者对于其工作中的政治性因素不满意（Hoyle，Björk，Collier，& Glass，2005；Kowalski，2004）。

在农村学区工作的督导所面临的困境往往是因其自身所处环境具有一定的特殊性，如低工资、因缺少辅助人员的支持而承受着繁重的工作压力以及对教育的项目难以形成透彻的理解而导致的（Grady & Bryant，1991）。他们与其他学区的同类人员相比，通常由于对实践缺乏足够的理论指导而在实际的工作中困难重重。如一项对于美国俄克拉何马州地区的农村教育管理人员的调查显示，只有 14％的人员拥有博士学位——远远低于全国督导平均水平的 50％，并且需要指出的是，就在仅有的 14％的高学位人群中，还有一半不是科班出自（Garn，2003）。

督导通常将组织机构、教师、学生之间的利益竞争作为其工作开展时的最大困境（Kowalski，1995）。教师工会为改善教师的工作而作出的罢工行为即为例证。督导通常会发现他们一方面要站在教师的角度并为教师的工作谋取福利，另一方面则要代表学校董事会、学区和学生的利益。实际上，督导所面临的任何一个问题通常都会对学区、学校董事会、学生以及教师产生影响，遗憾的是，这些不同群体间的利益通常并不能达成一致。

督导通常还会由于他们单方面地希望改善一所学校的这一难以实现的理想而感到困惑。他们知道在公立学校中仅仅通过自上而下的、独裁式的方式来改变学校是不切实际的，并因此而感到苦恼（Murphy，1991）。许多刚进入督导领域的督导逐渐认识到与其他人一道分享领导的权力与合作将会使督导活动更加有效（Hoyle et al.，2005）。因此，当他们碰到认为只有通过自上而下的方式才能有效地改善学校教学的董事会成员时，在合作的过程中便会有相当大的冲突（Kowalski，2003）。

应对策略

时间管理

时间管理对于督导而言是非常重要的，因为对督导活动产生影响的环境变量因素（例如，组织机构的大小和可供利用的资源）处于不断变化之中。时间控制过程可以分为三个阶段：

1. 通过日志和做记录的方式记录你是如何利用自己的时间的；

2. 对你的时间分配情况作出评价，重点关注重要事件和突发事件的时间分配情况；

3. 对你未来的工作作出一个时间规划（Rees，1986）。

下面是对这一过程的更为详细的技术说明：

- 按事情的重要性程度对你的活动时间作出安排；
- 简化交流的过程；
- 为每一个时间分区分配任务（例如，每周安排 5 个小时进行学校访问活动）；
- 设置并关注最后期限以保证要解决的问题不会延误；
- 将一些特殊的活动委托给他人；
- 学会说"不"；

- 为自己安排出闲暇时间；
- 学会规划你的时间（Hartley，1990）。

时间管理的另一个有用的策略是避免让那些反复要求交流的人浪费你的时间。阿门塔和达尔文（Armenta & Darwin，1998）将这些人描述为没有组织性、对自己的时间管理漠不关心、不懂得倾听。另外，他们很少会提前预约，认为交流的时间越长，交流的效果就会越好，并且希望控制整个交流的进程。当我们无法避免与这些人进行交流的时候，我们可以在与他们交流的过程中设置一些人为的障碍以减少交流中不必要的时间浪费。如当他们提出交流的要求时，让他们知道你对交流时间的控制，并且告诉他们和你交流时应该要事先预约，具体交流时间的长短应该由你自己来决定。

随着督导管理信息的数量不断增加，辅助人员——帮助督导处理回复电话、准备信件和日程安排等工作——的数量下降了30%（Johnson，2003）。原因很简单：科技进步改变了管理者在交流和管理他们的时间中的方式。当管理者对所处信息时代有了基本的认识之后，许多督导将会亲自处理安排日程、回复信件和管理时间等事务。

压力管理

督导向来被描述为一个具有高度压力的工作（Sharp & Walter，1995）。然而，这一观点可谓正误参半。许多研究者（e. g.，Gmelch，1996；Milstein，1992；Wiggins，1988）在了解了现有关于督导活动的诸多顽固性的错误观念之后指出，督导工作从其职业特性上来说并非一个具有高度压力的工作。或许将督导工作界定为颇具挑战性的职位更为合适，这种界定指出了督导活动对于充沛的脑力和体力的要求（Domenech，1996）。多数研究指出，督导并不同意有关他们督导工作压力的说法。例如，最近一项对于全国范围内督导的研究指出，一半以上的被调查者认为他们的工作具有很少或者适中的压力，另一半的人则认为他们经受着相当大的压力（Glass et al.，2000）。这些不同观点的存在可能主要是由于督导个人的经历不同所致，如个人的压力承受能力、个人的工作环境以及个人问题解决策略（个人缓解压力的方法）等因素（Kowalski，2003）。

尽管不同的督导在处理与督导工作相关的压力时有不同的策略，但是所有的督导都应该将压力管理看作一个重要的方法（Quick，Nelson，& Quick，1990）。原因相当明显：首先，在管理工作中存在着许多容易产生压力的地方，如作重要的决定以及解决冲突（Ramsey，1996）。冲突是如此普遍存在，以至于库班（Cuban，1988）将它比喻为督导活动的DNA。其次，督导的压力承受能力以及工作内容处于不断变化之中，结果是，你的压力解决方案有时会失灵，其应用的成效不大（Kowalski，2003）。例如，一个进入城区工作的督导可能会发现，与其督导工作相联系的政治性因素要比原先工作时所面临的复杂得多（Goldstein，1992）。

多数人可能会认为工作是影响身体健康的首要因素，然而我们却不知道，社会的、生理的和心理的因素都会对我们身体的健康程度产生影响。像心脏病、中风、癌症等疾病，主要是由不健康的生活方式和压力所致（Wood & Wood，1996）。因此，许多身体健康问题的研究者使用一种生物心理学范式（biopsychosocial paradigm）研究生活方式与疾病之间的关系。在社会影响因素中，负面的影响因素包括孤独、被剥削感和暴力；在生物影响因素中，负面的影响因素包括缺少体育锻炼、不健康的饮食、疾病或伤害；在心理影响因素中，负面的影响因素包括沮丧感、压力感和处理问题技能的缺乏感（Green & Shellenberger，1990）。当这些负面的影响因素并存的时候，我们就会处于严重的非健康状态之中。

　　人类生活中的压力通常被界定为机体对于需求的非特殊性反应（Selye，1976）。任何要求，无论是与家庭生活、职业相联系，还是与社会条件相联系，都会影响到我们。然而，这些需求对于我们产生的压力却并不是以同样的方式呈现的。压力的剧烈程度一方面是由特殊需求决定的，另一方面则与承受压力的个体相关（Coleman，1960）。这就解释了为什么一个特殊的需求会在处于相同地位的两个不同的个体身上表现出巨大的影响差异。压力在我们的工作中所产生的问题通常表现为沮丧（希望的破灭）、冲突（竞争过程中相互矛盾的目标和手段）、紧迫（感知到的需求）（Coleman，1960）。例如，督导往往会由于没有足够的资源或者不能很好地实现其目标而感到沮丧，他们会由于不得不在两个都没有资金保障的重要项目中作出选择而感到冲突，他们会由于没有足够的时间来陪伴家人而感到紧迫。

　　影响压力大小的因素有多个方面，包括忍耐力（个体承受压力的程度）、需求无法满足的程度、自我效能感（自信）、个人处理压力的能力、陌生度（个体对于压力是否能够理解，是否曾经经历过）、突发性（压力的突然性出现）、个体的容忍性（Coleman，1960）。另外，压力的大小还受同一时间内压力出现的量的影响，如果经受的事情无法预期和控制，那么压力就会显得更为强烈（Wood & Wood，1996）。

　　压力的形成系统分为四个阶段：（1）引起阶段（引起压力的问题）；（2）感知阶段（你对于引起压力的问题的评价）；（3）应对阶段（你是如何应对问题的）；（4）结果阶段（压力给你带来的否定性影响）（Gmelch & Parkay，1995）。用另一种方式表述即你面临着一个潜在的能够产生压力的问题，对这个问题作出良性或恶性的评判，然后选择应对问题的处理策略，最后承受着压力对你产生的影响（Lazarus & Folkman，1984）。很明显，压力的大小与你对于所面临问题的感受性相关。如果你对问题的感受准确而又合乎情理，如果你能够合理地利用个人资源应对问题，那么由问题而引起的压力就很难对你产生危害。

　　在严重的压力影响之下，督导可能会经受诸如精力消耗、注意力难以集中、焦虑或者精疲力竭等问题。当理智受到阻碍的时候，督导的行为将表现出一些反常的特征，并且做事情很容易后悔。当压力难以控制的时候，身体的抵抗力通常就会降低，身体可能会有遭遇疾病的风险。

　　高压控制下的人的工作效率往往会降低，由此带来的状态我们通常称为"筋疲力尽"。这种状态通常有四个方面的表现：一定程度的身体和精神力量的透支；社会行为混乱（如，在工作中将自己与他人孤立起来）；心理上的损害（如，产生了自我消极的意识）；组织机构的低效能（如，不做自己的工作）（Cedoline，1982）。问题的出现也通常有一系列的表征：消极情绪的滋生（如，沮丧、失望）；人际问题的出现（如，闷闷不乐、情感淡漠、兴奋易怒）；健康问题的出现（如，情感和生理两个方面）；工作表现越来越差，意义感逐渐失落（如，觉得工作一点意义都没有）（Potter，1993）。正如上面的这些表现所证明的，"筋疲力尽"是一种非常严重的问题。然而，有些人在使用这个术语时却相对轻松，他们用它来描述压力环境下的那些没有如此重负的工作状态。

　　督导工作中什么样的适应性需求（adjustment demands）是最为普遍的呢？尽

管冲突在不同的学区和学校之间是普遍存在的（Hanson，2003），但在实际工作中，督导遇到的主要的问题还是沮丧。表13—1通过对工作中存在的普遍性问题源作出考察后也得出了这个结论（Cedoline，1982；Gmelch，1996）。例如，在一些学区，督导所面临的主要问题就是来自学校董事会的对抗（冲突）和无法满足的需求（压力）（Goldstein，1992）。另一个摆在许多新手督导面前的问题是角色的转换，尤其是当督导是由校长转任时，他会发现需要作出的改变比预想的多很多。虽然日常工作中的大部分时间仍旧是在与不同的人进行会面，新上任的督导会发现工作的性质以及会见的人发生了变化。同样，许多刚进入督导领域的工作者都为自己的工作设定了很高的目标，例如，某个州的研究指出，自我提升的压力（高度的自我期望）是督导在工作中产生压力的主要源头（Eastman & Mirochnik，1991）。

表 13—1   **督导通常所认定的压力源**

压力源	可能的征兆	适应性需求
资源的缺乏	无法达到预期的水平	沮丧感
缺少公众/领导的支持	低期望、缺少激情、替代目标	沮丧感
过高的自我期望	无助感、过于辛劳的工作	紧迫感
工作负荷过重/工作量太大	无视责任和工作中的错误	沮丧感
集体的争论	凝聚力分散、优柔寡断、焦虑	冲突感
缺乏明确的指导	角色模糊、迷惑	冲突/沮丧感
评价他人	过度紧张、有争辩而无结果	冲突感
获取公众的理解和支持	折中的价值观和道德观	紧迫/冲突感
作出有争议性的决定	相互冲突的需求中产生的不安	冲突感

产生压力的适应性需求可能是建设性的（使人奋进），也可能是破坏性的（使人痛苦）（Saville & Kavina，1982）。例如，冲突可以使督导更加投入于一个问题的解决，这样可以为学区带来更有建设性的积极后果，并且促进督导自我效能感的提升。在压力环境下，督导往往会提高意识并且更加集中于重要问题的解决。"压力只有在失去了正面激励功效的情况下才会成为问题；相反，通常情况下，压力会促使督导个体在不经受伤害的情况下更好地投入工作。"（Cedoline，1982，p.2）

有关职业压力的研究提出了四种普遍流行的破坏性压力：

1. 时间（如，面对最后的期限，自己觉得有点不知所措，一切的工作似乎都无法在预定的时间内完成）；

2. 期望（如，对于工作产生焦虑心理，害怕下次突变的发生）；

3. 形势（如，对于持续地无法控制环境而感到害怕）；

4. 交流（如，不得不会见你认为不愉快的或者不希望见到的人）（Albrecht，1979）。

与流行的观点相反的是，对于压力的认识并不能够阻止环境给人带来的负面影响。但是，在这样的环境问题增多时，你可以学习控制形势。例如，你可以控制对压力的认知和态度，另外，你可以选择处理问题的方法（Gmelch，1996）。因此，压力对你产生的最终结果取决于你的健康状况、你有关压力方面的知识以及你积极管理压力的能力等方面的总和。消极性的反应诸如暴饮暴食、滥用酒精等，在督导还没有建立起一个有效反应方案的时候，常常会导致问题的出现。"无论是积极的反应，还是消极的反应，在督导的社会性、生理性、智力、娱乐、管理、个人和态度等方面都会有所体现。"(Gmelch & Parkay，1995，p. 61)

总之，压力的消极反应在以下几种情况下会出现在其任何一种管理职能中：(1) 你并不了解你自己；(2) 你不了解压力；(3) 你对于压力的处理漠不关心；(4) 你选择了消极的处理对策（见表 13—2）。通过合理地运用压力管理能力，你更有可能对产生压力的问题有一个准确的认识。由于你采用了一种批判性的眼光来看待产生压力的问题，压力会给你带来更为积极的后果（Lazarus & Folkman，1984）。

表 13—2   压力处理过程中所形成的问题实例

问题	实例
不了解自己	无法认清自己容忍压力的程度
不了解压力	无法预期与诊断压力所形成的可能性后果
对于压力的处理漠不关心	忽视压力的存在或者认为问题会自行解决
选择消极的处理对策	寻求不健康的发泄途径（如，暴饮暴食、滥用酒精等）

决策管理

督导工作的实践包括作出日常决策，这些决策体现在事情重要性程度的判断、问题解决难度的判断和事情开展的过程之中。在最近的几十年里，决策制定逐渐由个体管理者转向由群体人员作出。群体成员在制定决策时需要相互之间的合作，并且受群体机能的影响（Lencioni，2002）。然而，也像个体决策的制定者一样，当群体决策制定者认识到在一种既定的标准化和说明性的决策制定模式中存在的问题和缺陷时，他们作出的决策将会更加有效。

决策与决策制定在定义上的差异是明晰的。前者通常被界定为影响行动过程的所有判断，而后者既包含判断，也包含进行判断的行为（Griffiths，1959）。相比较而言，问题解决的过程包含着一系列相关的决策（Tallman & Gray，1990）。多数作者"认为制定决策的过程是管理过程的核心"（Sharman，1984，p. 13）。

教育领域中影响决策制定的方法主要有两个：一是约翰·杜威的科学方法；二是重视理性和效率的科学管理原则（Giesecke，1993）。合理性是指"我们使用能够达到我们预期目标的方法和理智——寻求可以达成目标的行动途径"（Simon，1993，p. 393）。

实际上，并没有单一的合乎理性的决策制定模式，相反，存在的是由许多相关的模式体现出的理性视角（Zey，1992）。格里菲思（Griffths，1959）指出，大多数理性模式具有如下特点：

- 认识、界定和限制问题；
- 分析和评价问题；
- 建立评价标准，以评判一个问题解决策略的合理性；
- 搜集资料；
- 制定和选择合适的问题解决方案并且提前作出检验；

● 将问题解决方案运用到实践中。

图13—1描述了理性模式的八步骤分布图。

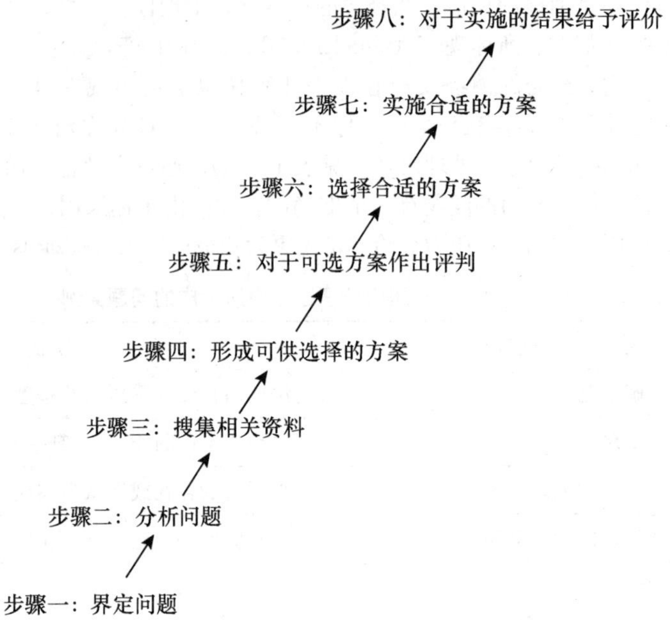

步骤八：对于实施的结果给予评价

步骤七：实施合适的方案

步骤六：选择合适的方案

步骤五：对于可选方案作出评判

步骤四：形成可供选择的方案

步骤三：搜集相关资料

步骤二：分析问题

步骤一：界定问题

图13—1　一种决策制定模式的八步骤分布图

理性模式一度十分流行，因为它被期望可以为混乱的过程提供规则。它一般具有如下特征：使用演绎式问题解决方法从而使过程更为精确，对于问题的解决具有预见性，秩序良好，运用科技处理问题，非人格化，合乎理性等（Tanner & Williams，1981）。然而，在20世纪50—60年代，由于其存在合理性的理论基础受到主流理论的影响而发生改变，理性模式的普遍性有所降低。例如，西蒙（Simon，1970）指出，督导要想作出合乎理性并且客观的决策，他们需要将所有的决策制定模式置于一种平等的状态下并用广角镜加以认识，认为每一种模式都会产生一定的结果，然后对每一种模式作出价值判断，最后从中选择一种最好的模式。督导通常意识到在他们工作的时候，由于工作中存在的模糊性和不确定性，实际上完全按照理性模式的步骤去制定决策是不可能的。例如，有的问题和需求并不明显，或者它们并没有按照秩序、线性的方式来加以呈列。因此，欧文斯（Owens，1995）写道："决策的制定过程通常是一个反复的、持续的过程，一个决策的结果往往会为新的决策制定提供信息"（p.175）。理性模式通常会对"非正式"组织的政治性影响因素关注不够，而事实上，学区决策是在一种存在多样化动机、模糊的、有限的信息背景下作出的——社会系统的这些特征使理性模式的可用范围进一步的缩小（Chance & Chance，2002）。

随着理性决策制定模式的弊端日益显著，新的混合性模式或限制性模式（hybrid or bounded models）出现了。虽然它们有着不同的名称，但在有关选择和结果的假设方面与传统的理性模式存在着一致性。另外，它们改变了传统模式片面的线性化特征（例如，前后相继的工作模式）。西蒙（1976）将决策的制定过程分为四个阶段：智力活动阶段（包括问题的界定）、活动设计阶段（包括为活动设计合适的路径）、活动选择阶段（包括选择活动的方案）、活动回顾阶段（对于活动结果进行评价）。在限制性模式中，"满意"的观念起着关键性的作用，它通常被认为是个体或组织依据实际情况选择某种活动的倾向（Hellreigel & Slocum，1996）。西蒙（1976）指出，管理者与其在理性模式中寻求一种理想的决策模式，还不如选择那些能够产生实际的可接受结果的决策模式。限制性模式并没有把决策制定的过程看成是一个价值无涉的过程；相反，管理者的偏见在这里是被认可的，这一点是其与传统理性模式的一个差别（Hellreigel & Slocum，1996）。总之，限制性模式在界定一个有序的方法时并没有忽视不确定性、价值观、利益竞争和偏见等因素的影响。

其他的一些模式，既有标准化的，也有描述性的，同样能够启迪我们的实践。下面简要介绍一下其中的三种模式。

● 垃圾桶模式。

这种模式反映了组织机构的决策制定通常并不是合乎理性和线性范式的。一个学区和一所学校被描述为垃圾桶能够说明其中包含着众多的问题、解决方案和参与者。作出这个比喻的目的是为了揭示决策制定过程中选择机会的多样性问题（Cohen，March，& Olsen，1972）。这些众多的选择重点是为了创造机会以对现状作出改变（Hanson，1996）。在学校中，这些改变可能会是有关校长的任免，或者是有关学校财产的问题。决策制定在这个模式中就是为特殊的问题与解决方案寻求支持者，支持者进而花费时间和精力选择一个更为合理的方案以解决存在的问题。支持者"可能会是分散开来的，因为其他的参与者在寻求其他问题的解决时往往很少参与或者干脆退出集体性的组织"（Hanson，1996，p. 144）。结果是，决策制定的过程在这种模式中变得前后不一致并且难以界定（Schmid，Dodd，& Tropman，1987）。

● 政治模式。

由于学校的运行是在一定的政治背景下完成的，并且其自身就是一种政治性的组织（Sergiovanni & Carver，1980），因此决策制定的过程通常受到诸多外在因素的干扰，并且受到各种因素——个体、群体、非学校机构相互较量的影响。在政治模式中，关注的重点往往在不同利益群体之间的争论上，决策的制定也是在不同群体相互协商中完成的。学校机构的目标通常被不同利益群体的目标所取代（Estler，1988）。政治模式的共同性特征有：决策制定者的相互依赖性以避免决策制定的单边性；权力的分散性；相互合作、协商和谈判、折中和妥协（Giesecke，1993）。简单地说，决策的制定主要是基于个体或群体的利益而不是基于组织目标的理性选择。

● 道德伦理模式。

西蒙（1976）指出，在作选择时，决策制定者应该具有现实性主张和伦理性标准双重指标。伦理性标准主要表现在价值观上，价值观一般是为督导在制定决策的过程中提供指导性原则（Hitt，1990）。斯塔雷特（1991）开发出了一种在学校管理者中广泛使用的模式，开发的指导思想主要有三个方面：批判性、公正性和人道性。他的工作主要说明了有关人的因素——之前所忽视的人类自然本性中的道德因素——应该在一个学习化社会中被运用到决策制定的过程中来。由布兰查德和皮尔（1988）提出的一个更为直接的伦理模式重点关注了三个与决策制定过程相关的问题：合法性（决策的制定是否与现有的民法或者公司政策相冲突），平衡性（决策是否考虑到了所有的参与者），道德性（如果决策被广泛地宣扬和采用，决策制定者的自我感觉会如何）。由于伦理模式的公正性和同情心可能会取缔政治模式的权力和妥协，因此伦理模式通常被认为是与政治模式相冲突的。

决策制定的过程同时也受到个人行为理论（personal action theories）的影响，这种理论通常是由理论及个人的信仰和价值观共同构建而成的。行为理论通常可以分为两大类型：内动理论（espoused theories）——影响我们的思维和信念的理论；实践性理论（in-use theories）——影响我们实际行动的理论。前者存在于意识层面并且通常随着一个人对于新的知识和经验的获得而改变，后者通常存在于无意识层面并且一般很难作出改变（Argyris & Schön，1974）。内动理论在学校管理者中通常受到专业性学习的影响，并且随着专业性标准的建立而得到强化。与此相反的是，实践性理论则是从校内或者校外的经验生活中接受学习（Osterman & Kottkamp，1993）。

舍恩（Schön，1983，1990）描述了实践的三个特征：不确定性——督导遇到的问题并非像众所周知的情形一样时常出现；独特性——督导遇到的问题在以前的教科书中没有讨论过；价值冲突——在处理问题时，督导必须在不同价值观之间作出选择。所有领域实践中的这种复杂性和模糊性特征说明我们需要的不仅仅是有关技术方面的知识。他指出，当几个这样的特征同时存在时，决策的效用往往是存在着质疑性的。例如，一个第一年参加工作的督导需要在如何降低财政预算的不同方案中作出选择。由于之前从来没有作出这样的决策，督导对于方案选择的结果往往存在着不确定性，同时，不同的群体出于各自利益的考虑通常也会劝说督导接受他们的意见。

反思性实践活动将理论性知识和实践性经验都置于一个比较重要的地位。舍恩（1990）对"行动中知晓"（knowing-in-action）与"行动中反思"（reflecting-in-action）作出了区分。前者在那些社会性结构和制度性结构背景，如教育领域的管理者中比较常见。后者代表着某种艺术性，在一些问题和挑战比较大而理性程度不高的领域比较重要。像其他专业人士一样，督导在决策制定的过程中往往对于技术和策略的信任程度非常高。使用行动理论，他们能够对可能性后果作出合乎理智的想象。当决策产生预期结果时，对于决策产生的背景就不再需要作出进一步的思考（实际上，服务于不同信念的积极性经验已根植于管理者的默会知识中）。然而有的时候，一些意外的事情往往会引发出"行动中知晓"和"行动中反思"两方面。因此，当这些事情出现时或者是在其结果产生后，督导需要对那些难以预料的结果作出考虑（Kowalski，2003）。如果没有反思，督导难以对那些由其组织文化和工作习惯而产生的对其工作的影响加以认识（Osterman & Kottamp，1993）。

科尔布（Kolb，1984）认为经验学习是一个由四个独特阶段组成的循环过程：经验阶段、观察和反思阶段、抽象概念化阶段、试验阶段。在这里，经验阶段为学习提供了一个基础，但是仅有经验本身还不能保证学习成效的取得。学习成效的取得需要实践者使用经验学习的四个阶段以在理论世界和真实世界的相互结合中完成。作为专业成长的一种模式，反思性实践重点关注两个方面：一方面是专业性知识基础的不断重建；另一方面是个人实践行为的不断提升。这些得以完成是需要将实践的不确定性、独特性以及价值性等特征注入到个人的行动理论中去。当这些都成为现实时，决策的制定就能够在一个充满感性经验、利益竞争以及行为规则等特性的学校和学区中实现。

交往管理

如本书前面几处所说，做一个有效的沟通者是对于督导的普遍期望。有关有效督导的研究（e. g.，Morgan & Petersen，2002；Stipetic，1994）指出了督导的交往行为是如何影响学校文化、教师行为以及学生的学习结果的。研究还指出，督导有关交往知识的多少以及这些知识在实际督导活动中的运用情况是影响督导活动能否取得成效的关键（Kowalski，in press；Kowalski & Keedy，2004）。

影响管理活动中人际交往的因素可以分为以下几点：

- 信息编码和解码的能力。

督导的言语和书写通常具有公共性，并且可能会成为正式或非正式的行为评价标准（Lehr，2001）。因此，督导需要发展他们有关构建交往和解释交往活动的技能。

- 构建合适交往渠道的能力。

当正式的交往手段——那些被学区管理者所创造和采纳的手段——无效时，非正式的手段往往会出现。由于非正式的交往通常容易产生一些错误的信息和谣言，督导需要构建多种多样的渠道以满足组织成员交往的需要（Wentz，1998）。

- 倾听的能力。

倾听具有三个尺度——听到了什么、理解到了什么、记住了什么（Spaulding & O'Hair，2004），人们在评价他人时通常就是基于这些标准。具备较高倾听能力的督导通常会受人尊敬、具有吸引力并且易受人关注（Burbules，1993）。

- 信任的能力。

督导只有遵循"言必信，行必果"的原则才能取得他人的信任。他人在评判督导时通常会看他们所说的以及他们所做的，信任只有在二者统一的情况下才能出现（Kouzes & Posner，1993）。在教师能力（Johnson，1998）和学校改进（Sherman，1999）方面，信任显得尤为重要。

- 掌握非言语交流的能力。

非言语交流通常具有象征性意义，并且经常发生在无意识领域。根据阿盖尔（Argyle，1988）所言，这种方法通常是情感表达（如激动、失望）的一种路径，是人与人之间态度传达（如真诚、开放）的一种方法，是向他人传递个人信息（如外向型性格、内向型性格）的一个通道，是言语交流的一个很好的补充（如强化言语效果、用手势代替言语）。

- 在背景中交流的能力。

交流背景的改变将会影响交流的效果，同时可能会产生诸多误解，甚至可能会完全扭曲交流中所传达信息的意思（Hoy & Miskel，2005）。因此，督导需要了解诸如偏见、种族、多样化、性别差异、组织结构等因素对于交流的影响。

- 使用不同媒介进行交流的能力。

现代督导在进行信息交流时要求使用印刷以及广播等传播媒介。这些需要督导对于新闻事业有所了解，也需要督导与记者开展积极的交流活动。督导需要具有处理负面信息的能力，比公众更早、更迅速获取学区信息的能力，以及危机管理的能力（Kowalski，2004）。

● 获取和使用合适的交往技巧的能力。

交流的技巧和效果之间存在的广泛联系已被人们所熟知。督导需要对这些实用的交往技巧有所了解，他们还应该具有开发这些技巧的知识和能力（Rowicki，1999）。

● 通过交流解决冲突的能力。

虽然在交往的过程中将会不可避免地出现冲突，然而"冲突只有在一定类型的交往中才会产生"（Harris，1993，p. 396）。随着学校的氛围越来越开放，随着政府的民主化程度越来越高，冲突的出现也愈加频繁。管理者的交往行为一方面将会产生冲突，另一方面也是解决冲突的有效手段。因此，实践工作者必须对于不断变化的冲突有所了解，并且学会用适当的交流解决冲突（Spaulding & O'Hair，2004）。

● 将组织文化、交流与组织行为相互连接的能力。

学校中的行为通常是无法预测并且令人迷惑的。由于交流行为可以被观察到，它通常为理解最深层次的制度文化打开了一个窗口，同时也为理解基本假设和信念对于行为的影响打开了一个窗口。但是，为了实现这一目的，督导必须要理解文化与交往行为之间的关系（Kowalski，2004）。

反　思

本章主要探讨了督导活动的两个主要问题：督导实践的性质以及处理职位需要方面的管理策略。

结合本章内容，回答以下问题：

1. 你所观察到的校长和督导之间的工作有何差异？这些差异和本章中的内容是否一致？

2. 督导通常认为的职业激励有哪些？基于个人视角，你如何评价这些可能的激励？

3. 在公共教育的资金方面，数量和质量的供给有什么区别？

4. 什么是时间管理？为什么时间管理对于督导工作来说是至关重要的？

5. 科技进步是如何对督导的时间管理产生影响的？

6. 基于个人的优势和劣势，你认为在督导工作中最有可能产生压力的地方是什么？

7. 为什么不同的督导在认识与工作相关的压力时存在着不一致的看法？

8. 决策制定模式是如何帮助督导的？

9. 在什么情况下压力是积极有效的？

10. 为什么说督导进行交往管理是必要的？

案例研习

艾伯特·戴维森（Albert Davidson）是戴维森家六个孩子中最大的一个，也是他们家的第一个大学毕业生。他是一个学习成绩中等的人，但是在运动方面有着很高的天分。高中毕业后，他申请了足球奖学金进入了一所州立大学。他的目标是当一名社会研究领域的老师，并且做一名足球教练。在拿到学士学位之后，他被授予了全国大学体育协会奖学金，接着他进入了研究生阶段的学习并且拿到了历史学硕士学位。在他 24 周岁后的两个月他开始从教。

在一个大城市的一所高中任教足球课程五年后，艾伯特被他的校长说服准备考取校长资格证。他在一所地方大学通过了七门课程的考试并顺利拿到了校长资格证。随后不久，他在所任教的学校里接受了校长助理的职位。虽然他为此错过了很多教学和训练，但是他发现在管理工作中同样也可以获得快乐（尽管他把大多数时间花在了纪律问题上）。

三年后，艾伯特面临着职业生涯中的另一个选择。一位他在获取校长资格证学习期间认识的教授鼓励他去读取博士学位。虽然他刚结婚不久，但他还是觉得脱产回到学校学习是一个不错的选择。两年后，他即将结束博士阶段学习，他开始申请工作——主要是高中校长的职位。他同时还在科尔波恩（Colburn）申请了督导职位，科尔波恩是一个小城市，他曾在这里上过学，并且他的父母现在仍然居住在这里。他认为可能无法申请到督导一职，他对妻子说这一次申请简直就是一次远射（long shot）。

科尔波恩学区大概有 2 100 名学生，并且学区董事会成员认识艾伯特。令他惊奇的是，他被邀请来申请这个职位，更令人惊奇的是，他居然申请到了这个职位。同时，他还申请到在一个城市地区的一所较大的高中里担任校长职位。推荐他读博士的那位教授建议他接受校长职位，因为他缺乏实际的督导工作经验。然而，艾伯特因为能够回到科尔波恩学区工作而感到高兴，他还是选择了督导的工作。

在他们搬到科尔波恩的时候，艾伯特的妻子杰姬（Jackie）怀孕了，并且她决定离开教学岗位，至少是暂时的。当艾伯特在为科尔波恩的工作做准备时，从小在大城市长大的杰姬却没有做好准备。她认为由于科尔波恩地区接近一半的人口都属于非裔美国人，调整起来会比较容易。由于艾伯特刚刚完成论文并且需要为新的工作做准备，开头的几个月是非常忙碌的。他几乎每天早出晚归，即使在星期五也是这样，他和杰姬通常还需要参加学区的运动会。

第二学期刚开始，艾伯特完成了他的博士学位，他的妻子也生了一个男孩。但是艾伯特仍然需要花费大量的时间在工作上。杰姬觉得他变得易怒，并且不愿和她讨论工作的事情。她试图劝说他用更多的时间来陪伴她和孩子。

当夏天来临时，杰姬决定和艾伯特说出她对于居住在科尔波恩的感受。尽管近段时间以来艾伯特在家里的时间稍微多了些，但她还是觉得难以适应这个地方。一天晚餐的时候，她告诉艾伯特："如果我知道我们能够永远离开这个地方我会很高兴的。已经两年了，我想回到教学岗位上去，但是不想在这里工作。在你当督导的学区工作真不是一个好主意，而在其他地方工作需要至少 30 分钟的车程。总之，我不认为在这里抚养我们的孩子是明智的选择，他在大城市里成长会有更多的机会。"

艾伯特向他的妻子保证他也没有打算继续在这个地方待下去。"但是我向这里的人们作出了承诺，并且合同也是签了三年。而且我还向他们保证过如果出现了问题，我将至少继续在这里待五年。董事会的成员对我很好，我在这里也学习到了许多东西。四年过后，我将能够申请到一个更好的职位。"

艾伯特是在科尔波恩地区担任督导工作的第一位非裔美国人。他想把工作做好，并且因此而让其父母为他自豪。另外，如果仅工作一两年就离职将会对其以后的求职产生不利影响。杰姬请求他考虑离职的问题，她说等第三年工作结束后他们就重新换一个地方。艾伯特同意了她的这个想法。

在他做督导的第二年初，艾伯特和其他学校董事会成员第一次在工作上发生了冲突。冲突是关于如何处理一个足球运动员的问题。艾伯特支持校长的决定——由于这个学生在学校里打架，校长决定将其开除出足球队。而另外两个董事会成员以及足球队的教练却认为这种处罚过于严重，并且认为这对于学校自身发展不利。董事会的领导试图平息这次风波，但是艾伯特表示坚决不同意从轻处罚。在第二次董事会会议上，经过了五天悬而未决的情形之后，董事会成员以 3∶2 的投票结果决定保留该运动员在足球队的队员称号。

两周后，一所小学发生了火灾，幸好火灾发生时学校里没有学生。艾伯特需要为 200 个学生的学习寻找临时教室，他还要处理保险工作事宜，另外他还要重新规划学校的重建情况。所有这些事情使他本来就已经非常繁重的工作雪上加霜。

由于工作的压力，艾伯特晚上开始失眠，并且在接下来的两周内体重减轻了 15 磅。他待在家里的时间已经越来越少，他的妻子也因此更不愿意继续留在科尔波恩。

艾伯特在成为一名督导之前，几乎所有的事情都进行得非常顺利，生活也非常开心。有生以来，他第一次对自己承受压力的能力感到怀疑。他开始怀疑自己能否做好督导工作，并且对是否应该继续留在科尔波恩感到茫然。

案例讨论

1. 对艾伯特申请到校长职位后，最终选择担任了督导这一工作，你有何看法？你是否也会这么做？为什么？

2. 艾伯特工作的地点在多大程度上为其工作带来了压力？

3. 形成艾伯特工作压力的影响因素有哪些？这些因素所形成的压力是因为其数量太多，还是因为其要求太高？为什么？

4. 艾伯特可以采取哪些应对压力的措施？

5. 艾伯特在作出职业决策时，是应该自己一人独自作出，还是应该和其妻子共同作出？请作出解释。

6. 如果你是艾伯特的好朋友，你对他有什么建议？

参考文献

Albrecht, K. (1979). *Stress and the manager*. Upper Saddle River, NJ: Prentice Hall.

Armenta, T. D., & Darwin, E. V. (1988). Coping with time-robbers. *Principal*, 78 (1), 64.

Argyle, M. (1988). *Bodily communication* (2nd ed.). London: Methuen.

Argyris, C., & Schön, D. A. (1974). *Theory in practice: Increasing professional effectiveness*. San Francisco: Jossey-Bass.

Björk, L. (1993). Effective schools-effective superintendents: The emerging instructional leadership role. *Journal of School Leadership*, 3 (3), 246-259.

Blanchard, K. H. , & Peale, N. V. (1988). *The power of ethical management*. New York: William Morrow.

Blumberg, A. (1985). *The school superintendent: Living with conflict*. New York: Teachers College Press.

Boothe, J. W. , Bradley, L. H. , & Flick, T. M. (1994). This working life. *Executive Educator*, 16 (2), 39-42.

Bredeson, P. (1996). Superintendent roles in curriculum development and instructional leadership: Instructional visionaries, collaborators, supporters, and delegators. *Journal of School Leadership*, 6 (3), 243-264.

Burbules, N. C. (1993). *Dialogue in teaching: Theory and practice*. New York: Teachers College Press.

Cattanach, D. L. (1996). *The school leader in action: Discovering the golden mean*. Lancaster, PA: Technomic.

Cedoline, A. J. (1982). *Job burnout in public education: Symptoms, causes, and survival skills*. New York: Teachers College Press.

Chance, P. L. , & Chance, E. W. (2002). *Introduction to educational leadership and organizational behavior*. Larchmont, NY: Eye on Education.

Cohen, M. D. , March, J. G. , & Olsen, J. P. (1972). A garbage can model of organizational choice. *Administrative Science Quarterly*, 7 (1), 1-25.

Coleman, J. C. (1960). *Personality dynamics and effective behavior*. Chicago: Scott, Foresman.

Crowson, R. L. (1987). The local school district superintendency: A puzzling role. *Educational Administration Quarterly*, 23 (3), 49-69.

Cuban, L. (1988). Conflict and leadership in the superintendency. *Phi Delta Kappan*, 67 (1), 28-30.

Daresh, J. C. , & Playko, M. A. (1992). *Aspiring administrators' perceptions of the superintendency as a viable career choice*. East Lansing, MI: National Center for Research on Teacher Learning. (ERIC Document Reproduction Service No. ED346564)

Domenech, D. A. (1996). Surviving the ultimate stress. *School Administrator*, 53 (3), 40-41.

Eastman, M. , & Mirochnik, D. A. (1991). *Stressed for success: A study of stress and the superintendency*. East Lansing, MI: National Center for Research on Teacher Learning. (ERIC Document Reproduction Service No. ED336854)

Estler, S. (1988). Decision-making. In N. Boyan (Ed.), *Handbook of research in educational administration* (pp. 305-319). New York: Longman.

Frase, L. , & Hetzel, R. (1990). *School management by wandering around*. Lancaster, PA: Technomic.

Garn, G. (2003). A closer look at rural superintendents. *Rural Educator*, 25 (1), 3-9.

Giesecke，J. (1993). Recognizing multiple decision-making models：A guide for managers. *College & Research Libraries*，54 (2)，103−114.

Glass，T.，Björk，L.，& Brunner，C. (2000). *The 2000 study of the American school superintendency*. Arlington，VA：American Association of School Administrators.

Gmelch，W. H. (1996). Breaking out of the superintendent stress trap. *School Administrator*，53 (3)，32−33.

Gmelch，W. H.，& Parkay，F. W. (1995). Changing roles and occupational stress in the teaching profession. In M. O'Hair & S. Odell（Eds.），*Educating teachers for leadership and change：Teacher education yearbook III*（pp. 46−65）. Thousand Oaks，CA：Corwin.

Goldstein，A.（1992）. Stress in the superintendency：School leaders confront the daunting pressures of the job. *School Administrator*，49 (9)，8−13，15−17.

Grady，M. L.，& Bryant，M. T. (1991). A study of frequent superintendent turnover in a rural school district：The constituents' perspective. *Journal of Rural and Small Schools*，4 (3)，10−13.

Green，J.，& Shellenberger，R. (1990). *The dynamics of health and wellness：A biopsychosocial approach*. Forth Worth，TX：Holt，Rinehart & Winston.

Griffiths，D. E. (1959). *Administrative theory*. New York：Appleton-Century-Crofts.

Hanson，E. M. (1996). *Educational administration and organizational behavior*（4th ed.）. Boston：Allyn & Bacon.

Hanson，E. M.（2003）. *Educational administration and organizHational behavior*（5th ed.）. Boston：Allyn & Bacon.

Harris，T. E. (1993). *Applied organizational communication：Perspectives，principles，and pragmatics*：Hillsdale，NJ：Lawrence Erlbaum Associates.

Hart，A. W.，& Ogawa，R. T.（1987）. The influence of superintendents on the academic achievement of school districts. *Journal of Educational Administration*，25 (1)，72−84.

Hartley，H. J. (1990). Make time to manage your time more effectively. *Executive Educator*，12 (8)，19−21.

Hellreigel，D.，& Slocum，J. W. (1996). *Management*（7th ed.）Cincinnati，OH：South-Western College.

Hitt，W. D. (1990). *Ethics and leadership：Putting theory into practice*. Columbus，OH：Battelle.

Holdaway，E. A.，& Genge，A. (1995). How effective superintendents understand their own work. In K. Leithwood（Ed.），*Effective school district leadership*（pp. 13−32）. Albany：State University of New York Press.

Hoy，W. A.，& Miskel，C. G. (2005). *Educational administration：Theory，research，and practice*（7th ed.）. Boston：McGraw-Hill.

Hoyle, J., Björk, L., Collier, V., & Glass, T. (2005). *The superintendent as CEO: Standards-based performance*. Thousand Oaks, CA: Corwin.

Johnson, D. (2003). Personal productivity in your own hands. *School Administrator*, 60 (11), 8.

Johnson, S. M. (1998). Telling all sides of the truth. *Educational Leadership*, 55 (7), 12-16.

King, R. A., Swanson, A. D., & Sweetland, S. R. (2003). *School finance: Achieving high standards with equity and efficiency* (3rd ed.). Boston: Allyn & Bacon.

Kolb, D. A. (1984). *Experiential learning: Experience as the source of learning and development*. Englewood Cliffs, NJ: Prentice-Hall.

Kouzes, J. M., & Posner, B. Z. (1993). *Credibility: How leaders gain and lose it, why people demand it*. San Francisco: Jossey-Bass.

Kowalski, T. J. (1995). *Keepers of the flame: Contemporary urban superintendents*. Thousand Oaks, CA: Corwin.

Kowalski, T. J. (2003). *Contemporary school administration* (2nd ed.). Boston: Allyn & Bacon.

Kowalski, T. J. (2004). School public relations: A new agenda. In T. J. Kowalski (Ed.), *Public relations in schools* (3rd ed., pp. 3-29). Upper Saddle River, NJ: Merrill, Prentice Hall.

Kowalski, T. J. (in press). Evolution of the superintendent as communicator. *Journal of Communication Education*.

Kowalski, T. J., & Brunner, C. C. (2005). The school superintendent: Roles, challenges, and issues. In F. English (Ed.), *The Sage handbook of educational leadership* (pp. 142-167). Thousand Oaks, CA: Sage.

Kowalski, T. J., & Keedy, J. (2004, April). *Superintendent as communicator in an information age: Providing and assessing essential skills*. Paper presented at the annual meeting of the American Educational Research Association, San Diego.

Lazarus, R. S., & Folkman, S. (1984). *Stress, appraisal, and coping*. New York: Springer.

Lehr, A. E. (2001). Why school administrators should be model writers. *Phi Delta Kappan*, 82, 762-764.

Lencioni, P. (2002). *The five dysfunctions of a team*. San Francisco: Jossey-Bass.

Milstein, M. M. (1992). The overstated case of administrator stress. *School Administrator*, 49 (9), 12-13.

Morgan, C. L., & Petersen, G. J. (2002). The role of the district superintendent in leading academically successful school districts. In B. S. Cooper & L. D. Fusarelli (Eds.), *The promises and perils facing today's school superintendent* (pp. 175-196). Lanham, MD: Scarecrow Education.

Morris, J. R. (1979). Job (s) of the superintendency. *Educational Research*

Quarterly, 4 (4), 11-24.

Murphy, J. T. (1991). Superintendents as saviors: From the Terminator to Pogo. *Phi Delta Kappan*, 72 (7), 507-513.

Osterman, K. F., & Kottkamp, R. B. (1993). *Reflective practice for educators: Improving schooling through professional development.* Newbury Park, CA: Corwin.

Owens, R. G. (1995). *Organizational behavior in education* (5th ed.). Boston: Allyn & Bacon.

Pavan, B. N. (1995). *First year district superintendents: Women reflect on contradictions between education and politics.* East Lansing, MI: National Center for Research on Teacher Learning. (ERIC Document Reproduction Service No. ED389077)

Petersen, G., & Barnett, B. (2003, April). *The superintendent as instructional leader: History, evolution, and future of the role.* Paper presented at the annual meeting of the American Educational Research Association, Chicago.

Potter, B. (1993). *Beating job burnout: How to transform work pressure into productivity.* Berkeley, CA: Ronin.

Quick, J. C., Nelson, D. L., & Quick, J. D. (1990). *Stress and challenge at the top: The paradox of the successful executive.* New York: John Wiley & Sons.

Ramsey, K. (1996). Back to the trenches. *School Administrator*, 53 (3), 22-28.

Rees, R. (1986). SOS: A time management framework. *Education Canada*, 26 (2), 8-15.

Rowicki, M. A. (1999). *Communication skills for educational administrators.* East Lansing, MI: National Center for Research on Teacher Learning. (ERIC Document Reproduction Service No. ED432830)

Saville, A., & Kavina, G. (1982). Use stress to improve your job performance. *Executive Educator*, 4 (4), 18-19.

Selye, H. (1976). *The stress of life.* New York: McGraw-Hill.

Schmid, H., Dodd, P., & Tropman, J. E. (1987). Board decision making in human service organizations. *Human Systems Management*, 7 (2), 155-161.

Schön, D. A. (1983). *The reflective practitioner.* New York: Basic Books.

Schön, D. A. (1990). *Educating the reflective practitioner.* San Francisco: Jossey-Bass.

Sergiovanni, T. J., Burlingame, M., Coombs, F., & Thurston, P. W. (1999). *Educational governance and administration* (4th ed.). Boston: Allyn & Bacon.

Sergiovanni, T. J., & Carver, F. D. (1980). *The new school executive: A theory of administration* (2nd ed.). New York: Harper & Row.

Sharman, C. S. (1984). *Decision making in educational settings.* (Phi Delta Kappa Fastback No. 211). Bloomington, IN: Phi Delta Kappa Educational Foundation.

Sharp, W. L. , & Walter, J. K. (1995). *The health of the school superintendency*. East Lansing, MI: National Center for Research on Teacher Learning. (ERIC Document Reproduction Service No. ED389067)

Shelton, B. S. , Beach, R. , & Chissom, B. S. (1989). Perceived political factors related to superintendents administration of school districts. *Educational Research Quarterly*, 13 (2), 11−17.

Sherman, L. (1999). The superintendent who listens. *Northwest Education*, 5 (2), 12−19.

Simon, H. A. (1970). *The new science of management decisions*. New York: Harper & Row.

Simon, H. A. (1976). *Administrative behavior*. New York: The Free Press.

Simon, H. A. (1993). Decision making: Rational, nonrational, and irrational. *Educational Administration Quarterly*, 29, 392−411.

Slater, R. O. (1994). Symbolic educational leadership and democracy in America. *Educational Administration Quarterly*, 30 (1), 97−101.

Spaulding, A. M. , & O'Hair, M. J. (2004). Public relations in a communication context: Listening, nonverbal, and conflict-resolution skills. In T. J. Kowalski (Ed.), *Public relations in schools* (3rd ed. , pp. 96 − 122). Upper Saddle River, NJ: Merrill, Prentice Hall.

Starratt, R. J. (1991). Building an ethical school: A theory for practice in educational administration. *Educational Administration Quarterly*, 27 (2), 185−202.

Stipetic, J. D. (1994). Can school superintendents make a difference? A review of the literature on the superintendent as instructional leader. *Planning & Changing*, 25, 19−27.

Tallman, I. , & Gray, L. N. (1990). Choices, decisions and problem solving. In W. R. School & J. Staw (Eds.), *Annual review of sociology* (Vol. 16, pp. 405−433). Palo Alto, CA: Annual reviews.

Tanner, C. K. , & Williams, E. J. (1981). *Educational planning and decision making: A view through the organizational process*. Lexington, MA: D. C. Heath.

Wallace, R. C. (1992, April). *On exiting the superintendency: An autobiographical perspective*. Paper presented at the annual meeting of the American Educational Research Association, San Francisco.

Walton, H. F. (1973). *The man in the principal's office: An ethnography*. New York: Holt, Rinehart & Winston.

Webber, C. F. (1995). *A Profile of the school superintendency: Issues and perceptions*. East Lansing, MI: National Center for Research on Teacher Learning. (ERIC Document Reproduction Service No. ED383111)

Wentz, P. J. (1998). Successful communications for school leaders. *NASSP Bulletin*, 82 (601), 112−115.

Wiggins, T. (1988). Stress and administrative role in educational organizations.

Journal of Educational Research，82（2），120–125.

　　Wood，S. E. ，& Wood，E. G.（1996）. *The world of psychology*（2nd ed. ）. Boston：Allyn & Bacon.

　　Zey，M.（1992）. *Decision making：Alternatives to rational choice models*. Newbury Park，CA：Sage.

成为督导

　　管理者担任督导职务有多种方式。有人说督导工作是需要终身谨慎从事以实现其目标的一份工作，也有人声称他们从来没有想过要担任督导，只是由于学校董事会的要求才误打误撞地进入了这个行业。无论他们是怎样进入这个行业的，多数督导都承认有以下共同的不足：他们在应对面试和筛选的过程中并没有做好充分的准备（Hess，1989）。对于那些没有经验的应聘者来说，他们首先需要对一篇书面材料作出评价，然后与多方人员——通常是学校董事会成员、人事委员会成员甚至是当地普通老百姓——进行会谈，在此过程中他们往往需要经历一次严格的筛选过程。他们同样还会经受严格的媒体审查并且签订一份合同期限较长的聘用合同，这些事教师和校长都不会经历。

　　本章关注管理者竞争督导这一过程中的四个问题。第一个问题是督导的筛选过程，特别是学校董事会认为督导需要具备哪些品质。第二个问题是职业规划，这一过程是以解释性的方式呈现，并且特别说明了其所具有的优点。第三个问题主要是为应聘者提供一些建议，其中积极和消极的行为都将进行讨论。最后一个问题是应聘合同，主要涉及合同的拟订及合同内容。

督导的招聘过程

　　督导招聘工作可以说是学校董事会必须承担的一项重要工作（Hord & Estes，1993），然而这项工作既不是一成不变的，也不是依靠个人的某些知识和经验就能很好地完成的。因此，不足为奇的是，学校董事会在选择督导的过程中往往难以达成一致的意见。最糟糕的时候，董事会成员甚至在尚未明确目标的情况下就开始了招聘工作。在这种情况下，整个招聘的过程就会变得混乱不堪，易受政治因素的影响，通常也难以取得成功。这种存在缺陷的招聘行为容易导致领导人员的频繁更替——这往往会给应聘者和招聘者双方都造成损失。然而同时我们也发现，有的学校董事会花费了大量的时间制定理想的行动目标，并且拟订了达成目标的一整套方案。这些董事会成员通常在招聘工作的计划过程中花费的时间比执行过程中花费的时间要多得多。明显的是，那些使用了精确方案的学校董事会比那些没有很好准备的学校董事会更容易寻找到胜任并且合适的督导（Jernigan，1997）。

策划招聘过程

督导招聘工作的开展首先需要形成一个共识——董事会成员（可能也会是社区成员）在理想督导的形象方面达成一致。这些一致的形象一旦形成，董事会便可以为招聘工作拟订方案了。这一过程由以下六个关键性的问题构成。

1. 招聘过程的具体步骤应该由谁来控制？

对于招聘过程的控制涉及构建和管理整个招聘的过程。一般来说，董事会在处理这一问题时往往有三种方案：他们可以完全控制招聘过程；他们与顾问或者招聘委员会共同控制招聘过程；他们授权顾问或者招聘委员会控制招聘过程。如果董事会选择了第一种方案，董事会成员需要决定控制究竟是应该由个体成员（如董事会主席）、人事委员会成员实施，还是应该由全体董事会成员共同实施。

2. 在全国、地区或者某一限定性的区域内，哪一种招聘更容易寻找到理想的督导？

招聘工作的范围和所需要花费的金钱反映了董事会在招聘督导过程中的决心。全国范围内的招聘需要花费大量的金钱，并且需要耗费大量的时间。因此，除非需要招聘一些特殊类型的领导者，而这样的领导者在某一个特定的地区又难以找到，否则董事会一般是不会采取这种方式招聘的。

3. 什么类型的招聘活动更容易寻找到理想的督导？

督导候选人可以通过以下几种方式获取督导职位：有的可以通过符合法定条件的方式来获取督导职位（如填补了竞聘地区的空缺）；有的可以通过具体的招聘程序和提交各类申请表格等形式获取督导职位。

4. 督导候选人理想的特征有哪些？

在董事会成员对理想督导的形象特征没有达成一致之前，不应进行任何招聘活动。然而多数的董事会成员在开展招聘活动之前并没有对这一问题作出思考。如果没有理想督导形象的统一标准，每一个董事会成员都会根据自己的价值观和见识评价督导候选人，这往往导致在筛选新督导候选人时产生意见分歧。

5. 招聘的期限需要怎样设定？

招聘工作在时间要求上存在巨大的差异。有些招聘活动需要在4～5周内完成，而有些则需要延长到一整年。

6. 哪些人将会参加招聘活动？

仅仅由董事会成员参与的招聘活动越来越少了，因为学区雇员和纳税人在这方面都希望拥有发言权。

作为一个督导职位的申请者，你可以通过审视上述六个问题来获取有关学校董事会、学区以及所申请的职位的相关信息。每一个问题都在一定程度上反映出董事会对于理想申请者形象的描述，也反映出董事会吸引更多具有竞争力的督导候选人的意图。例如，当学校董事会草率地决定开展招聘工作时（如，他们决定提升一个内部的候选人，但是却不得不履行法定程序，举办招聘会），他们一般都不会放弃对于招聘过程的控制，不会在全国范围内进行招聘，不会使用昂贵的招聘材料，也不会设定较长的招聘期限和广泛的招聘过程。

顾 问

从历史的角度来看，除了一些非常大的学区外，学校董事会在处理招聘的过程中往往显得相对独立。这些活动主要由三个比较流行的观点所支撑：

1. 即使是在比较小的学区内，竞聘督导的候选人也是非常多的。结果，董事会的成员会非常自信地认为他们不需要在一个广泛的范围之内就能够寻找到高水平的督导。

2. 董事会成员担心纳税人指责他们在招聘过程中花费大量的金钱，因此他们在招聘的过程中不使用顾问，因为聘请顾问需要很多的钱。

3. 董事会成员担心顾问可能会控制整个招聘过程，这样就降低了他们在招聘过程中自主决策的能力。（Kowalski，2003b）

然而，自20世纪80年代早期以来，董事会在招聘督导的过程中往往会聘请专业顾问。最近一项全国性的有关督导的研究（Glass，Björk，& Brunner，2000）指出，在所有的应聘者中只有一半是由学校董事会直接招聘的，其余部分是由招聘公司、州学校董事会协会或者其他的顾问（如专业人士）所招聘的。在不同的州，甚至是在同一个州内，不同的招聘过程使用管理职能机构辅助招聘的原因都不同。这与候选人规模的大小成反比关系，受到招聘过程中董事会成员行为的影响，并且受到不断增长的潜在的法律的和政治的因素影响（Kowalski，2003b）。学区的大小和社会地位是在任用顾问时所必须要考虑的问题。俄亥俄州的一项研究发现（Johnson & Howley，2001），在较大的或者比较繁华的学区中学校董事会主席倾向于聘请顾问，而在较小的或者比较落后的乡村学区中学校董事会主席则不主张聘请顾问。招聘过程中聘请顾问将会起到以下作用：

- 在候选人判定的标准方面达成一致；
- 为招聘过程拟订一个主要的计划；
- 准备需要的材料，包括职位空缺的通知和小册子；
- 与那些能高度胜任该职位的候选人进行私下的联系；
- 回答候选人的咨询和疑问；
- 与潜在的候选人进行交流；
- 对候选人作出审查和评价；
- 审查候选人的各类证件和证书；
- 进行和协助首次会面；
- 签订聘用合同；
- 调解应聘者与学区之间的矛盾。

在更为普遍的意义上，顾问的这些职责被划分为三种主要的类型：保护候选人、审查候选人、聘用候选人。

学校董事会在决定聘请顾问后有以下四种选择：

1. 聘请私人顾问。

私人顾问可以是个人，也可以是公司，在参与招聘活动的过程中既可以承担全部的职责，也可以承担部分主要的职责。例如，在 20 世纪 90 年代早期，美国最大的两个猎头公司——光辉国际咨询顾问公司和海德思哲国际有限公司——进入了督导招聘的市场（Power Brokers，1994）。同时，多数的全职顾问几乎都担任过督导或是学校管理学教授。聘请这一类顾问的主要优点在于顾问自身具有丰富的经验以及有机会在全美范围内进行招聘（如，这类公司一般都建立了一个全美范围内的或者是区域性的高质量应聘者的资料库）。最大的缺点是聘请这类顾问通常需要很高的费用。对于一个大约有 20 000 名学生的学区来说，招聘活动的费用可能会达到 8 万美元。费用常常反映了学区的规模和复杂性，同时也反映了顾问建立起的信誉度记录。

2. 任用学校管理学教授。

与私人顾问不同的是，学校管理学教授只是在业余的时间内担任招聘顾问。结果，他们每年参加招聘活动次数较少，并且在参与招聘活动的过程中投入的时间也不多。然而，他们的参与有两大优势：费用（聘请他们比聘请全职顾问花费的费用要低得多）和吸引州内应聘者的能力（教授大多都了解州内许多潜在的应聘人员）。不利的因素是，他们招募全国范围内的竞聘者前来应聘的效果没有私人顾问好，同时在招聘过程中也难以保证客观公正（如，有些教授会偏爱招聘他们以前的学生）。

3. 任用州协会。

许多州的学校董事会协会和督导委员会可以为地方董事会提供顾问服务。在 20 世纪 90 年代，共计 39 个州的学校董事会协会为招聘活动提供了顾问服务（Power Brokers，1994）。任用这些顾问的主要优点在于他们所具有的地方性知识（这些顾问来自同一个州，他们了解州法律规定、学区历史、当前的签约特点以及地方候选人等）和费用（与私人顾问和专业教授相比其费用大大降低了）。然而，他们也具有教授作为顾问所涉及的缺点，即难以招募到全美范围内的竞聘者和难以保证竞聘工作的公正性。

4. 任用大学行政人员。

大学机构派出来的管理人员通常在遇到那些从自己学校毕业的应聘者时会存在机构的官僚习气。在有些州（如印第安纳州和密歇根州），在招聘过程中，大学机构的官员往往在地方学校的招聘过程中担任着顾问。任用这类顾问的优点在于费用低（付给这些顾问的费用往往只是补偿了他们自己的花费），易于接近州内的竞聘者；缺点在于这些顾问难以吸引州外人员前来竞聘，并且客观性难以保证。20 世纪 80 年代，在这一问题上所引起的诉讼在密歇根州造成了严重的利益冲突。例如，大学官员在招聘的过程中能否代表着招聘双方各自的利益（如，既代表毕业于其所在学校的竞聘者的利益，又代表招聘学校的利益）？

在招聘过程中聘请顾问人员呈现出一个不断增强的趋势（Boring，2003）。学校董事会在聘请顾问人员时也是先任用费用较低的顾问，而后才会选择费用较高的顾问。由于不同的顾问在所提供服务的质量和实际效果上往往差异很大，因此想要概括性地评述顾问的任用情况也不现实。然而，竞聘者可以想象的是，相比较其他学区而言，那些任用了顾问人员并且是在全美范围内进行招募的学区，应聘人员的总数将会多很多，应聘过程的竞争程度也会更加激烈。

招聘标准

招聘活动通常受到董事会成员对前任督导印象的影响。如果董事会成员很欣赏并尊重前任督导，在设定招聘标准的过程中他们往往倾向于突出前任督导身上所具有的某些积极的特征。然而，如果前任督导是被解雇或者与董事会成员的关系非常糟糕，那么董事会成员在设定招聘标准的过程中往往强调那些能够有效地弥补前任督导不足的方面的特征（Johnson，1996）。实际上，对于前任督导的满意度通常会影响整个招聘过程。例如，如果不满意前任督导，那么董事会成员将会采取策略，不聘用来自前任督导团队的竞聘者（如，强调竞聘人员如果在其他学区有过工作经验的优先考虑）。

遗憾的是，关于招聘过程中影响董事会成员制定招聘标准的相关因素的研究并不多见。密苏里州的一项研究指出，竞聘人员的自我表现技能、相关的工作背景、对于学生学业成就和学区教育成效的兴趣是最具影响力的三大因素（Anderson & Lavid，1985）。在回顾这一领域的研究后，米克洛斯（Miklos，1988）指出了竞聘人员的以下几个品质是潜在的影响因素：个性、判断力、人格特征、身心健康状况、智力、幽默感、思想的开放性、声音、文化背景。但是，学校董事会在采用招聘的具体标准时并非与专业的研究完全一致。拉米雷斯和古兹（Ramirez & Guzman，2003）的一项研究指出，董事会成员在制定标准时往往更加倾向于强调竞聘人员处理事务的转换能力，而不是处理事务的转型能力。具有高学历的人，尤其是拥有博士学位的人，往往与此有些不同，他们在某些学区中常常发挥着举足轻重的作用（Hord & Estes，1993）。在董事会没有制定出明确的招聘标准时，我们很难预测这些品质是如何影响董事会成员在招聘过程中的决策的。

秘密进行与广泛参与

督导的选拔过程可以说颇具保密性和广泛性。保密性涉及学校董事会是否公开透露应聘者的姓名，而广泛性涉及选拔过程中学区雇员和社区成员的参与程度。许多州（如佛罗里达州）的开放的门槛或"阳光"的法律几乎防止了学校董事会扣留应聘者身份证的现象出现。即便如此，保密问题仍然备受争议，选拔顾问们对此问题仍有分歧（Kenney，2003）。主张进行秘密选拔的人（e.g.，Chopra，1989）认为，泄露应聘者的身份会使很多优秀的应聘者对应聘岗位敬而远之，例如那些在职主管人员，他们不愿意让目前的雇主知道自己在找新工作。在当今信息时代，应聘者都不能确保自己的信息不被泄露，即便用人单位承诺了会保密也如此。通常，学校董事会无法阻止媒体认出应聘者，特别是到了选拔的最后阶段。

就哲学角度而言，广泛性是基于公立学校的公有性质，所以人们有权任命学校的最高管理者（Boring，2003）。然而，一方面一些学者（e.g.，Pesce，2003）仍然声称，涉及的人太多会降低办事效率，且不利于问题的解决。此外，不赞同广泛参与选拔的学者指出，选拔督导的责任不应该由多个人承担，也不应该委托给别人，因为那是董事会最大的责任。另一方面，学校董事会成员却面临着一些日益增长的要求，这些要求反映了公众希望参与选拔过程的呼声（Lowery，Harris，& Marshall，2002），所以，许多人都希望达成一个共识。例如，他们成立了选拔委员会，这样就能使大部分人参与其中，以避免这些人各自干涉选拔过程。另一个共识就是，在确定选拔程序前召开公开讨论会，这样，学区雇员和社区成员可以就某些方面提出意见，例如选拔督导的标准，但这并不意味着他们可以直接评估和筛选应聘者。

尽管秘密进行以及广泛参与越来越少，各个学校董事会采取这两种方式的目的仍然很不一样，所以我们很难就动机问题得出结论：有些董事会为了吸引不想公开身份的应聘者会尽力为应聘者保密；有些董事会为了可以完全操控整个选拔过程而为应聘者保密。同样地，有些董事会开展广泛参与的选拔活动是因为他们承诺了要作出民主的决定；有些董事会开展广泛参与的选拔活动是迫于教师联盟和社团组织的政治力量。

职业规划

尽管有些人成为管理者纯属偶然，但是其他大部分人若想获得这样的岗位，却是与悉心规划、巧妙安置和努力工作分不开的。事实上，他们为自己的教育经历和所受职业教育量身打造一个事业目标——管理者。更重要的，他们花时间认真、系统地思考个人和职业发展，并与他们的职业目标紧密相连。职业规划是帮助你选择一生所从事职业并制定达到该职业目标的策略的个体活动和连续不断的过程（Steele & Morgan，1991）。

疏于规划

遗憾的是，很多有志于从事管理的人对于他们未来的职业并没有进行很好的规划。他们之所以放弃职业规划是因为他们得出这样的结论：投入（包括时间和精力投入）大于获益（职业规划带来的显著好处）。因此，他们倾向于相信只要在恰当的时间、恰当的地点，便有希望抓住机会。菲格勒（Figler，1979）描述了与这种思维模式相关的三种行为模式。以下便是这三种模式，可供有志于从事管理的人参考：

● 天意——这些人认为，他们生来就是要做管理者的，而且很早就认识到这一点。这样，其他人便会尊重他们的付出，并且认可由他们完成使命。

● 命运——这些人宣称，你不能预料你生活中将要发生的事情；命运已经很大程度上决定了你是否可以到达管理阶层。

● 杂货铺心态——这些人认为，职业抉择类似于在杂货铺买东西：你从柜台上买走什么样的商品取决于你当时购物的状态。如果具备了成为主管的可能性和适当的时机这两个条件，那么职业抉择便有可能转向那个方向。

上述三种模式下有志于从事管理的人都有一个共同的特征：他们乐意由别人来决定自己的职业发展。

专业教育工作者对职业规划的淡漠显得尤为明显。事实证明，很多教师学过学校管理，但是从未获得实践管理的许可，或者他们从未申请过管理性的工作。当被问及学习学校管理的动机时，某教师回答道："目前我没有成为管理者的打算，但我要指出的是，在这个领域获得硕士学位可能会为我以后的职业生涯开启方便之门。"这番话所折射的态度论证了以下原因所引发的问题：

一方面是个人能力、需求和志向，另一方面是工作机会和要求，两者的误搭在教育管理中确实会发生。通常，我们会可悲地发现，在三十多年的教育职业生涯中，对于职业规划的关注或理解实在太少了。（Orlosky，McCleary，Shapiro，& Webb，1984，p. 22）

专业教育工作者对于职业规划的淡漠尤其使人困惑。因为经证实，所有领域大部分高层主管对于发展和管理个人职业规划都是很负责任的（Graen，1989）。

职业规划的优点

职业规划的一大优点便是使你对个人的优势和劣势有更进一步的了解。内省是了解自我和确定工作意向的强有力的手段。一个人也许能很好地掌握学校管理理论，却不能客观描述个人兴趣和能力。自我评价意味着透过一系列的因素，如个性、知识储备、专业经历、个人兴趣、身心健康状况、特长和领导才能，客观看待自己。要获取准确性信息要求准确无误地回答以下问题，如："身居其位，我是否有能力和耐性让工作有效进行？""这份工作我做得开心吗？""我是否已经准备好承担如此大的责任？"

职业规划促进生活和工作的沟通与融合。因此，除了解自我外，你可以对自己的专业有更全面的了解；你可以辨别校长和主管的不同之处；你可以预料并处理那些可能会在你通往最高职位路途中妨碍你的绊脚石。更为重要的是，个人职业规划使你系统而有逻辑地致力于自我规划——这对于管理尤其有价值和信服力（Craig & Hardy，1996）。

职业规划还有很多潜在的优点，表 14—1 罗列了最常见的一些优点。除非你了解自己，了解成为主管所需的条件，了解潜在的困难，并将之融入不断发展的规划中，否则你便不可能掌控自己的职场未来。

表 14—1　　　　　　　　　　　　　　　**职业规划的优点**

因素	阐释
了解需求	人们的私人生活与工作存在关联
了解存在的机遇	规划需要了解督导、国家法律和就业状况等信息
顾问、赞助、外联	支持体系变得越来越重要
审视动机	充分分析内因和外因，以更好地审视为什么以成为督导作为自己的职业目标
考虑潜在困难	应该充分考虑成为督导可能存在的困难
分析考虑难以决策的事情	在职业规划的内容中更容易找到问题的答案，诸如："我应该去读博士学位吗？"
定期自我评估	职业规划需要定期的评估，这样人们更能抓住职业发展的机遇
不能自满自大	成为督导的目标提醒人们要达到什么目的
了解个人的特质	部分人会逐渐意识到自己与其他有志于成为督导的教育人员的不同
为不确定因素做准备	很多职业形势都是难以预料的，而职业生涯规划能降低风险并使人们对此作出适当的反应

规划要素

通常，有抱负的管理者会错误地认为通往督导之位的路只有一条，所以，当他们遇到困难时，他们就可能完全放弃目标。事实上，人们可以通过不同的途径成为督导，在选择理想途径时通常需要考虑诸如性别、种族、年龄、教育背景和个人所处的地理位置等因素，但每个人的具体情况不一样，因而要视具体情况而定。这也是对个人职业生涯进行规划的原因所在。个人职业生涯规划可以有多种形式，然而，较成功的职业生涯规划应该包括以下四个方面的特性：

- 持续性——规划要保证职业生涯的各个不同发展阶段有持续性、连贯性。
- 灵活性——在不违背整个规划的大方向的基础上考虑到各种可变的、发展的因素，并注意定期调整，以增强其适应性。
- 可行性——规划要以客观事实为依据，职业目标的确定一定要建立在对人的职业生涯主客观因素分析的基础上。
- 影响性——规划的具体内容实际上能产生不同的影响。（Kowalski，2003a）

虽然职业规划应该具有个性差异，但它们也应具有共性。图14—1表明了这些共性的存在。首先是对蓝图的勾画。在这方面你得解决一些关于收入、声望、家庭生活及安全的问题。实际上，你在内心中需要回答这样的问题："什么是我想要的完美生活？"在自我评价过程中，必需明晰自己的优势和劣势，这源于一些资源，可以通过一些既定的程序来反映评估数据（例如，通过一个行政评估中心）。职业需求反映的是你从工作中所锻炼形成的能力与你为完成自己的既定目标所需的能力之间的差距。职业需求就像是对生活质量的需要一样，只不过这些需求被构建在工作和专业的范围内。它们也许包含一些关于身份、社会互动、专业挑战之类的需要。尽管长远目标是不言自明的，你也应该有自己各个阶段希望完成的各级职业目标。比如，获得一个大型学区的高级督导职位是你的最终目标，而获得初级督导职位就是你的中级目标。目标的价值是有限的，除非它们拥有达到目标的一系列策略。达到目标具有一定的偶然性，并且这些偶然性包含你的短期目标，这要求你去判断对进程是否满意。最后，所有的计划都应该包括具有总结性和发展性的评价部分。总结性数据让你了解你对自己的进展是否满意；而发展性数据让你知道你是否需要改变你的策略或是短期目标。

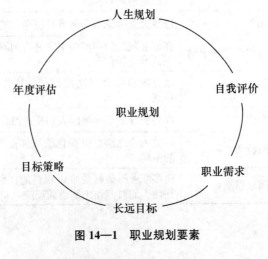

图14—1 职业规划要素

妇女和有色人种面临的特殊挑战

　　职业规划的进程对那些不具有获得督导职位的社会或政治优势的人们来说是至关重要的。举个例子，白人往往在"good ole boys"网络赞助中受益（Hord & Estes，1993），而且他们一直在学区督导中占有非常大的比例（根据格拉斯等人的调查，2000 年督导中 87% 为男性，95% 为白人）。尽管每个雄心勃勃的督导都会面对事业上的障碍，但妇女和少数族裔通常会遭遇特别的且更为复杂的障碍。这些障碍通常可以分为内部的和外部的，以前分类的形式主要与诸如社会、个人、期望水平、个人信仰、态度、动力以及自我形象有关，而较新的分类包括了如固定模式、鉴赏力和家庭责任等环境因素（Leonard & Papalewis，1987；Shakeshaft，1981）。在督导的选择中，许多关键性决定倾向于集中在人品上，而同时忽视妇女和少数族裔所面临的外部障碍（Chase & Bell，1994）。在这方面，莎士沙夫特（Shakeshaft，1989）观察到限定条件和竞争不可能消除社会中的性别和种族歧视。对女性督导的研究（e.g.，Brunner，1996；Grogan，1996；Kowaski & Stouder，1999）揭示了她们往往会对自己职业生涯中的障碍有不同的看法，并会采取不同的态度来处理这类问题。

　　就其他的因素而言，少数族裔和妇女同样需要经历不同的过程。例如，研究（e.g.，Mertz & McNeely，1988）已经发现妇女和少数族裔要获得督导职位必须通过各种途径。事实上，与男性相比，妇女在寻求督导职位的过程中往往要采取更多的策略（Pavan，1988，1995）。再者，相对于其他竞争者而言，少数族裔和女性候选人通常需要具有更好的教育背景和更多的经验，即需要获得更高的学历和对各类情况有更丰富的经验（Jackson & Shakeshaft，2003；Valverde & Brown，1988）。在妇女和有色人种的研究中，塔利里克（Tallerico，2000a）总结道，在寻找顾问的常规实践中常常结合学校专业管理规范、主导意识形态和社会文化价值来构建对非少数族裔男性有利的因素。

　　总的来说，常见的事业障碍，如对督导的灵活选择、对资格的更高要求、共同追求说明了为什么妇女和少数族裔在专业实践初期尽早作出职业规划具有重要性（Dopp & Sloan，1986）。顾问、赞助和外联等方面的职业规划特别有帮助。顾问给你勇气，帮助你建立自信，并提出友好、互信以及与职业发展有关的建议（Pence，1989）；赞助商可以帮助你创建职业机会从而助你克服社会和政治上的障碍（Kowalski，2003a）；外联可以以正式或非正式的方式为个人职业发展提供信息或进行直接的援助（Funk，1986）。尽管各种研究广泛倡导顾问和赞助（e.g.，Edson，1988），并且尽管实际上 77% 的男性督导和 83% 的女性督导宣称已经有自己的顾问（Glass et al.，2000），一些研究还是发现女性管理人员（e.g.，Angulo，1995；Sharratt & Derrington，1993）和少数族裔管理人员（Moody，1983，1984）如果缺乏这一支持，对成为督导是不利的（Tallerico，2000b）。同样，女性往往很难获得具有影响力的外联性的工作，因为这种工作在历史上一直以男性为主（Funk，1986）。

应聘过程

　　一位有经验的督导（Negroni，1992）意识到："要成功获得督导职位需要专门的求职和面试技巧，有效地申请则需要有清晰的策略"（p.21）。遗憾的是，正如前文所述，许多寻求这一职位的人一直没有充分地做好这些准备。由于受视野和错觉的限制，许多人总是不能获得这个职位，或者更糟的是他们最终选择了一个缺乏成功机遇的职位。应该在适当的时期学习这种应聘策略，因为超过80%的督导证实他们在获得资格认证之后1～3年就开始寻找督导职位（Glass et al.，2000）。

应聘前

应聘督导这个职位并不是容易的事。对于个人来说，你必须要投入时间、精力和金钱（如打印费或其他文件费用）来达到雇主的要求。更重要的是，对于雇主和其他人来说，你的申请表会让他们产生责任感。连续地应聘无法达到的职位或是应聘之后放弃是不明智的。最终，你会给雇主留下不好的印象。在提交申请之前通过思考下列问题可以避免不必要的失败：

● 我准备好了吗？一些人尽管完成了必需的知识储备，但他们仍然不相信自己有足够的经验成为一名督导。准备是否充分因人而异，一些实践者认为在基层工作了2～3年就可以了，而其他人认为要在不同地方工作10年以上才可以。

● 我充分了解这份工作吗？不去了解申请的职位是不明智的。所有的宣传并不是提供专门而直接的信息。因此，有关职位空缺信息只是需要掌握的一部分。除此之外，你应当弄清楚招聘者更倾向于接纳内部应聘者还是外部应聘者。过去，很多招聘都倾向于接纳外部应聘者，但这种趋势正在改变，因为雇主为了提高区域形象更倾向于寻找有经验的领导者（Mathews，2002）。

● 个人或家庭的顾虑是否会阻止我接受这个职位？通常，人们在应聘职位时并没有和家人讨论。因此，他们会发现妻子和孩子会因工作搬迁而强烈反对。

● 这次应聘是否会影响我当前的工作？通常，老板会因为你在找新的工作而对你不友好。避免这种局面的方式是和领导保持友好关系并且让他知道你的职业规划。

● 在查找和选择（职位）过程中我有足够的信息吗？在提交应聘书之前，你应当知道具体信息。如所需的具体材料、所列项目、时间（应聘时间、面试时间）。

● 我个人的实力是否符合学校的严格要求？通常，学校的规定会影响应聘者的决定（Johnson，1996）。知道自己的实力符合要求会让你处在有利位置。

● 如果可能，我会接受这个职位吗？这也许是最重要的问题。应聘一个自己不感兴趣的职位是不道德的。你在浪费自己和雇主的时间，有悖于雇主的意愿。

在应聘之前要消除这些疑问需要进行一些研究，尤其是在不熟悉的区域。例如，你需要了解一些关于学区的信息；学区的流行趋势、要求和问题；学校人员与监管者的关系（Sternberg，2002）。幸运的是，由于通过网络能迅速进入政府信息库，数据搜集比以前更容易了。如果你能把招聘者与个人数据联系起来，你将更容易决定是否应聘。一项相关研究（Johnson，1996）表明，雇主通常把下面的信息视为挑选应聘者的标准：

● 求职者怎样让雇主认可他们；

● 求职者的智慧、知识和经历；

● 求职者的个人形象和沟通技能；

● 求职者的交往技能；

● 求职者的其他品质（如健康、灵活性、耐力、勇气、激情）。

总之，在你决定应聘之前，你应当了解你自己和应聘的条件。只有把这些信息联系在一起，你才能作出合理的选择。

应聘中

合理地准备申请材料的重要性显而易见。除非你认识那些执行最初审查（也就是检查你的书面材料）的办事员，不然，对方将基于你所描述的资格条件判断你本人。一份正式的个人履历再附上你的申请信不仅会给对方深刻的第一印象，同时也能表明你的组织能力和书面交流能力（Cummings，1994）。有经验的审查员通常能辨别出模板式的申请书以及那些虚夸式的个人简历，所以最好是使你的简历具有特点，能突出你的兴趣所在而尽可能避免错误。

个人简历力求简洁，又需囊括所受教育和专业知识等必要信息。语言精确、结构严谨也相当重要。若一旦被审查员发现有不实的内容，将破坏他对你的信任甚至否定你的专业背景。同样地，履历表面要洁净，要知道哪怕是一个小小的咖啡污渍也会给人留下不好的印象。大多数的审查员重视简历的质而非量。因此，一份冗长的、写得满满的简历反而没有必要，想谋取管理职位，你只要证实你的个人经历和教育背景就有足够的优势（Negroni，1992）。

推荐信也非常重要。作为一个经验法则，最好是选择与督导工作相关联的人，这样的人在证明你的资历时有足够的可信度，可选择的推荐人有：前任专家，有经验的老督导，以及学校董事会成员。有关的推荐注意事项如下：

1. 一定要征得你的推荐人的同意。

2. 先不要列举你现在的顾问以避嫌，这样做是有原因的，你可在前面的申请材料中特别地提到他。

3. 只列举那些有名望的推荐人。

4. 提供你的推荐人的准确信息（电话号码或地址）。

5. 如果可能，选择你的雇主认识的或是在该领域有声望的推荐人。

6. 如果要求写推荐信，最好是推荐人的亲笔信，以"本人衷心地推荐"之类的套话开头的信往往使人生厌。

应聘后

作为招聘过程中的一个环节，他们可能会联系你的推荐人。即使在通知里并没有说明此项，你也应该料想到雇主可能会这样做。如果为了确保申请人的隐私，雇用方学校董事会应该得到你的许可，但如之前所说的那样，不要奢求保密行为真的可以做到不走漏风声。

在面试的时候会有一些顾问和专家参与其中。初次面试的人数可多达 10～15人，初试有可能通过电话也有可能以面对面的方式进行。当然，也有一些招聘单位有可能在机场举行初试，这样就允许候选人在当天到达，且面试之后可在同一天离开。举行初试的目的是为了更好地了解候选人，因为有些顾问并不了解候选人；也有可能有一些其他目的，比如弄清楚或者更多地了解候选人的信息，评价候选人的交际能力，评价候选人的个性特点（如幽默感、相貌），评价候选人对这个职位的责任感，以及讨论一下候选人特有的问题或需要。

学校董事会或招聘团举行的面试一般有两个步骤：第一轮面试通常筛选掉其中的 7～8 个候选人；第一轮面试结束后，只有 2～3 个人进入下一轮面试。但也有一些学校董事会仅进行一次面试，也有一些学校会进行三次或者更多次面试。

进入复试意味着在你身上有吸引学校董事会的品质。面试能达到确定的目的，面试官能够觉察出候选人的品质、相貌气质、个性以及交际能力，所以当你准备一场面试的时候要遵循以下一些原则：

● 行为举止要职业。尽管一些单位的标准明显不同，董事会成员一般都认为督导是他们的形象代表，他的衣着举止和交际能力都会受到别人密切的关注（Pigford, 1995）。

● 准时。面试时迟到对候选人在很多方面都是极为不利的（Davis & Brown, 1992），如果有可能，应该比规定的时间早 10～15 分钟到达。

● 要对学校的区域和位置有一个透彻的了解。那些对愿意花时间去了解他们学校、学区的候选人会给学校董事会留下一个深刻的印象。一些提问和评论应反映出你对教育和督导问题感兴趣（Gummings, 1994；Dagavarian & Holt, 1995）。

● 展示你的交际能力。你的语言和非语言行为都影响着面试官的感觉，当你说话或倾听别人的时候要注意与对方进行目光接触，不要使用别人听不懂的术语（Davis & Brown, 1992）。

● 准备一些问题。通常情况下，面试官总会给候选人提问的机会。没有问题或问一些肤浅的问题都会影响你的整个表现（Steele & Morgan, 1991）。最好的问题应真实地反映出你想获得某种信息的需要。

● 尊重面试官。作为一个面试者，你相当于一个客人，要给予学校董事会或其他面试官起码的尊重，要一直保持谦逊礼貌（Pigford, 1995）。

● 三思而后行。不加思考就回答问题并不是一种良策。你要仔细斟酌你想传递什么样的信息和你想给面试官留下什么样的印象。你的答案应该适中，"既能够涵盖整个题目，又能引起别人的兴趣"（Cummings, 1994，p. 35）。

● 遵照一些原则。有技巧的面试官有可能会注意到你是否遵照一些说明（Davis & Brown, 1992）。你有可能碰巧遇到一个控制欲极强且与别人相处不好的人，这时，你要坚持你自己的原则。

● 做好讨论自己优势的准备。在面试期间，面试官有可能让你说明一下自己的优点和缺点。谈论一些自己的天赋和成就对候选人是很有利的。一些有经验的人（e.g., Cattanach, 1996）建议说，要避免列举自己的缺点，如果这样你就等于不攻自破。不要拒绝回答问题，你可以采取很得体的迂回战术，通过展示别人对你的客观的赞许来显示自己。

● 要衡量一下董事会的价值观和你的价值观是否兼容。面试应该是双方互相交流的过程，可能只需一次交流雇主就能衡量出候选人的特质，并能评价出双方价值观和理念是否一致。

● 了解一下董事会的表现。对你来说，面试也给你提供了了解雇主的机会。你有可能不愿意和那些固执己见、小心眼、对政策制定和政策执行显得漠不关心的人相处（Freund，1987）。

不要在乎面试结果，你应该寻找一下面试反馈的结果以便从中获益，如果一个咨询顾问参与其中，这一点尤其容易做到（Underwood，1994）。

如果你成为一个最终的决胜者，要想到学校董事会会考核你现在的工作表现。在很多情况下，学校董事会有可能会访问你的工作单位，通过与自己相处的人了解信息。一旦你得知自己已经被选为决胜者，你应该判断一下如果提供给你这个职位，你应该拒绝或接受什么样的条件。

聘用合同谈判

标准合同对于教师和多数管理者来说比较适用，但是对于督导来说并不适用。学校董事会和督导之间达成协议后拟订的合同形式各不相同，但它反映了双方在该领域的不同要求。甚至在一些州，督导需要签署教师合同，条文中会有附录，附录中规定了聘用的特别条件。最初督导的合同期几乎都是长期的，在许多州这些合同在法律上都可以延续很多年。通常督导的聘用合同包括绩效评估、续聘和辞退等的相关规定。

过　程

如果此过程由学校的法律代理人来办理，则与学校董事会协商一份聘用合同会使人望而生畏。因为最初的协议会影响此后的所有合同（O'Hara，1994），所以这不是你胆怯的时刻（Freeman，1985）。它不仅涉及构成未来一套薪酬措施的基本工资和额外收益，还决定了在何种条件下你将被续聘或不被续聘。由于认识到最初的聘用合同的重要性，事实上一些督导会请代理人（如一位律师或顾问）来代表他们进行协商。这有许多优点，其中包括代理人的专业意见，当督导从他的职位上退下来时，可以缓和与董事会成员之间的对抗性关系。请代理人也存在一些缺点，这包括经费开支及董事会和社区的消极回应。一种较好的方法是请一个充当幕后顾问的代理人，也就是说，让代理人起草一份提议合同和附件，但事实上是由你自己出面协商聘用合同。当然也不能完全按照代理人的标准去谈判，因为每种情形都是独特的，都需要分析。牢记拟订聘用合同通常是构建督导与董事会成员关系的第一步（O'Hara，1994），应该关注学校董事会对代理人的看法。在作出请代理人的决定时，不要忽略专家的意见，因为这对于你和学校董事会来说一样重要（Heller，1991）。

如果你决定去直接协商你的聘用合同，请避免三种相关错误：第一，不要盲目冲动地接受所给予的条件。研究相关规定以确保其内容的充分性、广泛性、公平性、合理性和灵活性。第二，不要忽略警告标志，这样的标志可能意味着你有希望签订更好的合同，因为董事会将会更了解你，董事会成员人数将会改变。第三，如果没有做好准备工作就不要签协议。如果你不知道在其他督导的合同中包括什么规定，你将明显处于不利地位（O'Hara，1994）。与同州督导联系是获得信息的一种方法。

内　容

正如前文所述，一些州详细或部分规定督导聘用合同的性质。了解合同所应该包括的内容的一个较好方式是从邻近学区和邻近州那获得关于督导聘用合同的信息（Clark，1983）。全国性的督导调查显示，在20世纪90年代他们的聘用合同几乎没发生变化，但是，强制性的评估和合同的修改条款这两个规定变得越来越重要（Reeves，2001）。表14—2列举了合同中可能会涉及的条款。很显然，合同内容必须遵从州的法律，因此，不同的州内需要建立的合法性条款也不同。这通常是由学校的律师来完成的。州法令中规定了合同的长度、期限、免职的条例、认证的必备条件和大体的职责。一些州还规定工资最高限额和允许的额外收益数额。

表14—2　　　　　　　　　　　督导合同中可能出现的规定

规定或事项	目的
期限	规定合同开始和结束的时间
认证	规定督导必须持有的许可证
更新	详细说明一些需要定期更新的内容。多年期合同都包括每年自动补充更新的规定。例如，合同都会自动更新，除非董事会在一个特别时期作出其他行动。这种规定通常被称为"滚动式条款"（rollover clause）或"经久不衰的条款"（evergreen clause）
薪酬	明确规定薪酬的实际数目和支付的方法，不包括额外收益
职责	详细说明督导在学区内的职责
合同终止	详细说明合同将在何种条件下终止。比如，学校董事会坚持合同内容要详细说明一方如何终止聘用合同
终止补偿	详细说明督导如果被停职的话是否享有补偿。这样的规定提供一次性补偿，更有利的安排被称为"金降落伞"（golden parachutes）
专业发展	详细说明对于专业发展的可能性和支持办法，如参观工厂、参加国内会议
外面的活动	详细说明在何种条件下督导可以担任不直接与学区联系的职责——如顾问、大学教授、董事会主席
额外收益	详细说明除了基本薪酬外的收益。假期工资和补给督导工作花费的规定都属于这一类
个人保护	涉及在专业的和公众的责任领域的保护。全面的保护不包括错漏，因此，在聘用合同中这样的保护是可取的（Clark，1983)
退休	详细说明督导退休时享受的条件，如养老金的数目。一些督导享有超过其他地方督导的退休待遇。这个问题可能在退休规定和额外收益中注明
业绩评估	详细说明正式评估督导的过程和时间期限以完善这项职责
补救办法	如果发现一项条款违背了联邦或州的法律，则采取其他办法以防止合同失效

一些研究发现，提供给督导的额外收益的范围会不断变化。在某些方面，地区

只提供部分收益；而在其他一些方面，收益则完全不同，比提供给其他雇员的收益更广泛、更有利。图 14—2 显示了督导聘用合同中的一些较为普遍的额外收益。与薪酬及州养老方案相比，督导更应该考虑额外收益。薪酬、养老金和额外收益三者共同构成了督导的全部收入。但多数新任督导容易忽视州养老金发放措施的重要性，因为他们只关注薪酬和额外收益。一些平均薪酬高的州，其退休待遇很差，而一些平均薪酬低的州，其退休待遇却很好（Kowalski & Sweetland，2002，in press）。

间接的补偿
- 养老金，减免所得税
- 开支补贴
- 汽车（限制性或非限制性地使用）
- 专业成员应得的报酬
- 再分配的花费（为新任督导活动支出的费用）
- 退休养老金（由雇主支付给督导一部分）

保险
- 残疾
- 健康
- 负债
- 生活

休假
- 专业的假日（如安息日和咨询日）
- 带薪休假天数

图 14—2　督导可能比其他员工多获得的一些收益

人们期望学校董事会参与绩效评估，以决定一个督导的能力和业绩（Genck & Klingenberg，1991；Stufflebeam & Millman，1995）。然而，关于此问题的研究（e. g.，Edington & Enger，1992；Kowalski & Koryl，1997）显示，相当数量的学校董事会忽视这项职责，或是只是随意关注一下。正式的绩效评估需要一个计划（Candoli，Cullen，& Stufflebeam，1994），因此，督导应当询问学校董事会是否有一个这样的计划，过去是否曾用到过这样的计划，是否打算以后还继续用。从理想角度来说，这个计划应当包含质的规定和量的规定。最适宜讨论绩效评估的时间是协商讨论聘用合同的时候（Redfern，1980）。督导应当特别关注下列方面：评估的频率；适用标准；工作描述与业绩评估的联系；形成评价的目的和价值取向；评估员的身份；政策程序；评估结果与续签合同之间的联系（Kowalski，1998）。除了决定是否应该留任督导以及向其提供帮助以促进其专业发展的主要目标外，一个好的计划还应该明确区分督导和董事会成员之间的职责（McCurdy，1992）。

反　　思

本章介绍了一名学区督导进入实践环节的四个方面：督导的招聘过程、职业规划、应聘过程、签订雇用合同。结合本章内容，思考下列问题：

1. 你所在的州是如何开展督导招聘的？你所在的区域有没有一个通用的模式？

2. 为督导招聘聘请一位顾问可能存在的优势和不足各是什么？

3. 有关聘请招聘顾问，学校董事会有何看法？每种看法的优势和不足各是什么？

    4. 什么是个人的职业规划？为什么它注定对想要成为督导的教育工作者有益？

    5. 为什么职业规划对妇女和有色人种尤为重要？

    6. 为什么督导工作和顾问、赞助、外联是相关的？

    7. 在你决定申请一个督导职位之前，你应该先了解哪些问题？

    8. 如果对这个职位持矛盾态度但还是去申请督导职位，这种做法合适吗？为什么？

    9. 在选择支持你求职的推荐人时，你需要考虑哪些因素？

    10. 专业推荐人和名誉推荐人之间的区别是什么？

    11. 把你的所有经历都写进求职信中合适吗？为什么？

案例研习

    尽管是星期六晚上，露西（Lucy）仍然在办公室办公，详查最近三天收到的电话留言和邮件。她远离家乡参加了在另一个州举行的有关一个督导职位的第二轮面试。虽然她努力让自己把注意力集中在面前的材料上，但是她的思维还是使她回到了一个必须在五天时间内作出的重要决定上。

    露西在佐治亚州长大，是家里 11 个孩子中的老二。她在高中毕业时以优异的成绩获得了邻州一所私立学院的奖学金，在那里，她获得了初等教育的学士学位。这些都让高中未毕业的父母以她为荣。毕业之后，露西在亚特兰大中心地区的一个大型学区内找到了一份工作，成为了一位小学二年级教师。

    露西很喜欢教学，并且她对教学的热情是校长、同行还有父母有目共睹的。她班里的学生有着不同的社会、经济、种族背景，但是，和孩子们在一起她感到很快乐。接着，露西和一位校友，年轻律师马库斯·哈里森（Marcus Harrison）结婚了。在接下来的四年时间中，她生下了他们的第一个孩子，并且打算通过夜间和暑期课程完成她的硕士学位。

    露西从来没有想过要成为一名校长，直到她的校长巴恩斯（Barnes）先生给了她这个建议之后，她才考虑此事。露西作为教师显现出来的领导气质给他留下了深刻的印象，特别是制定包括其他教师在内的课程规划。他建议露西修几门作为一名校长所必需的课程。

    露西成为一名校长的机会来得很突然。巴恩斯先生因为健康问题不得不辞职，并且他通过游说希望露西能成为他的接班人。起初，初等教育的助理督导对他的建议有些担心，因为至少有十几个助理校长可以担任这个职位。但是，在收到一封由学校员工联手签名支持露西的信后，助理督导决定遵从巴恩斯先生的意见。

    这样，在 32 岁时，露西成了这所学校的临时校长。她告诉自己，工作成绩会决定她是否适合这个职位，在接下来的五个月，一切证明她是最适当的校长人选。之后的八年时间，她的丈夫成了律师事务所的合伙人，他们生了第二个孩子，并且她也修完了博士课程，获得了学位。从专业上来讲，作为一名校长所获得的远远超过她之前所想的。她的活力四射和共同协作式的领导风格使她赢得了本地区最有成效校长之一的美誉。

接下来露西的职业提升同样是未经预先规划的。初等教育的助理督导宣布退休，其他初等学校的校长联名提议让她出任此职。带着些许不情愿，她同意成为一名候选人，并且最后担任了此职。

　　现在五年时间过去了，她不得不面临另外一个职业选择。她的领导把她推荐给负责全美范围招聘的猎头顾问，并认为她是所聘督导岗位的优秀人选。当招聘顾问联系她时，露西感到很荣幸，并同意把个人简历寄过去。几周过后，他问露西是否愿意成为俄亥俄州东南部的一名督导的应征者。露西就此事和丈夫商量，最后作了肯定的答复。因为，尽管搬离本地区有可能不现实，但是她可以从这次机会中获得一些有用的经验。

　　露西成了竞争这个职位的第一轮面试中的七位候选人之一。当她参加第一轮面试时就给该学区和学校董事会留下了深刻印象。该学区共招收了大约 5 000 名学生，去年有将近 75% 的高中毕业生进入了四年制大学。露西和学校董事会的见面效果是积极的，之后，她回到了亚特兰大，并且认为自己不可能参加第二轮面试。事实上，她错了。

　　第一轮面试过后的大约两周，招聘顾问打电话给她，通知她成为第二轮面试人选，而且还暗示露西是重要的最后人选。学校董事会想让露西参加下周举行的第二轮面试，她不假思索地答应了此事。那天晚上，当她把这些告诉丈夫时，丈夫建议她放弃。她的丈夫认为，第一轮面试对她来讲是一次学习的体验，但是如果不可能接受这个职位的话，从第二轮面试将得不到任何东西。露西慎重考虑了丈夫的意见，但她最终还是同意参加第二轮面试。她的计划是向董事会要求一个可能会遭到他们拒绝的"薪酬包"。这样一来，她可以体面地结束自己的应聘过程。但是，事与愿违。董事会并没有敷衍她的要求，而是对她在薪酬上的争取态度印象深刻。他们为她提供了这个职位。

　　现在当她坐在办公室里时，露西面对的是她认为"不可赢"（nowin）的决定。如果她接受这个职位，将会对她的婚姻造成消极的影响。她的丈夫已明确表示不打算离开自己的律师事务所。如果她拒绝这个职位，尤其是当她所有的要求都兑现后，她在猎头顾问界的声誉将会严重受损。

案例讨论

　　1. 露西的职业在多大程度上造成了她目前的困境？

　　2. 如果你是露西，当猎头顾问第一次联系你时，你会怎么做？

　　3. 关于第一轮面试，露西的丈夫给她好的建议了吗？为什么？

　　4. 露西参加第二轮面试时，向董事会提出了一些她认为会遭到拒绝的要求。这个计划的好处和不足各是什么？

　　5. 基于以上提供的案例信息，你认为露西是否接受了本章中提出的关于成为一名督导申请人的建议？为什么？

　　6. 露西现在还有哪些选择？这些选择的有利条件和不利条件分别是什么？

　　7. 什么因素会使一名行政人员在成功应聘上督导岗位之后又不愿上任？

　　8. 如果露西制定过职业规划，她会作出怎样不同的决定？

参考文献

Anderson, R. E. , & Lavid, J. S. (1985). Factors school boards use when selecting a superintendent. *Spectrum*, 3 (3), 21—24.

Angulo, M. E. (1995). *Women superintendents of Illinois*. East Lansing, MI: National Center for Research on Teacher Learning. (ERIC Document Reproduction Service No. ED381855)

Boring, M. R. (2003). *Superintendent search*. Olympia, WA: Washington State School Directors' Association.

Brunner, C. C. (1996, March). *Developing women leaders: The art of "stalking" the superintendency*. Paper presented at the Annual Meeting of the American Association of School Administrators, San Diego, California.

Candoli, C. , Cullen, K. , & Stuffiebeam, D. (1994). *Superintendent performance evaluation: Current practice and directions for improvement*. East Lansing, MI: National Center for Research on Teacher Learning. (ERIC Document Reproduction Service No. ED376584)

Cattanach, D. L. (1996). *The school leader in action: Discovering the golden mean*. Lancaster, PA: Technomic.

Chase, S. E. , & Bell, C. S. (1994). How search consultants talk about female superintendents. *School Administrator*, 51 (2), 36—38, 40, 42.

Chopra, R. K. (1989). In superintendent searches, discretion is the better part of valor. *American School Board Journal*, 176 (1), 37.

Clark, J. F. (1983). Drafting the superintendent's contract. *American School Board Journal*, 170 (5), 29—31.

Craig, R. M. , & Hardy, J. T. (1996). Should I be a superintendent? A feminine perspective. *American Secondary Education*, 25 (10), 17—22.

Cummings, J. R. (1994). Becoming the successful candidate. *School Administrator*, 51 (2), 28—30, 35.

Dagavarian, D. A. , & Holt, L. (1995). How to interview with a search committee. *Executive Educator*, 17 (10), 39—40.

Davis, B. I. , & Brown, G. (1992). Your interview image. *Executive Educator*, 14 (6), 22—23.

Dopp, B. K. , & Sloan, C. A. (1986). Career development and succession of women to the superintendency. *Clearing House*, 60 (3), 120—126.

Edington, J. M. , & Enger, J. M. (1992, November). *An analysis of the evaluation processes used by Arkansas school boards to evaluate superintendents*. Paper presented at the Annual Meeting of the Mid-South Educational Research Association, Knoxville, Tennessee.

Edson, S. K. (1988). *Pushing the limits: The female administrative aspirant*. Albany: State University of New York Press.

Figler, H. E. (1979). *PATH: A career workbook for liberal arts students*.

Cranston, RI: Carroll.

Freeman, R. R. (1985). Don't be timid: Negotiate a decent superintendent contract. *Executive Educator*, 7 (11), 14-15.

Freund, S. A. (1987). Looking at superintendent candidates? They're checking you out, too. *American School Board Journal*, 173 (1), 37.

Funk, C. (1986, May). *The female executive in school administration: Profiles, pluses, and problems.* Paper presented at the Annual Conference on Women and Work, Arlington, Texas.

Genck, F. H., & Klingenberg, A. J. (1991). *Effective schools through effective management* (Rev. ed.). Springfield: Illinois Association of School Boards.

Glass, T., Björk, L., & Brunner, C. (2000). *The 2000 study of the American school superintendency.* Arlington, VA: American Association of School Administrators.

Graen, G. B. (1989). *Unwritten rules for your career.* New York: John Wiley & Sons.

Grogan, M. (1996). *Voices of women aspiring to the superintendency.* Albany: State University of New York Press.

Heller, R. W. (1991). Negotiating for retirement. *American School Board Journal*, 178 (8), 18-22.

Hess, F. (1989). Job seekers say you have a lot to learn about superintendent searches. *American School Board Journal*, 176 (5), 39.

Hord, S. M., & Estes, N. (1993). Superintendent selection and success. In D. Carter, T. Glass, & S. Hord (Eds.), *Selecting, preparing, and developing the school district superintendent* (pp. 71-84). Washington, DC: Falmer.

Jackson, J., & Shakeshaft, C. (2003, April). *The pool of African American candidates for the superintendency.* Paper presented at the Annual Meeting of the American Educational Research Association, Chicago, Illinois.

Jernigan, S. (1997). Dangerous expectations: Why a superintendent search often breeds discontent and unsatisfying results. *School Administrator*, 54 (2), 8-11.

Johnson, S. M. (1996). *Leading to change: The challenge of the new superintendency.* San Francisco: Jossey-Bass.

Johnson, S., & Howley, A. (2001). Superintendent selection: Variation based on district size and rurality. *Rural Educator*, 23 (2), 21-26.

Kenney, L. C. (2003). Confidential searches. *School Administrator*, 60 (6), 6-12.

Kowalski, T. J. (1998). Critiquing the CEO. *American School Board Journal*, 185 (2), 43-44.

Kowalski, T. J. (2003a). *Contemporary school administration: An introduction* (2nd ed.). Boston: Allyn & Bacon.

Kowalski, T. J. (2003b). Superintendent shortage: The wrong problem and wrong solutions. *Journal of School Leadership*, 13, 288−303.

Kowalski, T. J., & Koryl, M. (1997). The status of performance evaluations for Indiana school superintendents. *Indiana School Boards Journal*, 43 (2), 30−33.

Kowalski, T. J., & Stouder, J. G. (1999). Female experiences related to becoming a superintendent. *Contemporary Education*, 70 (4), 32−40.

Kowalski, T. J., & Sweetland, S. (2002). Unrestricted reemployment of retired administrators: Effective policy or cause for concern? In G. Perreault (Ed.), *The changing world of school administration: The 10th annual yearbook of the National Council of Professors of Educational Administration* (pp. 312−324). Lanham, MD: Scarecrow.

Kowalski, T. J., & Sweetland, S. R. (in press). Retire-rehire policy in state pension programs for school administrators. *Planning and Changing*.

Leonard, P. Y., & Papalewis, R. (1987). The under-representation of women and minorities in educational administration: Patterns, issues, and recommendations. *Journal of Educational Equity and Leadership*, 7 (3), 188−207.

Lowery, S., Harris, S., & Marshall, R. (2002). Hiring a superintendent: Public relations challenge. *Journal of School Public Relations*, 23 (1), 70−79.

Mathews, J. (2002). Succession: Insiders vs. outsiders. *School Administrator*, 59 (5), 16−26.

McCurdy, J. (1992). *Building better board and administrator relations*. Arlington, VA: American Association of School Administrators.

Meet the power brokers (1994). *School Administrator*, 51 (2), 20−23.

Mertz, N. T., & McNeely, S. R. (1988). *Career path of school superintendents*. East Lansing, MI: National Center for Research on Teacher Learning. (ERIC Document Reproduction Service No. ED305716)

Miklos, E. (1988). Administrator selection, career patterns, succession, and socialization. In N. Boyan (Ed.), *Handbook of research on educational administration* (pp. 53−76). New York: Longman.

Moody, C. D. (1983). On becoming a superintendent: Contest or sponsored mobility? *The Journal of Negro Education*, 52, 383−397.

Moody, C. D. (1984). Sponsored mobility and black superintendent candidates. *Education Digest*, 49 (3), 40−43.

Negroni, P. J. (1992). Landing the big one. *Executive Educator*, 14 (12), 21−23.

O'Hara, D. G. (1994). The superintendent's first contract. *School Administrator*, 51 (7), 19−21.

Orlosky, D. E., McCleary, L. E., Shapiro, A., & Webb, L. D. (1984). *Educational administration today*. Columbus, OH: Charles E. Merrrill.

Pavan, B. N. (1988). *Job search strategies utilized by certified aspiring and incumbent female and male public school administrators*. East Lansing, MI: National Center for Research on Teacher Learning. (ERIC Document Reproduction Service No. ED302879)

Pavan, B. N. (1995). *First year district superintendents: Women reflect on contradictions between education and politics*. East Lansing, MI: National Center for Research on Teacher Learning. (ERIC Document Reproduction Service No. ED389077)

Pence, L. J. (1989). *Formal and informal mentorships for aspiring and practicing administrators*. Unpublished Ph. D. dissertation, University of Oregon, Eugene.

Pesce, M. A. (2003). Too many cooks. *American School Board Journal*, 190 (3), 28−29.

Pigford, A. B. (1995). The interview: What candidates for administrative positions should know and do. *NASSP Bulletin*, 79 (569), 54−58.

Ramirez, A. , & Guzman, N. (2003). The superintendent search: An analysis of ISLCC Standards compared to school board developed selection criteria. *Education Leadership Review*, 4 (2), 34−37.

Redfern, G. B. (1980). *Evaluating the superintendent*. Arlington, VA: American Association of School Administrators.

Reeves, K. (2001). Tying the contract knot. *School Administrator*, 58 (2), 22−30.

Shakeshaft, C. (1981). Women in educational administration: A descriptive analysis of dissertation research and paradigm for future research. In P. Schmuck, W. Charters, & R. Carlson (Eds.), *Educational policy and management of sex differentials* (pp. 403−416). Berkeley, CA: McCutchan.

Shakeshaft, C. (1989). *Women in educational administration* (updated ed.). Newbury Park, CA: Sage.

Sharratt, G. , & Derrington, M. L. (1993). *Female superintendents: Attributes that attract and barriers that discourage their successful applications*. East Lansing, MI: National Center for Research on Teacher Learning. (ERIC Document Reproduction Service No. ED362941)

Steele, J. E. , & Morgan, M. S. (1991). *Career planning and development*. Lincolnwood, IL: VGM Career Horizons.

Sternberg, R. E. (2002). The new job: Tailored fit or misfit? *School Administrator*, 59 (5), 6−14.

Stufflebeam, D. L. , & Millman, J. A. (1995). Proposed model for superintendent evaluation. *Journal of Personnel Evaluation in Education*, 9 (4), 383−410.

Tallerico, M. (2000a). Gaining access to the superintendency: Headhunting, gender, and color. *Educational Administration Quarterly*, 36 (1), 18−43.

Tallerico, M. (2000b). Why don't they apply? Encouraging women and minorities to seek administrative positions. *American School Board Journal*, 187 (11), 56−58.

Underwood，K. (1994). The search consultant's obligations. *School Administrator*, 51 (2), 24-25, 27.

Valverde，L. A. , & Brown，F. (1988). Influences on leadership development among racial and ethnic minorities. In N. Boyan (Ed.), *Handbook of research on educational administration* (pp. 143-157). New York: Longman.

Zakariya，S. B. (1987). What you get (and what you pay) when you hire a superintendent search service. *American School Board Journal*, 174 (11), 35, 37-38.

译后记

美国由一个联邦政府和 50 个州政府组成。美国有一部联邦宪法，宪法授予公民言论自由、出版自由和宗教自由的权利，其他在宪法中没有具体说明的都由各州自行立法。根据美国宪法，联邦政府没有管理国家教育的责任和权限，因此，各州的教育由各州管。50 个州也有各自的州法。虽然其内容都沿用联邦宪法，但各州政府都依各州的法律行事。州法律规定了地方政府的角色和责任，其中包括创办学区的责任。州法律规定，学区是合法的实体，为幼儿园至 12 年级（K-12）的学生提供受教育的机会。地方也有地方的法规，管辖着每一个社区。决定"教什么"、"什么时候教"、"如何教"是地方学区委员会的特权，州政府和联邦政府很少能控制和干预，只能作相应的指导和影响。因此，从联邦、州和地方对学校教育的影响力和控制权角度看，美国的教育体制属于地方分权制。联邦和州对学校实际如何运作只有建议权，无法要求和控制学校教育的实施。地方政府对教育具有绝对的掌控权。而地方政府对教育的控制又主要通过各地所形成的学区来体现。其实分权与集权也是相对的，美国也有集权的时候，它的集权就体现在由地方学区普选产生出来的学校董事会，学校董事会代表着各方面的利益，集立法、行政、司法三权于一身。它的集权还体现在学区督导制的形成和运行上。由学校董事会聘用的学区督导负责，由各学校校长、行政人员、教师和员工组成的教育团队实现着学校教育的最终运行。美国学校教育到底由谁说了算？不是联邦教育部，也不是州教育局，而是由各地方学区选举产生的学校董事。它才是基础学校教育最终的政策运作实体，由学校董事会聘用的学区督导是学区教育政策的实际执行者。学区督导是国家教育、地方教育和学校教育目标达成的重要执行者，同时，他也是平衡州政府、地方政府、学区、学校、家长、学生等各方教育利益的协调者。学校董事会负责学校各种有关政策制定，而执行则由学区督导负责完成。

正如本书作者所描述的那样，学区督导既是最具有教育影响力的实践者，又是一位行政领导和管理能力超强的实干家。许多学校董事会成员希望督导既是一位有远见的领导者，又是一位精明的经理；既是一位可爱的政治家，又是一位道德模范；既是一位严厉的老板，又是一位有同情心的同事。当到了作重要决定时，董事会成员又希望督导既有专业知识，又符合社区的政治意愿。总体而言，学区督导显然是公共教育的最显眼和最有影响力的角色。

本书作者以美国公共教育管理体制为出发点，对由此形成的学区督导从历史和现实两条线索进行了全方位的论述，内容主要有：成为督导的条件；督导的角色；

督导的领导职责和管理职责；督导与学区组织和行政的关系；督导与学校董事会的关系；督导的工作环境；督导的聘用过程；等等。学区督导的工作成为连接美国各级教育政府部门的中枢，它也是沟通所有参与教育活动人士的桥梁。因此，透过学区督导，我们可以更为清楚地了解到美国的基础学校教育管理的实施状况。

本书是由西南大学教育学部兰英教授与其指导的 2006 级和 2007 级比较教育专业的研究生翻译完成的，初译主要由学生完成，兰英负责各章的修正与统稿。具体分工如下：张霞，前言和第 1 章；郭清芬，第 2、第 3 章；冯刚，第 4 章；郭正武，第 5 章；郗海娇，第 6、第 7 章；宋楠楠，第 8 章；李艳，第 9、第 10 章；梁玲，第 11 章；韦宁，第 12 章；徐祖胜，第 13、第 14 章。

本稿在 2008 年 10 月完成了初译，此后又反复进行了修正、核定、校对。虽然我们努力了，但译述中还存在许多不妥之处，望读者见谅、同仁指教！本书的最终出版是译者、校者和编辑们通力配合、共同努力的结果。在整个翻译过程中，中国人民大学出版社的闫景、李俊峰、徐海艳和王鑫编辑做了大量的组织、协调工作。感谢大家的辛勤劳动！我们的合作是愉快和富有成效的！

兰　英

2012 年 7 月 27 日于重庆西南大学

图书在版编目（CIP）数据

学区督导：理论、实践与案例：第 2 版/〔美〕科瓦尔斯基著；兰英等译. —北京：中国人民大学出版社，2012.10
（教育学经典译丛/褚宏启主编）
ISBN 978-7-300-16383-3

Ⅰ.①学… Ⅱ.①科…②兰… Ⅲ.①教育视导 Ⅳ.①G464

中国版本图书馆 CIP 数据核字（2012）第 227172 号

教育学经典译丛
学区督导：理论、实践与案例（第二版）
〔美〕西奥多·J·科瓦尔斯基（Theodore J. Kowalski）　　著
兰　英　等　译
Xuequ Dudao

出版发行	中国人民大学出版社			
社　　址	北京中关村大街 31 号		邮政编码	100080
电　　话	010－62511242（总编室）		010－62511398（质管部）	
	010－82501766（邮购部）		010－62514148（门市部）	
	010－62515195（发行公司）		010－62515275（盗版举报）	
网　　址	http://www.crup.com.cn			
	http://www.ttrnet.com（人大教研网）			
经　　销	新华书店			
印　　刷	涿州市星河印刷有限公司			
规　　格	185 mm×260 mm　16 开本		版　　次	2012 年 12 月第 1 版
印　　张	18.25 插页 2		印　　次	2012 年 12 月第 1 次印刷
字　　数	410 000		定　　价	58.00 元